Андрей Кураев

МИФОЛОГИЯ РУССКИХ ВОЙН

Том 1

2025

Андрей Кураев

Мифология русский войн. Том 1 / Андрей Кураев. — BAbook, 2025. — 594 с.

Эта книга — мозаика фактов из русской военной истории. Самая крупная сухопутная держава в мире восхваляет саму себя как самую миролюбивую. Мозаика этой книги собрана для того, чтобы аргументированно противостоять мифу о всегдашней собственной безобидности, что распространяет государственная и церковная пропаганда России. Автор предлагает задуматься как над текстами и фактами, известными со школьной скамьи («Почему Мцыри стал сиротой?»), так и над многими малоизвестными эпизодами русской воинской славы и бесславья и преодолеть запрет на самопознание.

Вторая часть «Мифологии русских войн» сопоставляет с историческими реалиями миф о якобы всегда присущей Европе ненависти к России. Это вопрос не только истории, но и этики: вопрос об умении быть благодарным за помощь. Также в этой части рассматривается миф об отсутствии военных поражений русских армий.

При оформлении обложки использованы фотографии барельефов памятника советскому солдату-освободителю в болгарском городе Пловдив.

ISBN 978-1-965369-97-5

Отпечатано в Германии

Часть 1

«МЫ НИКОГДА НИ НА КОГО НЕ НАПАДАЛИ»

ПРЕДИСЛОВИЕ

В значительной мере предлагаемая книга — это сборник банальностей. Что-то вроде справочника или подручного пособия (handbook), которое может пригодиться для защиты своего личного пространства от натиска пропаганды.

Это не «история войн». То есть тут нет описания битв и хода военных кампаний. Тут подобран материал, отвечающий на вполне конкретные вопросы: 1. Была ли российская власть зачинщиком войн? 2. Правда ли, что во всех войнах России ей приходилось сражаться с Европой, единой в своей вековечной русофобии?

Дело в том, что в мифологии «Гражданской Религии России», насаждаемой государственной и церковной пропаганде, пышно цветут четыре мифа:

1. Россия никогда ни на кого не нападала, и вела лишь справедливые оборонительные войны.

2. Россия расширялась к присной радости присоединяемого населения.

3. Россия сохранила все народы, вошедшие в ее состав, и создала условия для процветания их национальных культур.

4. «Коллективный Запад» всегда ненавидел Россию и стремился ее погубить.

Под их раскидистой клюквенной сенью наливается восторженной субстанцией пятый миф: «Богом хранимая наша держава всегда была победоносна и никогда не проигрывала войн».

Для многих людей очевидно, что это вовсе не так. Но если все же кому-то понадобятся аргументы и факты для обоснования своего несогласия с громким пропагандистским мейнстримом, то их (АиФ) можно найти в предлагаемой книге.

Исторический кругозор многих людей ограничен школьным учебником или воскресной (теле)проповедью. Если чего-то в том учебнике не было — значит, и в истории такого не случалось.

Такое сужение сознания опасно: оно не позволяет посмотреть на себя глазами «другого» — соседа, иноверца, члена не мейнстримной социальной группы. И не позволяет прогнозировать его реакции и действия. Ответ на вопрос «А нас-то за что?» становится труднонаходим.

Вполне библейская очевидность заповеди «Не бомбите, да не бомбимы будете!» никак не может попасть в зону очевидности российского обывателя и тем самым вывести его из имперской зоны комфорта.

Кроме того, нераскаянное, неосужденное и даже героизированное насилие может легко повториться.

Это книга «дискредитации».

Корень этого слова — credo. Это высокое слово, которое я могу относить только к Тому, о Ком и говорит credo христиан. Белоснежность земных правителей точно в этот символ веры не входит.

Работа христианского миссионера всегда сопровождалась критикой языческих «суеверий», мифов и традиций. Если сегодня идол государственного левиафана навис над душами людей, причем с требованием credo-вать в него — значит, миссионеру стоит отложить до иных времен свои споры с «сектантами» и предостеречь от иной опасности.

Работа философа также предполагает критику зон очевидностей и комфорта. Тезис философа во все века один и тот же: «всё не так, как кажется».

Ну, а историку на судьбе написано осаживать свободный от фактов полет историософских фантазий, перенасыщенных кванторами всеобщности (все, всегда, никогда…)

Ксенофобия, защита своей территории и своих самок — это стандарт поведения животных.

В научной литературе описана «Война шимпанзе Гомбе или Четырёхлетняя война»

Конфликт происходил между двумя сообществами шимпанзе в Национальном парке Гомбе-Стрим в Танзании между 1974 и 1978 годами.

Эти две группы когда-то были объединены в общину Касакела. К 1974 году исследователь Джейн Гудолл заметила раскол сообщества. В течение восьми месяцев большая группа шимпанзе отделилась от стаи в южной части Касакелы и была переименована в общину Кахама. Стая сепаратистов состояла из шести взрослых самцов, трёх взрослых самок и их детёнышей. У Касакела осталось восемь взрослых самцов, двенадцать взрослых самок и детеныши. Во время четырёхлетнего конфликта все самцы общины Кахама были убиты, что фактически привело к её распаду. Затем победившая Касакела расширилась на территорию Кахамы.

Джейн Гудолл считала шимпанзе, хоть и похожими на людей, но «более приятными». В сочетании с её наблюдениями в 1975 году за пожиранием собственного детёныша высокоиерархичной самкой, Четырёхлетняя война раскрыла для неё «тёмную сторону» поведения шимпанзе. В своих мемуарах 1990 года «Через окно: мои тридцать лет с шимпанзе Гомбе» она писала:

«В течение нескольких лет я изо всех сил пыталась смириться с этим новым знанием. Часто, когда я просыпалась ночью, ужасные картины возникали в моей голове непрошено: Сатана [одна из обезьян], сложив ладонь лодочкой под подбородком Сниффа, пьёт кровь, которая течёт из большой раны на его лице; старый Родольф, обычно такой добродушный, выпрямился, чтобы швырнуть четырёхфунтовый камень

в распростёртое тело Годи; Джомео отрывает полоску кожи от бедра Де; Фиган, бьющий снова и снова поражённое, дрожащее тело Голиафа, одного из героев своего детства».

Исследование 2018 года, опубликованное в American Journal of Physical Anthropology, пришло к выводу, что война в Гомбе, скорее всего, была следствием борьбы за власть между тремя высокопоставленными самцами, которая усугубилась нехваткой фертильных самок[1].

И наш вид Homo Sapiens свою видовую историю начал с боевой конкуренции с неандертальцами. Причем антропологи готовы показать кости неандертальцев со следами человеческих зубов[2]. Ричард Рэнгем в книге «Парадокс добродетели. Странная история взаимоотношений нравственности и насилия в эволюции человека» предполагает, что «Наша склонность к реактивной агрессии уменьшилась в результате самоодомашнивания, которое началось как минимум 200 тысяч лет назад — а возможно, и раньше, в самом начале становления Homo sapiens чуть больше 300 тысяч лет назад. Ключевым фактором стало появление речи: она позволяла бета-

---

1 URL: https://www.facebook.com/4everscience/posts/pfbid0Ho2D12kRgmw MgRDz Nfn1uXaUM3NBDcjPc7MbSaPC54UnCBoi4p6s757ZZWueiDpul

2 На ориньякской стоянке кроманьонцев в Ле-Руа на юго-западе Франции нашли челюсть неандертальца со следами резания и просверлённые зубы. Антрополог из Франции Фернандо Роцци в статье, опубликованной в «Журнале антропологических наук», утверждает, что неандертальцев просто «съели» обитавшие одновременно с ними предки нынешнего человека — кроманьонцы (Fernando V. Ramirez Rozzi, Francesco d'Errico, Marian Vanhaeren, Pieter M. Grootes, Bertrand Kerautret & Véronique Dujardin. Cutmarked human remains bearing Neandertal features and modern human remains associated with the Aurignacian at Les Rois). Есть и более ранние свидетельства: кости Homo antecessor возрастом 850 000 лет найдены на севере Испании, в месте Сьерра-де-Атапуэрка. На 30 % найденных человеческих костей присутствуют характерные отметки от орудий, срезающих мясо. Так ученые зафиксировали древнейший случай каннибализма. Неподалеку, в «Яме костей» (Sima de los Huesos) нашли череп с признаками убийства.

URL: https://www.journals.uchicago.edu/doi/10.1086/653807

самцам объединяться для убийства терроризировавших их альфа-самцов. Благодаря речи подчинённые особи могли согласовывать планы и убивать надёжно и безопасно, не вступая в потенциально рискованные конфронтации; примерно то же происходит и в небольших сообществах нашего времени».

И далее в многовековой истории ни одна этническая группа или государство не были белыми и пушистыми. Все дерутся с соседями — начиная от уровня деревни и кончая империями.

Мировая история и в ее целом, и в ее подробностях ясно твердит: коренное население — это предпоследний завоеватель. Исключением может быть разве что очень уж изолированная Новая Зеландия (маори, приплывшие туда прежде европейцев, нашли на островах только птиц, так что дальше они геноцидили лишь самих себя, полностью истребив свое же племя по имени мариори).

Агрессивность связана с сексуальностью. Конечно, культура может взять под определенный контроль и то и другое. Но нет никаких оснований считать, что именно Россия достигла этой стадии прогресса.

Все империи и все их патриархаты — это хищники и альфа-самцы, взошедшие на верх социальной иерархии за счет менее удачливых конкурентов, но не за счет безукоризненного следования евангельской этике[3].

---

[3] Для иллюстрации — то, на основании чего сложилась Антанта.

8 апреля 1904 г. подписано англо-французское «Сердечное согласие» (Entente cordial). Заключенная конвенция определила компенсации Франции за отказ от притязаний на побережье и прибрежные воды Ньюфаундленда. При этом она получила в Западной Африке различные территории общей площадью около 14 тыс. миль. Наиболее важным среди подписанных документов стала «декларация о Египте и Марокко», в которой Франция обязалась не ставить больше вопрос об уходе англичан из Египта и не препятствовать их действиям в этой стране. Великобритания со своей стороны предоставляла Франции свободу действий в Марокко. Англия признавала права Франции на остров Мадагаскар и Новые Гебриды. Сиам был разделен на британскую и французскую сферы влияния.

Все страны вели войны по всему периметру своих границ со всеми своими соседями без исключений. И не было ни одной страны, которая всегда бы только защищалась.

Знание истории ограничивает желание бросаться эпитетом «беспрецедентный» и «небывалый». Беспрецедентным было лишь убийство Авеля. Но уже Соломон призывал осторожней относиться к тому, что жители подлунного мира называют «новым», а Карамзин переложил эту печальную мудрость в стих:

Ничто не ново под луною:
Что есть, то было, будет ввек.
И прежде кровь лилась рекою,
И прежде плакал человек.

А в опять же ветхозаветной книге Макковеев есть вполне современное описание войны: *«...устроили машины против их машин и сражались много дней»* (1Макк. 6,52).

Англо-русское соглашение 1907 года касалось трёх вопросов: о Тибете, Афганистане и Иране. Статус Тибета фиксировался как нейтральный. Иран делился на три зоны: русскую, английскую и опять же нейтральную. Афганистан Россия признала лежащим вне сферы своих интересов и обязалась воздерживаться от всяких отношений с афганским правительством иначе, как через посредство британского правительства.

В обоих соглашениях речь шла просто о дележе далеких колоний и прибылей с них. Вопросы самообороны в них не ставились. Каких-либо положений, имеющих отношение к европейским делам, которые можно было бы истолковать как стремление сторон вступить в союз, направленный своим острием против Германии, в них не было. Мнения местных жителей никто не спрашивал.

А что англичане творили в своих колониях даже в 20-м веке — об этом книги Кэролайн Элкинс «Имперская расплата. Невыразимая история британского ГУЛАГа в Кении» (Imperial Reckoning, 2005) и «Наследие насилия» (Legacy of Violence: A History of the British Empire; 2022).

URL: https://inosmi.ru/20220411/britanskaya-imperiya-253709385.html

При этом привычка называть действия неприятеля беспрецедентными сама является весьма старой. 13 августа 1741 года, объявляя войну Швеции, русская императрица Елизавета сказала:

«...между неверными и дикими, Бога не исповедующими, погаными, не токмо между христианскими державами, еще не слыхано было, чтоб, не объявя наперед о причинах неудовольствия своего и не требуя о пристойном поправлении оных, войну начать, как то ныне от Швеции чинится»[4].

В 1807 году, объявляя войну Англии, царь Александр как предлог выдвинул то, что:

«Англия решилась на Севере Европы возжечь новую войну, коей пламя не желала она видеть погасшим. Флот ея и войска явились на берегах Дании, чтоб произвесть ***насилие, коему равнаго во всей Истории, толико во всех примерах обильной, найти трудно****. Держава спокойная, и в чреде Государств Монархических долговременною и непреклонною умеренностию своих начал стяжавшая нравственное к себе уважение, внезапу узрела себя облежимою и объятою Аглинскими силами, под предлогом, якобы она имела тайные замыслы и совещала на разрушение Англии, под предлогом, изобретенным для того, чтоб оправдать ея скорое и совершенное ограбление»*[5].

Английский флот тогда и в самом деле напал на вполне нейтральный Копенгаген. Но и на суше, и на море и до этого было в порядке вещей нападать на чужие селения, гарнизоны, суда и караваны без объявления войны.

Мир и верность договорам прославляли все. И нарушали эти договора к своей выгоде и нападали — тоже все.

---

[4] Полное собрание законов Российской империи. Т. 11. — Спб, 1830. С. 476.

[5] Декларация о разрыве мира с Англией. 24 окт. 1807 // Полное собрание законов Российской империи. Т. 29. — Спб, 1830. С. 1307.

И ветхозаветный закон запрещал передвигать границы: «Не передвигай межи давней, которую провели отцы твои» (Притчи 22:28).

И в индуизме хранителем договоров считался Митра.

И римский здравый смысл повелевал почитать бога по имени Термин.

Под терминами в Риме понимались как государственные границы, так и межи частных владений. О Терминалиях рассказывается в поэме Овидия «Фасты»:

Грань ты народа, и грань городам, и великим державам,
А без тебя бы везде спорными были поля.
Ты не пристрастен ничуть, и золотом ты неподкупен,
И по закону всегда сельские межи блюдешь....
Если же сдвинут тебя или плугом, или мотыгой,
Ты возопи: «Вот твое поле, а это его!..»

Богу Термину был посвящен праздник Терминалий:

Ночь миновала, и вот восславляем мы бога, который
Обозначает своим знаком границы полей.
Термин, камень ли ты иль ствол дерева, вкопанный в поле,
Обожествлен ты давно предками нашими был.

Всякий, кто отодвигал пограничный камень, считался проклятым. Владельцы прилегающих полей собирались у общего пограничного знака[6], термина, и каждый украшал гирляндами свою сторону камня или столба.

С той и с другой стороны тебя два господина венчают,
По два тебе пирога, по два приносят венка…
Попросту празднуют все, и пируют соседи все вместе,
И прославляют тебя песнями, Термин святой!

---

6 На столбе Термина обычно выбивали Concedo nulli («никому не уступаю»).

Терминалии праздновались для того, чтобы освятить границы как основу мира и содружества между соседями, всеми, кто (вполне по Гегелю) разделяется границами — и соединяется ими.

И отмечалась Терминалии 23 февраля… Вспомнил ли об этом Троцкий, назначая день своей Красной Армии на эту дату?

И если все забывали вчерашние клятвы о мире и срывались с цепи «термина», то с чего бы это именно России тут быть исключением?

Вряд ли хоть один из приведенных в этой книге эпизодов православной и российской истории не имеет аналогов в истории других религий и стран. Но поскольку именно сейчас наличие этих беззаконий вполне официально отрицается в России и в ее церкви, и поскольку я сам — часть именно «русского мира», я говорю о войнах, развязанных не африканскими правителями, а московскими.

Пропаганда есть везде. Но я и дорогие для меня люди смотрят не американское, а российское ТВ и внимают проповедям московского, а не римского понтифика. Пусть американцы сами разбираются со своими мозгопромывателями. Моя же элементарная гигиеническая задача — защитить свой мозг и объяснить, в силу каких резонов я это делаю.

Угрожающие нам вещатели и вешатели вполне тутошные.

Но спорить с ними непросто. Давно подмечено, что трудно вести дискуссию с товарищем Сталиным: ты ему цитату, а он тебе — ссылку. Эта дискуссия уже принесла мне шесть судов (два церковных и четыре государственных). Что ж, на приговоры я отвечаю книгами[7].

Это не «очернение» России. Военная история России не хуже и не лучше военной истории других империй — как состоявшихся, так и тех, что лишь пытались таковыми стать. Но у «них» это было, а у «нас» это есть. Именно ныне исповедуемый Кремлем догмат

---

[7] На церковные суды — книгой «Парадоксы церковного права» (М., 2021). На светские — данной книгой.

о своей всегдашней правоте делает настоящее время в России нравственно хуже, чем в жизни ее европейских соседей.

Я прекрасно понимаю, что и в Европе представления о нравственно допустимом в военной и внешней политике еще совсем недавно резко отличались от тех, что декларируются сегодня. Я помню, что «*Джентльмен* к западу от *Суэца* не отвечает за то, что делает *джентльмен к востоку от Суэца*» (вариант: «*джентльмен* перестает быть *джентльменом к востоку от Суэца*»)[8]. Помню, как французский морской министр контр-адмирал Теофиль Об сказал, что *«война есть отрицание всякого права»*[9].

Но в истории европейских нравов это все же прошлое. Европа от него уходит. Россия же любуется своим имперско-военным прошлым и желает его вернуть. Ее пропаганда тщательно расчесывает все былые обидки, причиненные Руси-России-СССР, и табуирует рассказ о противоположном векторе обидных действий.

И все же: если бы до сих пор слова адмирала Оба оставались руководственными, то ни к чему было бы преследовать россиян за «дискредитацию российской армии», т. е. за суждения о том, что не все ее действия в ходе текущих или прошлых военных операций безупречны с точки зрения этики.

Значит, на уровне нравственных критериев консенсус еще есть. Насилие считается злом.

Значит, спор прежде всего — о фактах.

Они и высыпаны в этой книге.

---

[8] Выражение, получившее распространение после публикации поэмы Киплинга «Mandalay» с такими словами: Ship me somewheres east of Suez, where the best is like the worst, Where there aren't no Ten Commandments an' a man can raise a thirst. В них Киплинг описывает область «к востоку от Суэца» как некую зону, свободную от благочестия, в которой следование Десяти Заповедям не обязательно.

[9] Кронштадтский Вестник. 1886. 12/24 января. Он это говорил по поводу войны подводных лодок (он сам активно участвовал в испытании первой французской подлодки). При этом он считал, что чем гнуснее методы борьбы, тем более мы склоняемся к «отмене войны» (Contre-amiral Aube. Défense nationale, défense des colonies // *Atlas colonial.* Paris, 1885. P. 12).

Глава 1

О ЧЕМ СПОР?

Говорят, что «Россия никогда ни на кого не нападала».

Ох, никогда не говори «никогда»…

Мы видим, как самые официальные и высокопоставленные уста постоянно нарушают этот принцип политической осторожности.

25 декабря 2021 года пресс-секретарь президента РФ Дмитрий Песков заявил, что Россия никогда ни на кого не нападала первой[10].

Он же 20 февраля 2022: *«Напоминаем, что Россия на протяжении всей своей истории никогда ни на кого не нападала и даже не хочет произносить слово „война“, пережив столько конфликтов»*. Об этом заявил пресс-секретарь президента РФ Дмитрий Песков он в интервью программе «Москва. Кремль. Путин»[11].

В фильме Аркадия Мамонтова «Щит России» (2015) это была коронная фраза: *«Россия никогда ни на кого не нападала. Но если нападали на нас, то мы били, били и били. Так было в 1812-м и в 1941-м»*.

Но мне интересны заявления не лиц, допущенных к телевещанию, не депутатов или министров. Мне интересны профес-

---

[10] URL: https://tass.ru/politika/13300729

[11] URL: https://tass.ru/politika/13773973

сиональные миротворцы и примирители, пацифисты по должности. Профессиональные христиане, лицензированные выпускники курсов «Нагорной проповеди», называющие себя «преемниками апостолов». Наследники мучеников, бесстрашно говорящие правду в лицо царям… Истинные монахи, не связанные никакими земными интересами…

Поэтому на страницах этой книги будет так много обращений к проповедям Святейшего Патриарха Московского и всея Руси Кирилла (Гундяева).

Анализировать проповеди тысяч других проповедников сложнее (в силу их многочисленности) и бесполезнее. Их адепты скажут, что это не «голос церкви» и просто частный случай и частное мнение. Как профессор богословия я считаю, что проповедь патриарха Кирилла, даже сказанная «экс катедра», тоже не есть голос Церкви Христовой. Но это в богословском контексте[12]. А с точки зрения корпоративной, социологической и политической его голос в некотором приближении вполне можно рассматривать как голос Русской Православной Церкви. Во всяком случае он сам так считает и требует, чтобы и остальные, в том числе и нецерковные люди, считали так же.

Итак, согласно с президентом патриарх Кирилл считает немыслимым сопряжение слов «Россия» и «агрессия» иначе как в страдательном залоге:

> *«Это удивительно, что страна наша никогда ни на кого не нападала, но лишь защищала свои границы, свои священные рубежи».*

3 мая 2022 года[13]

---

[12] См. главы «1.4. Наша магнитная аномалия» и «3.4. «Хула на Церковь»» в моей книге «Парадоксы церковного права».

[13] URL: http://www.patriarchia.ru/db/text/5922848.html

«Россия никогда не вела захватнических войн. Мы прирастали территориями, но не в результате целенаправленной стратегии, связанной с захватом этих территорий, а только вследствие победы над агрессором».

31 мая 2011 года[14]

«Мы знаем, что Россия никогда не ведет и не вела захватнических войн».

19 сентября 2018 года[15]

«Многие восстают сегодня на Отечество наше, но знаем, что Отечество не сделало никому ничего плохого».

3 июля 2022 года[16]

Еще более строго высказался Карельский митрополит Константин (Горянов):

«Кажется, на протяжении всей своей истории Россия существовала только в трех основных регулярно повторяющихся состояниях: в ожидании агрессии и в подготовке к ее отражению, собственно в освободительной, отечественной войне, и в состоянии преодоления ее разрушительных последствий»[17].

---

14 URL: http://www.patriarchia.ru/db/text/1501407.html

15 URL: http://www.patriarchia.ru/db/text/5270551.html

16 URL: http://www.patriarchia.ru/db/text/5941811.html. А если то «не-плохое», что с 24 февраля творит Отечество наше в Украине, вдруг станет происходить в нем самом, то это тоже будет не плохо?

17 Религиозно-философский взгляд на Отечественную войну 1812 г. (к 200-летию изгнания войск Наполеона с Земли Русской) // Вестник Екатеринбургской духовной семинарии. — Екатеринбург, 2012. Вып. 3. С. 14.

Ему вторит митрополит Леонид (в своем телеграм-канале 12 июня 2024 года):

> *«За последние 500 лет Россия воевала с 25 странами. Если брать историю с IX века, то, соответственно, больше. Нам сызмальства известно, что Россия никогда не начинала первой войну».*

Так говорить просто грешно. Это грех против правил логических приличий, которые советуют крайне осторожно относиться к использованию «кванторов всеобщности»[18] («все», «никто», «всегда», «никогда», «везде», «нигде» и т. п.).

В опровержение этого тезиса (вкратце его можно обозначить как ННН: «никогда не нападали») достаточно было бы привести три современные цитаты о завязке современной военной ситуации:

Игорь Стрелков, полковник ФСБ РФ:

«Я начал эту войну»[19].

---

[18] Квантор всеобщности (обозначение ∀) — условие, которое верно для **всех** обозначенных элементов, в отличие от *квантора существования*, где условие верно только для каких-то **отдельных** элементов из указанного множества. Формально это квантор, используемый для обозначения того, что множество целиком лежит в области истинности указанного предиката. Читается как «для всех…», «для каждого…», «для любого…» или «все…», «каждый…», «любой…».

[19] «…спусковой крючок войны всё-таки нажал я. Если бы наш отряд не перешёл границу, в итоге всё бы кончилось, как в Харькове, как в Одессе. Было бы несколько десятков убитых, обожженных, арестованных. И на этом бы кончилось. А практически маховик войны, которая до сих пор идёт, запустил наш отряд. Мы смешали все карты на столе. Все! И с самого начала мы начали воевать всерьёз: уничтожать диверсионные группы “правосеков”. И я несу личную ответственность за то, что там происходит».

20 ноября 2014 года.

URL: https://zavtra.ru/blogs/kto-tyi-strelok

«Власть Крымской автономии на сторону населения не переходила, все, кроме „Беркута”, продолжали подчиняться Киеву, и не выполняли указаний, которые им давала новая власть. Депутатов собирали ополченцы, чтобы загнать их в зал, чтобы они приняли, и я был одним из командиров этих ополченцев <…> В других городах всё было, как в Крыму, но не получилось, потому что там не было российской армии»

https://www.youtube.com/watch?v=G04tXnvKx8Y

Между 45-й и 50-й минутами.

«Уже больше месяца, как мы, маленькая группа добровольцев из России и Украины, вняв призывам о помощи, прозвучавшим из уст выдвинутых вами лидеров протеста, прибыли сюда и в вооруженной борьбе противостоим всей украинской армии. Но *что же мы видим? Все, что угодно, но только не толпы добровольцев у ворот наших штабов. В Славянске 120 тысяч человек населения. Вдвое больше — в Краматорске. Всего в Донецкой области проживает четыре с половиной миллиона человек. Признаюсь честно, никак не ожидал, что на всю область не найдется и тысячи мужчин, готовых рисковать жизнью*. Мне еще в Крыму приходилось слышать от активистов народного движения рассказы о том, что „когда шахтеры встанут, они всех порвут голыми руками!” Что ж, может, когда-то так и было. Пока же не наблюдается. Мужчины-офицеры к нам не едут совсем. Во всей области пока не нашлось и пары десятков профессиональных военных, готовых возглавить воюющие подразделения!»

18 мая 2014 года

URL: https://ros-sea-ru.livejournal.com/1214936.html#comments

Добавлю: 10 марта 2023 года в беседе с Игорем Стрелковым одессит Владимир Грубник (ПриZрак Новороссии), представляющий себя и представляемый как настоящий подпольщик-партизан, рассказывает о начале своего боевого пути:

«Мы приняли решение **еще в 13 году**, которое вызрело в формирование групп по противодействию, потом подполья, потом подпольно-диверсионного сопротивления. Работало несколько групп. Начинали со смешных вещей — с поджогов банков Коломойского, потом подрывов волонтерских центров, после чего быть волонтером в Одессе было уже не так популярно. Ну а потом многое другое, некоторые группы занимались работой по железной дороге»

URL: https://vk.com/video-129997795_456243575 (1 час. 12 мин.).

Там же на 1 час. 51 мин. записи Грубник ставит цель «уничтожения биологических носителей укронацизма».

Владимир Путин, президент РФ:

«...мною принято решение о проведении специальной военной операции»[20].

Евгений Пригожин, создатель ЧВК «Вагнер», Герой РФ, Герой ДНР и Герой ЛНР:

*«Мы устроили эту драку. Есть соседи, и они поругались. Ты приходишь к соседу, ты можешь ему разбить морду, можешь разбить посуду. Но если тебя сосед послал на три буквы, а ты взял топор и у*бал ему по башке, то это уже какая-то странная ситуация»*[21].

А в общем — на нас напали.

Разговоры в стиле «а он первый начал» знакомы любому педагогу (вариант: «ну, все началось с того, что я первый дал ему сдачи»).

И в большой политике это тоже очень вторично.

Вот три заявления руководства нацистской Германии:

15 марта 1939 года Германия вторглась на территорию Чехословакии.

Официальное оповещение об агрессии выглядело так:

«Уже несколько месяцев Германия вынуждена защищать свой народ, проживающий в закрытых поселковых зонах, от невыносимого террористического режима Чехословакии. С воскресенья во многих местах происходят зверские эксцессы,

---

[20] 24 февраля 2022 года. URL: http://kremlin.ru/events/president/news/67843

[21] URL: https://rutube.ru/video/cdeb735bc0a754c170e39f45a6cd67b1/?r=a

Расшифровка:

URL: https://meduza.io/feature/2023/05/24/rodinu-lyublyu-putina-slushayus-shoygu-na-mylo-voevat-budem-dalshe

жертвами которых стали многочисленные немцы. Крики о помощи от пострадавших и преследуемых людей раздаются с каждым часом. Чтобы раз и навсегда устранить эту угрозу миру и создать предпосылки для необходимого нового порядка в этой области, я принял решение ввести с сегодняшнего дня немецкие войска в Богемию и Моравию. Они разоружат террористические банды и прикрывающие их чешские вооруженные силы, защитят жизнь всех, кому угрожает опасность, и тем самым заложат основу для введения фундаментального урегулирования, которое будет отвечать смыслу 1000-летней истории и практическим потребностям немецкого и чешского народов»[22].

---

[22] Есть чешский фильм 1972 года о чешской трагедии 1938 года — «Дни предательства». На 57-й минуте Гитлер приказывает создавать группы фрайкоровцев (вооруженных «гражданских волонтеров») по всей границе с Чехословакией и ставит им задачу провоцировать как можно больше боестолкновений на чешской территории и поддерживать беспорядки, вести себя, как террористические группы. «Чем больше убитых, тем лучше. Судетские немцы должны заслужить присоединение к Германии, они должны пролить свою кровь и иметь своих героев».

Интересно начало политической карьеры лидер немецкой весны в Судетах Конраджа Гелейна. Он был учителем гимнастики в школе. Но в 1931 году стал главой Немецкой гимнастической ассоциации в Чехословакии.

Вот это и есть способ тихой работы в чужой стране и способ расширения своего мира. Вроде совершенно аполитичная организация становится местом сбора «иноагентов», местом и способом формирования их убеждений. А при случае — даже силой, с помощью которой можно физически давить своих оппонентов (политические уличные бои были в моде в Германии начала тридцатых годов, а ассоциация «гимнастов» вполне могла быть бойцовским клубом). А в нужную минуту дружные ряды подготовленных боевиков идут на свое «Куликово поле».

Генлейн возглавил Судетскую немецкую партию. После Мюнхенских соглашений Генлейн вступил в НСДАП и был назначен рейхскомиссаром Судетской области. 1 мая 1939 назначен гауляйтером и рейхсштатхальтером новой рейхсгау Судеты. Имел звание обергруппенфюрера СС. В этом он совсем не похож на лидеров русской весны Стрелкова и Пригожина. Он

Через полгода, 1 сентября 1939 года речь фюрера в рейхстаге была насыщена теми же нотками:

«Данциг был — и есть германский город. Коридор был — и есть германский. Обе эти территории по их культурному развитию принадлежат исключительно германскому народу. Данциг был отнят у нас, Коридор был аннексирован Польшей. Как и на других германских территориях на востоке, со всеми немецкими меньшинствами, проживающими там, обращались всё хуже и хуже. Более чем миллион человек немецкой крови в 1919-20 годах были отрезаны от их родины. Я, естественно, сформулировал наконец германские предложения. Нет на свете ничего более скромного и лояльного, чем эти предложения. Я хотел бы сказать всему миру, что только я мог сделать такие предложения, потому что знал, что, делая такие предложения, я противопоставляю себя миллионам немцев. Эти предложения были отвергнуты. Мало того, что ответом сначала была мобилизация, но потом и усиление террора и давления на наших соотечественников и с медленным выдавливанием их из свободного города Данцига — экономическими, политическими, а в последние недели — военными средствами. Три недели назад я проинформировал польского посла, что, если Польша продолжит посылать Данцигу ноты в форме ультиматумов, если Польша продолжит свои притеснения против немцев, и если польская сторона не отменит таможенные правила, направленные на разрушение данцигской торговли, тогда Рейх не останется праздным наблюдателем. Я не дал повода сомневаться, что те люди, которые сравнивают Германию сегодняшнюю с Германией прежней, обманывают себя.

Была сделана попытка оправдать притеснения немцев — были требования, чтобы немцы прекратили провокации. Я не

ведь сделал блестящую карьеру и стал хозяином новых немецких территорий. Стрелков же попал в тюрьму, а Пригожин — так и просто в историю.

знаю, в чём заключаются провокации со стороны женщин и детей, если с ними самими плохо обращаются и некоторые были убиты. Я знаю одно — никакая великая держава не может пассивно наблюдать за тем, что происходит, длительное время. Недавно за ночь мы зафиксировали 21 пограничный инцидент, прошлой ночью было 14, из которых 3 были весьма серьёзными. Поэтому я решил прибегнуть к языку, который в разговоре с нами поляки употребляют в течение последних месяцев. Я предназначен, чтобы решить: первое — проблему Данцига; второе — проблему Коридора, и третье — чтобы обеспечить изменение во взаимоотношениях между Германией и Польшей, которая должна гарантировать мирное сосуществование. Поэтому я решил бороться, пока существующее польское правительство не сделает этого, либо пока другое польское правительство не будет готово сделать это. Я решил освободить германские границы от элементов неуверенности, постоянной угрозы гражданской войны»[23].

...Спустя почти сто лет президент России согласился с фюрером: «Перед Второй мировой войной Польша не отдала Данцигский коридор, всё-таки поляки вынудили, они заигрались и вынудили Гитлера начать Вторую мировую войну именно с них. Почему началась война 1 сентября 1939 года именно с Польши? Она оказалась несговорчивой. Гитлеру ничего не оставалось при реализации его планов начать именно с Польши»[24]. Интересный пример проекции своих проблем в прошлое. Целый год его пропаганда твердила, что Запал вынудил нас ввести войска в Украину[25]. И, похоже, что он сам глубоко проникся такой мотивацией....

---

23 URL: http://militera.lib.ru/docs/ww2/chrono/1939/1939-09-01.html

24 URL: http://kremlin.ru/events/president/news/73411

25 «Российский президент заявил, что Москве не оставили выбора и она начала операцию на Украине из-за угрозы безопасности. Войсковая спецоперация на Украине стала для России вынужденным шагом, заявил президент Владимир Путин. «То, что происходит, — вынужденная мера. Нам

Утром 22 июня 1941 года МИД Германии оповестил мир:

«Правительство Германии не может безучастно относиться к серьезной угрозе на восточной границе. Поэтому фюрер отдал приказ германским вооруженным силам всеми силами и средствами отвести эту угрозу»[26].

Сам фюрер тогда сказал:

«...я стал следить за каждым движением нашего великого противника на Востоке. С апреля по май я, можно сказать, непрерывно находился на наблюдательном пункте и отслеживал все процессы, исполненный решимости в любой момент, как только мне станет ясно, что противник готовится к наступлению, в случае необходимости опередить его на 24 часа. В середине июня признаки стали угрожающими, а во второй половине июня не осталось никаких сомнений в том, что речь идет о неделях или даже днях. И тогда я отдал приказ выступить 22 июня»[27].

Итак, в новейшей истории Европы были случаи, когда даже откровенную агрессию называли самозащитой.

Но растягивание тезиса «мы только защищались» вообще на всю чью бы то ни было национальную историю — это новинка. И она глубоко оскорбляет мои научные чувства.

Россия — миролюбивая страна? Гуру тоталитарной секты ННН бесстыже врут, что они-де **Н**икогда **Н**е **Н**ападали. Выходит,

---

просто не оставили никаких шансов поступить иначе. Риски в сфере безопасности создали такие, что другими средствами отреагировать было невозможно». URL: https://www.rbc.ru/politics/24/02/2022/6217b3db9a79473e940b77f5?from=copy

26 URL: https://www.pobediteli.ru/documents/nota.html

27 URL: http://www.hrono.ru/dokum/194_dok/1941gitler.php

это от избытка миролюбия, никогда ни на кого сама не нападая и непрестанно исповедуя принцип «мир без аннексий и контрибуций», Московия распухла до Камчатки… И Москва просто защищалась на дальних подступах к ней — аж на Аляске и в Калифорнии[28].

Патриарх Кирилл, почти каждое прикосновение которого к теме истории вздымает брови к макушке, внушает:

> *«Так возникла династия Романовых, которая на многие годы предопределила мирное и поступательное развитие нашего народа и страны»*[29].

Прежде всего изумляет слово «предопределило». Других факторов у истории нет, кроме как фамилия династии? При Романовых путь России прошел от одного Смутного времени до другого. И точно ли этот путь был мирным?!!! Сколько лет из трехсот романовских были мирными? Сколько народных восстаний против тех же Романовых были за эти века? И сколько народу было загублено по ходу расширения Московского царства?

---

[28] Философ- Иван Ильин оправдывал это так: «Первое наше бремя есть бремя земли — необъятного, непокорного, разбегающегося пространства: шестая часть суши, в едином великом куске; три с половиною Китая; сорок четыре германских империи. *Не мы „взяли" это пространство: равнинное, открытое, беззащитное — оно само навязалось нам; оно заставило нас овладеть им, из века в век насылая на нас вторгающиеся отовсюду орды кочевников и армии оседлых соседей*. Россия имела только два пути: или стереться и не быть; или замирить свои необозримые окраины оружием и государственною властью». (И. А. Ильин. О России. Три речи. 1926–1933. // Ильин. И. А. Собрание сочинений. Т. 6. Кн. 2. — М., 1996). Странно, что беспокойные соседи «заставили овладеть ими» только Россию, а не другие страны.

[29] Проповедь в праздник Казанской иконы в Успенском соборе Московского Кремля 4 ноября 2018 года.

URL: http://www.patriarchia.ru/db/text/5296542.html

«Россия, будучи в беспрерывной войне с 1756 года, есть потому единственная Держава в свете, которая находилась 40 лет в несчастном положении истощать свое народонаселение»,

— писал в 1796 году министр иностранных дел Российской империи граф Остерман Берлинскому, Лондонскому и Венскому дворам[30].

И точно ли все эти 40 лет, «в век золотой Екатерины», Россия только отбивалась, «миря врагов высокой доблестью полков»?

Догмат о нашем всегдашнем миролюбии насаждается и поэтами.

Некогда (1989?) поэт Эдуард Асадов умильно написал:

Россия начиналась не с меча,
Она с косы и плуга начиналась.
Не потому, что кровь не горяча,
А потому, что русского плеча
Ни разу в жизни злоба не касалась…

---

[30] Михайловский-Данилевский А. И. История войны 1799 г. между Россией и Францией в царствование императора Павла I. Т. 1. — Спб, 1853. С. 23.

В параллель: второй (после Ромула) царь Рима — Нума — поставил в Риме храм Януса, бога всякого начинания (в честь этого Януса начальный месяц года до сих нор называется январем). В храме было только две стены, а вместо двух других — ворота. Когда шла война, то ворота были открыты и через них проходило в поход римское войско. После этого ворота не закрывались, как знак того, что Рим ждет своих сыновей.

Нума правил 43 года, и все 43 года храм Януса был закрыт: Рим жил мирно. Зато после Нумы в течение нескольких столетий храм не закрывался ни на один день: войны шли непрерывно. Во второй раз он был закрыт ненадолго лишь через 500 лет после Нумы — по окончании первой Пунической войны; в третий раз — через 700 лет после Нумы, уже при императоре Августе.

И вечно тем сильна моя страна,
Что никого нигде не унижала.
Ведь доброта сильнее, чем война,
Как бескорыстье действеннее жала.
Встает заря, светла и горяча.
И будет так вовеки нерушимо.
Россия начиналась не с меча,
И потому она непобедима!

Понимаю, что измерять гармонию алгеброй не всегда уместно. Но все же.

Пробуем соотнести слова «Россия» и «коса». И находим, что 11 (22) мая 1721 года Пётр I издал указ «Об отправлении в разные хлебородные места крестьян для обучения местных обывателей снимать хлеб с поля косами»[31]. Преимущества косы описывались в указе следующим образом: «Понеже в здешних краях в Курляндии, в Лифляндии и в Пруссах у мужиков обычай есть, что вместо серпов хлеб снимают малыми косами с граблями, что перед нашими серпами гораздо споро и выгоднее, что средний работник за десять человек сработает».

То есть сначала все же был меч: завоевание Прибалтики, а потом уже — учеба у местных жителей и заимствование косы.

Плуг (соха на колесах) был известен раньше — еще в Римской империи.

«Германцам был известен плуг с отвалом. Восточные славяне 700–1000 лет спустя широко практикуют подсечно-огневую систему земледелия, где борона-суковатка (бревно с сучками) является основным орудием пахоты. Обратите внимание на то, что мы сравнили германцев рубежа эр

---

[31] Полное собрание законов Российской империи с 1649 года. Т. VI, 1720–1722. — СПб, 1830. С. 388 (№ 3781).

до переселения — со славянами после или в ходе переселения (VII–XI вв.), так как археологический материал о славянах времен Юлия и Октавиана Августа отсутствует»[32].

И самое это слово есть заимствование из древне-немецкого pfluog. Сказать, что Россия началась с заимствования немецкого слова, обозначающего римское изобретение… Ну, поэтам все можно…

Поэты даже такое писали:

Нет! — сказали мы фашистам, —
Не потерпит наш народ,
Чтобы русский хлеб душистый
Назывался словом «брот».

Сергею Михалкову было невдомек, что слово «хлеб» такого же германского происхождения (от протогерманского *hlaibaz). Кстати, оно однокоренное с английским lord (от староанглийского hlāford < hlāfweard, которое является сочетанием hlāf —«хлеб» и weard — «хранитель»).

Впрочем, и слово меч (вкупе со словами князь и конь) заимствованы тоже из древненемецкого (готского) языка: mēkeis. В начале первого тысячелетия н. э. вышедшие с севера Европы (*Скандза* историка Иордана; остров Готланд, возможно, Швеция) готы покорили восточно-европейские славянские племена, создав «готский союз племен». И язык помнит, что предметы власти и роскоши (хлеб-конь-меч-князь) обозначали не-славян, владевших славянами как рабами-склавинами[33].

---

[32] Черникова Т. Европеизация России во второй половине XV–XVII веках. — М., 2014. С. 15.

[33] При этом по одной из гипотез слово «чуждый, чужой, чудь» происходит от самоназвания германцев. В этимологическом словаре Шанского: «чужой Общеслав. Суф. производное (суф. -j-, ср. рыжий) от *tjudъ "народ", заимств. из готск. яз. (ср. нем. deutsch «немецкий»); tj > ч, dj > ж, ой < ый

В любом случае меч точно появляется у человечества раньше плуга и даже раньше сохи. А появлению древнерусского протогосударства предшествовали века долгих войн, завоеваний и изгнаний[34].

Антитеза вечноумиленному Асадову — стихи совсем современного поэта Игоря Иртеньева, написанные за неделю до начала «специальной военный операции на Украине» 2022 года:

Родина, сними уже кольчугу,
Спрячь подальше меч свой кладенец,
Не ори: «война!» на всю округу,
Сядь уже, расслабься наконец,
*Ты и так давно всех зае*ала,*
Милая застенчивая Русь.
Приходи в себя мало-помалу:
Сразу не получится, боюсь.
Ну придумай для начала что-то
Самое простое без затей...
Подлатай забор, поправь ворота,
В кои веки накорми детей.
Спой им ту же песню про синицу,
Как она там замужем жила,
И пускай покой тебе приснится,
А не дом, сгоревший твой дотла[35].

после падения редуцированных. Чужими называли сначала готов (т. е. не свой народ)». В словаре Фасмера: Обычно предполагают первонач. знач. «германцы» и происхождение из гот. Þiuda «народ».

[34] Раз уж помянуты плуг и коса, стоит упомянуть и пилу: «Пила в деревенском зодчестве не употреблялась. Все курганные «голубцы» и «домовины» (дома мертвых), равно как и остатки жилищ, сделаны или из бревен, или из колотых вдоль плах с обрубленными концами. Следов работы пилой нет. Тесло сохранило свое значение вплоть до XVII в., когда ему на смену пришла продольная пила» (Рыбаков, Б. А. Ремесло древней Руси. — М., 1948. С. 183). Чтобы получить доски, бревно раскалывали, забивая вдоль него клинья.

[35] URL: https://novayagazeta.ru/articles/2022/02/16/rodina-snimi-uzhe-kolchugu

Рассмотрение тезиса «Россия никогда ни на кого не нападала» начинается с поиска четырех определений.

Первое: что такое «война»?

Второе: что значит «нападала»?

Третье: что считать «Россией»?

Четвертое: в каких временных рамках понимать «никогда»?

При этом стоит различать оценку войны как агрессивной и как несправедливой. Иногда и наступательная война может быть нравственно мотивирована.

Вопрос о субъекте нападения скорее фактологический и потому дающий надежду на консенсусное решение. Вопрос же о мотивах, о «справедливости» и «оправданности» нападения — это вопрос много более субъективный, партийный и спорный, равно как и вопрос «а разве можно было действовать иначе в той ситуации?».

Пример: формально Вторую Мировую войну начали Англия и Франция, 3 сентября 1939 года объявив войну Германии, тем самым локальный конфликт в Восточной Европе превратив в Мировой[36]. Но это их действие я нахожу вполне справедливым. А тов. Сталин так тогда не считал[37].

---

[36] Из обращения британского премьер-министра Чемберлена: «Этим утром британский посол в Берлине вручил германскому правительству последнюю ноту, в которой указывалось, что если до 11:00 мы не получим ответа об их готовности немедленно вывести свои войска из Польши, то между нашими странами появится состояние войны. Теперь я вынужден вам сообщить, что такого ответа получено не было и, следовательно, наша страна находится в состоянии войны с Германией».

[37] Заявление советского и германского правительств 28 сент. 1939 г.: «…ликвидация настоящей войны между Германией, с одной стороны, и Англией и Францией, с другой стороны, отвечала бы интересам всех народов. Поэтому оба Правительства направят свои общие усилия в случае нужды в согласии с другими дружественными державами, чтобы возможно скорее достигнуть этой цели. Если, однако, эти усилия обоих Правительств останутся безуспешными, то таким образом будет установлен факт, что Англия и Франция несут ответственность за продолжение войны, причем в случае продолжения войны Правительства Германии и СССР будут консультироваться друг с другом о необходимых мерах» (Документы

Поэтому в данной книге вопрос о квалификации войн будет сужен до почти технического: кто первый двинул свою армию через границу или кто первый объявил манифест о начале своих военных действий — тот и есть напавшая сторона.

Это просто фотофиксация старта. Что кому и почему послышалось, какие были детские травмы, условия быта и питания у спортсмена, допустившего фальстарт, сколь драматичны его личные отношения с судьей-стартером или с другими атлетами — это уже другая тема. Фотокамере они неинтересны и неподвластны.

внешней политики СССР. Т. XXII. Кн. 2. — М.: Международные отношения, 1992. С. 137).

Глава 2

ОПРЕДЕЛЕНИЕ ВОЙНЫ И НАПАДЕНИЯ

27 августа 1928 года в Париже главы одиннадцати государств заключили Договор об отказе от войны в качестве орудия национальной политики (Пакт Бриана-Келлога), к которому сразу же присоединилось большинство стран мира.

Договаривающиеся стороны этого Пакта осуждали войну в качестве средства разрешения международных конфликтов, отказывались от нее в качестве орудия политики.

Таким образом, с правовой точки зрения, был закреплен всеобщий запрет войны.

Однако у договора был значительный недостаток. Запрету подлежала лишь война. Но военные действия, которые нападающая сторона не объявляла как войну, не считались нарушением Пакта. Примером таких действий явились, прежде всего, нападения японских войск на Китай в 1930-е гг.

В связи с этим сначала была принята Конвенция об определении агрессии между СССР, Румынией, Чехословакией, Турцией и Югославией (4 июля 1933 г.):

«Центральный Исполнительный Комитет Союза Советских Социалистических Республик, Его Величество Король Румынии. Президент Чехословацкой Республики, Президент Турецкой Республики и Его Величество Король Югославии,

желая укрепить мир, существующий между их странами;

считая, что Пакт Бриана-Келлога, участниками которого они являются, воспрещает всякую агрессию;

полагая необходимым, в интересах всеобщей безопасности, определить возможно более точным образом понятие агрессии, дабы предупредить всякий повод к ее оправданию

Статья II

...будет признано нападающим в международном конфликте Государство, которое первое совершит одно из следующих действий:

1. Объявление войны другому Государству;

2. Вторжение своих вооруженных сил, хотя бы без объявления войны, на территорию другого Государства;

3. Нападение своими сухопутными, морскими или воздушными силами, хотя бы без объявления войны, на территорию, суда или воздушные суда другого Государства;

4. Морскую блокаду берегов или портов другого Государства;

5. Поддержку, оказанную вооруженным бандам, которые, будучи образованными на его территории, вторгнутся на территорию другого Государства, или отказ, несмотря на требование Государства, подвергшегося вторжению, принять на своей собственной территории, все зависящие от него меры для лишения названных банд всякой помощи или покровительства.

Статья III

Никакое соображение политического, военного, экономического или иного порядка не может служить извинением или оправданием агрессии, предусмотренной в статье II (в качестве примера смотреть Приложение).

Приложение к статье III

Стороны, подписавшие Конвенцию относительно определения агрессии, желая дать некоторые указания, позволяющие определить нападающего, констатируют, что никакой акт агрессии в смысле Статьи II названной Конвенции не может быть оправдан, между прочим, одним из следующих обстоятельств:

А. Внутреннее положение Государства, например, его политический, экономический или социальный строй; недостатки, приписываемые его управлению; беспорядки, проистекающие из забастовок, революций, контрреволюций или гражданской войны.

Б. Международное поведение Государства, например, нарушение или опасность нарушения материальных или моральных прав или интересов иностранного Государства или его граждан; разрыв дипломатических или экономических отношений; меры экономического или финансового бойкота; споры, относящиеся к экономическим, финансовым или другим обязательствам перед иностранными Государствами; пограничные инциденты, не подходящие ни под один из случаев агрессии, указанных в Статье II.

Высокие Договаривающиеся Стороны, с другой стороны, соглашаются признать, что настоящая Конвенция ни в коем случае не должна будет служить оправданием нарушений международного права, которые могли бы содержаться в обстоятельствах, указанных в приведенном выше перечислении.

Максим Литвинов, Н. Титулеску, Ян Масарик, Мехмед Мюнир, Г. Джурич»[38].

[38] https://docs.historyrussia.org/ru/nodes/289307#mode/inspect/page/3/zoom/4

Конвенция ратифицирована ЦИК СССР — 17 августа 1933 г., президентом Чехословакии — 1 августа 1933 г., королем Румынии — 15 сентября 1933 г., королем Югославии — 16 декабря 1933 г., президентом Турции — 11 февраля 1934 г.

Способ ликвидации независимости Австрии — аншлюс — стал непосредственным поводом для закрепления в международном праве понятия «косвенная агрессия».

> *«К косвенной агрессии относятся действия государства, позволяющие, чтобы его территория, предоставленная другому государству, использовалась для совершения актов агрессии против третьего государства, либо засылка государством или от его имени вооружённых банд, иррегулярных сил или*

Теперь сравниваем это с мотивами «военной операции» в Украине, изложенными в обращении Путина 24 февраля 2022 года:

«Мы видим, что те силы, которые в 2014 году совершили на Украине госпереворот, захватили власть и удерживают её с помощью, по сути, декоративных выборных процедур, окончательно отказались от мирного урегулирования конфликта. Восемь лет, бесконечно долгих восемь лет мы делали всё возможное, чтобы ситуация была разрешена мирными, политическими средствами. Всё напрасно.

Как уже говорил в своём предыдущем обращении, нельзя без сострадания смотреть на то, что там происходит. Терпеть всё это было уже просто невозможно.

В связи с этим мною принято решение о проведении специальной военной операции.

Её цель — защита людей, которые на протяжении восьми лет подвергаются издевательствам, геноциду со стороны киевского режима. И для этого мы будем стремиться к демилитаризации и денацификации Украины, а также преданию суду тех, кто совершил многочисленные кровавые преступления против мирных жителей, в том числе и граждан Российской Федерации.

При этом в наши планы не входит оккупация украинских территорий. Повторю, наши действия — это самозащита от создаваемых нам угроз и от ещё большей беды, чем та, что происходит сегодня».

URL: http://kremlin.ru/events/president/news/67843

наёмников, которые осуществляют военные действия против другого государства, носящие столь серьёзный характер, что могут быть приравнены к вышеуказанным актам агрессии, либо значительное участие в них. Международный суд ООН в своем решении по иску Никарагуа против США 1986 расширил понятие косвенной агрессии, распространив его на действия государства по оказанию помощи повстанцам, вооружённым бандам в форме предоставления им оружия, материально-технической или иной помощи. В резолюции 3314 Генеральной Ассамблеи ООН, принятой 14 декабря 1974 года, также подчеркивается, что перечень актов агрессии, изложенных в ней, не является исчерпывающим и Совет Безопасности ООН может определить, что и другие акты представляют агрессию в соответствии с Уставом ООН»[39].

Чтобы иметь возможность для осуждения о запрещения необъявленных войн в Женевских конвенциях от 12 августа 1949 года и Дополнительных протоколах к ним 1977 года наряду с термином «война» стал применяться термин «военный конфликт». Позже в международном праве оба указанных понятия стали употребляться как синонимы.

Вооруженный конфликт трактуется также как вид вооруженного противоборства между государствами или социальными общностями внутри них в целях разрешения экономических, политических и других противоречий посредством ограниченного применения каждой из сторон военной силы. В качестве синонима категории «военный конфликт» в таком понимании употребляется также термин «вооруженный конфликт».

В пункте 4 ст. 2 Устава ООН закреплен запрет применения любой силы в международных отношениях, а не только «война в правовом смысле».

---

[39] Павлова Л. В. Агрессия (в международном праве) // Белорусская юридическая энциклопедия: В 4 т. Т. 1. — Минск, 2007. С. 18–19.

Понятие «вооруженный конфликт» шире, и включает понятие «война».

«Военные авторы обычно определяют войну как вооружённый конфликт, в котором соперничающие группы обладают достаточно равными силами, чтобы сделать исход сражения неопределённым. Вооружённые конфликты сильных в военном отношении стран с находящимися на примитивном уровне развития государствами называются принуждением к миру в текущей теории военной стратегии, военными экспедициями или освоением новых территорий; с небольшими государствами — интервенциями или репрессалиями; с внутренними группами — восстаниями, мятежами либо внутренними конфликтами (гражданская война). Подобные инциденты, если сопротивление оказалось достаточно сильным или продолжительным по времени, могут достичь достаточного размаха, чтобы быть классифицированными как „война".

Проведенный анализ нормативных правовых актов Российской Федерации, к сожалению, показал, что в настоящее время в действующем законодательстве пока отсутствует определение понятия „война".

Также следует отметить, что в настоящее время понятие „война" и „вооруженный конфликт" как в нормативных правовых актах, так и в иных источниках не разделяются.

Военный энциклопедический словарь рассматривает эти понятия как часть и целое.

О необходимости различить войну и конфликт как разные этапы развертывания противоречий заявляют и авторы статьи „О современной сущности войны". По их мнению, война, как правило, предполагает достижение захватнической цели путем нанесения неприемлемого ущерба для оборонительного потенциала противника или его полного уничтожения. Конфликту как локальному противоречию присуще ограничение объема наносимого ущерба. Конфликт может быть закончен посредством согласовательных процедур. Война, как правило, завершается полной потерей способности или наступать, или оборонять страну»[40].

Агрессия, нападение, — это вторжение на чужую территорию, при котором нападающая сторона первой начинает боевые или грабительские действия.

Резолюция Генеральной Ассамблеи ООН № 3314

«Территория государства является неприкосновенной и что она не должна быть объектом, даже временно, военной оккупации или других мер применения силы, предпринимаемых другим государством.

Статья 1. *Агрессией является применение вооруженной силы государством против суверенитета, территориальной неприкосновенности или политической независимости другого государства.*

Статья 2. *Агрессией является применение вооруженной силы государством против суверенитета, территориальной неприкосновенности или политической независимости другого государства. Применение вооруженной силы государством первым является* prima facie *свидетельством акта агрессии.*

---

[40] Толстых В.В. Нормативно-правовое закрепление понятия «война» в российском и международном праве // Academy, 2017.

Толстых Владимир Владимирович — старший научный сотрудник Военной академии Генерального штаба Вооруженных Сил Российской Федерации; ныне работает в Российской академии народного хозяйства и государственной службы при Президенте Российской Федерации.

Любое из следующих действий, независимо от объявления войны будет квалифицироваться в качестве акта агрессии:

Статья 3. *Любое из следующих действий, независимо от объявления войны будет квалифицироваться в качестве акта агрессии:*

а) вторжение или нападение вооруженных сил государства на территорию другого государства или любая военная оккупация, какой бы временный характер она ни носила, являющаяся результатом такого вторжения или нападения, или любая аннексия с применением силы территории другого государства или части ее;

b) бомбардировка вооруженными силами государства территории другого государства или применение любого оружия государством против территории другого государства;

c) блокада портов или берегов государства вооруженными силами другого государства;

d) нападение вооруженными силами государства на сухопутные, морские или воздушные силы, или морские и воздушные флоты другого государства;

e*) применение вооруженных сил одного государства, находящихся на территории другого государства по соглашению с принимающим государством, в нарушение условий, предусмотренных в соглашении, или любое продолжение их пребывания на такой территории по прекращению действия соглашения;*

f) действие государства, позволяющего, чтобы его территория, которую оно предоставило в распоряжение другого государства, использовалась этим другим государством для совершения акта агрессии против третьего государства;

g) засылка государством или от имени государства вооруженных банд, групп, иррегулярных сил или наемников, которые осуществляют акты применения вооруженной силы против другого государства, носящие столь серьезный характер, что это равносильно перечисленным выше актам, или его значительное участие в них.

Статья 5.

Никакие соображения любого характера, будь то политического, экономического, военного или иного характера, не могут служить оправданием агрессии. Агрессивная война является преступлением против международного мира. Агрессия влечет за собой международную ответственность»[41].

«Декларация о недопустимости интервенции и вмешательства во внутренние дела государств. Принята резолюцией 36/103 Генеральной Ассамблеи от 9 декабря 1981 года

Генеральная Ассамблея, принимая во внимание Определение агрессии, торжественно заявляет, что:

1. ни одно государство или группа государств не имеет права осуществлять интервенцию или вмешательство в любой форме или по какой бы то ни было причине во внутренние и внешние дела других государств;

2. принцип отказа от интервенции и невмешательства во внутренние и внешние дела государств включает следующие права и обязанности:

[41] Определение агрессии. Утверждено резолюцией 3314 (XXIX) Генеральной Ассамблеи ООН от 14 декабря 1974 года). URL: https://www.un.org/ru/documents/decl_conv/conventions/aggression.shtml

a) суверенитет, политическую независимость, территориальную неприкосновенность, национальное единство и безопасность всех государств, а также национальную самобытность и культурное наследие их народов;

b) суверенное и неотъемлемое право государства свободно определять свою собственную политическую, экономическую, культурную и социальную систему, развивать свои международные отношения и осуществлять неотъемлемый суверенитет над своими природными ресурсами в соответствии с волей его народа без внешней интервенции, вмешательства, подрывной деятельности, принуждения или угрозы в какой бы то ни было форме;

c) право государств и народов иметь свободный доступ к информации и полностью развивать без вмешательства свою систему информации и средств массовой информации и использовать свои средства информации в целях содействия своим политическим, социальным, экономическим и культурным интересами и чаяниям, на основе, в частности, соответствующих статей Всеобщей декларации прав человека и принципов нового международного порядка в области информации;

f) обязанность государства воздерживаться от оказания содействия, поощрения или поддержки, прямо или косвенно, мятежной или сепаратистской деятельности в других государствах под каким бы то ни было предлогом, или от каких-либо действий, направленных на нарушение единства или подрыв, или свержение политического строя других государств;

g) обязанность государства не допускать на своей территории обучения, финансирования и вербовки наемников или засылки таких наемников на территорию другого государства и отказывать в предоставлении средств, включая финансирование, для оснащения и транзита наемников;

j) обязанность государства воздерживаться от любых клеветнических кампаний, оскорбительной или враждебной пропаганды с целью осуществления интервенции или вмешательства во внутренние дела других государств;

k) обязанность государства при осуществлении своих международных отношений в экономической, социальной, технической и торговой областях воздерживаться от любых мер, которые могут представлять собой интервенцию или вмешательство во внутренние или внешние дела другого государства, препятствуя ему тем самым свободно определять свое политическое, экономическое и социальное развитие; это включает, в частности, обязанность государства не использовать свои программы внешней экономической помощи и не прибегать к любой многосторонней или односторонней экономической репрессалии или блокаде и не допускать использования транснациональных или многонациональных корпораций, находящихся под его юрисдикцией или контролем, в качестве средств политического давления или принуждения против другого государства в нарушение Устава Организации Объединенных Наций;

n) обязанность государства воздерживаться от организации, обучения, финансирования или вооружения политических и этнических групп на своих территориях или территориях других государств с целью осуществления подрывной деятельности, создания беспорядков или волнений в других странах;

e) право и обязанность государства не признавать ситуаций, сложившихся в результате угрозы силой или ее применения, или актов, совершенных в нарушение принципа отказа от интервенции и невмешательства».

Уголовный кодекс УК РФ устанавливает:

*«**Ст. 353.** Планирование, подготовка, развязывание или ведение агрессивной войны наказываются лишением свободы на срок от семи до пятнадцати лет.*

Ведение агрессивной войны — наказывается лишением свободы на срок от десяти до двадцати лет.

***Ст. 354.** Публичные призывы к развязыванию агрессивной войны — наказываются штрафом в размере до трехсот тысяч рублей или в размере заработной платы или иного дохода осужденного за период до двух лет либо лишением свободы на срок до трех лет.*

Те же деяния, совершенные с использованием средств массовой информации либо лицом, занимающим государственную должность Российской Федерации или государственную должность субъекта Российской Федерации, — наказываются штрафом в размере от ста тысяч до пятисот тысяч рублей или в размере заработной платы или иного дохода осужденного за период от одного года до трех лет либо лишением свободы на срок до пяти лет с лишением права занимать определенные должности или заниматься определенной деятельностью на срок до трех лет».

То, что может выставляться в качестве мотива нападения, для права и ООН не важно: месть, превентив, «нас вынудили», «мы исполняли союзнический долг», «мы вернули наши исконные земли»[42], или же просто «дело было вечером, делать было нечего».

---

[42] Актуально напомнить о существовании «Договора о дружбе, сотрудничестве и партнёрстве между Российской Федерацией и Украиной» (1997 год), который гласил: «Высокие Договаривающиеся Стороны в соответствии с положениями Устава ООН и обязательствами по Заключительному

Стоит отметить и такую форму агрессии как оккупация страны или ее части якобы по приглашению ее правительства — в том случае, если это правительство является марионеточным и созданным агрессором именно с этой целью[43].

Итак, ведение войны не тождественно официальному объявлению войны, и юридическая квалификация агрессии не зависит от того, имел ли место формальный акт «иду на вы».

В этой перспективе поставим простой вопрос — когда началась Вторая Мировая Война?

акту Совещания по безопасности и сотрудничеству в Европе уважают территориальную целостность друг друга и подтверждают нерушимость существующих между ними границ».

Также есть (был?) «Договор между Российской Федерацией и Украиной о российско-украинской государственной границе» (2003 год). «Российско-украинская государственная граница проходит так, как это указано в Описании прохождения государственной границы между Российской Федерацией и Украиной (Приложение 1) и изображено сплошной линией красного цвета на картах государственной границы между Российской Федерацией и Украиной».

Этот Договор подписан В. В. Путиным.

[43] Так действовала «Финляндская Демократическая Республика (Suomen kansanvaltainen tasavalta) — марионеточное государство. 1 декабря 1939 года советское радио сообщило о создании альтернативного правительства на территории Финляндии (**Териокское правительство**). Утром этого дня Красная армия вошла в приграничный город Териоки, а уже вечером якобы именно там было создано это правительство. Премьер-министром и министром иностранных дел стал финский коммунист, секретарь исполкома Коминтерна (ИККИ) Отто Куусинен. Уже 2 декабря это «правительство» заключило договор с СССР о территориальных уступках.

Так же решалась судьба Польши: Польский комитет национального освобождения (Polski Komitet Wyzwolenia Narodowego (PKWN)) — временный (с 21 июля по 31 декабря 1944 года) просоветский орган исполнительной власти Польши. Комитет был образован 21 июля 1944 года в Москве и на следующий день объявил о своей деятельности в первом же польском городе, куда вошли советские войска- в Хелме. Уже 26 июля 1944 года правительство СССР и ПКНО подписали соглашение, которым ПКНО признавалась властью на польской территории.

Порой историки советуют отказаться от европоцентризма и и посмотреть на мир глазами Китая. Для Китая, понесшего самые тяжелые человеческие потери в мире и столкнувшегося с самой дикой бесчеловечностью оккупантов, война с Японией началась задолго до Перл-Харбора.

Но «задолго» — это когда? В 1928 году? 1931? 1935? 1937?[44]

Дело в том, что официально Япония никогда не объявляла войну Китаю. Да и какому именно Китаю? У японцев в кармане всегда была парочка марионеточных китайских правителей. И при этом Сталин говорил о войне, причем уже мировой: «Война, так незаметно подкравшаяся к народам, втянула в свою орбиту свыше пятисот миллионов населения, распространив сферу действия на громадную территорию от Тяньцзина, Шанхая и Кантона через Абиссинию до Гибралтара; новая империалистическая война стала фактом» (Речь на XVIII съезде ВКП (б) 10 марта 1939 года).

Правительство Чан Кайши объявило войну Японии только после Перл-Харбора — 10 декабря 1941 года. Китайская Советская Республика во главе с Мао была провозглашена шестьюстами делегатов, собравшихся в селении Епин неподалёку от города Жуйцзинь 7 ноября 1931 года. Самопровозглашённая и не признанная даже СССР Китайская Советская Республика 5 апреля 1932 года официально объявила войну Японии.

А Япония так и просто никогда не объявляла войну Китаю. С точки зрения японской дипломатии войны в Китае просто не было. Была серия инцидентов типа Хасанского или Халхин-гольского. А сама Япония всего лишь из года в год расширяла зону безопасности, добиваясь демилитаризации некоторых китайских провинций. При этом время от времени Япония фиксировала этот демилитаризованный статус соглашениями с китайским правительством.

---

44 В 1931 году Квантунская армия вторглась в Китайскую Манчжурию. В 1933 году агрессор захватил еще китайскую провинцию Жэхэ. В 1935 году японские войска вошла в Чахар и Хэбэй.

11 мая 1939 года регулярные японские войска напали на монгольские погранзаставы в районе озера Буир-Нур. Война? — Официально вроде как нет.

Аналогично в противостоянии с СССР — от Японии зависело, как ранжировать события на Халхин-Голе: продолжать выдавать их за «инцидент», вызванный «неясностью» прохождения границы, или за «разведку боем», либо поднять ставки и союзническую помощь СССР Монголии превратить в казус белли.

Гитлер в 1941 году так и не объявил войну Югославии. А просто так, ненароком ее оккупировал, просто превентивно стремясь отодвинуть базы англосаксов от границ Рейха. Так была ли Югославия участником Второй Мировой войны, если войну ей не объявляли? Так, просто слегка пооперировали на ее теле.

В Норвегию Гитлер вторгся, не только не объявляя ей войну, но и под предлогом ее защиты. Норвежское правительство и король с этим не согласились, и несколько лет им пришлось провести в изгнании.

Это особенность колониальных войн: заведомо более сильная держава считает возможным «замирение» своей колонии без формальностей об объявлении войны. Король Георг ведь не объявлял войну Джорджу Вашингтону или штату Пенсильвания, а просто слал воинские подкрепления за океан. Правда, 23 августа 1775 г. в своей Прокламации король объявил часть американских колоний в состоянии «открытого восстания» и приказал чиновникам империи «приложить максимум усилий в стремлении противостоять и подавить такое восстание».

Так что война без объявления войны — это давно известная практика.

Когда-то, в 2014 году, Минобороны России это признавало:

«Механизм агрессии заключается в том, что государство-агрессор (или коалиция стран) раскалывает страну- жертву изнутри. Для этого всячески инспирируются, разжигаются

имеющиеся внутренние противоречия. Неважно какие — национальные, религиозные, социальные или территориальные.

У населения страны — жертвы агрессии происходит полная потеря ориентации в системе координат „свой-чужой". Вместо того, чтобы объединиться перед лицом внешней агрессии, часть населения вступает в борьбу против другой части своего народа.

Агрессор при этом выступает в роли „защитника" одной из сторон внутреннего конфликта, им же спровоцированного. ***Отряды наемников и бандформирования целенаправленно используют гражданское население как „живой щит", что приводит к большим потерям среди мирного населения, не участвующих в конфликте граждан…*** *„Цветные революции" создают условия для необязательного соблюдения норм международного права, регулирующих ведение войны. Это обусловлено тем, что вооруженные формирования оппозиции и наемников являются негосударственными образованиями, поэтому находятся вне рамок правового поля и не несут никакой ответственности за нарушение международного законодательства. Четвертая особенность — криминализация войны. В ней принимают активное участие криминальные структуры. Безнаказанность и вседозволенность ведет к тому, что боевые действия ведутся бандитскими и террористическими методами.*

И наконец, последняя особенность, которую хотелось бы озвучить, заключается в широком использовании частных военных формирований и сил специальных операций. При ведении войн против государства по технологиям „цветных революций" возникает потребность в военных формированиях, позволяющих скрыть явно выраженное вмешательство одного государства в дела другого. В этих условиях возрастает роль сил специальных операций, выполняющих задачи диверсионно-разведывательными методами.

Кроме того, к ведению боевых действий широко привлекаются частные военные компании, которые представляют собой формирования наемников. Отмечу, что проведенные ими боевые операции отличаются неразборчивостью в средствах, большим количеством убитых и раненых среди гражданского населения. В целом приходится констатировать, что войны, инициированные в рамках „цветных революций", ведутся самыми низменными способами. С точки зрения международного права и морали, они больше соответствуют средневековью, чем двадцать первому веку»[45].

А если от вопросов права перейти в мир этических оценок, то и в отношениях между странами должно было бы действовать «золотое правило этики». Не желай другому нежеланного себе самому. Или, как это сказано в Деклара́ции прав человека и гражданина, принятой Национальным учредительным собранием революционной Франции 26 августа 1789 года, «Свобода состоит в возможности делать все, что не вредит другому: таким образом осуществление естественных прав каждого человека ограничено лишь теми пределами, которые обеспечивают другим членам общества пользование теми же самыми правами. Эти пределы могут быть установлены лишь Законом».

Вот хотели бы россияне, чтобы Китай для защиты своих соотечественников, живущих на российском Дальнем Востоке, начал свою СВО в тех же краях?

---

[45] Из доклада начальника Главного оперативного управления Генерального штаба Вооруженных Сил РФ генерал-полковника Владимира Зарудницкого на III Московской конференции по международной безопасности.

23 мая 2014 года.

URL: http://geopolitics.by/analytics/voennye-aspekty-cvetnyh-revolyuciy

Републикация: URL: https://express.adobe.com/page/QIXYtK6BMRfur

Глава 3

ЧТО СЧИТАТЬ РОССИЕЙ?

При рассмотрении кейса «агрессивные войны России» есть очевидная трудность в ответе на вопрос — что считать «Россией». Вбирает ли в себя этот термин все те протогосударственные образования, о которых повествуется в школьном курсе «История Отечества»? История народов и государств, абсорбированных Россией — это история России?

Если история Якутии, Крыма, Чечни, Татарстана — это история России, то с какого времени? Только со времени «мирного присоединения»?

Ведь очерки их истории входят в курсы «Отечественной истории» и начинаются эти очерки все же не со дня присяги московскому царю. Кто из историков готов присягнуть и доказать, что сотни этносов, ныне составляющих Российскую Федерацию, никогда не вели себя агрессивно?

А если курс называется «История Отечества», то должна ли в него входить история Казанского, Сибирского, Крымкого ханств, история дагестанских Шамхальств, ногайской орды, история не всегда мирных переселений калмыцкого и якутского[46] народов?

---

[46] Якуты с боями пришли в нынешнюю Якутию, побив и оттеснив автохтонные племена юкагиров и эвенков. «…Согласно записям XIX–XX вв., Тыгын неустанно преследует другие роды и племена, убивает их воинов-богатырей, а также в ряде случаев безжалостно истребляет их жен

Крымские татары неоднократно были как союзниками, так и противниками московских правителей. Некоторые свои войны они вели безотносительно к Москве. Например, совершали набеги на Кабарду, походы на земли адыгов и черкесов.

Тут просто фиксируем проблему: «История России» не вполне совпадает ни с «историей русских», ни с «Отечественной историей». Она и шире, и уже. История татар, башкир, якутов — это часть «Отечественной истории», но до определенного времени не часть «Истории России». История казаков, литвинов, киевлян — это часть «Отечественной истории», это часть «истории русских», и на определенных этапах — часть «Истории России». Поэтому при анализе формулы «Россия никогда…» или «Россия всегда…» прежде фактографического рассмотрения уместно задуматься над проблемой субъектности — что, кто и при каких условиях считается в этой формуле субъектом деяния.

Но сосредоточимся только на «русском» мейнстриме отечественной истории.

Если банды норманов-варягов — это «Россия» (этимология слова «рос» говорит в пользу такого отождествления)[47], то походы киевских князей Святослава и Олега на Царьград — это чистейшая агрессия.

и детей, захватывает имущество побежденных и предает огню жилища. «Если где-нибудь, хотя бы в отдельных улусах, появлялся сильный богатырь, Тыгын стремился сжить его с белого света. Для этого он посылал сильных ратных людей с приказом доставить богатыря живого или мертвого. Если посланные не имели успеха, то Тыгын отправлялся сам с войсками. Таким образом, он убил много славных богатырей». Поневоленные Тыгыном люди других родов и племен, разумеется, не только боялись, но и ненавидели его. Так возникли пропитанные горечью поражений, обидой и злобой легенды намцев, борогонцев, вилюйчан и других племен, легенды, явно не лишенные оснований. Но, с другой стороны, среди собственных родичей Тыгын достиг величайшего почета, культового преклонения». (Пестерев В.И. История Якутии в лицах. — Якутск, 2001. URL: http://kyndeli.narod.ru/peaple_tigin_darxan.htm)

[47] В 1989 г. Д.С. Лихачев предложил на Византийском конгрессе, проходившем в Москве, называть Древнюю Русь «Скандославией».

Первая русская летопись начинает первый эпизод национальной истории вовсе не с асадовской «косы»: герои летописи прежде «призвания варягов»[48] их изгнали, «начали сами собой владеть, и не было среди них правды, и встал род на род, и была у них усобица, и стали воевать друг с другом» (Повесть временных лет, 862 год).

За 10 лет до этого в этой летописи стоит первая дата:

«В год 6360 (852)*, когда начал царствовать Михаил, стала прозываться Русская земля. Узнали мы об этом потому, что при этом царе приходила Русь на Царьград, как пишется об этом в летописании греческом. Вот почему с этой поры начнем и числа положим».*

Итак, первая зарубка национальной памяти — «приходила Русь на Царьград». Византия напала на Киев? Нет, и близко не подходила. А Русь на Царьград ходила с мечом или с косой? Святославово «Иду на вы» — это самооборона?[49]

А о чем говорит древнейшее произведение русской литературы? «Слово о полку Игореве» оплакивает князя, погибшего в отчетливо агрессивном походе 1185 года:

«наплънився ратнаго духа, наведе своя храбрыя плъкы на землю Половецькую… Хощу бо, рече, копие приломити конець поля Половецкаго с вами Русици, хощу главу свою приложити, а любо испити шеломомь Дону».

---

[48] Вообще это довольно типовая история: тюрки-болгары, придя на Балканы, покорили местные славянские племена. Уральцы-венгры, придя в средний Дунай, покорили славянские племена. Немцы в Саксонии покорили славянские племена.

[49] В 907 году щит Олега на вратах невзятого им Цареграда это вовсе не знак победы. Скорее наоборот. Это сложенное и оставленное оружие. Воины отчуждали от себя свое оружие при давании клятв и подписании договоров. «Отказ во время клятвы как от меча — оружия наступательного, так и от щита — оружия оборонительного, означает что на момент клятвы воин оказывался безоружным и беззащитным» (см.: Мусин А. Е. Milites Christi Древней Руси. Воинская культура русского Средневековья в контексте религиозного менталитета. — СПб, 2005. С. 114–118).

Далее — в переводе Николая Заболоцкого:

«О Русская земля! Ты уже за холмом… Смяло войско половцев поганых и умчало половецких дев. Захватили золота без счёта, груду аксамитов и шелков… День и ночь над полем незнакомым стрелы половецкие свистят. И настала тяжкая година, поглотила русичей чужбина».

Как видим, первый русский стих воспевает вполне агрессивную войну на чужой земле («за холмом»), правда, оплакивает то, что обернулся тот поход немалой русской кровью. Слезы половецких дев и кровь половцев в расчет не берутся.

Еще один древней русский литературный памятник — «Слово о Законе и Благодати» киевского митрополита Иллариона:

«Похвалим же и мы, по силе нашей, малыми похвалами, великое и дивное сотворившего, нашего учителя и наставника, великого князя земли нашей Владимира, внука старого Игоря, сына же славного Святослава, которые во времена своего владычества мужеством и храбростью прослыли в странах многих и ныне победами и силою поминаются и прославляются. Ибо не в худой и неведомой земле владычество ваше, но в Русской, о которой знают и слышат во всех четырех концах земли».

Упомянутые Игорь и Святослав защищали Киев от нападения «со всех четырех концах земли»? Или эти норманы-Рюриковичи ходили в грабительские походы во все стороны? Повесть временных лет ясно говорит о характере этих походов:

«Пришел Святослав в Переяславец, и затворились болгары в городе. И вышли болгары на битву со Святославом, и была сеча велика, и стали одолевать болгары. И сказал Святослав своим воинам: „Здесь нам и умереть; постоим же

мужественно, братья и дружина!" И к вечеру одолел Святослав, и взял город приступом, и послал к грекам со словами: „Хочу идти на вас и взять столицу вашу, как и этот город"».

971 год

После печального для русов Доростольского сидения Святослав заключает договор с императором Цимисхием:

«И никогда не буду замышлять на страну вашу, и не буду собирать на нее воинов, и не наведу иного народа на страну вашу, ни на ту, что находится под властью греческой, ни на Корсунскую страну и все города тамошние, ни на страну Болгарскую».

Стоит отметить односторонность этой формулы: греческий император не берет ответных обязательств не нападать на Киев (по той причине, что это ему и в голову не могло прийти).

И точно ли доброй была слава об этих князьях «в странах многих»? Византийский историк Лев Диакон передает такое мнение:

«Сфендослав (таким именем он назывался у тавров) не в силах был сдержать своих устремлений; возбужденный надеждой получить богатство, видя себя во сне владетелем страны мисян, он, будучи мужем горячим и дерзким, да к тому же отважным и деятельным, поднял на войну все молодое поколение тавров...»

Арабский историк Аль-Масуди (писал в середине X века) сохранил такую память о походах русов:

«После того, как русские суда прибыли к хазарским людям, поставленным при устье рукава, они (русы) *послали к хазарскому царю просить о том, чтоб они могли перейти в его страну, войти в его реку и вступить в Хазарское море — под условием, что они дадут ему половину из всего, что награбят у народов,*

живущих по этому морю. Он же (царь) *согласился на это. Посему они вступили в рукав, достигли устья реки* (Дона) *и стали подниматься по этой водяной полосе, пока не достигли реки Хазарской* (Волги), *вошли по ней в город Итиль, прошли его и достигли устья реки и впадения ее в Хазарское* (Каспийское) *море. И русские суда распространились по этому морю, толпы их бросились на на города Табаристана, на Абаскун, который находится на Джурджанском берегу, на Нефтяную страну и по направлению к Адарбайджану. И Русы проливали кровь, брали в плен женщин и детей, грабили имущество, распускали всадников* (для нападений) *и жгли. Народы, обитавшие около этого моря, с ужасом возопили, ибо им не случалось с древнейшего времени, чтоб враг ударил на них здесь, а прибывали сюда только суда купцов и рыболовов. Русы же воевали с Джилем, Дайлемом и с военачальником у Ибн-абис-Саджа и достигли до Нефтяного берега в области Ширвана, известного под названием Баку. При возвращении своем из прибрежных стран русы поворотили на острова, близкие к Нафте, на расстояние нескольких миль от нее. И жители вооружились, сели на корабли и купеческие суда и отправились к этим островам; но русы устремились на них и тысячи мусульман были умерщвлены и потоплены. Многие месяцы русы оставались на этом море в таком положении; никто из тамошних народов не имел возможности подступать к ним на этом море, а все они укреплялись и были на страже от них, ибо море это обитаемо вокруг народами. После того, как они награбили и им надоела эта жизнь, отправились они к устью Хазарской реки и истечению ее, послали к царю хазарскому и понесли ему деньги и добычу по их уговору»*[50].

---

50 Гаркави А. Я. Сказания мусульманских писателей о славянах и русских (с половины VII в. до конца X века по Р. Х.). — СПб, 1870. С. 132. URL: https://www.vostlit.info/Texts/Dokumenty/Russ/X/Garkavi_mus_pis/11.htm

И сами киевляне четко понимали — кто какую войну ведет:

«(965 год). *Пошел Святослав на хазар. Услышав же, хазары вышли навстречу во главе со своим князем Каганом и сошлись биться, и в битве одолел Святослав хазар, и столицу их и Белую Вежу взял. И победил ясов и касогов…* (967) *Пошел Святослав на Дунай на болгар. И бились обе стороны, и одолел Святослав болгар, и взял городов их 80 по Дунаю, и сел княжить там в Переяславце, беря дань с греков. В год 6476* (968). *Пришли впервые печенеги на Русскую землю. И послали киевляне к Святославу со словами: «Ты, князь, ищешь чужой земли и о ней заботишься, а свою покинул, а нас чуть было не взяли печенеги, и мать твою, и детей твоих».*

Но стоит вернуться к похвальбе митрополита Илариона: «Похвалим же и мы Игоря и славного Святослава, которые прослыли в странах многих и ныне победами и силою поминаются и прославляются». Первый русский (по национальности) киевский митрополит не стыдится разбойной славы своих князей…

Русь Изначальная — это верхнее и среднее Поднепровье. И было два врага у нее заклятых — Степь и Лес. Хазарско-печенежско-половецкая степь и финно-угорский лес[51].

И если про первого соседа остались хотя бы былины, то про колонизацию «финно-угорского леса» массовое сознание узнаёт лишь, когда задает вопрос о значении и происхождении имени «Москва».

В 1451 году юный наследник Василия Второго Иван Васильевич и татарский царевич Якуб на Кокшенге расправляются с кокшарами — «градкы их поимаша, а землю всю поплениша и в полон

---

[51] Очень точно у Александра Галича:

На степные урочища,
На лесные берлоги
Шли Олеговы полчища
По дремучей дороге.

поведоша». Уйдя с Андреевых селищ и Галишны на реку Городишну, приток Сухоны, далее на Сухону, Селенгу и, наконец, на Кокшенгу (ее верховья близки к Сухоне) Иван Васильевич «город Кокшенской взял, а кокшаров секл множество»[52]. Великокняжеская рать дошла до устья Ваги и Осинова Поля и вернулась «со многим пленом и великою корыстью»[53]. А кто такие кокшары? Наверно, одно из марийских племен. Но вот коснулся их своим дыханием «русский мир» — и спалил к своей «великой корысти»…

---

[52] Устюжская летопись (ПСРЛ. Т. 37. С. 89); Никаноровская летопись (ПСРЛ. Т. 27. С. 118).

[53] Вологодско-Пермская летопись // Полное собрание русских летописей (ПСРЛ). Т. 26. С. 212.

Приложение.
ВЫ ЧЬИ, КАЗАКИ?

Является ли казачество частью истории России или истории русского народа?

Или это история Украины и украинского народа? Или это совместная наша история?

Каков бы ни был ответ на этот вопрос, ясно другое: это боевое сословие само ставило себе боевые задачи, и далеко не всегда они были оборонительными.

Казаки были большими охотниками сходить в откровенно разбойничий или пиратский поход. Можно вспомнить рассказ Боплана:

«Киев. Именно отсюда вышли те отважные люди, которые в настоящее время называются запорожскими казаками. Эти люди, которые часто, почти ежегодно, предпринимают набеги на Понт Эвксинский и наносят большой вред туркам. Они много раз грабили Крым, принадлежащий Татарии, опустошали Анатолию, разоряли Трапезунд и достигали даже устья Черного моря, в трех милях от Константинополя, откуда, предав все огню и мечу, возвращаются с большой добычей и некоторым [числом] рабов, обыкновенно малых детей, которых оставляют у себя в качестве прислуги или же дарят

вельможам своей страны. Пожилых людей они никогда не берут с собой, разве что тогда, когда считают их достаточно богатыми, чтобы заплатить за себя выкуп»[54].

А история казачества? Это разве сплошное «стояние за Святое Православие»?

И хотя в современной саморекламе казаки и в России, и в Украине называют себя защитниками православия, но если посмотреть на то, кого они резали-грабили и кому они бывали союзниками, тот эта конфессиональная отчетливость очень и очень расплывается.

В первых главах «Тараса Бульбы» Гоголь дает такое описание Сечи: «…тут было множество образовавшихся опытных партизанов, которые имели благородное убеждение мыслить, что все равно, где бы ни воевать, только бы воевать, потому что неприлично благородному человеку быть без битвы».

Этот настрой он передает в таком разговоре:

«Старый Тарас все придумывал, как бы поднять Сечь на отважное предприятие, где бы можно было разгуляться как следует рыцарю; наконец в один день пришел к кошевому и сказал ему прямо:

— Что, кошевой? пора бы погулять запорожцам.

— Негде погулять, — отвечал кошевой, вынувши изо рту маленькую трубку и сплюнув на сторону.

— Как негде? можно пойти на турещину или на татарву.

— Не можно ни в турещину, ни на татарву. Мы обещали султану мир.

— Да ведь он бусурман: и Бог и Святое Писание велит бить бусурманов.

---

[54] Гийом Левассер де Боплан. Описание Украины. — М., 2004. С. 152–153.

— Не имеем права. Если б не клялись еще нашею верою, то, может быть, и можно было бы; а теперь нет, не можно.

— Как не можно? Как же ты говоришь: не имеем права? Вот у меня два сына, оба молодые люди. Еще ни разу ни тот, ни другой не был на войне, а ты говоришь — не имеем права; а ты говоришь — не нужно идти запорожцам.

Кошевой не дал ответа на этот вопрос. Это был упрямый казак. Он немного помолчал и потом сказал:

— А войне все-таки не бывать.

— Так не бывать войне? — спросил опять Тарас.

„Постой же ты, чертов кулак! — сказал Бульба про себя, — ты у меня будешь знать!" И положил тут же отомстить кошевому».

История подтверждает это безразличие запорожцев к выборам своих целей.

В 1653 году православный молдавский монастырь Путна, как и другие монастыри Молдовы, был разграблен казаками под предводительством Тараса Богдановича Хмельницкого. В феврале 1676 года казачий разгром этого монастыря повторился[55].

Вот эпизод, который я привожу просто ради его обычности: в том году из Бахчисарая был впервые назначен «гетман ханскою милостью» Степан (Стецик) Лозинский, он же Степан Ягорлыцкий, «Стецик Тягинский» и «Стефан Иванович, гетман от хана». С его именем следует связать появление «ханских», или «Стециковых», сел на левом берегу Днестра.

---

[55] См. Путна // Православная энциклопедия. Т. 59. — М., 2020. С. 59. В свою очередь, контингенты придунайских княжеств — молдавского господаря Антона Росетти и валашского Георгия Дуки — вместе с турецкой армией ходили воевать против казаков и России. 20 000 молдавских воинов участвовали в осадах Чигирина 1677–78 годов.

В 1694 г. по приказу короля Речи Посполитой Яна Собеского подвластный ему казацкий полковник Семен Палий выступил в Буджак для уничтожения «ханских» сел, заселенных ногайцами; другой же казацкий полковник, Самуил (Самійло, Самусь) Иванович, опустошил околицы г. Сороки, ходил на «села Стеця, гетмана ханского, и, уничтожив [их], значительную выгоду имел, одних больших овец волошских шесть тысяч забравши». Окрыленные этим успехом, Палий и Самусь в 1695 г. пошли «под Дубоссары на Стеця» с отрядом, состоящим всего из нескольких сотен казаков. Их действия имели не только грабительские, но и геноцидные признаки. Нападающие, выпустив Лозинского из Ягорлыка, сожгли городок и замок, «людей до наималейшего ребенка вырезали», набрали добычи на 2 тыс. возов и несколько десятков тысяч голов скота.

Когда же они, возвращаясь, на радостях пьянствовали, Лозинский, взяв у тягинского бея несколько сотен «татар» (вероятно, липок) и «своих людей столько же сгромадив», на переправе подстерег их и «больше двухсот трупов положил». Палий и Самусь, ушедшие с недобитым отрядом, сорвали свою злость на пленных «волохах» — «согнали их в купу и вырезали, а села все, которые неприятелю принадлежат, до основания снесли»[56]. Речь идет о массовом убийстве украинцев и молдаван казаками.

Патриарх Кирилл внушает нам, будто «Мы знаем, как в Смутное время польско-литовские захватчики пришли даже сюда (в Вологду) и подожгли величественный Софийский собор»[57].

А кто это сделал на самом деле?

«Когда таким образом дело уладилось под Москвою, пришли дурные вести с севера: ***малороссийские козаки, или***

---

[56] Грибовский В. В. Казачество в тюркском и славянском мирах. — Казань, 2018. С. 268–269.

[57] URL: http://www.patriarchia.ru/db/text/5222800.html

черкасы[58], отделившись от Ходкевича, подошли нечаянно к Вологде и взяли ее*; вологодский архиепископ Сильвестр так описывал это происшествие в грамоте к Пожарскому: „22 сентября, за час до восхождения солнца, разорители православной веры пришли на Вологду безвестно изгоном, город взяли, людей всяких посекли, церкви божии поругали, город и посады выжгли до основания; воевода князь Иван Одоевский Меньшой ушел, а другого воеводу — князя Григорья Долгорукого и дьяка Корташева убили; меня грешного взяли в полон и держали у себя четыре ночи, много раз приводили к казни, но Господь смилосердовался, чуть живого отпустили. А когда они пришли к Вологде, то воеводским нераденьем и оплошеством от города отъезжих караулов, сторожей на башнях, на остроге и на городской стене, головы и сотников с стрельцами, у наряда пушкарей и затинщиков не было; были у ворот на карауле немногие люди, и те не слыхали, как литовские люди в город вошли, а большие ворота были не замкнуты. Польские и литовские люди пошли с Вологды 25 сентября; и теперь, господа, город Вологда жженое место, окрепить для осады и наряд прибрать некому; вологжане, которые убежали, в город сходиться не смеют; пришел с Белаозера воевода Образцов с своим полком и сел на Вологде, но его никто не слушает, друг друга грабят: так вам бы, господа, прислать на Вологду воеводу крепкого и дьяка; а все, господа, делалось хмелем, пропили город Вологду воеводы"»*[59].

Это была разбойничья шайка, отделившаяся от польского гетмана Хоткевича, который шел к Москве на помощь осажденным

[58] В российском государстве (в частности, в летописях, а также в официальных документах и государственных законодательных актах) вплоть до конца XVIII века термин «черкасы» употреблялся в качестве экзонима малороссийских казаков.

[59] Соловьев С. М. История России с древнейших времен. URL: https://azbyka.ru/otechnik/Sergej_Solovev/istorija-rossii-s-drevnejshih-vremen/8

Полякам, но после четырехдневного боя (21–24 августа) был отражен Пожарским и отступил к Можайску.

О вологодской резне выходили хоть и немногочисленные, но достаточно серьезные исторические исследования. Самую подробную статью о ней написал в 1898 году Н. Ардашев в Журнале Министерства народного просвещения Российской империи. Пересказ ее в 1900 году опубликовала «Киевская старина»:

> *«Осадив и разорив Вологду,* ***черкасы*** *явились к Спасо-Прилуцкому монастырю* (в 5 верстах от города). *Здесь они „братью и служек и крестьянец многих посекли и в церкви Божия милосердия образы ободрали, и казну монастырскую без остатка поимали". Потом, по словам автора той же статьи, „черкасы ушли от Вологды и пошли вверх по Сухоне к Тотьме, опустошая по пути волости, сжигая деревни и убивая людей"»*[60].

---

[60] «Запорожские казаки держали путь на самый север, намереваясь разграбить Соловецкий монастырь. Но из-за сопротивления местных жителей повернули к Новгороду. Там они нанялись на службу шведскому полководцу Понтусу Делагарди. Делагарди был сначала на московской службе со своими шведскими солдатами. Но, подобно атаману Зеленому, тоже пустился в автономное плавание. Казакам он не платил. Те обижались, грабили русские деревни и таким „геройством" добывали себе пропитание. Перечислить все пострадавшие от них города и монастыри в одной статье просто не представляется возможным — Каргополь, Холмогоры и т. д. Во главе с полковником Барышпольцом и неким сотником Федком, хорошо знавшим иностранные языки, казаки вышли к самому Белому морю. Весь север России был объят страхом перед этими пришельцами.

Конец их походу, как обычно, положила суровая русская зима и „государевы люди" — то есть войско, присланное князем Пожарским. Они подстерегли запорожцев и разбили в битве у Олонца — теперь это райцентр в Карелии, а до революции — столица губернии. Сотник-переводчик попал в плен, Барышпольца сместили с должности, устроив, как обычно, раду с перевыборами. И… скрылись в неизвестном направлении, оставшись тенью на страницах истории и строчками в военных отчетах».

URL: https://mikle1.livejournal.com/3285725.html

«Вольные казаки» бывали весьма вольны именно в беззакониях.

О «Смоленской войне» 1653–56 годов русский историк еще в XIX веке признавал: «Война вообще велась со всеми ужасами войн столетия, со всеми кровавыми признаками национальной мести и религиозного ожесточения. Паны, Поляки и Жиды осуждены были заранее на безпощадную гибель там, где являлся Золотаренко со своими удальцами»[61].

Упомянутый Иван Никифорович Золотаренко — шурин Богдана Хмельницкого. Он возглавлял 20-тысячный корпус Запорожских казаков (Нежинский, Черниговский, и Стародубский полки), направленных для совместных действий с русскими войсками. Сергей Соловьев отмечал, что «Военные подвиги черкасского гетмана сопровождались, однако, страшными жестокостями». В награду за ратную службу Золотаренко получил царскую грамоту на город Глухов. 17 октября 1655 года он был убит[62].

---

[61] Васильевский В. Г. Вильна под Русскою властью (1655–1661) // Памятники Русской старины в Западных губерниях империи, издаваемые по Высочайшему повелению П. Н. Батюшковым. Выпуск 6. — СПб, 1874. С. 51–52.

[62] На Рождество 1655 года гроб с телом Ивана Золотаренко привезли в Никольскую церковь города Нежин, построенную на его деньги. Летописец упоминает, что храм была полон, но не ради службы, а любопытствующими — «а служба Божая забавна з музикою спевана отправовалося». Пономарь неаккуратно гасил свечки в алтаре — и от них занялись огнем деревянные стены. В той церкви сгорело более 430 человек (Літопис Самовидця. — Киев, 1878. С. 42–44). Интересно, что в этом рассказе Летописи не раз звучит слово «аппарат». И, похоже, в значении «богослужебное облачение» (два родных брата-священника сгорели «во всех аппаратах як служили»). (см. Словник української мови XVI — першої половини XVII ст. Т. 1. С. 113). Похоже, это заимствование старофранцузского **appareil** в значении «Déroulement d'un cérémonial» (проведение церемонии). Обезличенность православной службы, где священники тщательно аннулируются униформой, заранее написанными текстами и предписанными ритуальными жестами, очень хорошо передается этим словом. Поп как литургический аппарат и автомат. Богословски это означает гарантию

Особая история — участие казаков в европейской Тридцатилетней войне между католиками и протестантами. Тут православные казаки помогали католикам. Деулинский мир замирил Москву и Польшу. Казачьи банды остались без доходов — и пошли на заработки в Европу.

В 1619 году реформаторы чехи и венгры осаждали католическую Вену. В тыл им ударили запорожские казаки, посланные польским королем Сигизмундом III Вазой…

В следующем году казаки прошли через всю Моравию, сжигая все протестантские храмы, но уже на окраинах Вены потерпели поражение от преследовавших их отрядов протестантов.

В 1620 году решилась судьба Чешской реформации. В битве на Белой горе (окраина современной Праги) сошлись протестанты (чехи, саксонцы, венгры) и католики (баварцы, австрийцы, поляки). В ходе битвы запорожские казаки, воевавшие в составе польской армии, опрокинули венгерскую конницу, воевавшую на стороне чехов. Так что вклад православных казаков в победу католиков Чехии неоспорим.

Чехам установление 300-летнего правления католической иностранной династии не то чтобы очень понравилось. Сегодня у Чехии репутация самой атеистической страны Европы. И это не советское наследие. Просто в народную память крепко вбито кровавое подавление местных реформаторских движений — от Яна Гуса и Яна Жижки до Тридцатилетней войны.

Католическая армия, войдя в Прагу, учинила в городе расправу над участниками восстания против правления австрийской династии Габсбургов. Последовали массовые гонения на протестантов[63].

качества: от нас и наших грехов тут ничего не зависит; программа, предписывающая две шаги налево-три шаги направо, все равно даст гарантированный результат (благодатный).

[63] На правах нынешнего пражского эмигранта отмечу, что ближайшая к так и не застроенной Белой горе улочка называется «Аллея чешских беженцев» (Alej Českých exulantů) — в память о чешских протестантах, которые

«Победители не знали пощады. Целую неделю ворота города были закрыты, и войска могли делать в нем все, что угодно. Теоретически наказанию подлежали только повстанцы, но солдатня не собиралась заниматься политическими опросами и не считала, что она должна это делать. Валлонам, французам, немцам, полякам, ирландцам, казакам, наемникам самых разных национальностей было не до правил хорошего тона, да и не каждый день, даже не каждый год предоставляется возможность отвести душу в одном из самых богатых городов Европы»[64].

Казаки особо запомнились — ведь они целиком кормились за счёт военной добычи: «Казаки получили печальную известность благодаря многочисленным грабежам и насилиям, жертвами которых становилось мирное население. Не брезговали они грабить и земли своей родины, что было одной из причин, почему король Сигизмунд желал удалить их из Речи Посполитой настолько долго, насколько это возможно» [65].

были вынужены покинуть родную землю. А в 2020 году на этой аллее был поставлен Крест Смирения — покаянное творение немецкого архитектора, католического монаха-бенедектинца.

URL: https://cs.wikipedia.org/wiki/K%C5%99%C3%AD%C5%BE_sm%C3%AD%C5%99en%C3%AD

[64] Сесили Вероника Веджвуд. Тридцатилетняя война.

URL: http://flibusta.site/b/377777/read

[65] Беата Варга. Наёмные казаки на службе Венского двора во время Тридцатилетней войны // Az Új- és Jelenkori Egyetemes Történeti Tanszék tudományos közleményei, № 2013/2 (Budapest 2015). P. 397. URL: https://www.academia.edu/37999302/%D0%9D%D0%B0%D1%91%D0%BC%D0%BD%D1%8B%D0%B5_%D0%BA%D0%BE%D0%B7%D0%B0%D0%BA%D0%B8_%D0%BD%D0%B0_%D1%81%D0%BB%D1%83%D0%B6%D0%B1%D0%B5_%D0%92%D0%B5%D0%BD%D1%81%D0%BA%D0%BE%D0%B3%D0%BE_%D0%B4%D0%B2%D0%BE%D1%80%D0%B0_%D0%B2%D0%BE_%D0%B2%D1%80%D0%B5%D0%BC%D1%8F_%D0%A2%D1%80%D0%B8%D0%B4%D1%86%D0%B0%D1%82%D0%B8%D0%BB%D0%

Их число на службе императора возросло до 6 000 человек. Им было поручено охранять Моравию от возможного вторжения венгра Бетлена Габора. Их опустошительная вольница привела к массовому голоду.

Казаки никогда не рассматривались в качестве серьезной силы в императорской армии. Но и эти легковооруженные всадники были полезны: они умели хорошо вести разведку, совершали дерзкие набеги, добывали провиант и фураж. При этом они отличались крайней недисциплинированностью, к тому же были совершенно чужды западноевропейской культуре. Понимали это и те, по чьему призыву отряды «лисовчиков» прибыли в Священную Римскую империю. В частности, в начале 1621 г. кардинал Франц Дитрихштейн, озабоченный казацкими грабежами и разбоями, писал императору, что «они ведут себя хуже турок и возбуждают ненависть мирного населения»[66].

В 1626 году шеститысячный отряд казаков прошел по Северной Италии.

А в 1633 году четырехтысячный отряд запорожцев под предводительством полковника Тараского и под знаменами Габсбургов воевал уже в Люксембурге против французских войск генерала де Суассона.

В феврале 1636 года двухтысячный кавалерийский отряд казаков в составе корпуса хорватского генерала Изолани уже громил французскую провинцию Шампань. В октябре 1645 года полк запорожских казаков (примерно 2 500 человек, из них почти 800 кавалеристов) через морские ворота ворвался в централь-

---

B5%D1%82%D0%BD%D0%B5%D0%B9_%D0%B2%D0%BE%D0%B9%D0%BD%D0%B5

[66] Федорук А. В., доцент кафедры истории Украины Черновицкого национального университета. «Лисовчики» в битве на Белой горе 1620 г. (к вопросу о военной деятельности украинского казачества после окончания русской смуты). См. также: Варга Б. Украинские казаки на службе Габсбургов в международных военных конфликтах конца XVI — середины XVII в. URL: https://periodicals.karazin.ua/drinov/article/view/7734/7208

ный форт крепости Дюнкерк (тогда это была испанская цитадель)[67].

… На верность Москве донские казаки присягнули лишь в 1671 г. Учтя уроки казачье-разбойных набегов Смутного времени, с 1613 года Москва стала платить им «донской отпуск» в виде «четверикового хлеба». Южнорусские области были обязаны выращивать этот хлеб, перемалывать его в муку, строить корабли для доставки ее на Дон. И за это казна не платила: поставка хлеба казакам рассматривалась как форма налога («десятины»).

Неуправляемость и непредсказуемость грабительских интересов казаков привели Екатерину Великую к мысли о ликвидации Запорожской Сечи. Ведь одно дело — когда они воевали и грабили от своего имени обитателей «дикой степи», а другое — когда их стали воспринимать как подданных Ея Величества. Теперь они могли, не зная тонкостей имперской дипломатии, стать виновниками большой войны европейских империй[68].

Впрочем, такой сценарий беспокоил московские власти и ранее. В царской грамоте на Дон от 10 сентября 1622 г. правительство предупреждало донских казаков, чтобы те не принимали приходящих к ним из Польши казаков запорожских

Потому что они приходят к вам по наученью польского короля для того, что бы меж нас и турского салтана и крымского царя

---

[67] Махун С. Казаки-наёмники в Тридцатилетней войне (1618–1648). URL: https://zn.ua/SOCIETY/kazaki-naemniki_v_tridtsatiletney_voyne_16181648.htm

Махун дает ссылку на ненаучно-пропагандистскую книгу Січинський В. Чужинці про Україну. Но в ней нет рассказа про участие казаков в Тридцатилетней войне и тем паче про бои под Люксембургом. Критический анализ мифа про казаков под Дюнкерком см. Голубуцький В. Запорозьке козацтво. — Киев, 1994. С. 314–315.

[68] По той же причине ранее и польские короли запрещали казакам совершать произвольные набеги на побережье Османской империи и для контроля над запорожцами поляки построили в 1653 году крепость Кодак — недалеко от нынешнего аэропорта Днепропетровска (Грушевский. Історія України-Руси. Т. 8. Ч. 1. С. 214–215).

ссору учинити и война всчать. Да и самим вам то ведомо, что турский салтан и крымский царь приходили на Польшу и на Литву за то что туркского и крымского воевали запорожские черкасы. А если учинитца меж нас и турского и крымского ссора и война, и то все будет от вас, и вы б в том на себя нашего гнева не наводили и нашие к себе милости не теряли»[69].

Именно такой кризис в русско-турецких отношениях донские казаки создали еще весной 1637 года, когда они убили османского дипломата Фому Кантакузина (вместе с сопровождавшими его греческими монахами), осадили и захватили османскую крепость Азов. К султану была направлена миссия с заверениями о том, что убийство Кантакузина и захват Азова были делом рук разбойников: «донские казаки издавна воры, беглые холопы и царского приказания ни в чем не слушают, а рати послать на них нельзя, потому что живут в дальних местах... И вам бы, брату нашему, на нас досады и нелюбья не держать за то, что казаки посланника вашего убили и Азов взяли: это они сделали без нашего повеления, самовольством, и мы за таких воров никак не стоим, и ссоры за них никакой не хотим, хотя их, воров, всех в один час велите побить; мы с вашим султановым величеством в крепкой братской дружбе и любви быть хотим»...

Манифест Екатерины II от 18 ноября 1768 года «О начатии войны с Оттоманскою Портою» обвинял запорожцев в том, что своим разбоем они создали казус белли — и турецкая Порта «вздумала пользоваться посторонним случаем, то есть разорением татарской слободы Балты, принадлежащей Хану Крымскому, которое последовало от толпы разбойников, не уважая того, что Мы по первому известию о сем случае и прежде еще всяких жалоб с турецкой стороны повелели войскам Нашим разбойников переловить, а нашедшихся между ими подданных Наших запорожцев наказать всех, которые действительно и наказаны уже по мере их преступ-

---

69 Воссоединение Украины с Россией. Документы и материалы в 3 томах. Т. 1. — М., 1953. С. 27.

ления на самой границе в виду означенной слободы Балты. Итак, ныне в наружности сие от разбойников разорение татарской слободы Балты умышленно от Порты на счет войск Наших поставляемое» стало поводом для объявления Турцией войны России.

Старый казак вспоминал уже в начале XIX века: «некоторые куринные Отаманы делали им поблажку , ибо не всякий Ватажок собравши шайку тайно, ходил на добычу; но большею частью за ведомом куриня, по той причине , что когда бывало убирается Ватажок на добычу, и просит у Отамана Козаковъ, то куринный Отаман приказы дает Ватажкови: ну братчику, гляди-ж, щоб ты якого козака не утратив; сиречь: крадь, да кинци ховай. Тогда Ватажок надеясь на свое характерство отвечает Отаману: ни, батьку! будутъ вси цили. И так сиромы до таковой степени щалостей по своему характерству доходили, що после разбоев грабительств и убiйств, делали такия ище страшные и безчеловечные неистовства, що нелепо и говорити и на бумагу положити. О семъ доходили жалобы не только до Сечи но и до Столицы, чрез що самое почти и Сечь атакована и уничтожена»[70].

Это привело к предпоследнему в до-советской истории конфликту русских и украинских военных. В 1775 году войска генерала-поручика Петра Текели вместе с валашским и венгерскими полками генерал-майора Фёдора Чобры в составе пяти полков конницы — гусар, донцов — и десяти тысяч пехоты подошли к Запорожской сечи. Запорожцы праздновали, часовые спали, Орловский пехотный полк с эскадроном конницы прошёл незаметно через всё предместье и без выстрелов занял Новосеченский ретраншемент. Внезапность действия русских войск деморализовала казаков. Текели зачитал ультиматум, и кошевой Пётр Калнышевский получил два часа для размышления. Старшины с участием духовенства после длительного обсуждения решили сдать Сечь. Однако,

---

[70] Устное повествование бывшего запорожца, жителя Екатеринославской губернии, села Михайловского, Никиты Леонтьевича Коржа. — Одесса. [Гор. типография], 1842. С. 23.

подавляющее число рядового казачества намеревалась вступить в борьбу с царскими войсками. Много усилий приложил кошевой Пётр Калнышевский и глава сечевого духовенства Владимир Сокальский, чтобы убедить казаков покориться. Они объясняли свою позицию нежеланием проливать православную кровь.

Мнения казаков разделились. Холостые были готовы пострелять, семейные — нет.

«А сверх того и бывший в Сечи Архимандрит, услыша таковое их нестроение и мятеж, вышедши во всем священническом облачении из церкви с крестом, начал уговаривать мятежников:

Убойтеся Бога ! что вы думаете дети? вы христиане и подымаете руки против христиан; вы христиане и жаждете пролить кровь единоутробную. Убойтеся и престаньте от таковаго начинания: видно уже судьба наша такова, и мы приемлем от Бога, достойное по делам нашим! Вот вам крест и Распятый на нем, и если вы его не послушаете, то все погибнете внезапно!

И от таковаго разительного увещания, каменное сердце испустило-бы свои слезы, начали плакать не только мятежники, но и вся старшина и войско , и тут же все отвѣчали Архимандриту: ну пан-отче, быть тому так! знав ты, що сказати; мы готовы за тебе и головы ваши положити , не только послухати!

Ибо они особенное имели к Архимандриту уважение, а также и ко всему духовенству единственно за то, что Архимандрит бывало с прочими иеромонахами попеременно всякое Воскресенье и в каждый праздничный день, говаривали им в церкви проповеди наизусть, самими разительными, по их малороссийскому штылю, выражениями, а чрез то самое Запорожцы и награждали духовенство и доверием и дарами очень щедро.

Теперь возвратимся и паки к их совету.

Потом когда уже и по увещанию Архимандрита и по прочим обстоятельствам все к единому мнению склонились, то начали говорить Кошевому: ну батьку, вельможный пане! теперь як хочь, так и думай си сими гостями, а мы готовы тебе слухать, чи идти, то идти? — тогда Кошевой им сказал: нельзя братци нейти, бо вже се не дурниця ! вы сами бачете, що москаль нас отаковав кругом и артилерию на нас всю вооруживъ; уже се гости такие, що пишовши до них, вряд ли назад вси вернемось. Побыть тому и такъ ничого уже довше думать. Господи поможи! дай Боже час добрый; ходим панове Отаманы; щобуде, то буде, а билше будетак, як Бог даст!

И потом взявши хлеб и соль пошли все к Текелию в палатку и поднесши ему оный говорили: кланяемся вашему превосходительству хлибом и силью!

Текелій же принявши всю Запорожскую палестину в свое правительство, привел всех Запорожцев к присяге и устроивши все свои порядки. А заведенные Московские обычаи и порядки не по их вкусу, сильно поколебались и начали козаки думы думать да гадать : якъ-бы Москаля у шоры убрать, а самымъ де-сь дальше мандруват... И убралась почти вся под Турка, кроме слепых, кривых и престарелых»[71].

Из Сечи были конфискованы казна и архив. После этого артиллерия Текели сравняла с землёй уже опустевшую крепость.

Последнее же в досоветской истории противостояние казаков русским солдатам имело место по ходу Крымской войны: 1 200 человек записались в славянский легион на стороне султана. Для казаков («казак-алай») были закуплены арабские скакуны, в качестве языка команд использовался украинский. Из Константинополя

[71] Устное повествование бывшего запорожца, жителя Екатеринославской губернии и уезда, села Михайловского, Никиты Леонтьевича Коржа. — Одесса. [Гор. типография], 1842. С. 46–51.

были привезены казачьи знамёна Запорожской Сечи, и уже 23 января 1854 года османские казаки принесли присягу. Легион участвовал в боях при Силистре и Делиормане. Позже, в Добрудже, в легион вступили 8 000 некрасовцев-староверов и 6 000 казаков. Болгарский историк различает казаков и запорожцев и подчеркивает, что именно запорожцы в этот легион под командование поляка не шли, и при этом они воевали в обычных турецких частях… Окончательно османский казачий полк был разбит во время Русско-турецкой войны 1877–1878 гг. потерпел поражение у с. Долни Дабник в Плевенской области[72].

И все же даже в середине XX века казаки воевали в центре Европы — в том числе и с мирным населением.

> *«6 июля 1944 г. было принято решение о переброске Казачьего Стана в северо-восточную Италию. Осенью 1943 г., уже после падения фашистского режима в этой стране, немцы организовали в данном районе особую провинцию „Адриатическое побережье” (Adriatisches Kuestenland), но из-за постоянных ударов со стороны коммунистических партизанских бригад „Гарибальди” и „Озоппо” положение немцев было шатким. Успехи партизанских бригад и вынудили германское командование послать в Италию казаков. В конце июля — начале августа 1944 г. на железнодорожных станциях Карнии и Понтеббы высадились первые несколько тысяч казаков под командованием походного атамана Т. И. Доманова. А 1 сентября 1944 г. П. Н. Краснов, в ответ на запрос от 11 августа, известил германский главный отдел рабочей силы, что казаки размещаются в выделенной им области расселения на Адриатическом побережье: „Первые воинские казачьи формирования уже высадились на него, другие находятся на*

[72] см.: Александър Златанов. Казак-алаят на Садък Паша // Известия на Института за исторически изследвания. том XXXII. Полша и поляците в новата Българска история (средата на XIX — средата на XX век). Т. 32. — София. 2015.

пути туда. Территория будет освобождена от банд, и тогда на эту территорию прибудут для поселения небоеспособные казаки и казачьи семьи"».

С осени 1944 г. в Карнии даже стал выходить журнал под названием «Казачья земля». **Итальянские городки были переименованы в станицы, а центр казачьих поселений — Алессо — в Новочеркасск**, главную площадь города назвали именем атамана Платова, а одну из главных улиц — Балаклавской.

Местных жителей, случалось, выселяли (так, скажем, в Алессо из итальянцев были оставлены только пекарь и переводчик). На конфискованных земельных участках казаки выращивали привычные им овощи, постепенно наладились и другие сферы быта. Осенью 1944 г. в каждую станицу или округ был назначен священник. **В тех городках, откуда выселили местных жителей, богослужения совершались и в реквизированных католических храмах**.

23 октября 1944 года в письме митр. Анастасию П. Н. Краснов предложил на кафедру Донскую, Кубанскую и Терско-Ставропольскую кандидатуру епископа Афанасия (Мартоса), который с 15 августа 1944 г., после эвакуации из Белоруссии, проживал в г. Францесбаде (ныне Чехия). При этом генерал отмечал: «В настоящее время казаки с их семьями устраиваются на жизнь в Северной Италии на отведенной им и отвоеванной у партизан Бадимо земле. Налаживается и их духовная и церковная жизнь… Соответственно делению Казачьей земли на три округа: Донской, Кубанский и Терско-Ставропольский создано три благочиния и назначены благочинные. Устраиваются церкви… Является необходимость в назначении им Пастыря-Епископа; в создании особой Донской-Кубанской и Терско-Ставропольской епархии… Не нужно казакам особенно ученого, но нужно честного, верующего, неподкупного и понимающего, что сейчас в казаках, как нигде, ярко горит пламя православной веры и нельзя его равнодушием и непониманием казачьей души угасить».

В ночь на 3 мая казаки вышли в свой последний поход через Альпы. Он оказался очень тяжелым, в начале похода у с. Оваро партизаны перегородили горную дорогу и потребовали сдачи всего транспорта и оружия. После короткого жаркого боя казаки одержали полную победу и расчистили себе дорогу (при этом были убиты командовавшие нападавшими два католических священника). Партизаны сожгли, предварительно заперев двери, госпиталь в Оваро, в котором сгорело около 20 больных казаков»[73]…

Прочитав лишь последнюю фразу, конечно, можно задавать вопрос «А нас-то за что?!» Ответ, однако, — «См. выше».

И если именно те казаки, что нарочито считались носителями и защитниками традиционной православной казачьей культуры, вели себя так в середине XX века и в Италии, то как можно верить в то, что их предки не совершали жестокостей при покорении Сибири? И можно ли вообще считать, что нравы казаков как-то принципиально отличались от нравов турецких янычар, польских гусар или московских стрельцов?

Желающие могут помнить и гордиться своими разбойными дидами и их делами. Мне же восхваление казачества без напоминания об их наступательно-грабительской тактике кажется крайне опасным. Казачьи школы и классы создаются по всем былым казачьим краям. Это «наша история» — да. Но я не слышал, чтобы в странах Скандинавии создавались государственные школы юных викингов-норманнов, обучающих основам пиратства и набегов. Есть прошлое, которое лучше похоронить, а не воспевать.

Казачьи войны в Европе можно прочитать как еще один «русский след» (хотя и не-московский) в европейской истории: Весьма вероятно, что европейцы этих казаков считали русскими и что они

---

[73] Шкаровский М. О пастырском окормлении Казачьего Стана *в* Северной Италии в годы Второй мировой войны // Вестник церковной истории. — М., 2006. № 2. С. 216–217.

URL: http://magazines.russ.ru/nj/2006/242/sh16.html

оживили старые европейские страхи перед мадьярами… Да и сами казаки называли себя русским именем[74].

Наконец, лишь напрочь забыв историю, можно уверять, будто «казаков невозможно победить в прямом бою. Их было невозможно соблазнить пропагандой, которой соблазнялась армия в преддверии трагических событий 100-летней давности. Казаки не поддавались ни на какие посулы, ни на какую пропаганду, — они оставались верными Церкви, царю и Отечеству. Казачество — это уникальное явление, нигде в мире ничего подобного нет»[75].

На самом деле «казачество», в том числе славянское, было изобретено еще Римской империей:

> *«В отношениях империи к новым народам можно отличать две системы в занимающую нас эпоху. Или между империей и вождями варваров имели место разного рода договоры и соглашения, в силу которых последние располагались с согласия империи на временное или постоянное жительство в ее областях, или завоевательный народ насильственно врывался в имперские области и диктовал ей свои условия. Поселения на договорных началах были осуществляемы в весьма разнообразных формах. Наиболее обычная и чаще практиковавшаяся была форма военных поселений, состоявшая в том, что племя или дружина поселяема была на имперской территории с обязательством военной службы и на условиях денежного вознаграждения со стороны правительства; такие поселенцы назывались федератами. Со времени Феодосия Великого эта система получила весьма широкое распространение и, несмотря на протесты со стороны патриотов, угрожавших вредными от нее последствиями, т. к. при ней средства обороны переходили в руки иностранцев, держалась в течение*

---

[74] «Они исповедуют греческую веру, называя ее по-своему русской (Rus)» (Гийом Левассер де Боплан. Описание Украины. — М., 2004. С. 157)

[75] URL: http://www.patriarchia.ru/db/text/5147818.html

V и VI вв. С точки зрения потребностей того времени это, конечно, была единственно разумная мера позволявшая использовать варварские военные силы и посредством чужеземцев держать в некоторой безопасности пограничные области... Выведенные византийским правительством славянские колонии на Востоке засвидетельствованы неоднократно летописью. Так, под 664 г. говорится о партии славян в 5 000 человек, которая пристала к арабам, опустошившим малоазийские области, и ушла с ними в Сирию, где и основалась на постоянное жительство близ Апамеи. Под 687 г. упоминается об обширной колонии славян, выведенных из Македонии и поселенных в Вифинии. Через четыре года из этой колонии составлен был опричный отряд в числе 30 тыс. воинов под начальством собственного старшины славян по имени Невул. Любопытно также и то, что 20 тыс. из этого отряда предпочли потом перейти на службу к арабам, которые вообще не раз пользовались услугами славян в своих успешных походах на Византию. Около половины VIII в. выведена была в Малую Азию еще многочисленная колония, определяемая в 208 тыс., которой были даны земли в Вифинии близ р. Сангария. Поселенные в Малой Азии славяне наделены были земельными владениями и поставлены в такое состояние, чтобы иметь средства к отбыванию военной службы, которой требовало от них правительство. Как можно догадываться на основании отрывочных замечаний писателей, даваемая славянам организация напоминает военное устройство наших казацких войск»[76].

В любом обществе, если его государственная зрелость не привела к появлению госармии и государственной монополии на насилие, мужики вооружаются и за свой счет и защищают свои селения

[76] Успенский Ф. И. История Византийской империи. Глава XIII. Появление славян в пределах империи.

и земли, что, собственно, составляет суть казачества. В этом смысле вполне казаками были американские переселенцы, отодвигавшие фронтир на Запад в боях с индейцами (и, в отличие от русских казаков, они сохранили свое право на ношение оружия и его применение для самозащиты).

Конечно, было множество боев, где казаки бывали побиты (недаром казачьи песни так часто говорят именно о черных воронах и убитых казаках). Прямого боя с регулярной армией казаки не выдерживали. В том числе — с русской, когда та обложила Запорожскую сечь для ее ликвидации. И позже вряд ли им хоть раз удалось прорвать французское пехотное каре. Поэтому их использовали так же, как, например, калмыцкую конницу, то есть как иррегулярные части для разведки, диверсий, „беспокоящих действий", атак на тыловые коммуникации и т. п.

> *«В генеральных сражениях казаки для действий против регулярных войск не применялись. Казаки вообще не входили в расчет соотношения сил в большом сражении. На них возлагалось обеспечение флангов армии и ведение разведки. Как ни мало французских войск обнаружил Платов у Бородино, но действовать против пехоты в одиночку без артиллерии он не решился и потому предложил "двинуть значительную кавалерийскую массу" на помощь казакам»*[77].

Про казаков в день Бородина есть рапорт Кутузова царю: «Казаки, кои вместе с кавалерийским корпусом (Уварова) должны были действовать, в сей день, так сказать, не действовали»[78].

Про верность казаков царю может брехать лишь тот, кто не читал «Тихий Дон» (весьма вероятно, что в вечерней школе, где учился Владимир Гундяев, его и не проходили), а потому и не знает

---

[77] В. Н. Земцов, А. И. Попов. Бородино. Северный фланг. С. 45.

[78] Там же. С. 74.

ничего про метания Мелехова и других казаков от белых к красным и обратно.

А вот не-шолоховский рассказ о Вёшенском анти-деникинском восстании:

«... мятежники объявили на 18 число окружное собрание. Мнения на нём разделились, но в итоге решили отправить к красным переговорщиков для заключения мира. На следующий день встревоженный Краснов прибыл в Каргинскую, где пытался поднять казаков в поход на Вёшенскую. Получив отказ, он удалился в Новочеркасск, своей слабостью только ускорив события. Станичники Казанской также решили заключать мир с красными. Их делегация отправилась на фронт и заключила со 112-м Богучарским полком (тоже не стремившимся покидать родную губернию) мирный договор с условием не вторгаться на Дон, и обещав самим установить у себя советскую власть.

Восставшие (по данным командующего восстанием Павла Кудинова)*:*

1-я конная дивизия (Каргинская, Боковская, Вёшенская) — командующий — хорунжий Харлампий Васильевич Ермаков

3-й конный полк — подхорунжий П. Боков

4-й конный полк — подхорунжий Иван Платонович Рябчиков

5-й конный полк — подхорунжий Иосиф Алексеевич Фаддеев, затем есаул Алифанов

6-й пеший полк — вахмистр Иван Александрович Зыков

2-я конно-пешая дивизия (Мигулинская) — сотник Митрофан Терентьевич Меркулов

1-й пеший полк — хорунжий Петр Савельевич Прибытков

1-й конный полк — подхорунжий Егоров

2-й конный полк — подхорунжий Филимонов, затем вахмистр Сетраков

3-й конный полк

4-й конный полк — подхорунжий Рыбников

3-я дивизия (Казанская) — сотник Афанасий Арсентьевич Егоров

1-й конный полк — подхорунжий Башкин

2-й конный полк — подхорунжий Агафонов

Партизанский отряд — хорунжий Д. Шумилин

4-я дивизия (Казанская, Вёшенская, Воронежсская губерния) — подхорунжий Кондратий Егорович Медведев

Шумилинский полк — урядник Симонов

Дударевский (Ежовский) полк — прапорщик Иван Константинович Благородов

Колодезно-Березняговатский полк — фельдфебель Климов, затем подхорунжий Разогреев

5-я дивизия (Вёшенская, Еланская, Хопёрский округ)

1-й Вёшенский полк — прапорщик Николай Васильевич Дарин

2-й Еланский полк — хорунжий Иван Федорович Голицын

3-й Калиновский полк — подхорунжий Митичкин, затем подхорунжий Гришин

4-й Букановский полк — сотник Белов

Отдельная бригада (с конца мая — 6-я повстанческая дивизия) — хорунжий Дмитрий Колычев, затем сотник Богатырев

1-й Еланский полк — подхорунжий Григорий Матвеевич Богатырев

2-й Вёшенский «смешанный» полк — вахмистр Ванифатий Назарович Кудинов

Усть-Хопёрская сотня (позже — 1-й Усть-Хопёрский полк) — подхорунжий Митичкин

Партизанская сотня (с конца апреля)»[79]

Не слыхал патриарх ни про червонное казачество, ни про казачьи части в Вермахте <…> А также про то, что казаки не только подавляли восстания, но и сами активно принимали в них участие. И про их безобразия времен Смутного времени.

Про казаков-староверов (некрасовцев) он тоже не в курсе. И про казаков-буддистов, и про казаков-мусульман.

«Исследования, проводимые в 1862 году в среде уральских казаков, дали следующую картину: число русских, включая белорусов и украинцев, составляло 70 331 человек (85,8%), башкир — 6 095 (7,4%), татар — 4 168 (5,1%), калмыков — 1 184 (1,4%), остальных, преимущественно тюрков, — 220 (0,3%). Таким образом, процент мусульман в Уральском войске в середине XIX века равнялся 12,8»[80].

Также патриарх предпочел не упоминать, что история казачества в большей степени связана с историей Украины, а не России. И запорожцы не раз воевали против москалей (см. хотя бы Мазепу).

Но самое милое — что патриарх социальную группу «казаки» ставит выше социальной группы «духовенство»: «дорогие братья казаки, ваша роль в истории России несравнима с ролью никакой другой социальной группы». Тут я замечу, что если бы не ненавистная казакам «социальная группа» по имени «городская интеллиген-

---

[79] URL: https://ru.wikipedia.org/wiki/%D0%92%D1%91%D1%88%D0%B5%D0%BD%D1%81%D0%BA%D0%BE%D0%B5_%D0%B2%D0%BE%D1%81%D1%81%D1%82%D0%B0%D0%BD%D0%B8%D0%B5

[80] Казаки-мусульмане: кем они были.

URL: http://russian7.ru/post/kazaki-musulmane-kem-oni-byli/

ция», то казакам с их шашками давно уже нечего было бы защищать. Ибо сами станичники неспособны создавать новые технологии и развивать вооружение.

Да и просто всегда рискованно давать этические оценки большим социальным группам просто по признаку принадлежности к ним. Простите Кэпа.

Глава 4
РУССКИЕ ПРОТИВ РУССКИХ

Утверждение «мы никогда ни на кого не нападали» проверяется постановкой простого и горького вопроса — а на самих себя нападали? Княжеские междоусобицы, дворцовые перевороты, народные восстания и их подавления, гражданские войны — это общеизвестные страницы нашей национальной истории. Но это все виды агрессии, хотя и против «своих».

Впрочем, тут опять вопрос — а кто в какие века и кем считался «своим»?

Пропускаем «Киевскую Русь».

И где же «Россия» средних веков — в Москве, Киеве, Вильно, Твери, Новгороде?

Вот читаем мы на госпатриотических ресурсах:

«15 июля — Памятная дата военной истории ***России****. В этот день в 1410 году русские войска и их союзники — литовцы, чехи и поляки — одержали победу над немецкими рыцарями в Грюнвальдской битве. Смоленские полки выдержали натиск рыцарей Тевтонского ордена, предрешив исход битвы».*

Но какую страну представляли «смоленские полки»? Кто ими командовал? Не вели ли эти самые смоленские полки войну и с Москвой в близкие к тому годы?[81]

Во время походов литовского князя Ольгерда на Москву (1368, 1370) он получал военную помощь от смоленского князя Святослава Ивановича. 1480 год — это «стояние на Угре». Тогда и там смоленские полки стояли не на московской стороне. Угорский договор 1408 года окончательно установил границу между двумя великими княжествами и признавал принадлежность к Великому княжеству Литовскому Смоленской земли и Верховских княжеств (в составе Литвы с 1402 года и до 1514 г.). В ходе новой русско-литовской войны 1500–1503 гг. русское войско безуспешно осаждало Смоленск в 1502 году.

Конечно, военная история анти-московского Смоленска — это часть русской истории (как и литовской и польской). Но только при условии отказа от жесткой москво-центричной схемы. Очень не хватает общего учебника восточно-европейской истории. Правда, этот учебник был бы очень мизантропическим, ибо из главы в главу рассказывал бы о многовековой войне всех против всех с бесконечными предательствами.

Патриарх Кирилл уверяет — «Россия просто стремится сохранить свою самобытность, свою веру, свою систему ценностей. А разве не за это сражался святой благоверный князь Александр Невский? Разве не за это сражались наши великие предшественники на Куликовом поле?»

Нет, не за это. И не только потому, что «система ценностей» князя Александра ни на йоту не отличалась от «системы ценностей» других его феодальных коллег и соперников хоть на Западе, хоть на Востоке. Но и по той причине, что ни Александр Невский,

---

[81] Тема «миф о смоленских полках» поставлена тут: Гагуа Р. Б. Грюнвальд в источниках: «Хроника конфликта Владислава, короля Польши, с крестоносцами в год Христов 1410». — Пинск: ПолесГУ, 2009.

URL: http://pawet.net/files/grunvald_gagua.pdf

ни Дмитрий Донской еще не знали такого термина как «Россия» и вовсе не испытывали чувства идентичности с жителями Твери или Рязани.

Еще в XII–XIII веках русские князья воспринимали Новгород как некое самостоятельное государство, а не Русь. Ипатьевская летопись говорит: «1178 г. Прислаша новгородцы мужей своих ко Мьстиславу Ростиславичу, зовучи его к Новгороду Великому. Он же нехотяше ити из Русской земли… Хотя страдати за отчину, хотя исполнити отечествие свое. Мужи свои рекуче ему: брате, аще зовут тя с честью, иди. Он же рекучи: А тамо ци не наша отцина»[82].

Первая Новгородская Летопись про события 1142 года говорит так:

«Епископъ и купьце и слы новгородьскыя не пущаху из Руси, и они не хотяху иного князя, развѢ Святопълка».

Там же про события 1193 года:

«Новгородьци же съ княземь Ярославомь и съ игумены и съ софьяны и съ попы съдумавъше, изволиша богомь избрана Мартурия, и послаша по нь, и приведоша из Русь, и посадиша и въ епископии».

1211 год:

«Приде Дмитръ Якуниць из Руси, и съступися Твьрдиславъ посадничьства по своеи воли старѢишюю себе: тъгда же даша посадничьство Дъмитру Якуничю». «В лето 6765 [1257]. Приде весть изъ Руси зла, яко хотять Татарове тамгы и десятины на Новьгороде».

---

[82] Ипатьевская летопись // Русские юридические древности. — СПб, 1896. Т. 2. С. 345.

«Русью» новгородские летописи называют суздальцев (северо-восточную Русь). Описывая события 1170 года «Слово похвальное Знамению Пресвятой Богородицы», вошедшее в состав «Сказания о битве новгородцев с суздальцами» — новгородского памятника середины XIV века — говорит:

«Князь Андрей разгневался на Новгород и послал сына своего Романа на Новгород со всем войском суздальским, а с ним пошли князь Мстислав со смолянами, а со своими князьями торопчане, муромцы, рязанцы, переславцы, и со всеми князьями вся земля Русская. И было всех князей семьдесят два... И пришли к Новгороду суздальцы со всеми князьями земли Русской... И вот, когда наступил шестой час, начали наступать на город все русские полки... Тогда Господь Бог наш умилосердился над городом нашим по молитвам святой Богородицы: обрушил гнев свой на все полки русские, и покрыла их тьма»[83].

«Воспоминание о Знамении», описывая ту же осаду, говорит «вои различных стран»[84].

Единое Отечество? О таком тогда не помышляли. «Отечество» для того княжеского слоя и времен означала отчину-вотчину, т. е. «отчии владения» — те города и веси, которыми владел отец или иной предок. Это родовые права на некое имущество, которое вполне подлежало и разделам, и продажам. Им владели, а не ему служили.

«А женятся не на лепоту зря, токмо по отечеству», что означало, что при выборе спутника жизни обращали внимание не

---

[83] Памятники литературы Древней Руси. XIV — середина XV века. — М., 1981. С. 448–453.

[84] Публ.: Агафонов И. С. Воспоминание о Знамении пресвятой Богородицы // Язык и текст. 2016. Т. 3. № 2.

URL: http://psyjournals.ru/langpsy/2016/n2/Agafonov.shtml

на благосостояние человека, но на его происхождение, его семью»[85].

История появления в русском языке понятия «родина» аналогична истории слова «отечество».

Фасмер отмечает, что впервые термин «родина» в значении «родная страна» встречается у Державина.

Однако основное значения слова «родина» (которое писалось с маленькой буквы) в XVIII веке — место рождения, место проживания семьи, родителей, дворянское гнездо.

Читаем у Д. И. Фонвизина: «В церкви он был с двумя сыновьями, возвратившимися на сих днях на свою родину после двадцатипятилетней воинской службы». В записках С. Н. Глинки: «по выходе из тогдашнего сухопутного кадетского корпуса отправился я на родину, в Духовщинский уезд». И у Пушкина в «Дубровском»: «Он смотрел вокруг себя с волнением неописанным. Двенадцать лет не видел он своей родины. Березки, которые при нем были только что посажены около забора, выросли и стали теперь высокими ветвистыми деревьями».

Ну, а если не было слов, то не могло быть и осознанной ценности переживаний, выражаемых этими словами.

Русские города и князья (Рюриковичи) веками спорят между собой за право быть «собирателями земель русских». И с этой целью они эти земли опустошают, вырезают, выжигают…

В 1171 году св. князь Андрей Боголюбский посылает рать на Новгород. «И пришедше в землю их много зла сотвориша, села вся взяша и пожгоша, а люди изсекоша, а жены и дети и скоты поимаша»[86].

1315 год. Поведение тверского князя Михаила Ярославича сохранилось в «Повести о разорении Торжка».

---

85 Данилевский И. Н. Русские земли глазами современников и потомков (XII–XIV вв.). — М., 2000. С. 203.

86 Воскресенская летопись, лето 6678 // ПСРЛ. Т. 7. С. 86.

Первая редакция:

«Бе бо в то время владеющу Торжком князю Афанасию, и поби князь Михаил Тверский весь град Торжок и церкви божия разори, инокинь же и девиц осквернии, имения от ту живущих поимав, град же огню предав, обитель же сию до основания разори, настоятеля же и братию погуби, утварь церковную и монастырское строение во Тверь отпровади».

Вторая редакция:

«Последи же злая пагуба содеяся граду Торшку от князя Михаила Тверского в лета 6823 году. Князь Михаил собра своя воя и прииде ко граду Торшку ратию. Князь же Афанасие выехав против ево с черными людми и с ноугородцы на поле. И бысть бой велик и победи князь же Михаил. Таково бо жестокосердие тогда содеяся на град и на люди. Аще бо едина вера бяше, но злобою горши показася, понеже бо людей тех во граде огню предаде, а иныя в реце потопи, инии младенца остави, но всех поби мужеский пол и женский и смерти предаст, черноризець же и девиц обнажати повеле, потом же их и убивати. И имение града того все пограби и церкви разори и святыя иконы и книги церковныя все поймал. Потом же град весь и святыя обители града того все огнем попали. И тогда град Торжек и обители быша от него в конечном запустении»[87].

Этими же словами из «Повести о разорении Торжка» 1315 года описывает Симеоновская летопись позднейший второй разгром Торжка в 1373 году внуком упомянутого князя Михаила Ярославича — Михаилом Александровичем, князем Тверским-Микулинским:

---

[87] URL: http://lib2.pushkinskijdom.ru/Media/Default/PDF/TODRL/16_tom/Budovnic/Budovnic.pdf

«Князь же Михаило, събравъ воя многы, прииде ратью къ городу къ Торжьку и взя городъ и огнемъ пожже городъ весь, и бысть пагуба велика христианомъ, овы огнемъ погореша въ дворе надъ животы, а друзии выбежа въ церковь въ святыи Спасъ, и ту издахошася, и огнемъ изгореша много множество, инии же бежачи отъ огня въ реце во Тферци истопоша, и добрыя жены и девица видяще надъ собою лупление отъ Тферичь, а они одираху до последнеи наготы, егоже погании не творять, како те отъ срамоты и беды въ воде утопоша черньци и черници, и все до наготы излупльше. И кто, братие, о семъ не плачется, кто ся осталъ живыхъ видевыи, како они нужную и горкую смерть подъяша, и святыи церкви пожжени и городъ весь отъинудь пустъ, еже ни отъ поганыхъ не бывало таковаго зла Торжьку. И церкви и манастыри огнемъ погореша»

Симеоновская летопись, лето 6881[88]

Этот тверской князь Михаил — в лике святых[89]. Но неудивительно, что до революции в Торжке не было ни одной иконы Михаила Тверского, о чем сообщает архиепископ Димитрий Самбикин.

1386 год. «Смоленское побоище». Смоленский князь Святослав пошел к Мстиславлю, который прежде принадлежал смоленским князьям, а потом был отнят у них литовцами. Мстиславль —

---

[88] ПСРЛ. Т. 18. С. 113.

[89] «О святителю Божий и чудотворче Николае! Призри на смиренное моление нас грешных и умоли Владыку нашего и Господа низпослати на ны великия и богатыя милости, и да исполнит его верных богомольцев своих, и да сподобятся они милостей Божиих молитвами Пречистыя Владычицы нашея Богородицы и Приснодевы Марии, благоверных князей Михаила Тверскаго и Михаила Микулинскаго и всех святых в земле тверстей просиявших. Аминь».

URL: http://spas.tvcom.ru/st_nik.html

URL: https://mospat.ru/calendar/sobor1/tver.html

это древнерусское Мстиславское княжество, которое выделилось из Смоленского. И население там было в основном православным.

Никоновская летопись так описывает обращение с единоплеменными единоверцами:

«Того же лета князь великы Святослав Иванович Смоленский, и з детми своими Святославичи, з Глебом и с Юрьем, со многыми силами собрався, поиде ратью ко Мстиславлю граду, егоже отняша у него Литва, он же хотяще его к себе взятии. И много зла, идуще учиниша земле Литовьской, воюя землю Литовьскую. Иных Литовьских мужей Смолняне, изымавше, мучаху различными муками и убиваху; а иных мужей и жен и младенцов, во избах запирающе, зажигаху. А других, стену развед храмины от высоты и до земли, меж бревен рукы въкладываху, ото угла до угла стисняху человеки; и понижe тех других повешев, межи бревен руки въклаше, стисняху такоже от угла до угла; и тако висяху человецы; такоже тем образом и до верху по всем четырем стенам сотворяху; и тако по многым храминам сотвориша и зажигающе огнем во мнозе ярости. А младенци на копие возстыкаху, а другых, лысты процепивше, вешаху на жердех, аки полти, стремглав; нечеловечьне без милости мучаху»[90].

Новгородская I летопись младшего извода согласна:

«и святыя церкви пожьжены, и город всь отинуд пустъ: понеже бо ни от поганых не бывало таковогo зла».

В том же году св. Дмитрий Донской, собрав рати 29 городов, двинулся на Новгород:

«Поход был предпринят зимой перед праздником Рождества Христова в 1386 году. Великий князь двинулся со всеми своими

90 ПСРЛ. Т. 11. С. 91; Т. 25. С. 260; Т. 27. С. 106.

ратями, на пути сжигая и разоряя села новгородской земли. Новгородцы выслали к нему своих послов просить мира. Димитрий не хотел их слушать, шел далее и в начале января 1387 года расположился за пятнадцать верст от Новгорода. Новгородцы в отчаянии зажгли около города посады. Сгорело 24 монастыря. Новгород положил заплатить 8 000 рублей. Великий князь повернул назад, но его посещение тяжело отозвалось на всей новгородской земле: много мужчин, женщин и детей увели москвичи в неволю; много ограбленных ратными людьми и выгнанных из своих пепелищ новгородцев погибло от стужи»[91].

Летописи говорят о забытых битвах св. Дмитрия Донского:

1362 год — «ходи князь Дмитрий Иванович на Галицкого князя Дмитрея и прогнаша, а княгиню полонил» (Троицкая летопись).

1363 год — «князь Дмитрий Иванович ходи ратью на Суждаль» (Троицкая летопись).

Никоновская летопись описывает, как в 1368 году св. князь Дмитрий Иванович вместе со своим духовным отцом св. митрополитом Алексием «зазваша любовию к себе на Москву князя Михаила Александровича Тверского, и потом составиша с ним речи, таже потом бысть им суд на третей[92] на миру в правде: да (потом) его изымали, а что были бояре около его, тех всех поимали и розно развели и держаше их в истомлении велице».

---

[91] Н. И. Костомаров. Русская история в жизнеописаниях ее главнейших деятелей. Великий князь Дмитрий Иванович Донской.

«Дмитрий Донской даже после Куликовской битвы не мыслил в общерусских государственных понятиях. Перед смертью он честно, по княжеским понятиям, разделил собранные вокруг Москвы земли между своими сыновьями, чем создал классическую возможность для новых, к счастью, не последовавших усобиц» (Успенский Л. А. Богословие иконы православной Церкви. — Париж, 1989. С. 232).

[92] Третейский суд.

Однако, слухи о приближении трех послов из Орды заставили святых московских правителей отпустить Тверского князя на свободу. Тот отчего-то обиделся: «Князь же Михайло Тверский о том велми сжалися и не любезно бысть ему сие и положи то в измену. Гневашася же наипаче на митрополита, глаголя: „колику любовь и веру имех паче всех к митрополиту сему, и он толико мя посрами и поруга!"» Вскоре по требованию московского князя св. Алексий наложит на тверского князя анафему, которую придется снять после протеста вселенского патриарха…

Весной 1370 г. великий московский князь Дмитрий Иванович «посылалъ воевать Брянска» (Рогожский летописец)[93]. Должно быть, именно в результате этого похода московские войска взяли литовские крепости Калугу и Мценск.

1371 год — «князь Дмитрий Иванович посла рать на Рязань». (Троицкая летопись). 1375 год — Димитрий, взяв Микулин, осадил Тверь. «Все области князя Михаила были разорены Московскими Воеводами, города взяты, люди отведены в плен, скот истреблен, хлеб потоптан; ни церкви, ни монастыри не уцелели» (Карамзин. История т. 5. Князь Димитрий Иванович). Отметим, что по ходу войны двух святых князей монастыри и храмы выгорают и грабятся.

1437 год. События «Белевщины». Московский князь Василий Васильевич отправляет войска в поход на татарского царька Улу-Мухаммеда, зимующего в Белеве под Тулой. Во главе войск поставлены были князья Дмитрий Юрьевич Шемяка и Дмитрий Юрьевич Красный. По дороге от Москвы к Туле москвичи не преминули заняться грабежом: «все пограбиша у своего же православного христьянства, и мучаху людей из добытка, и животину бьюще, назад себе отсылаху, а ни с чим же не разоидяхуся, все грабяху

93 ПСРЛ. Т. 15. Ч. 2. Стб. 92.

и неподобная и скверная деяху»[94]. Путь от Москвы до Белева шел через Серпухов, Тарусу, Лисин и Калугу. После разгрома татарами остатки московской дружины были добиты ранее ограбленными ими русскими крестьянами: «а инех бесчисленое множество побьено бысть и от своих хрестьян, которых, идучи к бою тому, грабили»[95].

В 1535 году московские воеводы вернулись с большим «полоном» («наполнися земля вся Руская полону литовского»[96], оставив за собой сожженные села и посады, но не удержав ни пяди земли.

Вычеркиваем все это из истории России?

---

94 ПСРЛ. Т. 26. С. 192–193; Т. 25. — М., 2004. С. 260.; Т. 8. — М., 2001. С. 107.; Т. 12. — М., 2000. С. 24–25.; Т. 18. — М., 2007. С. 188–190; Т. 27. — М., 2007. С. 106–107.. Иоасафовская летопись. — М., 1957. С. 28–29.

95 Ермолинская летопись // ПСРЛ. Т. 23. — М., 2004. С. 149–150.

96 Псковская I летопись // Псковские Летописи. Вып. 1. С. 106.

Глава 5

ПОЧЕМУ МЫ ТАКИЕ БОЛЬШИЕ?

— Россия только начинается Петербургом, а кончается... Ну-ка, вспомните, сударь, чему вас учили добрые патеры?

— Россия кончается Сибирью, — захохотал де Еон.

— Бездарно вас учили! — грянул Бестужев. — Сибирь только пупок России, а понюхать, чем пахнет русская пятка, вы можете лишь на Камчатке...

В. Пикуль «Пером и шпагой»

Зачем русские с Восточно-Европейской равнины дошли до берегов Тихого океана?

Можно сказать, что им был присущ неудержимый «фаустовский дух» (по Освальду Шпенглеру). Но отчего он тут пробудился раньше, чем у западноевропейцев? И почему он работал лишь в одном измерении — территориальной экспансии, без попытки создания других путей покорения мира — индустрии, науки, мирной торговли и исследования?

Можно сказать, что это было бегство к свободе от родных деспотов и крепостников. Но отчего же крепостническое государство поддерживало этих своих сухопутных Колумбов?

Можно сказать, что в целях самообороны. Тут будет больше правдоподобия.

Это иллюзия, будто отодвижение границ — необходимый путь к безопасности страны. Ведь новые рубежи тоже надо защищать от новых соседей и новых угроз.

В декабре 1882 году Александр II с полным пониманием отнесся к предложению своего посла в Турции А. И. Нелидова: «Стоя твердой ногой на Босфоре, мы там ограждали бы всю нашу южную границу и, следовательно, могли бы употребить все наши силы на западной»[97].

Ну стал бы Константинополь наш. Да, Севастополь был бы в безопасности. Но сам Константинополь тоже нужно было бы защищать на как можно более дальних подступах к нему. А для этого нужны базы в Греции (при том, что для греков «Русский Константинополь» стал бы сильно раздражающим фактором), Сирии и Египте… А для свободного плавания по Средиземному морю нужен контроль над Мальтой, Кипром, Критом, Суэцким каналом и Гибралтаром… Иначе Черноморско-Средиземноморский флот Российской Империи будет заперт в этом море и не сможет соединиться с флотом Балтийским или Тихоокеанским.

Аналогична логика военного министра генерала Куропаткина: «Мы возвращаем себе свободу действий в Манчжурии. Все меры предосторожности и расходы соответствовали бы реальной выгоде для России обезопасить свое положение на Дальнем Востоке, обезопасить, в особенности, положение Приамурского края, угрожаемого нашествием желтолицых. Мы получили бы возможность присоединить, в той или другой форме, часть или всю Манчжурию

---

97 Записка А. И. Нелидова в 1882 году о занятии Босфора // Красный Архив. — М., Л., 1931. Т. 3 (46). С. 187.

(я бы стоял только за присоединение северной Манчжурии, и то без права подданства)»[98].

Тут тоже все понятно: пришли на Амур. Манчжуры недовольны? — Надо это этих агрессоров, невесть как подошедших к русским границам, усмирить, и тем самым обезопасить пока еще пограничный Хабаровск. А дальше нужно защищать нашу Манчжурию от японцев, для чего надо взять Корею… В царском манифесте об объявлении войны Японии от 5 (18) февраля 1904 г. говорилось о том, что Россия за «господство» на Тихом океане…

Такова логика имперского расширения: для защиты вчерашних приобретений надо идти вперед и строить «засечные линии» еще дальше, «принуждая к миру» тех, кто ранее не был твоим соседом и тем паче врагом.

Так что эта логика понятна и исторична. Но слово «оборона» в ней все же лишнее. Это логика оправдания экспансии.

Что было понятно еще Юлию Цезарю: «Чем более какая-либо община опустошает соседние земли и чем обширнее окружающие ее пустыни, — тем больше для нее почета. Истинная доблесть в глазах германцев в том и состоит, чтобы соседи, изгнанные из своих земель, уходили дальше и чтобы никто не осмеливался селиться поблизости от них» (О галльской войне, кн. 6, 23).

А патриарх Кирилл говорит просто: это ради расширения власти именно его корпорации:

«Небольшое княжество Московское превратилось в ядро великого государства от океана до океана. Что означало это великое делание[99] наших предков? Было ли это неудержимым

---

98 Японские дневники А. Н. Куропаткина [с 27 мая по 1 июля 1903 г.] // Российский Архив: История Отечества в свидетельствах и документах XVIII—XX вв.: Альманах. Т. 6. — М., 1995.

99 Не знает наш Святейший, что в истории словосочетание «великое делание» (Magnum opus) алхимики и масоны относили к поиску философского камня, а не к расширению Российской Империи.

стремлением к богатству, к умножению своей мощи? Или это была патологическая зависть к соседям? Не было ни того, ни другого, ни третьего. Народ наш сознавал свою ответственность пред Богом в том, чтобы нести свет Христовой истины на Восток, и совершалось это не только силой духовенства, но и силой всего нашего народа»[100]. «Главной движущей силой была вера православная. Люди шли для того, чтобы утверждать Православие, чтобы привести ко Христу народы, которые жили в Сибири, а вместе с тем принести им образованность, культуру, то, что помогло бы им преодолеть значительное цивилизационное отставание от всего мира»[101]. «У тех первопроходцев, которые шли без компаса и без карт, просто навстречу восходящему солнцу, без дорог, по болотам, по рекам, по лесам, по горам и перевалам, была ***единственная цель*** *— достичь места, где они могли бы поставить русский флаг и* ***построить русскую церковь****»[102].*

Поистине, Россия — это страна с непредсказуемым прошлым. Еще недавно «мы знали», что в Сибирь уходили от тяжкой длани государя и помещиков. Теперь «мы знаем», что это не так: ЕДИНСТВЕННАЯ цель этого продвижения была в том, чтобы построить побольше храмов шаговой доступности для туземцев.

Мне же более убедительным кажется материалистическое, экономическое объяснение мотивов этой экспансии. Причем речь идет о частных экономических интересах. Часто, прежде чем государевы казенные полки уходили в неведомые северные леса

---

100 «Слово», 7 апреля 2014 года:
URL: http://www.patriarchia.ru/db/text/3621126.html

101 «Слово», 21 сентября 2023 года:
URL: http://www.patriarchia.ru/db/text/6061399.html

102 «Слово», 16 сентября 2014 года:
URL: http://www.patriarchia.ru/db/text/3747577.html

и дебри Евразийского континента, туда шли «охотники». В обоих смыслах этого слова: те, кому это было в «охотку», и те, кто охотился за зверем.

Земли срединного русского Нечерноземья малоплодородны. Инструменты ее обработки весьма примитивны: соха (даже если на ней были металлический наральник) давала слишком мелкую глубину вспашки, соответственно, еле присыпанные семена оказывались в зоне большего риска при заморозках или засухе[103].

Допетровская Россия была крайне бедна ресурсами. Доступных полезных ископаемых было мало. На Руси не было своих золота, серебра, меди, олова. Железные месторождения были мелкие и очень плохого качества — с т. н. «болотной рудой» (с низким содержанием железа, затратой энергии и труда в два раза выше, чем на выплавку железа из богатых руд Европы). Проблемы были даже с хорошими глинами для кирпича. Для пушек требовалась медь, а на Руси в те времена не было медной руды; это стало главной проблемой для русских оружейников и для правительства. В XV веке медь доставляли из Германии через Новгород. Эта торговля была сопряжена с большими трудностями: Ливонский орден запрещал вывоз металлов в Россию, и ревельские купцы вели торговлю контрабандой, отправляя металлы в бочках из-под сельди (кстати, солить эту селедку и прочее даже в конце XVIII века россиянам приходилось с помощью соли, закупаемой в Испании, Франции, Португалии). Далее поставки меди на Русь контролировала Ганза и особенно город Любек, чуть позднее, с XVII века — Швеция.

---

[103] «Бедные почвы и холодный климат русского Северо-Запада делали пахотные угодья малоинтересными для вотчинника. Урожаи проса и ржи были небольшими, а урожаи пшеницы — нестабильными. Продовольствие приходилось закупать у соседних («низовых» — на новгородском языке) земель. Зависимые от новгородских вотчинников крестьяне — сироты — выживали в некоторые года только потому, что хозяин снабдил их хлебом. Богатство новгородской вотчины-патронимии исчислялось не пахотой и выпасами, а промысловыми угодьями — местами, где можно было добывать пушнину, мед, воск, жемчуг, ценные сорта рыбы, бивни морского зверя и другие промысловые товары» (Черникова Т. Европеизация России во второй половине XV–XVII веках. — М., 2014. С. 16).

Иван III просил венгерского короля Матьяша Хуньяди прислать в Москву горных мастеров, искусных в добывании золотой и серебряной руд. Два немца в марте 1491 г. выехали в экспедицию в Печорский край. Медную руду нашли, но прииск был бедный и малодоступный… В 1547 г. туда была послана еще одна экспедиция, на этот раз с саксонскими знатоками. Итог оказался тот же: добыча невозможна[104]. И лишь к концу царствования Петра I заработали уральские заводы.

Первая поставка русского железа на европейский рынок — 1714 год. 13 тонн железа была доставлены в Англию. В следующем году туда же было доставлено 45 тонн, а в 1716-м — 34 тонны[105]. К концу 18 столетия железный экспорт из России составил уже значимую сумму 46 000 тонн (58 % от всего объема английского импорта). Это уже серьезно, но сырьевая база была на Урале — вне всяких возможных посягательств европейских держав.

Свинца же по-прежнему было так мало, что русские солдаты, готовясь к войне 1812 года, для тренировки получали лишь шесть пуль в год, а в основном стреляли пулями из глины.

Это важно: Московская Русь не обладала ресурсами, интересными для «западных захватчиков». Даже в 1850 году Бисмарк осаживал желающих повоевать с Россией указанием на то, что для Пруссии там нет «достойной добычи»[106]. То, что им могло быть тут интересно, они предпочитали выкачивать с помощью торговых монополий: корабельный лес, пеньку для корабельных канатов, смолу. И — меха.

---

[104] См. Кузнецов А. В., Кришталь И. С. Проблемы генезиса цветной металлургии в русском централизованном государстве XV–XVII вв. // Экономическая история. 2018. Т. 14. Отметим: любая индустриализация в России совершалась с помощью западных специалистов.

[105] Минаева Т. С. Российско-шведское торговое соперничество на европейском рынке XVIII века // Известия РГПУ им. А. И. Герцена № 11 (78). С. 71.

[106] Bismarck O. Die politischen Reden des Fursten Bismarck. Historisch-kritische Gesamtausgabe, besorgt von. Horst Kohl. Bd. 1. Stuttgart, 1892. S. 264. Цит. по: А. С. Медяков: «Наш Бисмарк»? Россия в политике и взглядах «железного канцлера» Германии // Российская история. 2015, № 6. С. 64.

Вот эта чрезвычайная сырьевая бедность Московской Руси (вместе с бедными почвами и большими расстояниями) стала одной из главных причин возникновения жесточайшего авторитаризма, т. е. вечной мобилизационной экономики. И она же толкала к постоянной экспансии (прежде всего в поисках выбиваемого пушного зверя).

Важнейшей частью экономики и Москвы и Твери и обоих Новгородов была колонизация[107] соседних земель и племен с целью

---

[107] Интересно, что в политическом русском лексиконе начала XIX века слово колония было синонимом слова селение. В проекте манифеста об объявлении войны от 13 (25) июня 1812 г., было сказано (при пересказе претензий Наполеона к России): «...нейтральные суда, к портам нашим пристающие, служили средством к распространению английской промышленности и ее селений, в Восточной и Западной Индии находящихся» (цит. по: Тарле Е. В. Нашествие Наполеона на Россию 1812 года // Сочинения. Т. 7. — М., 1959. С. 483–484). Через сто лет Энциклопедический словарь Гранат говорил о колониях Германии, имея в виду вовсе не Африку: «Славяне не только были отбиты от Эльбы. Их земли между Эльбой, Одером и Заалой были завоеваны; в них началась колонизация... Героями колонизации востока были два замечательных немецких князя XII века: маркграф Бранденбургский Альбрехт Медведь, основатель прусской державы (1134–1170), и величайший из Вельфов, герцог Саксонии и Баварии Генрих Лев (1139–1180). Альбрехт получил в 1134 г. в лен от Лотаря II Северную (ныне Старую) марку и земли между Эльбою и Гавелем. Отсюда он начал. Он захватил Гавельберг, славянское княжество к северу от Сев. марки, подружился с Прибыславом, князем Бранденбурга, и, когда тот умер, с помощью его жены овладел его княжеством (1150); потом, отстаивая свое новое приобретение, завоевал на Шпрее маленькое княжество Кёпеник (1157). Свои завоевания Альбрехт укрепил посредством бургов, основания епископских резиденций, призыва колонистов. Славянский крестьянин не имел тех навыков в земледелии, какие были у немецкого. Он пахал деревянной сохой, едва царапавшей землю, в то время как у немецкого крестьянина был уже в ходу плуг с железным лемехом, глубоко поднимавший новину. При том владельцы новых земель, князья, епископы, рыцари, понимали очень хорошо, какое важное значение будут иметь дюжие немецкие крестьяне в стране, едва покоренной. Что касается до самих немецких крестьян, то для них был большой расчет искать счастья в переселении на восток. Если их правовое положение было сносно и на родине, то в новых местах они могли надеяться на сильно увеличенный надел, не рискуя нажить более тяжелые цепи зависимости. Общинные привычки связывали их уже не так сильно...».

сбора дани с северных народов. Просто кто-то искал колонии за океаном, а у нас колонии начинались сразу за огородом.

И причина расширения «русских земель» — это желание расширить податную базу, а не миссионерский зуд, о котором говорил патриарх Кирилл. И не якобы «указание Божие Матери»[108].

О роли пушнины в жизни северных народов говорят пермяки-язычники в епифаниевом «Житии Стефана Пермского» (XV век):

«...и все, что на деревьях: белок ли, соболей ли, куниц ли, рысей ли — и всю прочую добычу нашу, часть которой ныне достается и вам. Не нашей ли добычей обогащаются и ваши князья, и бояре, и вельможи. В нее облачаются и ходят, и кичатся подолами своих одежд, гордясь благодаря простым людям, со столь давних времен живущим в изобилии, многие годы живущим в изобилии и занимающимся промыслами. Не наша ли добыча посылается и в Орду, и доходит до самого того мнимого царя, и даже в Царьград, и к немцам, и к литовцам, и в прочие города и страны, и к дальним народам»[109].

Основным продуктом экспорта были дешевые шкурки белок:

«Новгород торговал не предметами экзотики, но таким товаром, который, если и не проникал глубоко в народные массы Западной Европы, то все же имел достаточно широкий круг потребителей. Эта отрасль торговли Новгорода не зависела от моды, прихоти и капризов ограниченного круга потребителей: княжеских дворов, земельной знати, городских

---

[108] «Именно Пресвятая Богородица, которая явилась в Казани в 1579 году, именно Она открыла этот путь русским людям, нашим предкам, на восток до самой Японии» — митрополит Владимирский Тихон Емельянов.

URL: http://www.eparh33.ru/news/Slovo_Visokopreosvyaschenneyshego_mitropolita_Tihona_v_den_prazdnovaniya_Kazanskoy_ikoni_Bozhiey_Materi/

[109] URL: http://lib.pushkinskijdom.ru/Default.aspx?tabid=10091

богачей, но опиралась на твердую основу массового спроса и создавала устойчивые торговые связи»[110].

Вывозились меха в бочках. В одну бочку помещалось, как правило, от 4 до 8 тысяч штук беличьих шкурок. За пять лет (1399–1404) только во Фландрию прибыло по меньшей мере 42 меховые бочки из Новгорода[111]. В одной из рижских торговых книг было отмечено прибытие корабля из Новгорода с 220 тысячами шкурок. Новгородский экспорт беличьих шкурок оценивается в районе 500 000 в год[112]. «Белка наряду с воском оставалась основным русским экспортным товаром вплоть до конца XV века»[113]. В XVI веке экспорт пушнины был более разнообразен, но в целом пушнина составляла 81,1 процента русского экспорта[114].

---

[110] Лесников М. П. Торговые сношения Великого Новгорода с Тевтонским орденом в конце XIV в. и в начале XV в. // Исторические записки АН СССР. Т. 39. — М, 1952. С. 271.

[111] Там же. С. 272.

[112] Хорошкевич А. Л. Торговля Великого Новгорода с Прибалтикой и Западной Европой в XIV–XV веках. — М., 1963. С. 52.

[113] Там же. С. 75. При этом самым дорогим мехом считалась «выимка» — шкурки еще нерожденных детенышей соболя и куницы. В XVII–XVIII веках в немецких документах он обозначался словом wymeteken (С. 89).

[114] Там же. С. 118.

При этом:

«Европейские купцы по документам имели очень низкий процент прибыли — в основном не более 5–6 процентов. Получается некая загадка — если купцы перепродавали в Любеке товар, купленный в Новгороде, почти по той же цене, то зачем они вообще занимались этой торговлей? Разгадка кроется, с одной стороны, в психологии купечества того времени, а с другой — в особенностях торговых операций. Средневековая этика требовала так называемой «равной цены»: за сколько купил, за столько и продал. Сверхприбыли в 20, 50 и тем более 100 процентов считались греховными. Прилично было получить за свои труды лишь небольшой процент. Однако буквальное соблюдение таких этических принципов делало бы торговлю невыгодной. Поэтому изобретались различные приемы, как прятать прибыль. Одним из них была дифференциация мер веса, длины и объема. И. Э. Клейненберг показал, что в разных пунктах в одну

Именно пушнина и стала главным мотивом проникновения русских на север и восток. По мере истребления пушного зверя в своих лесах добытчики шли дальше, понуждая местные лесные народы платить им дань. И так — до Аляски. Такой была экспортная «нефть» русской экономики.

Ее вполне заметная струя текла и в церковной жизни. В 1590 году александрийский патриарх Мелетий воспротивился идее создания московского патриархата[115]. Но его вовремя подкупили: «В 1592 году Государь Феодор Иоаннович послал для александрийского патриарха Мелетия «шапку служебную святительскую, для святой воды чашу золотую, убрусец низан жемчугом дробным и четыре сорока соболей». В следующем году — 520 золотых, два сорока соболей[116].

В 1684 году Москва послала «сорок» соболей константинопольскому патриарху, чтобы тот передал ей Киевскую митрополию… Ответ был отрицательный, но соболя исчезли. Через два года Москва послала соболей уже в три раза больше («три сорока»), и получила желаемое.

и ту же меру вкладывалось разное содержание. Например, шиффунт воска в Новгороде содержал 480 фунтов, в Ливонии превращался уже в 400 фунтов, а в Любеке — в 320! Разница в 160 фунтов потом продавалась отдельно и составляла чистую прибыль, при этом купеческая этика как бы соблюдалась, поскольку цена почти не менялась. В 1488 году, когда новгородский наместник Ивана III приказал, страшно сказать, взвешивать ганзейские товары, — это вызвало буквально взрыв беспокойства в Ливонии и Ганзе, бурную переписку и подготовку специального посольства в Москву с просьбой сохранить «старину», не взвешивать заморские бочки с медом и мешки с солью, а продавать по традиционным единицам товара — мешкам и бочкам, без контроля за весом содержимого».

Роман Храпачевский.

URL: https://khrapachevsky.livejournal.com/11026.html

115 Каптерев Н. Ф. Характер отношений России к православному Востоку // Собрание сочинений. Т. 1. — М., 2008. С. 70.

116 архим. Порфирий Успенский. Александрийская патриархия. Т. 1. — Спб, 1898. С. 138.

Но сейчас вспоминать про меха как-то не-экологично.

Мех — это кровь и смерть. Один из самых симпатичных зверьков на свете это белёк — новорождённый детёныш гренландского или каспийского тюленя, покрытый белоснежным мехом. Матери рожают его на дрейфующих льдинах — там, где никакие хищники не могут подобраться к малышам. Но люди находят эти льдины. И, чтобы не портить шкурки, глушат малышей ударами весел, забивая их тысячами… Героизировать этот труд уже неудобно. Вот и приходится приписывать духовно-миссионерский зуд обычным охотникам

Итак, поиск еще неистребленного пушного зверя уводил русских охотников все дальше от дома. А вскоре оказывалось, что выгоднее не самому стрелять белок, а заставить местных жителей платить дань беличьими и иными шкурками[117]. Охота на зверя превращалась в охоту на людей.

Так что соседним нерусским землям бывало несладко от военной активности русских дружин.

Дань бралась прежде всего мехами. За право взимать пушную дань воевали новгородцы с русскими князьями (в итоге в 1333 году Новгород уступает Москве контроль над Коми) и, конечно, с местным населением лесов, которые сегодня историки называют «северные колонии Великого Новгорода»[118].

---

[117] В середине XVII века Павлу Алеппскому москвичи рассказывали, что «Царь посылал вызвать часть племени мученика Христофора, которое состоит под его властью. Имя его Лопани (лопари?). Страна их лежит при море — океане, что есть море мрака, во ста пятидесяти верстах за Архангельским портом и в 1 650 верстах на восток от Москвы. У них нет лошадей, но есть животные, называемые по-гречески ἐ' λαφος, что есть олень; он водится у них во множестве. Ежегодно они вносят в царскую казну известное количество оленьих шкур, которые похожи на пергамент» (архидиакон Павел Алеппский. Путешествие Антиохийского патриарха Макария в Россию в первой половине XVII века, описанное его сыном, архидиаконом Павлом Алеппским. — М., 2005. С. 303).

[118] Там же. С. 52.

Туземцы сопротивлялись. В 1193 году крупный отряд новгородцев был разбит в землях Югры (Угры). Описывая эти события, Новгородская первая летопись упоминает истребление новгородского отряда, который осаждал некий город в Югре:

«Въ то же лѣто идоша из Новагорода въ Югру ратью съ воеводою Ядреемь; и придоша въ Югру и възяша городъ, и придоша къ другому граду, и затворишася въ градѣ, и стояша подъ городомь 5 недѣль; и высылаху къ нимъ Югра, льстьбою рекуще тако, яко „копимъ сребро и соболи и ина узорочья, а не губите своихъ смьрдъ и своеи дани", а льстяще ими, а вое копяче. И яко скопиша вое и выслаша из города къ воеводѣ: „поиди въ городъ, поемъ съ собою 12 муж вячьшихъ"; и иде въ городъ воевода, поимя съ собою попа Иванка Легена и инѣхъ вячьшихъ, исѣкоша я на канунъ святыя Варвары; и выслаша пакы, и пояша ихъ 30 муж вячьшихъ, и тѣхъ исѣкоша и потомь 50. И яко изнемогоша голодомь, стояли бо бяху 6 недѣль, слушаюче льстьбѣ ихъ, и на праздьникъ святого Николы вылѣзъше из города, исѣкоша вся; и бѣ туга и беда останку живыхъ; бѣ бо осталося ихъ 80 муж. И не бяше вести чересъ всю зиму въ Новегородѣ на не, ни на живы, ни на мьртвы; и печяловахуся въ Новегородѣ князь и владыка и вьсь Новгородъ».

Но новгородская экспансия идет не только на восток. Земли, сегодня известные как Эстония и Финляндия, также страдали от военных экспедиций Новгорода.

Весной 1123 г. князь Всеволод Мстиславич повел новгородцев в Финляндию:

«а на весну ходи Всеволодъ съ новгородьци на Емь, въ великое говение, и победи я́».

Новгородская первая летопись, 21, 205

Стоит отметить, что Великий Пост (говение) не помешал этому деянию.

В 1186 г. группа новгородских «молодцов» совершила грабительский набег на земли народа емь (финнов):

«Тъгда же ходиша на Емь молодьци о Вышате о Василевици и придоша опять сторови, добывъше полона».

Новгородская первая летопись, 38, 228

В 1191 г. новгородцы организуют большой морской (на лодках) поход на емь с привлечением союзных карел:

«Ходиша новгородьци [в лоивахъ] съ Корелою на Емь, и воеваша землю ихъ и пожьгоша и скотъ исекоша».

Новгородская первая летопись, лето 6699

В 1212 году правивший в Новгороде торопецкий князь Мстислав Удатной (Удалой) ходил на чудь, «рекомую Торму» (чудское племя торма обитало к северу от Юрьева), «и многа плениша их, скота без числа приведоша. По том же князь Мстислав на зиму ходи с новгородцы к чюдскому городу к Медвежьей голове, и села их потрати, и подступиша под город; и поклонишася Чюдь князю; и дань на них взя».

В 1214 году «иде князь Мстислав с новгородцы на Чюдь на Ереву, сквозь землю чюдскую к морю, села их потрати и взя на них дань».

В 1223 году князь Ярослав Всеволодович (отец Александра Невского) «повоева всю землю чюдскую и полона приведе без числа».

Зимой 1226/27 г. опять нападает на емь:

«Иде князь Ярославъ с новгородци на Емь, и повоеваша всю землю и полонъ приведоша бещисла».

Новгородская первая летопись, 65, 270, 510...[119]

---

[119] «Специфической чертой экономики Новгорода было явно выраженное экстенсивное использование природных богатств страны, осуществлявшееся как в энергичном собирательстве, охоте, рыболовстве, так и в открытом

Шведский историк Улоф Далин (1708–1763 гг.) в своем труде «История шведского государства» писал об отце Александра Невского — Ярославе Всеволодовиче: «…сей князь по праву тартарскому начал чинить нападения на Ингерманландию, Корелию, Финмаркен…»[120] Имеется в виду поход 1226–27 годов.

Понятно, что при первой же возможности северные колонизируемые народы решили отомстить — и в 1240 вошли в состав шведского невского десанта — «Придоша Свеи в великой силе, и Мурмане, и Сумь, и Емь» (Первая Новгородская летопись).

Вот тут и появляется юный князь Александр. Яркими огнями его легенды всегда обозначаются его бои 1240 и 1242 года против рыцарей. Но ведь были в его жизни и другие военные приключения.

В «Журнале Московской Патриархии» за март 2021 можно прочитать:

«Буллами от 19 марта 1255 года и 11 марта 1256 года новый папа Александр IV (1254–1261) объявил против Руси еще один крестовый поход. В него снова двинулись шведы, немцы и датчане. Но Александр с дружиной появился на границе раньше, чем крестоносцы ее пересекли. Папские воители «побежали за море». Великий князь с лучшими воинами на лыжах зимним

грабеже подвластных даннических народов Севера: карелы, чуди, пермяков, манси, ненцев, лопарей, югры, коми. Знаменитые новгородские ушкуйники, повольники, холопы-сбои в полной мере восприняли варяжско-норманские методы взаимоотношений с соседними народами и не стесняли себя скромностью и дружелюбием» — пишет современный историк. Это исследование — «Князь Александр Невский и Кольский Север. Неизвестные страницы жития» (СПб, 2013. С. 12–13) — с надписанием «игумен Митрофан Баданин». Но оно столь разительно отличается от позднейших книг, подписанных «епископ Митрофан Баданин», что я сомневаюсь в том, что первую книгу Баданин писал самостоятельно. Мне представляется, что Митрофан свои благочестиво-патриотичные абзацы просто вставлял в текст, написанный более ученым человеком.

[120] Олоф Далин. История Шведского государства в 8 томах. — СПб, 1805–1807. Т. 2. С. 265.

«злым путём», не различая дня и ночи, прошел по Финляндии. Крестоносцев гнали до Полярного круга, многие попали в плен. Не потеряв ни одного новгородского воина, князь с победой вернулся назад. Булла Александра IV в 1257 году объявила католическому миру, что ни одного слуги папы в Финляндии уже нет. Шведы и миссионеры были истреблены народом, восставшим при появлении Александра, насильственно крещеные финны вернулись к своей вере».

Андрей Богданов

1. Как видим, церковный официоз радуется возвращению народа к родному язычеству («крещеные финны вернулись к своей вере»).

2. Если «Папские воители побежали за море», то как их можно было преследовать по финским болотам до Полярного круга? А главное — зачем?

3. Копорье стоит на границе с Эстонией. По суше от новгородцев оттуда можно бежать только в нее, но не к Полярному кругу.

Все это изобилие домышленных деталей строится на кратком сообщении Новгородской первой летописи:

«В то же лето, на зиму [1256/57 гг.], приеха князь Олександръ, и митрополитъ с нимь; и поиде князь на путь, и митрополитъ с нимь; и новгородци не ведяху, где князь идеть; друзии творяху, яко на Чюдь идеть. Идоша до Копорьи, и поиде Александръ на Емь, а митрополитъ поиде в Новъгородъ, а инии мнози новгородци въспятишася от Копорьи. И поиде съ своими полкы князь и с новгородци; и бысть золъ путь, акыже не видали ни дни, ни ночи; и многымъ шестникомъ бысть пагуба, а новгородцевъ Богъ сблюде. И приде на землю Емьскую, овыхъ избиша, а другыхъ изъимаша; и придоша новгородци с княземь Олександромь вси здорови».

Никаких боев у Копорья не описывается. Летопись говорит, что шведы за год до этого стали строить крепость на восточном берегу Нарвы, напротив уже существующей Нарвской крепости, которой владели датчане. Но, услышав про воинские сборы у новгородцев, «побежали за море». Причем это бегство произошло до прибытия князя Александра в Новгород, и уж тем паче до выхода его дружины в их направлении.

И главная причина их бегства была как раз в отсутствии единства среди самих католиков, отчего шведы боялись оказаться зажатыми между русскими и датчанами[121].

Воины русской дружины погибали в последующем походе от его тягот («бысть золъ путь»), а не от врагов. И врагами этими оказываются вовсе не паписты, а языческая емь.

Был ли это поход именно в Финляндию, да еще к полярному кругу? Емь и в самом деле живут на юге Финляндии. Но они туда переместились от Приладожья именно в ходе тех войн.

«Не видали ни дни, ни ночи». Если это описание зимней полярной ночи, то оно исключает передвижение армии по незнакомой местности. Если же это летние белые ночи, то они есть на Финском заливе и Ладоге, и вовсе не нужно для этого уходить к Полярному кругу. Но если это лето, то откуда уважаемый А. Богданов взял лыжи?[122]

Лаврентьевская летопись вроде говорит, что поход был «тое же зимы». Но издатель обращает внимание на то, что после слова «тое же зимы поеха князь» вклеен лист, написанный другим почерком. Из предыдущих слов даже нельзя понять, к кому именно из князей это относится, равно как и то, что именно вынудило его отправиться в зимний путь. Продолжение по этой вклейке: «…князь Олександр на Емь и Емь победи и много полона приведе».

Это формула обычной грабительской вылазки к соседям, а не формула отражения агрессии. Поскольку же митрополит не

---

[121] Назарова Е. Л. Крестовые походы за р. Нарву в XIII в.: планы и их реализация // Метаморфозы истории. Альманах. Вып. 2. — Вена-Псков. С. 35.

[122] Кажется, это открытие Б. А. Рыбакова: Военное искусство // Очерки русской культуры 13–15 вв. Т. 1. — М., 1969. С. 364.

сопровождал князя в его походе на Емь, то этот поход нельзя прикрыть фиговым листочком «распространения Христовой веры» и назвать его «крестовым». Обычное опустошение заграничных окрестностей.

По итогам этого похода началось массовое бегство народа, с древности известного как биармийцы (чудь, вепсы), с этих территорий: «Норвежский король Гокан [Хакон IV Старый (1204–1263)] принимал дружески бежавших Пермян»[123]. «В то время жители Биармии обратились с просьбой о защите к королю Хокону. Он позволил им поселиться у Малангена [в районе нынешнего Тромсе] с условием, чтобы они приняли христианство, что они и сделали»[124].

Согласно Новгородской Первой Летописи, «новгородци не ведяху, где князь идеть». Новгородцы не только не знали, «где князь идет», но и для какой кампании их собрали, отчего и гадали — вероятно на Чудь, на Эстонию, обычный маршрут для вторжения от Копорья.

> *«Скорее всего, после того как шведы бежали с Нарвы, датчане отправили послов в Новгород и открестились от действий Кивелей. Были созданы условия, чтобы исчерпать дело миром. Александр Ярославич предпочел согласиться. Его планы на Северо-Западе явно выходили за рамки простой карательной экспедиции. Князь, во-первых, хотел наказать своего давнего соперника шведского ярла Биргера[125], а во-вторых,*

---

[123] Далин Олоф. История Шведского государства. — СПб, 1805. С. 263. Прим. III.

[124] Haakon Haakonssons Saga (последняя глава). Цит. по: Кааран А. К истории Русского Севера: Русско-норвежские отношения // Известия Архангельского Общества изучения Русского Севера. — Архангельск, 1910. № 11. С. 25.

[125] Биргер стал ярлом в 1248 году и не был таковым в год Невской битвы. См.: Богданов А. П. Александр Невский. — М., 2009. С. 163.

укрепить великокняжескую и церковную власть в регионе — в среде местных племен (води, ижоры, карелов). Ради этого можно было пожертвовать вторжением в разоренную лишь за три года до того Виронию... Из сообщения летописи видно, что князь не хотел заранее оговаривать с участниками похода его цель. Надо полагать, таинственность предприятия не только простой военной хитростью. Вероятно, Александр Ярославич с митрополитом Кириллом совершили объезд местных племенных нобилей, которые вынуждены были присягнуть великому князю. Личная присяга, как известно, важный элемент средневекового права. Над областью восстанавливался великокняжеский сюзеренитет. Местные жители становились подданными Владимирского государства, в то время как ранее они являлись просто новгородскими данниками. Скорее всего, именно поэтому новгородцы не были в курсе "где князь идеть"»[126].

Также сегодня историки полагают, что последовательность событий была не та, что в ЖМП: сначала был грабительский поход Александра, а потом — папская булла 1257 года:

«Землю тавастов он разорил масштабно и основательно... Папская булла непосредственно связана с походом Александра Ярославича. Вскоре после русского предприятия шведский король Вальдемар пожаловался на эту агрессию папе, который написал послание с призывом к организации крестового похода в Карелию: „Из писем дражайшего во Христе сына нашего Вадьдемара, прославленного короля Швеции (Sane litterarum carissimi in Christo filii nostri Valdemaris, Suecie regis illustris), стало известно неприятнейшее для нашего слуха и души сообщение о тягчайших и жестоких нападениях, которые очень

[126] Насонов А. Н. «Русская земля» и образование территории Древнерусского государства. Историко-географическое исследование; Монголы и Русь. История татарской политики на Руси. — СПб, 2002. С. 74.

часто переносят верноподданные этого королевства от врагов Христа, называемых обыкновенно карелами (Cariali), и от язычников других близлежащих областей (et a paganis alijs circumiacentium partium). Действительно, среди всех прочих опасностей, которые причинили названному государству коварства и жестокость этого племени, особенно в этом году, когда оно, неистово вторгнувшись в некоторые части данного государства, свирепо убило многих из его верноподданных, пролило множество крови, много усадеб и земель предало огню, подвергло также поруганию святыни и различные места, предназначенные для богослужения, многих возрожденных благодатью священного источника прискорбным образом привлекло на свою сторону, восстановило их, к несчастью, в языческих обычаях и тягчайшим и предосудительным образом подчинило себе"»[127].

А упомянутая в ЖМП папская булла от 3 августа 1255 г. объявляла поход не против русских, а против: «язычников Ватландии, Ингрии и Карелии».

Итак, князь Александр возглавлял вполне агрессивные и грабительские походы, втягиваясь в обычные «колониальные конфликты»[128] с конкурентами.

Но «Север помнит».

---

[127] Хрусталёв Д. Г. Северные крестоносцы. Русь в борьбе за сферы влияния в Восточной Прибалтике XII–XIII вв. Т. 2. — Спб, 2009. С. 65 и 62–63.

Интересно, что советский историк, приведя этот же текст, замечает – «описания поджогов и кровопролитий, составляющие основное содержание буллы, представляют для нас сравнительно мало интереса. Вполне понятно, что такой поход в 13 веке сопровождался жестокостями и кровопролитем» (Шаскольский И. П. Борьба Руси против крестоносной агрессии на берегах Балтики в XII-XIII вв. Лд. 1978,с.222). Это понятно всем, кроме писателей «житий», которые уверяют, что святой князь только защищался.

[128] Хрусталёв Д. Г. Монгольское нашествие на Русь 1223–1253 гг. — М., 2023. С. 238.

Он помнит, что в 1251 году представитель князя Александра «рыцарь Микьял» (Михаил) прибыл в норвежскую столицу Тронхейм и подписал с конунгом Хаконом IV Старым соглашение об урегулировании пограничных споров и разграничений в сборе дани в Финляндии. Этот договор дозволил новгородцам сбор дани с саамов по всему Кольскому полуострову и во всем Финмарке вплоть до норвежского Галогаланда (нынешний округ Тромсе). Есть предположение, что за этим характерным именем скрывается Миша (не называемый по отчеству) — герой Невской битвы[129].

В 1318 г. новгородцы сожгли город Або. В 1323 году новгородский отряд, проникнув на судах в Халогаланд, сжег Бьаркэй, поместье правителя Норвегии Эрлинга сына Видкуна[130]. Набег был повторен в 1326 году[131]. Результатом было то, что римский папа Иоанн Третий уступил королю Магнусу Смеку часть своих церковных доходов с Норвегии для укрепления ее границ.

В 1412 году «ходиша из Заволочья войною на Мурмане новгородским повелением, а воевода Яков Степанович, посадник Двинский. И повоеваши их»[132].

Послание, направленное жителями Галогаланда[133] в 1420 году норвежскому королю Эрику Померанском жаловалось:

---

[129] Хрусталёв Д. Г. Северные крестоносцы. Русь в борьбе за сферы влияния в Восточной Прибалтике XII–XIII вв. Т. 2. — Спб, 2009. С. 25; Т. 1. С. 388. Военные походы новгородцев в Карелию имели место в 1178, 1186, 1191, 1227, 1245, 1256, 1274, 1290, 1292 годах.

[130] Шаскольский И. П. О возникновении города Колы // Исторические записки: Сборник статей. — М., 1962. Т. 71. С. 40.

[131] Бутков П. Три древние договора руссов с норвежцами и шведами // Журнал Министерства Внутренних дел. 1837. № 3. С. 343–344.

[132] Новгородская Первая летопись старшего и младшего изводов. — М., Л., 1950. С. 399.

[133] Галогаланд (Haalogaland) — в то время самый северный регион Норвегии. Теперь таковым является провинция Финмарк (Finnmark) с административным центром Вадсе.

«Вследствие бедности мы не можем без Божьей и Вашей милости защищаться от обид, которые наносят нам русские и язычники, причинив и продолжая причинять нам большое зло. Они не хотят жить с нами в мире и, несмотря на заключенный мир, они перебили народу нашего, увели в плен женщин и причинили много зла. Но, надеясь на Бога, Ваш бедный народ отомстил за это зло»[134].

Итак, экономику, торговлю и тяжкую социальную пирамиду власти Северной Руси держали на плаву не земледельцы, а воины, идущие вместе со сборщиками пушной подати с северных колоний. Заодно они пригоняли и рабов.

В этом нет ничего уникального. Захват рабов и их экспорт были основой экономики некоторых кавказских народов даже в конце XIX века.

И совсем «мирных» народов на свете не было никогда. Например, в XIII веке эстонские пираты изрядно терроризировали датское побережье. «Эсты могли заниматься и пиратством. Рабов обычно захватывали во время пиратских рейдов на Швецию, Данию, Финляндию. Их называли Orja (индоевропейское ori), и они выполняли функции похожие на те, которые в Руси выполняла челядь… Общество эстов многое заимствовало у скандинавов эпохи викингов и было милитаризованным… Осилия (термин встречался у Генриха Латвийского и обозначал Моонзундский архипелаг) известны у скандинавов как Ey-sysla. Остров Сааремаа на древне-

---

134 Chr. C. A. Lange og Carl R. Unger. Diplomatarium Norvegicum. Oldbreve. Christiania, 1849. № 670. S. 483. Кааран А. К истории Русского Севера: Русско-норвежские отношения // Известия Архангельского Общества изучения Русского Севера. Архангельск, 1910. № 11. С. 31.

См. также: Бутков П. Три древние договора руссов с норвежцами и шведами // Журнал Министерства Внутренних дел. 1837. № 3.

URL: http://elib.shpl.ru/ru/nodes/4532-butkov-p-g-tri-drevnie-dogovora-russov-s-norvezhtsami-i-shvedami-iz-2-oy-knizhki-zhurnala-min-va-vn-del-1837-spb-1837#mode/inspect/page/8/zoom/4

скандинавском назывался Adalsysla, что соответствовало эстонскому Suurmaa — Главная земля. Sysla или Syslir должно было перейти в древнерусском в «сосоли». Эстонцы называли эту землю «Сааремаа» — «Островная земля»; финское название переводилось аналогично. В славянских летописях эта территория называлась «Островьская земля» (вместе с тем существовал этноним «сосолы»). Население Осилии занималось пиратством, и тамошние воины были одними из лучших в Эстонии. Моонзундский архипелаг был удобным пунктом для пиратских нападений на Швецию. Нужно сказать, что флот осилийцев насчитывал около 300 кораблей. Войско, которое могли выставить осилийцы, насчитывало 9 тыс. (30 человек на корабль, каждые 10 хозяйств выставляли по кораблю). В своих набегах на соседей эсты Осилии объединили свои усилия с куршами. Генрих Латвийский под 1206 г. написал, что осилийцы часто опустошают земли и сжигают церкви, убивают часть жителей, а остальных берут в плен. В записи под 1227 г. сказано, что на Моонзундских островах был рынок работорговли, где продавали женщин и юношей. В 1226 г. они совершили нападение на Швецию. Осилийцы были одними из наиболее фанатичных язычников, и поэтому от их рук принял мученическую смерть ливонский священник Фредерик во время похода эстов на ливов в 1215 г. На Моонзундских островах были большие залежи железа, и благодаря этому местное население не зависело ни от кого и могло самостоятельно изготовлять оружие и хозяйственные инструменты.

В «Ливонской рифмованной хронике» эзельцы описаны как люди, которых не страшит многочисленность врагов. Нужно сказать, что эсты-осилийцы нападали морем на датчан и шведов, а эсты-виронцы нападали на финнов и карел. Прибрежные городища должны были быть центрами работорговли. Для войн между народами Прибалтики была характерна жестокость. Мужское население захваченных поселений уничтожалось, опустошались борти и поля, сжигались села, женщин и детей уводили в рабство… Эстонцы на Балтийском море прославились как пираты. Генрих

Латвийский отмечал, что эсты нападали на южное побережье Швеции. Датский король Кнут Свенссон в 80-х гг. XI в. охранял Данию от морских набегов куршей, пруссов-сембов и эстов. В 1170 г. эсты и курши опустошили шведский остров Эланд. Под 1203 г. Генрих Латвийский сообщает о нападении эстов на суднах (pyratici) из Осилии на датское поселение Лейре (Листрия) в Сконе. На обратном пути часть эстов была перехвачена и побеждена немцами около Висбю на Готланде. Генрих Латвийский пишет, что осилийцы продавали пленных шведов куршам и другим язычникам. Нападения эстов, куршей, пруссов-сембов стало удобным поводом для крестовых походов на эстов. Вальдемар II осуществлял кампании в Эстонии в 1194, 1196, 1219–1222 гг. В 1218 г. римский папа Гонорий III признал право датского короля на территории, которые он завоюет. Папа Иннокентий III еще в 1209 г. одобрил планы датского короля завоевать страны Балтии. Прибалтийские финны оставались проблемой еще в XIII в. Вероятно, тактика эстов и карел во время морских походов не отличалась оригинальностью и была похожа на походы викингов: ставка делалась на неожиданность нападения… В «Ливонской рифмованной хронике» анонимный хронист особо выделяет эзельцев, то есть эстов Осилии. Они названы соседями куршей и мужественными людьми. Летом они обычно совершали пиратские набеги на кораблях морем на всех соседей: указано, что от них страдали язычники и христиане. Отмечено, что они сильны на море и что живут на островах… Для того, чтобы умерший враг не мог отомстить, ему отрезали голову и вырезали сердце. Так, датскому правителю земли Гервии (Ярвамаа) Хеббе воины из Саккалы в 1223 г. вырезали сердце и кинули этот орган в огонь… Эстония эпохи Крестовых походов вовсе не была «землей незнаемой», скандинавы и немцы знали о богатстве и населении Эстонии. Эсты эпохи крестовых походов были умелыми воинами, а эсты Моонзундского архипелага — пиратами, грозой стран Балтийского моря. Набеги осилийцев были одним из предлогов для крестовых походов против эстов. Сведения Генриха Латвийского указывают на взаимную ненависть между латгалами и эстами. Ливы сражались в войсках немцев против эстов. Литовцы осуществляли дальние походы на эстов и появлялись в Эстонии эпизодически. Русины в XI в. были настроены покорить эстов, однако после первоначальных успехов Ярослава Владимировича и Изяслава Ярославича это привело к восстанию эстов и к изгнанию русинов из Юго-Восточной Эстонии. Дальнейшие походы русинов и новгородцев не привели к серьезным последствиям для эстов — славяне в худшем случае брали с них дань и обращали в православие немногих[135].

Но предмет данной книги — это разбор тезиса о том, что русские и их государство были исключением из общемировых правил и нравов и в силу своей несравненной духовности никогда ни на кого не нападали…

И, конечно, не только северные земли еми были целями грабительских походов русских дружин. Вот как Симеоновская летопись говорит о походе войск Галицко-волынских князей на далекий Кавказ зимой 1277–1278 гг. на Кавказ:

> *«Князь же Ростовскии Глебъ Василковичь съ братаничемъ своимъ съ княземъ Костянтиномъ, князь Феодоръ Ростиславичь, князь Андреи Александровичь и инии князи мнози съ бояры и слугами поехаша на воину съ царемъ Менгутемеромъ, и поможе Богъ княземъ Русскымъ, взяша славныи градъ Ясьскыи Дедяковъ, зиме месяца Февраля въ 8, на память святого пророка Захарии, и полонъ и корысть велику взяша, а супротивныхъ безъ числа оружиемъ избиша, а градъ ихъ огнемъ пожгоша».*
>
> *Симеоновская летопись*[136]

---

[135] Пилипчук Я. В. Эсты и их соседи. Международные отношения в Балтийском регионе (XI-XIII вв.) // Valla. № 2 (6), 2016. С. 3–16.

[136] ПСРЛ. Т. 18. С. 75.

Глава 6
ИДЕМ НА ВОСТОК

Откуду начну плакати?[137]

Совсем в древности и сложности до-московского государства погружаться не станем.

Начнем с первого русского царя и с Восточного направления.

С 1545 по 1552 годы проходят три казанских похода Ивана Грозного. Казанское ханство захвачено, а не «мирно присоединено». Военное «замирение» татар шло еще пять лет.

Весной 1554 года Иван Грозный направил 3 полка (30 тыс. человек во главе с воеводой князем Юрием Пронским-Шемякиным) в поход против Астраханского ханства. Первое столкновение московских войск с астраханскими произошло 27 июня 1554 г. возле Черного Яра (район Волгограда). Передовые отряды астраханцев были разбиты наголову. Пленные показали, что Ставка хана Ямгурчея находится в 5 км ниже Астрахани, в одном из рукавов дельты Волги (на Царевой протоке), и что гарнизон татар в самой крепости крайне незначителен. Имея эти сведения, часть московского войска во главе с князем Вяземским блокировала Ставку хана, а другая часть заняла незащищенную Астрахань 2 июля 1554 г. Хан Ямгурчей бежал в Азов, т. е. на турецкую территорию, бросив ханш, гарем и детей. Русские войска стали преследовать

---

[137] Такими словами начинается Великий покаянный канон Андрея Критского: «Откуду начну плакати окаяннаго моего жития деяний? Кое ли положу начало, Христе, нынешнему рыданию?»

ханскую гвардию во главе с ханом и настигли 7 июля беспорядочно отступавшие ханские силы, без особого труда просто перебив их, а частично — захватив в плен.

Вернувшись в Астрахань, русские воеводы посадили на астраханский престол хана Дервиш-Али, который обязался быть вассалом Ивана IV и союзником России. В 1556 в связи с намерением Дервиш-Али выйти из-под влияния России в Астраханское ханство вновь был направлен русский отряд. Передовой казачий отряд (500 человек) нанёс поражение ханским войскам, защищавшим Астрахань. Хан и свита бежали из города, но, получив подкрепление от крымского хана Девлет-Гирея, вступили в бой с русскими (к которым подошла тысяча стрельцов), и были разбиты. Впрочем, помощь от правителя Крыма оказалась невелика (всего 700 человек), поскольку его владения подверглись тогда нападению отряда под командованием воеводы М. И. Ржевского. Хан бежал в Азов, а затем в Мекку. Последние астраханские ханы нашли прибежище в Бухаре у Шейбанидов. Позже представители астраханских ханов будут основателями Аштарханидской династии в Бухарском ханстве.

Астрахань и все ханство были присоединены к русскому государству 26 августа 1556 г. без всякого мирного или иного договора, который должен был бы завершить войну (поход). Титул астраханского царя в 1557 году стали носить русские цари.

Первая черемисская война 1552–1557 годов — восстание части марийцев против присоединения к Русскому царству и ответные экспедиции московских войск.

> *«И они, призывая Бога в помощь, пошли ис Казани и во многие места послали головы воевать и на Уржум идучи воевали и жгли во всех местах. И имали четных людей 6 человек, а в полон взяли робят и женок Татарского полону 15 000. И город на Меше сожгли и людей в нем немногих застав, повыбили и окрестные тут села все повыжгли и людей повыбили и город до основания разорили»*[138].

---

[138] Никоновская летопись // ПСРЛ, Т. 13, С. 239; Лебедевская летопись // ПСРЛ. Т. 29. С. 227.

Князь Андрей Курбский писал:

«На шестой год царь наш собрал немалое войско, больше тридцати тысяч. Придя в Казань и дав небольшой отдых войску, мы пошли в те дальние пределы, где казанские князья с басурманским воинством и другими язычниками вели подготовку к войне. И хоть было им удобно как знакомым со своей землей, а особенно упорно сражались те, кто приходил из лесов, везде с помощью Божьей бывали они разбиты от христиан. Кроме того, дал нам Бог против них хорошую погоду, потому что в ту зиму без северных ветров снега были очень глубоки, а потом мало их (врагов) *осталось. Ведь преследовали мы их целый месяц, а передние полки наши гонялись за ними даже за Уржум и за реку Мет, за большие леса, а там даже до башкир, которые растянулись по реке Каме вверх по направлению к Сибири. А те из них, что остались, покорились нам. Тогда перебили мы больше десяти тысяч мусульманских воинов с их атаманами, тогда и знаменитых христианских кровопийц, Янчуру Измаильтянина и Алеку Черемисина, и других князей их немало мы побили. И с Божьей благодатью возвратились в свое отечество со светлой победой и богатой добычей. С тех пор стала Казанская земля смиряться и покоряться нашему царю»*[139].

Комментарий к академическому изданию сочинения Андрея Курбского поясняет: «В январе 1554 г. из Казани войско отправилось в большой карательный рейд против восставших… На Рождество Богородицы, 8 сентября 1555 г, князь Андрей возглавил карательный поход против луговой черемисы»[140]. «И побили их тою осенью (1555 года) 1560 именных людей»[141].

---

[139] Курбский А. История о Великом князе Московском. — М., 2015. С. 79.

[140] Курбский А. История о Великом князе Московском. — М., 2015. С. 587–588.

[141] Никоновская летопись // ПСРЛ. Т. 13. С. 247.

Вторая черемисская война — это 1571–1574 годы. В 1574 году на земле луговых марийцев была основана крепость Царево-Кокшайск (ныне Йошкар-Ола). Третья война — это 1581–1585 годы.

Вторая и Третья черемисские войны были особенно важными в истории Восточной Европы. На восточный, черемисский фронт, Иван Грозный вынужден был перебросить войска с западного фронта, на котором он воевал против Польско-Литовского государства и Швеции (Ливонская война). Осенью 1572 г. Иван Грозный направил против «луговой и горной черемисы» 5 полков. В конце 1573 г. в Муром для дальнейшего участия в черемисской войне были стянуты еще 5 полков. С лета 1582 г. против «черемисов» действовал судовой полк, а в конце 1582 г. было переброшено 8 сухопутных полков. Весной 1583 г. к борьбе с повстанцами подключились 3 судовых и 3 конных полка, в ноябре — еще 5 полков, в 1584 г. — еще 3 полка[142]. Чтобы подавить восстание чувашей, марийцев и других народов Поволжья, Россия была вынуждена подписать невыгодный Ям-Запольский мир 1582 г. с Речью Посполитой и Плюсское перемирие 1583 г. со Швецией[143].

Во время Четвертой черемисской войны 1591–1592 гг. Москва также была вынуждена направить в Среднее Поволжье дополнительные войска[144]. Поэтому Четвертая черемисская война, как и поход на Москву крымского хана Гази II Гирея в 1591 г., оказала влияние на неудачный для России результат Русско-Шведской войны 1590–1595 гг. и содержание Тявзинского мирного договора 1595

---

[142] Димитриев В.Д. Чувашия в эпоху феодализма (XVI — начало XIX вв.). — Чебоксары, 1986. С. 61.

[143] Там же. С. 61, 98, 134. Бахтин А. Г. Черемисские войны 70–90-х гг. XVI в. // История татар с древнейших времен. В 7 т. Т. 5. Татарский народ в составе Российского государства (вторая половина XVI–XVIII вв.). — Казань, 2014. С. 99.

[144] Ермолаев И. П. Среднее Поволжье во второй половине XVI–XVII вв. (Управление Казанским краем). — Казань, 1982. С. 76.

года. После черемисских войн российская власть запретила чувашам заниматься кузнечным делом. Также было запрещено продавать чувашам оружие и металлы, из которых можно изготовить оружие, была ограничена продажа металлических инструментов и соли (последнее — для создания искусственной зависимости от русских и получения сверхприбыли от монопольной торговли солью). Чувашским крестьянам было запрещено заниматься торговлей. Эти запреты были отменены только в середине XIX в.[145] Была введена система заложников (аманатов). В чувашских селениях брались аманаты, которые должны были жить на специальных аманатных дворах в русских крепостях. Аманаты своей жизнью отвечали за уплату русским ясака (налога) и покорность российской власти со стороны их односельчан. Институт аманатства по отношению к чувашам просуществовал до XVIII в.[146]

Обратная агрессия со стороны восточных соседей в это время исходит только от ногайцев и Крыма[147].

---

[145] Димитриев В. Д. Чувашия в эпоху феодализма (XVI — начало XIX вв.). — Чебоксары, 1986. С. 48, 54, 60, 172, 230–240, 444.

[146] Там же. С. 48, 54, 60, 61, 78, 82, 91, 111, 131, 330–331, 336, 356, 360.

[147] Авторы Википедии поясняют, что «Набеговое хозяйство приобрело для крымских татар и ногайцев незаменимый характер, после того как в конце XV века Османская империя, вассалами которой признали себя крымские ханы, взяла под прямой контроль прибрежные крымские города. До этого благосостояние хана зиждилось на взимании с генуэзских колоний и греческих городов платы за разрешение и охрану их торговли, а значительная часть татарского населения специализировалась на сельскохозяйственном производстве для них. С приходом осман сложившееся распределение ролей было нарушено, торговля зерном угасла, хан и его подданные лишились традиционных доходов. Как следствие, им пришлось искать новые источники обогащения. Выходом стал переход к кочевому грабительскому образу жизни, позволявшему вновь интегрироваться в черноморскую торговлю, заняв выгодную нишу торговцев очень востребованным в Османской империи живым товаром. Постоянные набеги крымских татар на Русские княжества начались с 1507 года».

URL: https://ru.wikipedia.org/wiki/Крымско-ногайские_набеги_на_Русь

Стоит привести письмо Ивана Грозного 1564 года о крымских нападениях — прежде всего ради того, чтобы было понятно значение слова «украина» для XVI столетия:

> *«А ныне приходили войною на нашу украину на мещерские места на Инзеру Бердимагмет Янай мурзин сын, а после того приходил на темниковские места Бердимагметев брат Бегиш Янаев же мурзин сын, а с ним крымцы и азовцы и нагайские люди, которые нагайцы жили преж того в Крыме, а ныне живут в Азове, и нашим людем убытки поделали. И брат бы наш Девлет-Кирей царь, тех людей сыскав, велел казнити и взятое велел, сыскав, отдати. А мы за то з братом своим дружбы не оставливаем, что те люди на нашу украину приходили и убытки нашим людем поделали. И брат бы наш Девлет-Кирей царь вперед велел того беречи накрепко, чтоб его люди на наши украины войною не приходили и убытков не делали, тем бы меж нами з братом нашим доброе дело и дружба не рушилась. И мы з братом своим учинилися в крепкой дружбе и людем есмя своим по всем украинам заказали крепко, Азову и азовским людем никоторого убытка чинити не велели есмя»*[148].

Напоминаю, что цель этой части книги — напомнить о тех войнах и военных кампаниях, где российская сторона была нападающей стороной. Поэтому тут стоит примечания Крымский поход Даниила Адашева 1559 года, опустошивший западный Крым.

В целом ни Поволжье, ни Урал, ни земли от Дона до Каспия не были «исконно русскими». У местных жителей и народов была своя история, полная своих междоусобиц, в которые они с переменным успехом втягивали и московские силы. Москва же

---

148 Божиею милостию великого государя царя и великого князя Ивана Васильевича всеа Русии многих земель государя слузе нашему Сюлейманше князю. (Публ. в: Мустафина Д. А., Мустакимов И. А. Письма Ивана IV в Крым. Август 1564 г. // Средневековые тюрко-татарские государства. 2017. № 9. С. 164).

и дипломатией, и взятками, и оружием понуждала давать клятвы верности («шерть»)[149].

Потом пришла очередь Сибири.

Сибирь вовсе не была пустыней до появления там русских. В ней жило множество народов со своими государственными и прото-государственными образованиями. Нельзя сказать, будто последних сибиряков уже доедали медведи — и от безысходности те попросили помощи русских стрельцов.

Ермак начинает покорение Сибири в 1581–1585 годах. Кто-то будет считать, что Сибирское ханство угрожало Москве?

И после гибели как Ермака, так и хана Кучума, вооруженные столкновения продолжались.

Вот — основание Красноярска:

«В 1608 году казаки из Кетского острога, под предводительством енисейско-остяцких князьков Урнука и Намака, отправились вверх по Енисею, с намерением найти "новыя землицы", а затем присоединить их к владениям московского царя. Плывя вверх по Енисею, казаки встретили землю, котороую владел аринский князек Тюлька, и назвали ее "Тюлькинскою землицей". Это название удержалось до построения Красноярского острога и ухода аринцев. Аринцы, поддерживаемые не только качинцами, но и енисейскими киргизами,

---

[149] См., например:

Моисеев М. В. Ногайско-русские отношения при Исмаил-бие (1554–1563 гг.) // Средневековые тюрко-татарские государства. № 9. — Казань, 2017.

Моисеев М. В. Русско-казанское противостояние и международные отношения в Восточной Европе в 1530-е гг. // Новое прошлое. The New Past, 2022, № 1.

Моисеев М. В. Шертные грамоты в контексте русско-ногайских отношений в XVI в.//Средневековые тюрко-татарские государства. — Казань, 2014. Вып. 6.

долгое время не соглашались платить ясак русским и принимали все меры к удалению последних с занятого ими места. С этою целью они почти беспрерывно беспокоили их набегами, которые, в конце концов, стали настолько опасными, что казаки решили обратиться к Енисейскому воеводе с просьбою о помощи и защите. Енисейский воевода Яков Хрипунов распорядился построить острог для защиты от нападений местных племен. Дубенский, взяв с собой триста казаков, в конце 1627 года отправился из Енисейска для закладки нового острога. В 1659 году возведен был так называемый “большой” Красноярский острог. Строительство нового острога, почти сразу же ставшего центром сбора ясака, вызвало недовольство местного населения, состоявшего в основном из данников, “кыштымов” енисейских кыргызов, правители которых, в свою очередь, являлись вассалами государства Алтанханов (Северо-Западная Монголия). В 1667 и 1679 годах острог дважды осаждался сильным войском кыргызского хана Иренека. В 1690 году Красноярский острог получил статус города. Растущее социальное неравенство населения и рост воеводских злоупотреблений привели к народному возмущению 1695–1700 годов, известному как „Красноярская шатость“»[150].

В 1629 году двухтысячное войско татарского царевича Аблайгирима (внука Кучума) в союзе с калмыками осадило Чатский городок в устье реки Томи[151]. Городок был взят, дома сожжены, все русские жители (20 человек) убиты. В 1630 году под начальством московского дворянина Якова Тухачевского был предпринят поход против теленгутов. «Киргизы возбуждали против русских большое количество народов, так что весной 1621 года кроме них в числе народов, враждебных русским, числились также басагары, кизылы,

---

150 URL: https://sib-guide.ru/siberia/rn/54

151 Миллер Г.Ф. История Сибири. — М., 1937. Т. 2. С. 99–100.

кученгуты, браты, маты, саяны и аринцы. В том же году отпали тубинцы и маторцы»[152].

Война в Якутии растянулась на 10 лет. В 1630 году из Енисейска на Лену был отправлен енисейский атаман Иван Галкин. С отрядом из 30 человек он следовал по маршруту Бугра на Лену. По дороге казаки силой привели в подданство 5 князцов и собрали ясак. Далее Галкин двинулся вниз по течению и достиг Алдана, где пограбил местные роды. На обратном пути на отряд напали отряды Тыгына и Бойдона, но казаки смогли от них отбиться. Вернувшись в Енисейск, атаман сообщил, что якуты «скотны и людны и доспешны, и воисты и не хотели государеву ясаку дать… Да тех же, государь, якольских людей князец Тыгнина, да князец Бойдон живут по реке Лене и с нами, холопьями твоими, дрались по вся дни и твоего государева ясака нам не дали и нас, государь, холопей твоих, не хотели из своей земли выпускать». В 1632 году в Дюпсинском улусе якуты «…збежались в один улус и поделали острожки и сели в острожках». Бекетов и его казаки «…учали к острожкам приступати… один острожек взяли и в том острожке лутчих людей 20 человек, и иные острожки взятьём взять не могли, и зажгли со всеми якутскими людьми… «А в тех острожках было якуцких людей 87 человек, спаслись только три бабы». Бекетов добрым словом и «огняным боем» он убеждал якутов признать власть царя… Галкин с 12 служилыми людьми нежданно прибыл в Ленский острог 21 сентября 1633 года и напал на баксинский улус. Баксинцы «дрались долгое время», но казакам удалось «побить и порубить» часть из них, а другую пленить. 5 января 1634 года атаман с казаками и охотниками из промышленных и торговых людей выступил в поход. На конях они пересекли замёрзшую Лену и натолкнулись на якутские разъезды. Галкин впоследствии докладывал: «Они люди конные — и везде у них, куды не пойдём, караулы крепкие, а малыми, государь, людьми тое земли отнюдь умирять немощно». В середине 1636 года четыре сотни кангаласов и более 600 якутов

---

[152] Там же. С. 58.

подступили к Ленскому острожку. В этот раз они попытались взять острожек приступом, но Галкин со своими людьми «в осаде в острожке сидели накрепко и в острожку с ними бились». Галкин перехватил инициативу и двинулся вслед. Во время похода он осадил острожки мятежных тойонов, «сделанные в две стены» и захватил часть их на третий день осады. Камых успешно отбил атаку казаков, которые, не желая терять людей, сожгли его укрепление. После того, как тойон и его воины сгорели заживо, большая часть якутских тойонов во главе с „тыгыновичами" признали власть русского царя и согласились платить ясак»[153].

В 1636 г. отряд Галкина осадил крепость канголосцев, и снял осаду, после того как те обещали платить ясак и признавали себя подданными Московского государства. «Сопротивление оказывали не только Якутские племена, но даже миролюбивые тунгусы»[154].

Буряты (браты) впервые упоминаются в русских документах в 1617 г. — в числе нерусских отрядов, осаждавших Томский острог:

«Орды великия, государь, к Томскому городу прилегли — колмаки и браты, и киргиские люди, и тубинцы, и кузнецкие люди, нас, государь, холопей твоих по земле и по пашням побивают нам, государь, твоего, государь, города без прибавошных людей не удержати»[155].

В 1631 г. казачий пятидесятник Бажен Поленова докладывал:

«брацкие люди ни в чем царю не послушны. Только их твоею государевою грозою не усмирить и доброво де ясаку с тех брацких прошву иных ясачных людей не будет»[156].

---

[153] Царьков О. Е. Очерки истории Саха. Московская конкиста и политика тойонов // CONCORDE, 2022, № 3.

[154] Крекер В. Колонизация Сибири Московским Царством.

URL: http://viktor-wind.narod.ru/colonization_syberia.html

[155] Миллер Г. Ф. Описание Сибирского царства. — Спб, 1750. С. 453.

[156] Хамутаев В. А. Присоединение Бурятии к России: история, право, политика. — Улан-Удэ, 2011. С. 40.

Зимой 1641 г. якутский воевода послал большой отряд под начальством Василия Власьева. На р. Куленгев в сражении, длившемся целый день, было убито 30 бурят и захвачено в плен 28 буряток — «старых и молодых и ребят, которые у грудей». Казаки «беззащитных пленников всех побили из пищалей»[157]. И позже сами казаки писали: «Государев ясак с *братов* по вся годы имали за саблею и за кровью»[158]:

> «*В Бурятии в первой половине XVII века целые улусы выжигались дотла казачьими атаманами и управителями острогов, женщины и дети уводились в рабство, имущество разграблялось. Например, известный своей жестокостью Иван Похабов производил крещение бурят, привязывая их по нескольку человек к длинной жерди, опускаемой затем в прорубь Ангары*»[159].

В 1658 г. вновь начались восстания и волнении бурят в Балагайской степи. Поводом к ним послужили зверства Ивана Похабова и его приближенных. Похабов являлся единоличным управляющим двух острогов — Братского и Балаганского. Люди Похабова всячески издевались не только над улусными людьми, но и князцами; разъезжая по бурятским улусам, они не только грабили имущество и скот, но и убивали людей когда и как хотели, увозили их жен и детей, которых превращали в холопов или продавали[160].

Восстания бурят шли до 1767 года…

В общем, «покорение Сибири» — это вовсе не мирная история протяженностью в полтора века.

---

[157] Там же. С. 42.

[158] Кудрявцев Ф. А. История бурято-монгольского народа. — М., Л., 1940. С. 46.

[159] Залкинд Е. М. Нерушимая дружба бурят-монгольского и русского народов. — Улан-Удэ, 1943. С. 6.

[160] Кудрявцев Ф.А. История бурято-монгольского народа. — М., Л., 1940. С. 46.

«Долгие годы присоединение Сибири и Дальнего Востока к России являлось для советских историков довольно „скользкой" темой. В новых работах исчезает слово „завоевание". Его заменяют более нейтральным — „присоединение". Но очень скоро слово „присоединение" перестает отвечать новым требованиям изменившейся политической конъюнктуры. К нему снова и снова подыскивают более благозвучные синонимы: „включение", „вхождение", „освоение" и т. п. С конца 1940-х годов стремление подчеркнуть мирный характер сибирской одиссеи Российского государства становится особенно заметным. Однако это противоречило документальной базе. „Отписки", „скаски" русских землепроходцев, донесения воевод, дьяков, челобитные, многие другие документы, опубликованные в предшествующие годы, рисовали совсем иную картину. Они буквально пестрят сообщениями о военных стычках казаков с аборигенами.

Дело в том, что Приамурье было весьма населено. Здесь, в отличие от большинства районов Сибири, русские встретили преимущественно оседлое население, в т. ч. и земледельческое. И оно оказало казакам более упорное сопротивление. К сожалению, в отчетах землепроходцев о походах по Амуру не так уж и много зафиксировано фактов того, как дауры, дючеры, другие народы Приамурья с радостью встречают русских казаков и с готовностью соглашаются платить ясак, тем самым признавая себя подданными России; преобладают другие, прямо противоположные.

Обратимся к „Отписке" Е. П. Хабарова якутскому воеводе Д. А. Францбекову, которая пострадала, пожалуй, больше других. Даже название ее претерпело весьма характерную трансформацию. В „Дополнениях к актам историческим", где она впервые была опубликована в 1848 году (Дополнения к актам историческим. СПб, 1848, т. 3, с. 359–373), документ назывался так: „Отписка якутскому воеводе Дмитрию

Францбекову служивого человека Ерофея Хабарова, о военных действиях его на реке Амур и о проч.". Совсем по-другому озаглавлен документ в сборнике „Русско-китайские отношения в XVII веке": „Из отписки приказного человека Е. П. Хабарова якутскому воеводе Д. А. Францбекову о походе по р. Амуру". Согласитесь, что „военные действия на реке Амур" и „поход по Амуру" — далеко не идентичные понятия.

Первое существенное сокращение в „Отписке" Хабарова — описание плавания по Амуру в начале лета 1651 года. Казаки отплыли из Албазина 2 июня и через два дня подошли к месту, где должен был стоять городок даурского князца Дасаула. Городка, однако, не оказалось, жители сожгли его, „всего осталось две юртишка", а сами ушли вниз по Амуру. Поплыли казаки дальше и «в половине дни наплыли юрты, и в тех юртах людей не изъехали, и те люди на кони пометались и они даурские люди у нас все уехали, лише толко схватили ясыря — даурскую бабу».

Точно такая же история приключилась и еще через несколько часов, когда на берегу показались очередные юрты «и в тех юртах все люди даурские, подсмотрев нас, на кони помечутся и убежать..., юрты сожгли и дым пустили» (с. 359).

Как видим, дауры встречали казаков так, как всегда и везде встречают непрошенных гостей, несущих с собой неволю. Следующая купюра — описание сражения, разыгравшегося у Гуйгударова городка, к которому казаки подплыли к вечеру того же дня. «И мы по них из стругов из оружия ударили, и тут у них даурских людей побили человек с двадцать, и они князь Гуйгудар, и Олгезма и Лотодий и с улусными людьми государские грозы убоялись и с берега отъехали» (с. 360). *Казаки осадили укрепленный городок и предложили даурам сдаться «без драки». Дауры отказались, и тогда заговорили пушки: «Стали бить по башням с нижнюю сторону у того города, и из мелкого оружия, из мушкетов, из пищалей, били по них в город, и они даурские люди стреляли к нам из города и от них стрел к нам летело из города от даурских людей безпрестанно, и настреляли они дауры из города к нам на поле стрел как нива стоит насеяна, и дрались мы с ними дауры всю ночь до схожева солнца, и у башни стену пробили, и мы и куячные люди, а иные служилые люди за щитами, стену отняли, и в город вошли». Выбитые из одного укрепления, дауры укрылись в других. Штурм был продолжен. «И на тех приступах побили их дауров двести четырнадцать человек; и те свирепые дауры не могли стоять против государской грозы и нашего бою и из того города напролом они побежали, человек десятка полтора лишь те и ушли из города, а достал всех, которых в городе захватили дауров, со всех стороны их дауров в городе сжали, и драка была съемная и копейная у нас казаков и Божиею милостью и государским счастьем тех дауров в пень порубили всех с головы на голову и тут на съемном бою тех даур побили 427 человек больших и малых, и всех их побито дауров, которые на съезде и которые на приступе и на съемном бою, больших и малых 661 человек, а наших казаков убили они дауры четырех человек, да наших же казаков переранили тут у городка 45 человек, и те все от ран казаки оздоровели»* (с. 360–361). *Завершается купюра перечислением трофеев, взятых казаками в Гуйгударовом городке: „Бабья старых и молодых и девок 243 человека, ребенков сто осьмнадцать человек, да коневья поголовья 237 лошадей, да рогатого скота 113 скотин". Таково „мирное" присоединение Приамурья к России. Осада и штурм Гуйгударова городка, больше похожая на бойню, — далеко не единственная «драка» казаков Хабарова с местными жителями. Цепью беспрерывных военных стычек стало для Хабарова плавание по Амуру ниже. Жестокий, кровавый поход хабаровского воинства по Амуру, недобрая память о котором до сих пор хранится в фольклоре амурских народов, превратился в невнятное повествование о борьбе русских с маньчжурами, а сам Е. П. Хабаров рисуется исключительно розовыми красками. Между тем список жестоких „деяний" Хабарова обширен. Упоминания о пытках, которым подвергал он нередко своих пленников, о разбоях и грабежах, которые чинили казаки в завоеванных улусах, встречаются на многих страницах.*

На самом деле совсем не простым и не мирным было присоединение Сибири и Дальнего Востока к России. Нет практически ни одного, даже самого маленького народа, который оказался бы в ее составе по собственной воле»[161].

Ноябрь 1650. Хабаров послал 60 казаков против дауров, живших в пяти юртах на реке Ширилке. Инородцы эти не стали сопротивляться и обещали быть в вечном подданстве московского царя и платить ясак. Но когда их привели к Хабарову, то он велел мужчин утопить, а жен и детей и имущество их подуванить, т. е. поделить между служилыми людьми[162].

Кроме того, Хабаров активно брал заложников («аманатов»):

«Позднее я прочитал отписки Хабарова, помещенные в „Дополнениях к Актам историческим", и они мне определенно не понравились. Среди многих, кто путешествовал и воевал в XVII веке в Сибири и на Дальнем Востоке, Хабаров — единственный в своем роде „законченный" конкистадор»[163].

---

161 Тураев В. А. О характере купюр в публикациях документов русских землепроходцев XVII в. // Русские первопроходцы на Дальнем Востоке в XVII–XIX вв. (Историко-археологические исследования). — Владивосток, 1995. Т. 2 С. 154–169. URL: http://ostrog.ucoz.ru/publ/t/21-1-0-35

162 Чулков Н. П., Хабаров Е. П. // Русский архив. 1898. С. 182.

URL: http://library.kazachiy-hutor.ru/uploads/2016/04/N.-CHulkov-Erofey-Pavlov-

URL: https://runivers.ru/bookreader/book413579/#page/188/mode/1up

163 Забелин И. М. Встречи, которых не было. — М., 1958.

URL: https://history.wikireading.ru/hUXOTIBMRd

Но:

«В целях укрепления дружбы народов историками стало подчеркиваться то, что присвоение сибирских территорий к Московскому царству было добровольным. Поэтому стало целесообразней применять термин „присоединение", включая в себя как добровольное вхождение, так и завоевание. Именно термин „присоединение" предложил В. И. Шунков в 1960-х годах, он подчеркивал, что „факты добровольного вхождения пока что установлены лишь по отношению к отдельным народностям" и что „отрицать наличие в этом процессе элементов прямого завоевания, сопровождавшегося грубым насилием, значит игнорировать факты". К признанию концепции завоевания стал, видимо, склоняться и такой известный исследователь-сибиревед как Б. П. Полевой. В 1-м томе „Истории Русской Америки" он в отношении присоединения всей Сибири использовал термин „завоевание" и призвал историков освободиться наконец-то от созданного в отечественной историографии „странного культа" Е. П. Хабарова и мифологизации русского продвижения на Амур, восстановив историческую правду об амурском походе и лично самом Хабарове, действия которого, возможно, принесли больше вреда, нежели пользы русским интересам в Приамурье.

В 1628 енисейский воевода Шаховский отправляет в Якутию для покорения и сбора ясака отряд во главе с Галкиным, который отмечает, что места эти „скотны и людны и доспешны и воисты и не хотели государева ясаку дать", но „Бог пособил их побить и жены их и дети в полон взяты".

В сентябре 1632 года сотником Бекетовым заложен Ленский острог, именно с этого места начинается современный город Якутск. В 1633 году Бекетов сменяется уже знакомым нам Галкиным, который ведет непрерывные войны с местным населением, но, обложив их селения или беря заложников, русские казаки добиваются выкупа, то есть ясака. Понимая безуспешность войны с русскими колонизаторами, якутские племена делают первые попытки объединиться»[164].

Все это перечеркивается одной фразой из проповеди патриарха Кирилла: «…никогда не обагрялась кровью якутская земля, потому что совесть была православная»[165].

«Как показывают документы российских архивов, по мере продвижения казаков с запада на восток ожесточенность сопротивления коренных народов росла и была обратно пропорциональна уровню их социально-экономического развития. Поэтому наиболее бескомпромиссную борьбу с пришельцами вели самые дикие племена — чукчи, коряки и ительмены. Подчинение этих племен началось уже во второй половине XVII века и представляет собой одну из самых кровавых страниц

---

164 Крекер В. Колонизация Сибири Московским Царством.

URL: http://viktor-wind.narod.ru/colonization_syberia.html

165 «Слово», 4 декабря 2022 года. Патриаршие цензоры вырезали этот ляп из официальной публикации даже в видеоформате. Он остался тут:

URL: https://www.youtube.com/watch?v=tHJPL1i3vxQ (2 час. 25 мин.)

«В отличие от многих завоевателей, которые покоряли Африку, Северную и Южную Америку и, колонизируя эти земли, несли насилие, смерть и разрушения, история этих завоеваний осталась страшным местом в истории этих народов. Ничего подобного в России не происходило. Может возникнуть вопрос: а почему? А ответ очень простой: вера православная. Люди, воспитанные в православной вере, не могли нести смерть, уничтожение, разрушения, пожары, насилие, эксплуатацию — это просто не соответствовало духовному устроению русского человека. <Никогда не обагрялась кровью якутская земля>. Не было страшных страниц насилия, выселения, геноцида — ничего подобного! Как жил народ якутский, так и живет. Пришли русские и не стали чинить тех страшных злодеяний, которые обычно чинят колонизаторы, — ведь совесть-то была православной!»

URL: http://www.patriarchia.ru/db/text/5982874.html

истории колонизации Сибири[166]*. Если коряков и ительменов, в конечном счете, казакам удалось объясачить и привести в покорность, то с чукчами этого сделать не удалось»*[167].

Георгий Гинс, автор статьи «Колонии и колонизация», помещенной в энциклопедическом словаре Брокгауза и Эфрона, итожил: «…в сущности русская колонизационная деятельность… шла путём именно военной колонизации. Первыми засельщиками и представителями русской культуры были военные гарнизоны и военные поселения»[168].

Ранее я приводил слова историков колонизации северных земель Новгородом Великим. А только что мы увидели слово историков о русской колонизации Сибири. Это означает, что статус колонии определяется не географией, то есть не наличием морского пространства между колонией и метрополией[169]. Колонии могут быть заморскими, а могут быть и континентальными. Поэтому так легко колонизация континентальной Камчатки перешла в колонизацию заморской Аляски.

---

[166] См.: Зуев А. С. Присоединение Чукотки к России (вторая половина XVII–XVIII век). — Новосибирск, 2009.

См. также:

Пузанов В. Д. Военные факторы русской колонизации Западной Сибири (конец XVI–XVII в.). — СПб, 2010;

Багрин Е. А. История присоединения Прибайкалья, Забайкалья и Приамурья к России в 40-90-е гг. XVII в. (По материалам вооружения и тактики русских служилых людей). Автореферат диссертации на соискание степени кандидата исторических наук. — Владивосток, 2012.

[167] Царьков О. Е. Очерки истории Саха. Московская конкиста и политика тойонов // CONCORDE, 2022, № 3. С. 52.

[168] Цит. по: Никитин Н. И. Военные факторы колонизации Сибири XVII в. как объект специального изучения. // Российская история. 2014, № 2. С. 72.

[169] Напомню, что формула про Киев как «мать городов русских» — это дословный перевод греческого слова метрополия-митрополия: μητρόπολις складывается из μήτηρ — «мать» и πόλις — «город».

Утратив ряд колоний[170], Россия до сих пор смогла сохранить их большинство.

А вот, например, Латвии свои заморские колонии сохранить не удалось. Ну, точнее, не Латвии, а тем немецким рыцарям, для которых сама Латвия была континентальной колонией. Колонии герцогства Курляндского появились в ходе попыток колонизации им заморских земель в XVII веке. Тогда была основана «Новая Курляндия» на острове Тобаго в Карибском бассейне у берегов Южной Америки (1639–1690) и в Западной Африке в устье реки Гамбии на острове Джеймс (1651–1659).

Далее последовало покорение Камчатки. В 1651–1653 гг. Михаил Стадухин с Анадыря дошел до р. Пенжины на северо-западе Камчатки. Он первым узнал о новом необъясаченном народе — коряках и сообщил:

> *«[1651 года] апреля в 5 день пришли на Аклей (Оклан) реку к корятским людям к острожку и тот острожек божьей милостью взяли..., а на той реке боев было много, а на тех боях убили служилых людей 7 человек, а 3 человека умерли своей смертью»*[171].

В 1669 г. отряд Константина Дмитриева, посланный для «приведыванья» коряков из Охотска на Тауй и Олу, был уничтожен[172].

В 1696 году коряки жаловались на атамана Атласова: «у острожек погромил родников наших, прибил всех, а жен их и детей имал в полон неведомо каким обычаем и по какому указу...»[173] Сам же

---

[170] К числу которых все же никогда не относилась Украина. Иначе придется Бургундию и Нормандию считать колониями Парижа.

[171] Гурвич И. С. Этническая история Северо-Востока Сибири // Труды Института этнографии им. Н. Н. Миклухо-Маклая. АН СССР. Т. 89. – М., 1966. С. 50.

[172] Там же.

[173] Полевой Б. П. Новое об открытии Камчатки. Ч. I. – Петропавловск-Камчатский, 1997. С. 85.

Владимир Атласов хвастался своими подвигами: коряков, что не хотели платить ясак «и он де, Володимер, поговоря с служивыми людьми громил их и побил»[174].

Далее казаки вышли на селение ительменов (камчаладов): «И они, камчадалы, великому государю не покорились и ясаку платить не стали. И он-де, Володимер с служилыми людьми их, камчадалов, громили и небольших людей побили и посады их выжгли»[175]. Через несколько дней В. В. Атласов начал преследование оленных коряков, которых настиг у самого Охотского моря: «…и бились день и ночь, и… их коряков человек ста с полторы убили и олени отбили, и тем питались, а иные коряки разбежались по лесам»[176]. Осенью 1697 г. на юге полуострова отряд В. В. Атласова встретился с айнами (курильцами). В ответ на требование платить ясак казаки получили отказ, состоялся бой «и курилов человек шестьдесят, которые были в остроге и противились — побили всех»[177].

В «скаске» от 3 июня 1700 года В. В. Атласов сообщал:

«И есть ли из Якуцского на Камчатку служилым людям впредь будет посылка, и с ними надобно послать две пушечки небольшие, для страха иноземцом, потому что после их, Володимира с товарищи, тех вышеписанных родов иноземцы острог и свои от приходу русских людей почали крепить»[178].

Рецепт прост: «послать две пушечки» — и дружба народов начинает крепнуть.

---

[174] Атласов В. Поход на Камчатку пятидесятника Владимира Атласова в 1697 г. // Землепроходцы. История Камчатско-Охотского края и Русской Америки в художественном и документальном повествовании. — Петропавловск-Камчатский, 1994. С. 21.

[175] Там же. С. 22.

[176] Там же. С. 23.

[177] Там же.

[178] Там же. С. 25.

Но в 1707–1711 гг. восстали ительмены на р. Большой. Они сожгли Большерецкий острог, разграбили ясачную казну, захватили порох, свинец, пищали убитых русских служилых людей. Ительмены сопротивлялись русскому господству и в последующие годы. С. П. Крашенинников писал: «…оная страна совершенно не покорена, ибо до самого главного камчатского бунта, который учинился в 1731 году, тамошние жители почти всегда в измене были»[179].

14 марта 1730 г. в бою с чукчами погиб А. Шестаков, а вскоре ямские, ирецкие и сигланские коряки уничтожили оставшуюся часть его отряда – 26 человек во главе с пятидесятником И. Лебедевым и сожгли Ямский острог.

В 1731 году вспыхнуло восстание ительменов под управлением Ф. Харчина.

Первая половина XVIII в. — это цепь непрерывных военных столкновений между русскими служилыми и коряками, когда обычными стали как разгромы аборигенных острогов, так и ответные убийства ясачных сборщиков и промышленных, нападения на отряды, шедшие на Камчатку с провиантом и оружием и обратно с ясачной казной. в 1700–1716 гг. произошло 31 вооруженное столкновение русских с коряками[180] и 40 — с ительменами[181].

В 1740–1742 гг. власть отказалась от попыток мирными средствами решить «чукотскую» и «корякскую» проблемы

---

[179] Крашенинников С. П. Описание земли Камчатки. — М., Л., 1949. С. 479.

[180] Зуев А. С. Русско-аборигенные отношения на крайнем Северо-Востоке Сибири во второй половине XVII — первой четверти XVIII вв. — Новосибирск: Новосибирский гос. ун-т, 2002. С. 76.

[181] Там же. С. 90.

См. также: Зуев А. С. Камчатский бунт 1731 года: из истории руско-ительменских отношений // Вопросы истории Камчатки. Вып. 3. — Петропавловск-Камчатский. 2007. С. 108–192.

и сделала ставку на войну, принципиальным новшеством в русской аборигенной политике в Сибири стало стремление к поголовному уничтожению всех чукчей и коряков, не желающих «добровольно» принять русское подданство и оказывающих этому вооруженное сопротивление[182].

К 1801 г. после восстаний коренного населения и эпидемий их численность в этих районах сократилась не менее, чем в 10 раз, а число их поселений в 5 раз[183]. По данным переписи 1897 г. на Камчатке числилось 2 794 камчадала и 2 584 потомка русских старожилов[184].

...потери ительменского населения (цена инкорпорации) были также велики. К 40-м гг. XVIII в., по мнению С. П. Крашенинникова, осталось около 3 тыс. чел. ясачных плательщиков, а к приходу русских, по данным, которые он получил от казаков, их было 12–15 тыс. чел., а всего ительменского населения, следовательно, — 48–60 тыс.[185]

Г. В. Стеллер считал, что от первоначального количества ясачных ительменов осталась 1/12 или даже 1/15 часть, то есть первоначально этнос насчитывал до 100 тыс. человек[186].

---

[182] Зуев А. С. Присоединение крайнего Северо-Востока к России: военно-политический аспект. Вторая половина XVII–XVIII век: авторефер. дис. … д.и.н. — Томск, 2005. С. 17.

[183] Огрызко И. И. Расселение и численность ительменов и камчатских коряков в конце XVII в. Ученые записки Ленинградского Пединститута им. А. И. Герцена. Т. 222, 1961. С.201–202. — Зуев, 2007. Мурашко, 2010.

[184] Большаков М., Рубинский В. Камчатская область. — М., Л., 1934.

[185] Огрызко И. И. Очерки истории сближения коренного и русского населения Камчатки (конец XVII — начало XX в.). — Л.: ЛГУ, 1973. С. 10.

[186] Стеллер Г. В. Описание земли Камчатки. — Петропавловск-Камчатский, 1999. С. 137.

Реферат на тему см. Толкачева Н.В. Русские люди и коренные народы Камчатки: первые контакты. Начало инкорпорации в состав государства //

А еще были русско-чукотские, русско-корякские[187] и русско-алеутские войны.

«Рассказы моряков о неведомых землях на Востоке, где в изобилии водился ценный промысловый зверь, вызвали живейший интерес камчатских промышленников, купцов и казаков. Уже в 1743 г. на промысел «морских бобров» — каланов — отправилось к Командорским островам первое судно. Затем последовали другие, продвигавшиеся все дальше на восток вдоль Алеутской гряды. В 1745 г. команда судна «Св. Евдоким» впервые вошла в контакт с алеутами, населявшими так называемые Ближние (к Камчатке) острова. Хотя сначала отношения складывались вполне мирно, вскоре пришельцы перестали церемониться с местными жителями. Устроившись на зимовку в бухте на острове Атту, промышленники перебили всех не успевших бежать обитателей одного алеутского селения, в том числе женщин, которых заколов, сбросили с утеса в море). Промышленники оправдывались тем, что островитяне и так должны были погибнуть от голода, поскольку все их продовольствие было отнято русскими. На этом Беляев и его подручные не остановились и, захватив еще одно селение, истребили до 40 человек, оставив в живых только молодых женщин — «для услуг»)... Особенно значительным было восстание алеутов Лисьих островов в 1763–1764 гг., когда были почти полностью уничтожены экипажи четырех купеческих судов. Месть промышленников не заставила себя ждать. Во время карательных рейдов последние уничтожали местных жителей целыми селениями.

Вестник Камчатского государственного технического университета. № 32. — Петропавловск-Камчатский, 2015, июнь.

[187] URL: https://rus-istoria.ru/history-news/570-interesnye-fakty-o-vojne-s-chukchami&Itemid=82

Вершинин Л.Р. Северная столетняя война.
URL: https://ru.calameo.com/read/000166228e830616a19cd

И. Е. Вениаминов, опираясь на рассказы стариков-алеутов, очевидцев событий, писал о передовщике С. Глотове, пришедшем на судне «Св. Андреян и Наталья» летом 1764 г. к Лисьим островам; «Он, сколько под предлогом отомщения за смерть соотечественников своих, столько и за непокорность, истребил почти без остатка все селения, бывшие на южной стороне Умнака, и жителей островов Самальи и Четырехсопочных». Побывавший в 1790 г. в этом районе Г. А. Сарычев бесстрастно отмечал в своем путевом журнале: «Жителей на Четырехсопошных островах прежде было много, но ноничe нет». Особенно «прославился» своими жестокими расправами с непокорными туземцами в 1764–1765 гг. мореход и передовщик И. Соловьев с судна «Св. апостолы Петр и Павел». В отместку за нападение на свою команду и уничтожение экипажей других купеческих судов, он, как и Глотов, не пощадил почти никого из местных жителей. В. Н. Берх, посетивший Русскую Америку в начале XIX в., собрал от промышленников «прежних времен» некоторые сведения о жестокостях Соловьева на островах Лисьей гряды. Вот что он писал об одном из карательных рейдов Соловьева: «Кровопролитие при сем случае было ужасное, большая часть виновных в убиении россиян заплатила за сие жизнию. Мстители сии (Соловьев со своей командой. — А. Г.), *услышав впоследствии, что островитяне, боясь нечаянного нападения, собрались в числе 300 человек в одно жилище, отправились немедленно туда. По прибытии их начали островитяне метать из разных отверстий стрелы, но как вместо оных влетели туда к ним пули, то и решились они, заколотив все щели, ожидать покойно участи своей. Соловьев, видя, что зданию сему нельзя будет нанести скорого вреда, подложил под оное в разных местах кишки, начиненные порохом, и поднял сих несчастных детей природы на воздух. Хотя при сем случае спаслись многие от взорвания, но были побиты ружьями и саблями… Статистика Российско-Американской Компании свидетельствовала о постоянном падении численности туземцев — вплоть до 1820-х годов. Еще в 1805 г. старики-кадьякцы сообщали Ю. Ф. Лисянскому, что после прихода русских (то есть всего за 20 лет) численность островитян уменьшилась вдвое. Численность алеутов с начала контактов с русскими и до 1820-х годов сократилась, по подсчетам разных авторов, в 4–8 раз. По сути дела, можно говорить о демографической катастрофе для ряда коренных народов Аляски»*[188].

По словам стариков-алеутов, промышленники перестреляли многих туземцев просто ради забавы.

«Одни говорят, что русские многих алеутов перестреляли из ружей и только из потехи; а другие совсем это отвергают. Но это в самом деле было; но только один раз, (я разумею только в здешнем отделе) и именно в Кошигинском селении на Уналашке. Это сделал Соловьев, которому пришло в голову испытать: в котором [человеке] остановится пуля? И для этого он велел связать вместе двенадцать человек алеутов, (вероятно, не совсем безвинных) и выстрелил в них из штуцера или винтовки. Говорят, что пуля остановилась в девятом»[189].

---

[188] Гринев А. В. Характер взаимоотношений русских колонизаторов и аборигенов Аляски / А. В. Гринев // Вопросы истории. 2003. № 8.

См. также: Промысловое освоение алеутских островов русскими промышленниками (1743–1783). Взаимоотношения с алеутами и эскимосами // История Русской Америки (1732–1867). Т. 1. Основание Русской Америки. — М., 1997.

Зорин А. В. Индейская война в русской Америке: русско-тлинкитское военное противоборство. — Курск, 2002.

URL: http://www.reenactor.ru/ARH/PDF/Zorin_01.pdf

[189] св. Иннокентий Вениаминов. Записки об островах Уналашкинского отдела. — СПб, 1840. Ч. II. С. 189–190.

URL: https://azbyka.ru/otechnik/Innokentij_Moskovskij/tvorenija-innokentija-mitropolita-moskovskogo-kniga-tretja/2

А еще была Русско-Индейская война 1802–1805 гг. Была экспедиция Григория Шелихова, который убил от 500 до 2 500 эскимосов. Иван Кусков (1808–1809 гг.) перед основанием Форт-Росса убил немало индейцев, а потом заключил с ними перемирие.

За первые 30 лет контактов с русскими коренное население Алеутских островов сократилось, по самым скромным подсчетам, в три раза[190].

Как Австралия в немалой степени заселялась английскими каторжниками, так и Россия в XVIII веке «прирастала» на Дальнем Востоке и Тихом океане «подвигами» всяческого отребья. Их бесчеловечные мерзости говорят о качестве христианизации основного населения Российской империи[191].

---

190 Ляпунова Р. Г. Алеуты: очерки этнической истории. — М., 1987. С. 85–88.

Федорова С. Г. К вопросу о ранних русских поселениях на Аляске // Летопись Севера. 1964. Вып. 4. С. 148.

Lantis M. Aleut // Handbook of North American Indians. Vol. 5. Arctic. — Wash., 1984. P. 163.

191 «Федор Иванович Толстой воспитывался вместе с отцом моим в Морском корпусе… И ни одной-то души не оставлял в покое! Старичок-священник (иеромонах Гедеон), который находился на корабле, любил выпить лишнее и был очень слаб. У Федора Ивановича в голове сейчас созрел план новой потехи: напоил батюшку до «положения риз», и когда несчастный священнослужитель как мертвый навзничь лежал на палубе, граф припечатал ему сургучом бороду к полу украденною из каюты Крузенштерна казенною печатью. Припечатал и сидел над ним, пока он проснется… И только что старичок открыл глаза и хотел приподняться, Толстой, указывая пальцем на печать, крикнул ему:

– Лежи, не смей! Видишь — казенная печать… После принуждены были ножницами подстричь бороду священнику почти под корешок, чтобы выпустить его на свободу»

(Каменская М. Ф. Воспоминания // Исторический вестник. 1894)

Ф. И. Толстой начал службу в Преображенском полку. В 1803 г. после дуэли с полковником Дризеном был отправлен родными в кругосветное плавание с экспедицией Крузенштерна, сопровождая в качестве «кавалера посольства» камергера Н. П. Резанова, назначенного посланником для за-

Но учебники не расскажут ни об этом, ни о том, как промышленник Ларион Беляев «зачистил» остров Атту от всех алеутов, которые там жили. У нас принято считать, что русских всюду встречали и встречают с восторгом и, едва увидев, отчего-то «добровольно воссоединялись…»

Правда, в 1867 году св. Иннокентий Московский честно говорил о «продаже наших колоний (!) в Северной Америке американцам»[192].

Учебники с гордостью говорят о роли казаков в освоении Сибири. А как они это делали? Просто пели и плясали?

ключения торгового договора с Японией. За свои хулиганства он был высажен на Алеутские острова, за что и получил прозвище «Американец». По мнению его биографа С. Л. Толстого, это мог быть остров Ситха или Кадьяк (более вероятен первый). (См.: Толстой С. Л. Федор Толстой Американец. М., 1926). Но если Толстой творил «шалости», то Резанов (да, тот, что из «Юноны и Авось») — просто зверства.

И хотя в «Своде военных постановлений», выпущенном в 1840 г., сказано, что «дурной сын Церкви не может быть добрым сыном своего Отечества», Ф. Толстой опроверг эту аксиому: В 1812 г. он вступил в Московское ополчение, был тяжело ранен в ногу при Бородине, произведен в полковники и награжден орденом св. Георгия IV ст.

Был посредником в сватовстве А. С. Пушкина к Н. Н. Гончаровой.

Вяземский посвятил Ф. И. Толстому стихи:

Американец и цыган,
На свете нравственном загадка,
Которого как лихорадка
Мятежных склонностей дурман
Или страстей кипящих схватка
Всегда из края мечет в край,
Из рая в ад, из ада в рай,
Которого душа есть пламень,
А ум — холодный эгоист,
Под бурей рока — твердый камень,
В волненьи страсти — легкий лист.

[192] Иннокентий, митрополит Московский. Письмо обер-прокурору синода Д. А. Толстому от 5 дек 1867 // Письма Иннокентия, митр. Московского. Т. 3 — Спб, 1901. С. 139. См. также: Письмо от 27 августа 1867 года.

… Конечно, не только оружием строилась Империя. Кембриджская история России говорит о таких методах «государственного строительства»: «Москва занималась кооптацией элит, манипулированием местного соперничества, переселением тех, кто решил служить России, и зачислением их в российскую армию». Важно, что в этом во всем все же не было расизма и узкого национализма. И если индус смог стать премьер-министром Британии только в XXI веке (Риши Сунак), то Семен Бекбулатович (Саин-Булат хан) был объявлен «великим князем всея Руси» еще в XVI веке[193].

В 1651 году произошел первый русско-китайский конфликт на очень дальнем от Москвы востоке.

Отряд Хабарова, совершая сплав по Амуру, одержал многочисленные победы над местными даурскими и дючерскими князьями, захватив много пленных и скота. Результатом этого похода является принятие коренным приамурским населением русского подданства. В августе 1651 года казаки Хабарова подошли к устью реки Зеи, покоряя новые племена. Во время зимовки в Ачанском острожке, 24 марта на русский отряд напал большой маньчжурский отряд численностью до 2 000 конных с 6 пушками. Русские разбили маньчжуров в сражении у Ачанского острога.

Позже в честь Хабарова будет назван город. Он будет построен на земле, присоединенной к территории Российской Империи лишь в середине XIX века и не то чтобы по настойчивому желанию местных жителей. В китайской историографии Айгунский договор рассматривается как неравный, так как Китай, ослабленный Опиумными войнами и восстанием тайпинов, был вынужден пойти на уступки под угрозой Муравьева открыть второй фронт (на Пекин шли армии англичан и французов). Так как русского населения

[193] В 1616 года он был похоронен рядом с супругой в Симоновом монастыре. На надгробии была надпись: «Лета 7124 году генваря в 5 день преставился раб Божий царь Симеон Бекбулатович во иноцех схимник Стефан». Ныне этом месте находится Дворец культуры ЗИЛа.

в этой местности просто не было, для основания поселений по Амуру Муравьев отправил 13-й Сибирский линейный батальон под командованием капитана Якова Дьяченко.

В 1900 году имела место интервенция наших войск в Китай для подавления боксерского восстания в 1900-м[194].

---

[194] Понятно, что к тому был повод: было убито 35 только протестантских миссионеров и 53 их ребенка. Православная церковь считает, что, кроме этого, восставшими был убит один православный священник [Митрофан Цзичунь] и 221 мирянин.

Боксерская прокламация, расклеенная на улицах Пекина в первых числах мая 1900 года, гласила:

«Ныне небо, прогневавшись на учение Иисуса за то, что оно оскорбляет духов, уничтожает святое [конфуцианское] учение и не почитает буддизма, убрало дождь и послало 8 000 000 небесных воинов для уничтожения иностранцев. Спустя немного времени после небольшого дождя поднимется война и причинит народу бедствие. Буддизм и клуб долга и согласия [кулачников] сумеют охранить государство и доставить спокойствие народу.

Увидевший эти письмена [объявление] и быстро распространивший 6 экземпляров избавит от беды одну семью, распространивший 10 экземпляров избавит от беды один квартал. Увидевший эти письмена и не распространивший их поплатится головою.

Если не уничтожить иностранцев, небо не пошлет большого дождя.

При сем рецепт против отравы воды: 7 кислых слив, кора дерева [по некоторым данным— evonymus japonicus] и маоцао [букв. «мохнатая трава» — неизвестная]. Опущенное в чан с водой, это лекарство разрешает яд иностранцев. Питье же не обезвреженной воды влечет за собой дифтерит, от которого умирает 900/0».

Боксерская прокламация. Июнь 1900, Порт-Артур:

«Князь Цин, ночью 4 числа 4-ой луны троекратно видел следующий сон: пришел к нему бог и сказал, что всевышнему создателю угодно, чтобы китайцы не переходили ни в католичество, ни в другие христианские веры. Все китайцы, пользующиеся благодатью своей родины, должны исполнить это божеское, по основным понятиям Китая, справедливое, требование, ибо в противном случае, в особенности помогающие европейцам, будут строго наказаны. Отныне распространение католичества и других вероучений Иисуса, как весьма вредное и неосновательное, должно быть прекращено и повсюду в Китае уничтожено.

Главный начальник и командующий войсками Квантунской области и морскими силами Тихого океана адмирал Алексеев по итогам подавлении Ихэтуаньского восстания был награждён золотой, украшенной бриллиантами, саблей с надписью «Таку, Тяньцзин, Пекин 1900 г.», а также французским орденом Почётного легиона Большого офицерского креста, прусским орденом Красного орла 1-й степени с мечами, бельгийским орденом Леопольда Большого креста. Вряд ли иностранные правители наградили его за защиту священных рубежей России. Просто у них были общие империалистические антикитайские интересы.

Летом 1900 года имел место китайский погром в Благовещенске.

Обстрел с китайского берега и слухи об убийствах христиан в Пекине вызвали панику среди мирных жителей Благовещенска.

В ответ на это губернатор К. Н. Грибский, реализуя директиву военного министра А. Н. Куропаткина о решительных действиях против китайцев, приказал казакам выселить их из города. Силами полиции и добровольцев из числа горожан и казаков были устроены облавы, в ходе которых несколько тысяч человек было интернировано. Облавы сопровождались массовыми грабежами, избиениями и убийствами. Никаких попыток оказать сопротивление не было.

Из-за этого мы подверглись божескому гневу: бесснежью и бездождию. Бог повелел небесным войскам в количестве 8 миллионов опуститься с неба на землю, чтобы охранить и помочь китайскому народу и изгнать всех иностранцев.

На тех, кто не поступит по требованиям настоящего объявления, и на их родителей, посылаются всякие несчастия.

Бог повелел 18 числа 4-ой луны не ездить по железным дорогам, так как они непременно должны быть сожжены».

(Публ.: Красный Архив. Т. 14. М., Л., 1926. С. 11–13)

Россия не хотела, чтобы неизбежные репрессии велись от ее имени, и потому приняла предложение кайзера Вильгельма о том, чтобы весь европейско-японский экспедиционный корпус, в том числе 60 русских батальонов, возглавил немецкий маршал Альфред фон Вальдерзе.

4 (17) июля первая партия численностью до 3,5–4 тысяч человек была отправлена в посёлок Верхне-Благовещенский. Из-за жары часть людей стала отставать, тогда пристав отдал приказ всех отставших «зарубить топорами». Приказ выполнялся, во время пути было убито несколько десятков человек. Следствие, произведенное несколькими месяцами позднее, выяснило, что все это сопровождалось мародерством — грабили и мертвых, и живых.

В посёлке было выбрано место для переправы (ширина реки составляла 200 м, глубина — до 4 м), людям было приказано плыть. В поселке к конвою присоединились вооруженные жители-казаки во главе со своим атаманом. Они выбрали место для переправы. Ширина Амура составляла здесь более 200 метров, глубина — более четырех при мощном течении. Подогнали китайцев к урезу воды и приказали им плыть. Когда первые вошедшие в воду почти сразу утонули, остальные идти отказались. Тогда их стали гнать — сначала нагайками, потом стрельбой в упор. Стреляли все, у кого были ружья: казаки, крестьяне, старики и дети. После получаса стрельбы, когда на берегу создался большой вал из трупов, начальник отряда приказал перейти на холодное оружие. Казаки рубили шашками, новобранцы — топорами. Спасаясь от них, китайцы бросались в Амур, но преодолеть его быстрое течение не смог почти никто. Переплыло на другой берег не более ста человек.

Никто из участников расправы не протестовал. Нескольким новобранцам, у которых не хватало решимости рубить людей топорами, казаки пригрозили «снести головы, как изменникам». Один новобранец спас раненого мальчика, мать которого была убита, но то был единственный случай человеколюбия, зафиксированный следствием.

В последующие дни, вплоть до 8 июля, такая же участь постигла еще три партии китайцев, общей численностью в несколько сотен человек.

По оценкам историков, в ходе бойни погибло от 3 000 до 7 000 китайцев. Убийства китайцев имели место и в других населённых пунктах губернии, хотя и не приняли столь массового размаха[195].

Будущий генерал-лейтенант Александр Васильевич Верещагин писал в своих мемуарах, как несколько дней спустя встретился с трупами ниже по реке:

«Амур красив и величествен. Солнце золотит его спокойную синеву, отражается и играет лучами. Я сижу на скамейке у лоцманской рубки и любуюсь окрестностями. Но что это впереди? чернеют в воде какие-то предметы. Ближе, ближе. Число их все увеличивается, да и сами они становятся заметнее.

— Китаец! — говорит мне в полголоса старик-лоцман, таким невозмутимым тоном, точно речь шла о какой-либо коряге или колдобине. Лоцман не ошибся. Пароход быстро обгоняет утопленника. Голый, красновато-бронзового цвета, свесив руки, как плети, растопырив ноги, плыл он, уткнувшись лицом вниз, точно о чем задумался. Труп страшно разбух. Оконечности побелели и казались известковыми. Вот он попал в волнение от парохода. То высовывается из воды, то ныряет. За этим китайцем показываются другой, третий, и вот, во всю ширь Амура, поплыли утопленники, точно за нами погоня какая. Пассажиры все повылезли из кают — смотреть на такое невиданное зрелище. Оно до смерти не изгладится из моей памяти. Очевидно, это были те самые несчастные, которые потонули у Благовещенска. Пролежав известное время на дне, они набухли и теперь всплыли.

---

195 Дятлов В. И. «Благовещенская трагедия»: историческая память и историческая ответственность // Дружба Народов. 2012, № 10.

Дятлов В. И. Благовещенская «утопия»: из истории материализации фобий // Евразия. Люди и мифы. — М., 2003. С. 123–141.

Сорокина Т. Н. Еще раз о «благовещенской «утопии» 1900 г. // Миграционные процессы на Дальнем Востоке (с древнейших времен до начала XX в.). Материалы международной научной конференции (Благовещенск, 17–18 мая 2004 г.). — Благовещенск, 2004. С. 295–303.

— Господа! господа! смотрите-ка, сколько их там на берегу! Ведь это тоже все китайцы! — кричит весельчак, рыженький поручик, в чечунчовом кителе, прикрывшись ладонями от солнца. В этом месте левый берег Амура вдавался к середине русла широкой, плоской отмелью. И вот тут-то и нанесло утопленников.

— Федор Васильевич, дайте-ка мне бинокль! — говорю я приятелю моему, подполковнику Р., которому незадолго перед этим передал бинокль генерала. Бинокль этот был превосходный. Приятель мой точно не слышит. Стоит, как вкопанный, и пристально смотрит.

— Дайте, пожалуйста! мне хочется самому посмотреть, — повторяю ему.

— Не могу! Я считаю, сколько их тут, — отрывисто говорит он, видимо недовольный, что я прервал его занятие.

— Сто тридцать! сто тридцать один, сто тридцать два! — считает он вполголоса. А песчаная отмель все еще далеко белела, и темная, рыжеватая полоса трупов, точно бордюром облепила ее у самой воды. Воздух кругом был сильно заражен, и мы все невольно зажимаем носы платками…

— Пожалуйте завтракать! — возглашает буфетный слуга, приподнявшись по лесенке, в засаленном фраке и с салфеткой под мышкой, как символом своей власти. Публика спускается. Мне же не до завтрака. Ужасная картина эта, да и сам зараженный воздух отбили всякий аппетит. Остаюсь на палубе и продолжаю наблюдать. Вот нос парохода упирается в один труп и далеко отбрасывает его по волне. Голова закутана каким-то полотном, должно быть фартуком. «Не огородник ли это был? — думаю. — Ведь в Благовещенске все огородники были китайцы». Длинная черная коса виднеется из-под полотна, прилипнув к мокрым плечам. Живот выеден рыбами и представлял громадную зияющую рану. Трудно даже

в приблизительно сказать, сколько трупов обогнали мы в этот день. Но, судя по тому, что на одной только косе мы насчитали полтораста трупов, должно предположить, что их было не мало»[196].

В проповедях это имело такой вид:

«Соседний неверный и дикий народ китайцы внезапно сделал на город Благовещенск нападение»[197].

---

[196] Верещагин А. В. По Манчжурии. 1900–1901 гг. Воспоминания и рассказы. Гл. VI — От Благовещенска до Хабаровска // Вестник Европы. 1902. № 1.

Также: «В июле 1900 г., во время бомбардировки Благовещенска китайцами, зажиточные деревни маньчжур были сожжены русскими из Благовещенска и соседних селений, скот перебит, а сами маньчжуры или истреблены, или бежали в китайские пределы, оставив в добычу ничем не рисковавшим победителям свои цветущие нивы и прекрасные луга. Теперь остатки маньчжур превратились в нищих» (Головачев П. Сибирь — Природа. Люди. Жизнь. — М., 1909. С. 116).

[197] Воззвание епископа Благовещенского // Рижские епархиальные ведомости. 1904. № 4 (февраль). С. 129.

Так талдычат и сегодня: «Иерей Владимир обратился к присутствующим с проповедью, в которой напомнил историю праздника. Священник отметил, что Россия на протяжении многих веков подвергалась нападкам иноплеменных захватчиков, и попыткам захватить нашу землю или навязать чуждые русскому человеку ценности».

URL: http://www.st-elizabeth.ru/zizn-prihoda-1/prihozaneeliza-vetinskogohramaosutiliedinstvoveryvdenkazanskojikonyboziejmateri

Обычный текст. Необычность придает ему лишь то, что сказан он в Хабаровске., то есть на земле, присоединенной к территории Российской Империи лишь в середине XIX века и не то чтобы по настойчивому желанию местных жителей. В китайской историографии Айгунский договор рассматривается как неравный, так как Китай, ослабленный Опиумными войнами и восстанием тайпинов, был вынужден пойти на уступки под угрозой Муравьева открыть второй фронт (на Пекин шли армии англичан и французов). Так как русского населения в этой местности просто не было, для основания поселений по Амуру Муравьев отправил 13-й

В начале XX века был еще и проект Желтороссии. «В 1900 г., после подавления «боксерского восстания» русские войска оккупировали Маньчжурию. Планировались широкая колонизация Маньчжурии и ее вхождение в состав России под названием «Желтороссия». В перспективе предполагалось двигаться и дальше: после Маньчжурии — захватить Корею, Тибет и т. д.»[198]

Военный министр Российской Империи генерал Алексей Николаевич Куропаткин отмечал в своем дневнике 16 февраля 1903 года:

«...у нашего государя грандиозные в голове планы: взять для России Маньчжурию, идти к присоединению к России Кореи. Мечтает под свою державу взять и Тибет. Хочет взять Персию, захватить не только Босфор, но и Дарданеллы. Что мы, министры, по местным обстоятельствам задерживаем государя в осуществлении его мечтаний, но все разочаровываем; он все же думает, что он прав, что лучше нас понимает вопросы славы и пользы России. Поэтому каждый Безобразов,

---

Сибирский линейный батальон под командованием капитана Якова Дьяченко.

Автор проповеди, «иерей Владмир» — отставной офицер, окормляющий Управление ГИБДД Управления МВД России по Хабаровскому краю.

198 Деревянко И. Военный аппарат России в период войны с Японией (1904–1905 гг.). URL: https://history.wikireading.ru/278313

См. также:

Фёдор Лисицын. Что привело к Русско-японской войне.

URL: https://www.youtube.com/watch?v=H4CZZ8o3zYA

Фёдор Лисицын. Варяг. Путь в Чемульпо. Часть 1: предпосылки русско-японской войны».

URL: https://www.youtube.com/watch?v=_jznEJerEZk&t=2507s

Фёдор Лисицын. Варяг. Путь в Чемульпо. Часть 2: предпосылки русско-японской войны.

URL: https://www.youtube.com/watch?v=vRpyo4dhy2s

который поет в унисон, кажется государю более правильно понимающим его замыслы, чем мы, министры»[199].

28 октября 1903 года Куропаткин направил царю следующие соображения:

«Присоединение только северной Маньчжурии даст нам следующие главные выгоды:

а) Мы получаем возможность приостановить заселение китайцами свободных земель.

б) Взяв в свое распоряжение все свободные земли, мы можем направить в северную Маньчжурию переселение русских людей.

в) Мы получим местности, важные в военном отношении, по производству зерна и возможному развитию коневодства и скотоводства.

г) Мы получим местности с большими лесными и минеральными богатствами.

д) Мы получим государственную границу на 1.300 верст более короткую, чем ныне.

е) Включение всего бассейна реки Амура в наши владения обеспечит прочно деятельность русского населения трех существующих областей.

---

[199] Дневник А. Н. Куропаткина. — Нижний Новгород, 1923. С. 36.

Но Куропаткин сам затягивал царя в китайскую военную авантюру — «Витте подал государю записку, предлагая заключить с Китаем договор об очищении Маньчжурии в трехлетний срок. Призванный к обсуждению этого предположения Куропаткнн восстал всеми силами против предположения окончить безрезультатно войну, стоившую таких жертв» (Дневник А. А. Половцева, государственного секретаря Российской империи. Запись от 19 августа 1901 // Красный архив. 1923. Т. 3. С. 103).

ж) Оборона новой границы значительно облегчится, и этим прочно обеспечится положение Приамурского края.

а) За рекою Сунгари мы найдем отличную позицию как для обороны, так и прочную базу для перехода в наступление.

и) Новая граница, не прикасаясь с Кореею, не вызовет осложнений с Япониею.

к) Так как в северной Маньчжурии еще не создалось прочных экономических интересов с другими державами, то присоединение северной Маньчжурии к России может и не вызвать разрыва ни с одной из заинтересованных держав.

К невыгодам присоединения северной Маньчжурии относится то, что, присоединяя эту страну, мы создадим опасность еще более быстрого, чем ныне, проникновения желтолицых в Приамурский край. Присоединяя северную Маньчжурию, мы должны готовиться к энергичному протесту Китая и даже разрыву с ним…

Сравнение выгод и невыгод занятия нами южной Маньчжурии не может не привести к выводу, что нам в настоящий исторический период необходимо ограничиться только присоединением к России северной Маньчжурии»[200].

Минусы ухода министр видел очень интересные: Китайцы «хотят, чтобы мы уходили. Китайцы подняли голову и способны сделать наше положение в Манчжурии, с уводом войск, нестерпимым: вместо ожидавшихся экономических выгод, построенная железная дорога, если мы не примем мер, будет работать на пользу местного населения, иностранцев, и во вред нам. Наши товары оттеснят к Байкалу, наши селения в молодом Приамурском крае обеднеют, ибо не в силах конкурировать с дешевыми китайскими мукой и зерном, перевозимыми по Уссури и Сунгари.

---

[200] Дневник А. Н. Куропаткина. — Нижний Новгород, 1923. С. 105–107.

В Манчжурии возникнут водочные заводы, которые уменьшат акцизные сборы»[201].

Ясно, что ради недопущения конкуренции китайской водки с русской, надо было брать «желтолицых» под Высокую Руку.

Северную Манчжурию Куропаткин предлагал превратить в «нечто вроде Бухары», и царь был с этим полностью согласен[202]. В 1903 году Куропаткин видел будущее Манчжурии в том, чтобы, «не пуская туда китайцев и вообще желтолицых, сохранить эту территорию для русских»[203].

---

201 Японские дневники А. Н. Куропаткина [с 27 мая по 1 июля 1903 г.] // Российский Архив: История Отечества в свидетельствах и документах XVIII—XX вв.: Альманах. Т. 6. — М., 1995.

202 Рыбаченок И. С. Закат великой державы. Внешняя политика России на рубеже XIX–XX вв.: цели, задачи и методы. — М., 2012. С. 517.

203 Красный архив. Т. 2. — М., 1922. С. 22.

При этом, вполне по законам диалектики, в реальности происходило обратное: стремительное заселение китайцами Длальнего Востока, приостановленное революцией. «Только за 1907 г. из Яньтая во Владивосток было отправлено от 60 до 70 тыс. китайских рабочих. В 1906 г. русское консульство в Цицикаре выдало 155.078 виз китайцам, которые прибыли на территорию российского Дальнего Востока. В это время на Дальнем Востоке уже находилось по меньшей мере 550 тыс. китайских рабочих. В 1910 г. во Владивостоке насчитывалось 150 тыс. китайских мигрантов, которые составляли 12 % от общей численности населения в дальневосточном регионе…По имеющимся китайским данным, в Россию было ввезено (во время Первой Мировой войны) 150 тыс. китайских рабочих, из них 50 тыс. были направлены на фронт. В 1916–1917 гг. только из провинции Шаньдун в Северо-Восточный Китай для последующей вербовки приехало 160 тыс. человек. Правительство царской России более 30 раз отправляло китайских рабочих на фронт; общая их численность составила около 80 тыс. человек. По данным Союза китайских граждан в России, с лета 1917 г. до декабря того же года Россия набрала ещё более 100 тыс. рабочих из Китая. В Хэлунцзянском «Вестнике по делам мигрантов» обращалось внимание на то, что «за несколько лет на протяжении Первой мировой войны численность китайских рабочих и торговцев уже насчитывает 502.621 человек… и это ещё за исключением огромного количества неофициальных данных». В Шаньдунском «Вестнике по делам мигрантов» отмечалось, что в России насчитывается всего 500 тыс. китайских рабочих, в т. ч. и 440 тыс. человек из провинции Шаньдун»

Двоюродный брат Безобразова, контр-адмирал Алексей Михайлович Абаза, управляющий делами комитета Дальнего Востока, в то время писал:

> *«Русская железная дорога в Маньчжурии являлась как бы торжественно развернутым национальным флагом победоносного шествия России по захватываемой чужой территории»*[204].

Считается, что именно его докладная записка царю окончательно определила выбор агрессивного варианта политики на дальнем Востоке.

Россия — это единственная страна из тех, кто участвовал в унижении Китая в XIX веке и при этом до сих пор оккупирует, с точки зрения Китая, китайские территории. Великобритания вернула Китаю Гонконг в 1997 году, исполнив свои обязательства, данные в 1897 году. Забвение о силовой компоненте экспансии России в Приморье мешает понять мотивы действия Китая и его стратегические цели в отношениях с Россией.

А вот предыстория романтической истории про «Юнону» и «Авось».

В 1803 г. в Японию было отправлено российское официальное посольство во главе с графом Н. П. Резановым[205] для установления торговых связей между странами. Переговоры были неудачными.

(Цао Байин. Нин Яньхун. Китайские рабочие в России как значимая сила в распространении марксизма // Вестник Тамбовского университета. 2016, № 1. С. 82).

204 Цит. по: Мещеряков А. Н. Император Мэйдзи и его Япония. — М., 2006.

205 Н. П. Резанов, будучи одним из основателей Российско-американской компании, считал туземцев неподготовленными к принятию христианства, особо отмечал незнание миссионерами их языка. Он писал об убийстве иеромонаха Иувеналия (6 ноября 1805 г.), не сдерживая досады: «На полуострове Аляске завелся было на… Илямне… торг с горными народами, великие пользы открывавший, монах Ювеналий тотчас улетел туда

«...После полугода проволочек Резанов покинул Нагасаки с пустыми руками. Досада оказалась настолько сильной, что Резанов принял решение добиться цели любой ценой. По его указанию был куплен у американского предпринимателя фрегат «Юнона» и построен тендер «Авось», командирами которых он назначил работавших в Российско-Американской Компании по контракту флотских офицеров лейтенанта Хвостова и мичмана Давыдова, которых снабдил секретной инструкцией.

Граф дал следующие указания: «Войти в губу Анива (Сахалин) и, буде найдете японские суда, истребить их, людей, годных в работу и здоровых, взять с собою, а неспособных отобрать, позволить им отправиться на северную оконечность Матмая (так именовали остров Хоккайдо — А К.). В числе пленных стараться брать мастеровых и ремесленников. Что найдете в магазинах, как то: пшено, соль, товары и рыбу, взять все с собою; буде же которыя будут ею наполненными и одаль строения, таковых сжечь... Обязать на судне вашем всех подписать, чтобы никто не разглашал о намерении экспедиции сей и чтоб исполнение ея в совершенной тайне было...»

Фрегат «Юнона» достиг губы Анива 6 октября 1806 года, и Хвостов высадился на берег. Островитян задобрили подарками и «разными безделицами, а на старшину селения надели лучший капот и медаль на Владимирской ленте».

для проповеди, крестил их насильно, венчал, отнимал девок у одних и отдавал другим. Американцы все буйство его и даже побои долго сносили, но наконец опомнились, что от этого урода и избавиться можно и, посоветовавшись между собой, кончили тем, что убили преподобного, да об нем и жалеть бы нечего, но принесли в жертву ожесточению своему и всю артель русских и кадьякцев, не оставя ни одного живого»

(Тихменев П. А. Историческое обозрение образования Российско-Американской компании и действий ее до настоящего времени. Ч. 2. — СПб, 1863. Приложение. С. 137).

К медали была придана грамота на русском языке:

«…Российской фрегат «Юнона» под начальством флота лейтенанта Хвостова в знак принятия острова Сахалин и жителей онаго под всемилостивейшее покровительство Российского Императора Александра Первого старшине селения лежащего на восточной стороне губы Анива пожалована серебряная медаль на Владимирской ленте. Всякое другое приходящее судно как российское, так и иностранное просим старшину сего признавать за российского подданного».

Ввиду того что русские пришельцы и аборигены из-за незнания языка общались едва ли не знаками пантомимы, сахалинские айны вряд ли поняли процедуру награждения и посвящения их в российское подданство. Впрочем, их понимания никто и не спрашивал.

«Чтобы нанести более вреда японцам», Хвостов приказал сжечь кроме складов еще и японские магазины, казарму и кумирню. Глава русской миссии по установлению отношений с соседней страной с удовольствием отметил в отчете, что «островитяне помогали в сем очень усердно» и что «позволенным расхищением японских богатых магазинов привязал сердца их к россиянам».

4 мая 1807 года «Авось» покинул Камчатку, и 19 мая, завидев японское поселение на берегу острова Итуруп, мичман приступил к установлению торговых отношений с соседями в соответствии с инструкциями.

После того, как миссионеры запалили всю японскую факторию, захваченные «бедные японцы перепугались и спрашивали, не будут ли их резать». Резать не стали, так как пленные поделились с гостями ценной информацией, руководствуясь которой Хвостов с Давыдовым начали капитальную зачистку всего острова. Сопротивление встретили только в одном месте — японцы малым числом открыли стрельбу, но их быстро отогнали ответными залпами с российских кораблей.

Нагрузившись награбленным, «Юнона» и «Авось» 16 июля 1807 года прибыли в Охотск. Однако здесь Хвостова и Давыдова встретили неласково: русские пираты были арестованы за лихоимство, против них начато следствие. Подследственные, однако, сумели бежать из-под стражи и добраться до столицы. Н. П. Резанов к тому времени умер, но и без него влиятельные покровители при дворе разогнали тучи над головой миссионеров — их пожурили за самоуправство и горячность, да и отправили служить на флот. Эта строгость с лихвой была покрыта деньгами: министр иностранных дел и коммерции граф Румянцев 2 августа 1808 года обратился с рапортом к Александру I оплатить жалованье и все расходы Хвостову и Давыдову, в том числе связанные с бегством из Охотска в Санкт-Петербург, в сумме 24 000 рублей за счет вещей, награбленных у японцев.

О результатах своего ходатайства перед царем 9 августа 1808 года граф Румянцев сообщал морскому министру П. В. Чичагову:

«.. Его Императорское Величество повелеть изволило сего дела (имеются в виду пиратские набеги на японские селения. — Прим. А. К.) им в вину не ставить; и вместе с тем изъявил высочайшее соизволение, чтобы за время бытности их в сей экспедиции удовлетворены они были жалованьем на счет вывезенных ими японских вещей и товаров…»

Вскоре комендант порта Охотск подполковник Бухарин, пытавшийся наказать Хвостова с Давыдовым за бандитские «художества», со службы был уволен.

14 октября 1809 года в Санкт-Петербурге Хвостов и Давыдов на Васильевском острове в гостях засиделись и не успели вовремя вернуться на Петроградскую сторону. Разудалость и хмель сыграли с ними плохую шутку: попытка перескочить через разводившийся

мост оказалась для приятелей трагической — они утонули в холодной Неве. Корабли «Юнона» и «Авось» ненадолго пережили своих бывших командиров: в следующем году у берегов Камчатки и Аляски они погибли с экипажами во время шторма. В Японии фамилии Хвостова и Давыдова на слуху по сей день. Поминают их нехорошо[206].

> *«А сколько тревоги наделали когда-то наши Хвостов и Давыдов! Как Япония зашевелилась и стала вооружаться! Какую громкую славу приобрели себе здесь эти два немного взбалмошные лейтенанта и какой ужас навели на всех, начиная от Кунашира до Киусиу! (И как они подняли кредит России в глазах японцев: и Англия сделалась одною из русских губерний, и весь свет предпринял завоевать царь наш, заодно с турецким султаном!)»*[207]

И, да, я в курсе, что в те годы «так вели себя все». Что и ставит вопрос о том, отчего поведение европейцев становилось более приличным и христианским именно по мере падения политического влияния христианской церкви.

Через сто лет гибридная активность России в Корее привела к столкновению с Японией. Джек Лондон, бывший тогда корреспондентом в Корее, писал:

> *«Корейцы не делают никаких попыток сдержать наступление русских, но относятся к ним с непримиримой враждебностью. По-видимому, корейцы совершенно не боятся японцев и ищут убежища за спинами японских солдат. Для корейцев японская оккупация — источник неиссякаемой радости.*

---

206 URL: https://www.kommersant.ru/doc/2295947

207 Св. Николай Японский. Письмо обер-прокурору Ю. Толстому, 1869 год // Письма. Том 1. — М., 2018. С. 94.

«Хорошо, что это не русские!» — говорят корейцы, а местные европейцы и американцы многозначительно поддакивают»[208].

Японско-китайская война 1894–95 годов велась из-за Кореи и отчасти на её территории (сама Корея в ней официально участия не принимала). После войны Корея попала фактически под протекторат Японии. Та владела железными дорогами Сеул — Инчхон (38 км), Сеул — Пусан (550 км), контролировала 39 маяков на побережье. 72% внешней торговли Кореи приходилось на Японию. Но царь Николай решил вырубать корейский лес, причем поручил это делать переодетым солдатам. Почему-то японцам это не понравилось: две равно хищные империи, по их мнению, могли договориться на условиях ухода Манчжурии под Россию, а Кореи — под Японию…

Против захвата Порт-Артура и бухты Даляньвань возражал Витте, доказывая, что такое неслыханное коварство подымет против России дружественный Китай и разъярит Японию. Кроме того, удерживать Порт-Артур будет невозможно без проведения к нему железнодорожной ветки от Восточно-Китайской дороги, а для ее охраны придется оккупировать значительную часть Ляодунского полуострова, что еще больше ожесточит и Японию, и Китай, да и другие страны вряд ли останутся в стороне. Доводы Витте произвели впечатление на Николая; он объявил, что муравьевский проект не утверждает. Но все уже знали, что решение царя редко бывает окончательным. Николая продолжали тянуть в разные стороны, и на этот раз верх взял министр иностранных дел РИ Муравьев, придумавший новое основание для авантюры: вблизи Порт-Артура появились британские корабли; если «мы» прозеваем, то там высадятся англичане.

---

[208] URL: https://koryo-saram.ru/dzhek-london-iz-voennoj-korrespondentsii/

«Через несколько дней после заседания, когда Государю Императору уже угодно было утвердить журнал совещания, я был у Его Величества с всеподданнейшим докладом. Государь Император, по-видимому, немного смущенный, сказал мне:

— А знаете ли, Сергей Юльевич, ***я решил взять Порт-Артур и Да-лянь-ван и направил уже туда нашу флотилию с военной силой****, — причем прибавил: — Я это сделал потому, что министр иностранных дел мне доложил после заседания, что, по его сведениям, английские суда крейсируют в местностях около Порт-Артура и Да-лянь-ван и что, если мы не захватим эти порты, то их захватят англичане.*

Конечно, последнее сведение, которое доложил граф Муравьев Государю, было неверно, как я узнал после об этом от английского посла: действительно в водах Тихого океана около тех местностей находилось несколько английских военных судов, но они появились там после того, как Германия вышла со своими военными судами в Цинтау, — но никакого намерения захватить какой-нибудь порт англичане не имели»[209]. Это ноябрь 1897 года.

Секретарь Государственного Совета Империи был в курсе воинственных планов Императора: «Витте в бешенстве, и есть отчего. Государь тайком от него покровительствует некоему Безобразову, набрав шайку разбойников, дерется с китайцами и предлагает завоевать Корею»[210].

Сам Витте «миролюбие» русской внешней политики характеризовал так:

«Черноморский берег представляет собой (как и многие местности Кавказа) такие природные богатства, которым нет

---

[209] Витте С. Ю. Воспоминания. — Берлин, 1922. С. 122.

[210] Половцов А. А. Дневник. — Спб, 2005. С. 413. Запись от 9 марта 1903.

сравнения в Европе. В наших руках это все в запустении, если бы это было в руках иностранцев, то уже давно местность эта давала бы большие доходы и кишела бы туристами. Но куда там! Для этого нужны капиталы и капиталы, наше же назначение капиталов — это война!»[211] *«У нас в России в высших сферах существует страсть к завоеваниям, или, вернее, к захвату того, что, по мнению правительства, плохо лежит...»*[212]

Позже Витте резко выступал против войны с Германией, причем не только в частных беседах, но и в прессе (хотя и под псевдонимом).

На этом фоне не удивляет, что «святой» император царь Николай пасхально радовался смерти проповедника мира:

«На этот раз я уезжаю с таким спокойствием в душе, что сам удивляюсь. От того ли это происходит, что я беседовал с нашим Другом (Распутиным) вчера вечером, или же... от смерти Витте... я не могу сказать, но в сердце царит истинно пасхальный мир»[213].

Св. Николай Японский писал об этих планах и их последствиях:

«А Русскому Правительству все кажется мало, и ширит оно свои владения все больше и больше; да еще какими способами! Манчжуриею завладеть, отнять ее у Китая, разве доброе

---

211 Письмо С. Ю. Витте от сентября 1899 г. Цит. по: Ананьич Б. В. Сергей Юльевич Витте и его время. — СПб, 1999. С. 89.

212 Витте С. Ю. Воспоминания. Царствование Николая II. Т. 1. — Берлин, 1922. С. 116.

213 Письмо к Александре Федоровне от 28 февраля 1915 г. // Переписка Николая и Александры Романовых. Т. III. — М., Пгр., 1923. С. 116. (или Переписка Николая и Александры. 1914–1917. — М., 2013. С. 99).

дело? „Незамерзающий порт нужен". На что? На похвальбу морякам? Ну вот и пусть теперь хвалятся своим неслыханным позором. Очевидно, Бог не с нами был, потому что мы нарушили правду. „У России нет выхода в океан". Для чего? Разве у нас здесь есть торговля? Никакой. <...> „Зачем вам Корея?" — вопросил я когда-то Адмирала Дубасова. „По естественному праву она должна быть наша, — ответил он, — когда человек протягивает ноги, то сковывает то, что у ног; мы растем и протягиваем ноги, Корея у наших ног, мы не можем не протянуться до моря и не сделать Корею нашею". Ну вот и сделали! Ноги отрубают» (Дневники. 20 мая 1905)[214].

Русский писатель Вересаев, служивший в те дни военным врачом в русской армии, передавал слова одного подполковника:

«Господа, ведь идеи у нас никакой нет в этой войне, вот в чем главный ужас! За что мы деремся, за что льем кровь? Ни я не понимаю, ни вы, ни тем более солдат. Как же при этом можно переносить все то, что солдат переносит?.. Влезли в чужую страну, неизвестно для чего, да еще миндальничаем. Раз уж начали подлость, то нужно делать ее вовсю, тогда в подлости будет хоть поэзия».

«На японской войне», гл. 2

Между прочим, впервые идея раздела Кореи по 38-й параллели возникла еще в 1894 году. Тогда ее высказал японский посланник маршал Ямагата, прибывший в Москву на коронацию Николая Второго. Тогда Россия отвергла это предложение, претендуя на

---

[214] Среди тех, кто слышал о русском миссионере, был японец Тиунэ Сугихара. Познакомившись ближе с русской культурой, он в 1924 году принял православие. В 1940-м, будучи вице-консулом в Каунасе, он спас не менее шести тысяч евреев, выдавая им транзитные визы через СССР в Японию.

контроль над всем полуостровом[215]. Ее целью было овладение портом Масанхаппо (Мосанпо) в той крайней точке Кореи, что выходит на цусимский пролив и смотрит на японские острова. 20 августа 1950 года именно здесь, на рубеже Масан было остановлено наступление коммунистической армии, и позже с этого плацдарма началось обратное отвоевание Кореи войсками ООН. Понятно, что это порт нужен был не для торговли[216], а для дальнейшей экспансии в Тихоокеанском регионе.

25 января (7 февраля) 1904 года царь направил телеграмму своему наместнику на Дальнем Востоке Алексееву:

> *«Желательно, чтобы японцы, а не мы открыли военные действия. Поэтому, если они начнут военные действия против нас, то вы не должны препятствовать их высадке в Южную Корею или на восточный берег до Гензана включительно. Но если на западной стороне Кореи их флот с десантом или без оного перейдет к северу через 38 параллель, то Вам предоставляется их атаковать, не дожидаясь первого выстрела с их стороны. Помоги Вам Бог»*[217].

И тогда же русский царь определил цель, которую удастся достигнуть лишь американцам сорок лет спустя: «по окончании войны следует установить полную нейтрализацию Японии, запре-

---

[215] См.: Рыбаченок И. С. Закат великой державы. Внешняя политика России на рубеже XIX–XX вв.: цели, задачи и методы. — М., 2012. С. 512.

[216] Для торговли вполне подходит порт Владивосток. Он условно незамерзающий. То есть слой льда зимой там настолько тонкий, что пока есть активное судоходство и/или поддержка ледокола, судам можно пройти. «Навигация в порту круглогодичная. С конца декабря до начала апреля пролив Босфор-Восточный, а также все бухты, вдающиеся в берега порта, исключая бухту Золотой Рог, покрываются льдом. Восточная часть пролива не замерзает из-за постоянного судоходства зимой, таким образом навигация в бухте осуществляется без ледоколов».

URL: https://cont.ws/@mao/1220755

[217] Рыбаченок И. С. Закат великой державы. Внешняя политика России на рубеже XIX–XX вв.: цели, задачи и методы. — М., 2012. С. 535.

тив иметь войско и флот»[218]. Его манифест об объявлении войны открыто говорил — «Россия ведет войну за господство на водах Тихого океана»[219]. Понятно, что друзей России это отнюдь не прибавило…

Но пропагандистам логика чужда. Сейчас они гремят: США приблизили свои военные базы к границам СССР (России) — значит, это агрессивный империалистический хищник, который изготовился к прыжку на мирную лань. А если Россия свои военные базы продвигает к границам Японии — так это лишь в интересах мирной торговли…

А вот «Япония вторглась в чуждую ей область и в державные права нашего отечества»[220].

«Инцидент» у озера Хасан

Если найти на карте, где расположена спорная «сопка Заозерная» (Чангуфэнь), станет понятно, что это худшее место для начала наступления против СССР. Использовать эту высоту для наступления вглубь советской территории никак нельзя: путь преграждает озеро Синчени. А путь вправо и влево от нее вдоль границы сразу заводит в узкие озерно-речные дефиле.

Но именно тут в июне 1938 года пересек границу командующий Дальневосточным округом НКВД комиссар госбезопасности 3-го ранга Генрих Люшков и попросил политического убежища в Манчжоу-го.

После побега Люшкова советский погранотряд 11 июля 1938 года занял высоту Заозерная оборудовал на ней свои наблюдательные позиции, выдвинув их на сопредельную сторону за четырехметровую погранполосу. И понеслось…

---

218 Там же.

219 Там же. С. 545.

220 прот. Иоанн Восторгов. Условия победы // Полное собрание сочинений в пяти томах. — СПб, 1995. Т. 2: Проповеди и поучительные статьи на религиозно-нравственные темы (1901–1905 гг.)

15 июля на этой сопке был убит японский жандарм Мацусима. Командующий советскими войсками на Дальнем Востоке маршал Блюхер извинялся за это перед японцами. Блюхер создал специальную комиссию для расследования этого инцидента и уточнения линии госграницы на Заозерной. Основываясь на результатах работы комиссии, командующий фронтом 26 июля направил донесение Сталину, Ворошилову и Ежову, в котором отмечал: «Факт нарушения нами корейской границы, судя по схеме, не подлежит сомнению»[221]. Он требовал наказать советского пограничника, стрелявшего в нарушителя-японца.

За что был заклеймен приказом наркома обороны К. Ворошилова от 31 августа 1938 года:

> *«Руководство командующего Дальневосточного Краснознамённого фронта маршала Блюхера в период боевых действий у озера Хасан было совершенно неудовлетворительным и граничило с сознательным пораженчеством. Он совершенно неожиданно 24 июля подверг сомнению законность действий наших пограничников у озера Хасан. В тайне от члена Военного Совета тов. Мазепова, своего начальника штаба тов. Штерна, зам наркома обороны тов. Мехлиса и заместителя наркома внутренних дел тов. Фриновского, находившихся в это время в Хабаровске, тов. Блюхер послал комиссию на высоту Заозёрная и без участия начальника погранучастка произвёл расследование действий наших пограничников. Созданная таким подозрительным порядком комиссия обнаружила „нарушение“ нашими пограничниками маньчжурской границы на 3 метра и, следовательно, „установил“ нашу „виновность“ в возникновении конфликта на озере Хасан»*[222].

---

[221] Цит. по: Дайнес В. О. В. К. Блюхер — страницы жизни (К столетию со дня рождения). — М., 1990. С. 49.

[222] Цит. по: Соколов Б. Падение с безымянной высоты // Родина. № 7 (718). 25 июля 2018 Стоит отметить,что 1 августа 1938 года по ходу «инцидента

Советско-японская война 1945 года. Кто нападающая сторона? Кто разорвал договор о ненападении?[223]

у озера Хасан» Сталин разговаривал с маршалом Блюхером по прямому проводу и обвинял его в излишнем гуманизме:

«**Товарищ СТАЛИН.** Скажите-ка, т. БЛЮХЕР, почему приказ Наркома обороны о бомбардировке всей территории, занятой японцами, включая высоту ЗАОЗЕРНАЯ, не выполняется?

БЛЮХЕР. Докладываю. Авиация в числе вчера мною указанном готова к вылету. Задерживается вылет [из-за] неблагоприятной метеорологической обстановки. Населенных корейских пунктов авиации бомбить запрещено. Авиация сейчас поднимается в воздух, но боюсь, что[при] этой бомбардировке мы, видимо, неизбежно заденем также как свои части, так и корейские поселки…

Товарищ СТАЛИН. Прошу извинения, что прервал Вас. <…> Мне непонятна Ваша боязнь задеть бомбежкой корейское население, а также боязнь, что авиация не сможет выполнить своего долга ввиду тумана. Кто это Вам запретил в условиях военной стычки с японцами не задевать корейское население? Какое Вам дело до корейцев, если наших людей бьют пачками японцы? Что значит какая-то облачность для большевистской авиации, если она хочет действительно отстоять честь своей Родины. Жду ответа».

(Картунова А. И. *Последний год жизни и деятельности маршала В. К. Блюхера* // Новая и новейшая история. 2004. № 1. С. 174).

[223] «Президиум Верховного Совета Союза Советских Социалистических Республик и Его Величество император Японии, руководимые желанием укрепить мирные и дружественные отношения между обеими странами, решили заключить пакт о нейтралитете.

Статья первая

Обе договаривающиеся стороны обязуются поддерживать мирные и дружественные отношения между собой и взаимно уважать территориальную целостность и неприкосновенность другой договаривающейся стороны.

Статья вторая

В случае, если одна из договаривающихся сторон окажется объектом военных действий со стороны одной или нескольких третьих держав, другая договаривающаяся сторона будет соблюдать нейтралитет в продолжение всего конфликта.

Япония не давала никаких поводов к нападению, и в 1945-м уж точно сама его не планировала. Более того, в мае 1942 года Япония и СССР подписали окончательное соглашения об урегулировании границы на Халхин-голе. Причём это было компромиссное, во многом в пользу японцев, урегулирование — на основе старой карты Генерального штаба Китайской республики 1918 года, отражавшей японскую версию границы.

Пока шла война в Европе, даже СССР соблюдал формальные договоренности с Японией, вплоть до ареста американских летчиков, совершавших вынужденные посадки на советском Дальнем Востоке после бомбежек японских островов. Японцы же спокойно пропускали американские конвои, идущие в наши порты. Кроме того, в годы Второй Мировой японцы продолжали качать нефть из советского Северного Сахалина[224].

Статья третья

Настоящий пакт вступает в силу со дня его ратификации обеими договаривающимися сторонами и сохраняет силу в течение пяти лет. Если ни одна из договаривающихся сторон не денонсирует пакт за год до истечения срока, он будет считаться автоматически продленным на следующие пять лет.

Статья четвертая

Настоящий пакт подлежит ратификации в возможно короткий срок. Обмен ратификационными грамотами должен произойти в Токио также в возможно короткий срок.

В. МОЛОТОВ ИОСУКЕ МАЦУОКА

(Подписан в Москве 13 апреля 1941 г.
Ратифицирован 25 апреля 1941 г.)»

URL: https://www.ru.emb-japan.go.jp/RELATIONSHIP/MAINDOCS/1941.html

США отреагировали введением торговых санкций против СССР наподобие тех, которые они ввели после заключения за два года до того пакта о ненападении с Германией. В прессе советско-японский договор рассматривался как сильный удар по американской дипломатии.

224 В 1925 году окрепшая Советская власть договорилась с Японией о мирном прекращении оккупации территории, но нефтяную концессию японцам пришлось оставить. 14 декабря 1925 года был подписан договор об

И еще одна война — Корейская. Кто зачинщик?

Стенограмма Пленума ЦК КПСС 9 июля 1955 г. фиксирует, как Хрущев перебил Молотова:

Хрущев: *Вячеслав Михайлович, если Вы, как министр иностранных дел, проанализировали бы целый ряд наших шагов, то мы мобилизовали против себя людей. Корейскую войну мы начали. А что это значит: Это все знают.*

Микоян: *Кроме наших людей, в нашей стране.*

Хрущев: *Войну мы начали. Теперь никак не расхлебаемся. Кому нужна была война?»*[225].

Речь идет о том, что Ким Ир Сен долго добивался согласия Сталина на начало своего наступления. И в конце концов получил его.

японской нефтяной концессии на северном Сахалине. Со стороны СССР его подписал Феликс Дзержинский, со стороны Японии — адмирал Шигецуру Накасато, представитель командования Императорского военно-морского флота, главного потребителя сахалинской нефти весной 1944 года. Советское правительство заплатило японцам символические 5 млн рублей отступных. 30 марта 1944 года японская нефтедобыча на Сахалине была прекращена.

225 Советско-югославские отношения. Из документов июльского пленума ЦК КПСС 1955 г. // Исторический архив. 1999, № 5. С. 12. Из стенограммы «вычеркнуто по указанию по телефону помощника Н. С. Хрущева Г. Т. Шуйского».

Глава 7
ИДЕМ НА ЮГ

Как и Сибирь, Крым теперь запрещено «покорять»

Министр обороны РФ генерал армии Сергей Шойгу 19 апреля 2022 года сказал на коллегии военного ведомства:

> *«Сегодня в соответствии с федеральным законодательством отмечается День принятия Крыма, Тамани и Кубани в состав Российской империи. 239 лет назад Екатерина II по просьбе жителей Крыма, страдавших от войн, приняла полуостров под защиту Российского государства»*[226].

Необычно от министра обороны и генерала видеть уменьшение числа военных побед армии его страны.

Наверно, он прогуливал уроки по русской литературе.

Конечно, нельзя от него требовать памятования державинской оды «Гром победы раздавайся!», где о присоединении Крыма была сказано отнюдь не миролюбиво: «Уж не могут орды Крыма ныне рушить наш покой».

Этот первый русский национальный гимн стоит привести полнее, ибо в нем честно обозначен главный — военный — фактор расширения Империи:

---

[226] URL: https://tass.ru/armiya-i-opk/14411025

Гром победы, раздавайся!
Веселися, храбрый Росс!
Звучной славой украшайся.
Магомета ты потрёс!

Воды быстрые Дуная
Уж в руках теперь у нас;
Храбрость Россов почитая,
Тавр под нами и Кавказ.

Уж не могут орды Крыма
Ныне рушить наш покой;
Гордость низится Селима,
И бледнеет он с луной.

Стон Синила[227] *раздае́тся,*
Днесь в подсолнечной везде,
Зависть и вражда мяте́тся
И терзается в себе.

Мы ликуем славы звуки,
Чтоб враги могли узреть,
Что свои готовы руки
В край вселенной мы простреть.

Если указанные края потрясены именно храбростью Россов, значит, эти Россы имели повод массово явить им именно свою храбрость, а не молитвенность или гостеприимство.

Но Грибоедова все же генерал армии мог бы помнить: там была вполне памятная метка «времен Очакова и **покоренья** Крыма».

---

[227] Измаила, т. е. магометан.

Так неужто «орды Крыма» сами настойчиво просили лишить их государственной независимости и жаждали подчинения Петербургской власти?

Какие жители Крыма так стремились в Россию?

Христиан там уже не было.

В конце истории Крымского ханства греков-христиан на полуострове осталось немного: около 30 тысяч. Положение их было тяжелое, они сами уже стали полу-татарами, и их митрополит Игнатий вынужден был проповедовать им на татарском языке, а его эконом вел епархиальные записи на том же языке, хотя и греческими буквами…

После очередной победы русских армий Екатерина приказала выселить всех греков из Крыма. Странной этой операцией руководил генерал А. В. Суворов. Исход был назначен на конец лета — так что урожай пришлось бросить и уйти в пустыню. Крым был уже отрезан от Турции и находился под протекторатом России. Русские войска стояли по всему полуострову. Татары умоляли христиан не уходить. Спустя почти 40 лет сами переселенцы описывают свои скитания в прошении министру внутренних дел С. С. Ланскому:

> *«Мы не в силах подробно описать всего того, что происходило при переселении нашем, и как действовали болезни, происходившие от перемены климата, воды, от тесноты квартир и большею частью от неимения их… нелицемерно скажем и по самой истине, что целые семейства пострадали жизнью, а многие лишились и половины оных и ни одно семейство не осталось без потери отца, матери, брата, сестры и детей, словом сказать из 9 тыс. душ мужского пола выходцев не осталось и третьей части, и в 15 лет едва могло набраться с новорожденными… до 7 тыс. душ»*[228].

---

[228] Цит. по: Ходеев Ф. П. Переселение греков из Крыма в Новороссию в XVIII в. URL: http://www.reenactor.ru/ARH/PDF/Xodeev.pdf

В чем была причина такой жесткости и спешки? Один из мотивов — желание подорвать крымскую экономику (греки были горожанами-ремесленниками).

Есть предположение, что вывод греков (прихожан Константинопольского патриархата) из Крыма имел своей целью облегчение дальнейшего подчинения этой территории русской церковной власти.

«В случае завоевания территории Крыма Россией вопрос о переходе Готской епархии под эгиду русского православия возник бы в первые же дни и мог бы привести к осложнениям между двумя крупнейшими церквами христианского мира, а также, в случае силового переподчинения епархии, к подрыву авторитета России в глазах христианских государств. Необходимо было найти решение, которое бы позволило устранить проблему безболезненно и максимально эффективно. Для этого нужно было, чтобы Готская епархия прекратила свое существование еще до присоединения Крыма к России. С этой целью среди христиан Крыма, сочувствовавших России в борьбе с Турцией, могли распространяться слухи о возможных репрессиях со стороны ислама в ходе предстоящих военных действий. Это должно было формировать эмиграционные настроения среди значительной части христиан полуострова, веками проживавших на данной территории... До 1778 г. в Крыму существовали ставропигии Константинопольского патриарха — храмы и монастыри, подчинявшиеся лично патриарху, а не крымским иерархам. Только в Феодосии существовало две ставропигии [небольших монастыря] — Св. Петра и Св. Георгия. После вывода христиан из Крыма епископская кафедра в Крыму была ликвидирована. Христианские монастыри и храмы оказались заброшенными. Поражает то, что, покидая вековые христианские святыни Крыма, церковь не позаботилась о поддержании их минимального функционирования и охраны. Долгое время неухоженными оставались христианские кладбища. Не проявляли заботы

о христианских святынях и кладбищах христиане, не покинувшие Крым. Столь неуважительное отношение христиан к своим святыням не осталось незамеченным со стороны Крымского ханства. Особая забота была проявлена ханом Шагин-Гиреем в отношении Успенского скита, находившегося невдалеке от ханского дворца. Через 3 года после ухода христиан, в июне 1781 года в Крым прибыл греческий священник Константин Спиранди. Шагин-Гирей предложил ему организовать службу в заброшенном Успенском скиту. Однако Спиранди отказался. Тогда Шагин-Гирей посадил священника в тюрьму и дал 30 дней на обдумывание предложения. Когда Спиранди согласился, хан подарил ему дом с прекрасным виноградником и садом»[229].

Более того — возможно, это было заранее продуманной операцией:

«Последний митрополит Готский и Кафайский Игнатий (Гозадини), прибыл из Константинополя морем в Балаклаву в 1771 году. Российская дипломатия имела опыт добиваться своего от Константинопольского патриарха. И в этот раз ей удалось посадить на митрополичью кафедру „своего" архиепископа, который имел прямые связи с Петербургом. Брат Игнатия, Александр, служил офицером в свите Екатерины, и через него поддерживалась связь Петербурга с только что избранным крымским митрополитом. Причины избрания члена патриаршего синклита в Константинополе Игнатия митрополитом сих пор не обнародованы»[230].

---

229 Катунин Ю. А. О причинах ликвидации Готской епархии // Культура народов Причерноморья, 2012.

URL: http://dspace.nbuv.gov.ua/bitstream/handle/123456789/55374/57-Katunin.pdf?sequence=1

230 Панов А. Расследование. Греческий исход из Крыма.

URL: https://diletant.media/blogs/70415/36824121/

Так что вскоре за тем произошедшее присоединение Крыма к Империи не могло уже сильно облегчить жизнь местных христиан — ибо их там почти не осталось. Они и не вернулись: крымские греки в основном так и осели в позже многострадальном Мариуполе.

После выселения греков из Крыма по приказу Екатерины и тщанием генерала Суворова православных в Крыму не осталось. Неприличная церковная пустота сих мест со временем стала очевидной для петербургских властей. И в середине XIX в. российским императором Николаем I и Святейшим Синодом Русской Православной Церкви было решено создать в Крыму, в Херсонесе русский Афон по подобию известного центра православной монашеской жизни на греческой горе Афон[231].

И это переселение греков, и последовавшая вскоре аннексия Крыма[232] вовсе не были добровольными.

Справочник «Списки населённых мест Российской империи — Таврическая губерния», изданный Центральным статистическим

---

[231] URL: http://www.voskres.ru/obiteli/hersones.htm

[232] Дагрон в книге «Император и священник: этюд о византийском цезарепапизме» (СПб, 2020) указывает на употребление слова τα ανοιξία в смысле «освящение» (с. 270). Речь идет об именовании в Синаксаре и Типиконе праздника освящения храма св. Софии 22 декабря.

Сегодня это называется Τα θυρανοίξια της Αγιάς Σοφιάς (см. URL: www.iefimerida.gr/news/385565/27-dekemvrioy-530-mh-ta-thyranoixia-tis-agias-sofias-eikones).

В древнегреческом ανοίγω значит открывать, отпирать, выходить в открытое море. Может ли латинское annexio-annexus быть связанным с греческим ανοίξια аниксиа? Латинское nexo — связывать. С отрицающей приставкой а- получается как раз от-вязывание, и смысл становится близким к греческому.

В двух языках, издревле соседствующих и взаимно влияющих, семантические поля обоих слов имеют общие точки.

А в современном греческом Ανοιξη — это весна.

комитетом министерства внутренних дел Российской империи в 1865 году, сообщал:

> *«после присоединения татары массами стали уезжать в Румелию и Анатолию. Число ушедших Сумароков, служивший судьей на полуострове в начале нашего века, считает до 300 000 обоего пола, немало татар погибло также во время волнений и от моровой язвы, бывшей в это время, так что полуостров лишился около трёх четвертей своего населения, считая в том числе выселенных греков и армян. В 1802 году татар в Крыму числилось всего около 140 000 обоего пола. Из ушедших большинство принадлежало горным, которые упорнее стены противостояли русскому владычеству»*[233].

В 1769 году граф Орлов из греков-добровольцев, живших на островах греческого Архипелага в Эгейском море, создал «Албанское войско». По заключении Кучук-Кайнаджирского мира Потемкин поселил их вдоль южного берега Крыма в целях покорения татар. «Во время второй турецкой войны греки эти главным образом содействовали к усмирению горных татар, так что прослыли в татарских песнях людоедами»[234].

В дни Крымской войны «во время военных действий татары держали себя двусмысленно и понемногу уходили в Турцию. В конце 50-х и в начале 60-х годов это приняло огромные размеры. Татары массами просто бежали к туркам, бросая свое хозяйство. К 1863 году, когда кончилось выселение, цифра ушедших с полуострова простиралось до 141 667 человек. Как в первый уход татар большинство принадлежало горным, так теперь почти исключительно выселялись один степные. Одновременно с татарами вышли

---

[233] Списки населённых мест Российской империи. Таврическая губерния. — Спб, 1865. С. XXXVII.

[234] Там же. С. XLI.

и все ногайцы из трех северных уездов — 50 693 человек»[235]. Статистический справочник отмечает, что это почти половина всего населения полуострова.

Взамен появился план заселения Крыма английскими каторжниками.

Война американских колоний за свою независимость кончилась тем, что Британия потеряла место, куда могла отправлять караваны своих каторжан. Сначала британское правительство попыталось решить проблему поверхностными мерами — под тюрьмы были переоборудованы старые баржи и отслужившие свое корабли, расположенные на Темзе. Однако вскоре власти осознали ошибочность такого метода: старые суда стали источником повышенной санитарной опасности, да и преступникам было куда проще сбежать из таких «тюрем».

Тогда Британия занялась поиском новых территорий для ссылки каторжников. В 1787 году первые корабли с заключенными пошли в Австралию[236].

Но еще ранее шли переговоры между Лондоном и Петербургом о том, чтобы английскими заключенными заселить Крым, из которого вдруг «откочевали» татары и ногайцы. В 1784 году по дипломатическим каналам Лондон предложил Потемкину разместить английских преступников в Крыму.

Екатерина II согласилась со своим фаворитом.

И лишь российский посол в Англии Семен Воронцов отговорил императрицу от этой затеи письмом графу Безбородко от 30 декабря 1785 г.:

---

235 Там же. С. XLIII.

236 На Тасманию первый корабль прибыл в 1803 году. На нем прибыл **Иосиф Потоцкий** (1762–1824) — первый подданный Российской империи в Австралии, прибывший на Тасманию в качестве осужденного. Дочь Иосифа Катерина, названная именем жены, была первым европейцем, родившимся в колонии. Вероятно, Иосиф происходил из дворянской семьи, был членом армии Костюшко. 27 марта 1802 года был привлечен за кражу в Великобритании и сослан на каторжные работы в Австралию.

«Я имел честь получить письмо вашего сиятельства, коим повелеваете мне объясниться с Аглицким министерством о здешних ссылошных, коих у нас на поселение примать желают... Позвольте себе представить слабое мое рассуждение о сем деле. Какая может быть польза пространной империи нашей, приобретая ежегодно 90 или 100 злодеев, извергов можно сказать рода человеческого, кои ни к хлебопашеству, ни к рукоделию неспособны. Пойдут ли добрые и трудолюбивые люди других земель на поселения, где известно будет всем, что сии разбойники вселяются? Иной от страху, другой от стыда, чтоб не быть на ровне почтену с ними, от сего удержится. Прибавьте к сему еще, прилично ли, чтоб в свете думали, что в счастливое и славное царствие Великой Екатерины Россия служит ссылкою Англии и что ничем не славный, а еще мене великий Георгий Третий осуждает своих преступников наказанием ссылки равномерно в Россию, как и на Африканские берега?»[237]

Так что Крым мог бы стать Австралией... Но Михаил Воронцов — сын того посла — стал заказчиком и первым хозяином дивного Алупкинского дворца...

А поначалу ведь Екатерина уверяла: «Совсем нет нашего намерения иметь сей полуостров и татарские орды, к оному прилежащие, в нашем подданстве, а желательно только, чтоб они отторгнулись от подданства турецкого и остались навсегда в независимости»[238]. Но падишах — хозяин своего слова[239].

* * *

[237] Архив князя Воронцова / под ред. П. И. Бартенева. В 40 т. — М., 1870–1895. Т. IX. С. 455.
URL: https://runivers.ru/upload/iblock/014/Arhiv%20voroncova%209.pdf

[238] Зорин А. Кормя двуглавого орла. Русская литература и государственная идеология в последней трети XVIII — первой трети XIX века. — М., 2001. С. 91.

[239] 13-я статья Кючук-Кайнаджирского договора предписывала: «Блистательная Порта обещает употреблять священный титул императрицы всероссийской на турецком языке, то есть: ТЕМАМЕН РУССИЕЛЕРИН ПАДЫШАХ».

Покорение Заволжских, Приуральских и Казахских (киргизских) степей не знало формального объявления войны. Военные экспедиции заканчивались договорами с мурзами и ханами о «покорности». А затем следовали народные восстания. Именно поволжские «инородцы» были основой восстания Пугачева.

И поводы для протестов у них были — чтобы избежать опасности появления «умного вора, как Стенька Разин» среди башкир, генерал А. И. Румянцев, начальник Комиссии башкирских дел и командующий войсками в регионе, рекомендовал в 1736 году набор драконовских мер с целью сломать бунтарский дух башкир. В том числе он советовал запретить браки среди башкир без дозволения казанского губернатора и установить налог в одну лошадь со свадьбы, если дозволение губернатора будет получено[240].

Суть неблагоприятной для российской стороны ситуации, сложившейся в русско-казахском пограничье, и «самый верный» способ к ее изменению указал в письме к генерал-лейтенанту князю Г. А. Урусову казахский хан Абулхаир:

> *«А я никакой худобы не делывал, но и других уговаривал к добру, так не слушают дикие браты. И пока сюда сила не прибудет, то наши дураки кайсаки не разумеют и не боятся. Всяк своих полоняников не отдаст. И когда вы сами для строения города с великим войском прибудете, то все будет возвращено. Ежели бы соблаговолили куда и купцам приехать, в то же время туда и ограбленные их товары будут возвращены. А без того мы с ними управляться не можем»*[241].

---

[240] Ходарковский М. Степные рубежи России. Как создавалась колониальная империя. 1500–1800. — М., 2019. С. 228.

[241] ГАОО (Государственный архив Оренбургской области). Ф. 2. Оп. 1. Д. 1. Л. 75 об. — 76. Цит. по: Джунджузов С. В., Любичанковский С. В. Влияние Русско-турецкой войны 1735–1739 гг. на выстраивание отношений империи с кочевыми народами Южного Урала и Центральной Азии (по материалам Оренбургской экспедиции) // Вестник Российского университета дружбы народов. Серия: История России. 2019. Т. 18. № 3. С. 498.

Расширение Империи на эти степи обогатило русскую военную историю опытом прокси-войн:

В 1707 году «Не имея возможности при шведской войне послать значительные русские отряды на отдаленный восток, Петр позволил собираться вольнице, которая бы из добычи истребляла воровские жилища огнем и мечом. Кроме того, он хотел усмирить варваров с помощию других варваров. В январе 1708 года стольник Иван Бахметев получил приказ ехать в калмыцкие улусы к тайше Аюке и уговорить его выслать 20 000 калмыков против башкирцев» (Соловьев С. М. История. Т. 15. Гл. 3).

В 1735–36 годах калмыцкий правитель под давлением русского правительства ходил походами на Кубань. Для калмыков он сложился более чем удачно и за две недели, действуя совместно с казаками, а чаще самостоятельно, они нанесли кубанским татарам ряд чувствительных поражений: заняли крепости Капыл и Темрюк, захватили более 10 тыс. пленных, отогнали 20 тыс. лошадей, большое количество рогатого скота и овец. В знак признания заслуг калмыцкого воинства 3 марта 1737 г. Анной Иоанновной был подписан указ об утверждении Дондук-Омбо в ханском достоинстве[242]. В указе начальнику Оренбургской экспедиции И. К. Кирилову пояснялось:

> *«О подданном Ея императорского величества калмыцком владельце Дондук Омбе вам сведомо, как он от того времени, когда поручено ему главное правление над всем калмыцким народом, к Ея императорского величеству верность свою и службы оказывает. И прошлого лета в два похода на Кубань показал многую ревность и прилежность и знатные поиски над теми кубанцы учинил»*[243].

---

[242] Батырев В. В. Участие калмыков в Русско-турецкой войне 1735–1739 гг. // Востоковедные исследования в Калмыкии. — Элиста, 2006. С. 29–30.

[243] Цит. по: Джунджузов С. В., Любичанковский С. В. Влияние Русско-турецкой войны 1735–1739 гг. на выстраивание отношений империи с кочевыми народами Южного Урала и Центральной Азии (по материалам

В том же 1736 году, подстрекаемые Иваном Кириловым (основателем и комендантом Оренбурга), казахи Младшего и Среднего жузов вторглись в башкирские земли, убив и взяв в плен множество башкир в Сибирском и Ногайском уездах.

В 1759 году генерал Алексей Тевеклев и военный комендант Оренбурга в Петр Рычков предложили меморандум, в котором предлагали своему Петербургскому начальству поощрять внутриказахские междоусобицы, а также ссорить казахов, башкир и калмыков друг с другом[244].

* * *

Покорение Средней Азии в XVII–XIX веках — это агрессия или оборона? Ах, да, есть три универсальные формулы со словом «защита», которые позволяют «защищаться» по всей планете: «защита наших интересов», «защита наших ценностей» и «защита меньшинств».

И все же — неужели среднеазиатские ханства напали на нас и мы, обороняясь, дошли до Кушки? Были ли царские манифесты об объявлении войны тамошним ханствам?

Война за Среднюю Азию началась с Яркендского похода 1715-16 годов (до Петра дошли слухи, что там есть месторождения «песошного золота»). Полковник Бухгольц привел три полка. После зимней осады, в которую его отряд взяли местные жители, из 2 536 человек у него осталось лишь 700, Бухгольц отступил. Там, куда он отступил, он заложил город Омск.

В следующем 1717 году Петр послал более солидный шеститысячный корпус в Хиву. И опять русские войска были истреблены болезнями и враждебными армиями…

Оренбургской экспедиции) // Вестник Российского университета дружбы народов. Серия: История России. 2019. Т. 18. № 3. С. 501.

244 Ходарковский М. Степные рубежи России. Как создавалась колониальная империя. 1500–1800. — М., 2019. С. 244.

Неудачным был и Хивинский поход 1839 года (из еще одного шеститысячного корпуса было потеряны более тысячи, а никаких военных или политических результатов никаких достигнуто не было). Между ними был рекогносцировочный поход на Хиву в декабре 1824 года (три казачьих полка и батальон пехоты под командованием полковника Ф. Берга).

Параллельно идут русско-кокандские войны. В 1852 году, по инициативе оренбургского губернатора Перовского, полковник Бларамберг с отрядом в 500 человек разрушил кокандские укреплённые заставы Кумыш-Курган, Чим-курган и Каш-Курган; атаковал Ак-Мечеть, но был отброшен. В 1853 году Перовский лично с экспедиционным отрядом двинулся на Ак-Мечеть. В итоге похода был основан форпост Верный (Алма-Ата).

Далее начинается борьба за Узбекистан.

Вот очень показательный рассказ о тех событиях в современном прокремлевском паблике:

«В июне 1858 года десантом в 140 человек во главе с Черняевым поднялся на пароходе „Перовский" по Аму-Дарье до Кунграда, где он помогал русскому посольству в Хиве заниматься колониальными делами (восстанием против хивинского хана). Во время службы на окраине у Черняева появилась идея, которая лучше всего определяется выражением историка Шмурло „Русскiй Drang nach Osten": присоединение Туркестана к империи. Петербург тогда ещё относился весьма равнодушно к этой идее, и у Черняева случился конфликт со столицей по некоторым вопросам колониального управления. Несмотря на это, ему поручили важнейшую операцию по укреплению русского присутствия в Азии: возведение укрепленной линии между Оренбургской и Сибирской губерниями, для чего предстояло отвоевать некоторые территории у Кокандского ханства. Черняева назначили командиром «особого западносибирского отряда», и он с удовольствием принялся за любимое дело — воевать и расширять империю. Отряд формировался в Верном — русско-казачьем военном городе, нынче по Божьему

недосмотру называющемся „Алма-Атой"... Вероятно, при прочтении статьи дорогой читатель углядел некоторые параллели с современностью, в частности — с полковником Стрелковым. Как и Черняев, Стрелков любит и умеет воевать. Как и Черняев, Стрелков участвовал во всех войнах, до которых мог дотянуться, из чувства долга и из личной любви к войне»[245].

Звездная минута упомянутого генерала Черняева настала 15 июня 1865 года. Штурм Ташкента. Именно с этим событием связана самая удачная проповедь перед боем в мировой истории. Краткая, емкая, энергичная и эффективная. Правда, очень не благочестивая.

«Внушив своим сподвижникам, что отступления не будет, что надо либо лечь костьми, либо победить, Черняев заключил свое напутствие известным народным присловием, где встречаются слова „пополам" и „в дребезги"»[246].

Получилось блестяще — «вдребезги». Ну, а что именно в той народной поговорке «или * пополам или * в дребезги», цензура уточнять не позволяла ни в XIX веке, ни сейчас[247].

---

[245] Кирилл Каминец. Архистратиг славянской рати: жизнь и путь генерала Черняева.

URL: https://sputnikipogrom.com/history/15851/russian-archistratege/

[246] Терентьев М. А. История завоевания Средней Азии. — М., 2018. Т. 1. С. 336.

О штурме Ташкента см. также: Логофет Д. Н. Завоевание Средней Азии. URL: https://statehistory.ru/1354/Tashkent-russian-army-1864-1865/

[247] Хотя словарь все же воспроизводит:

«Вообще в то время (Крымской войны) многие начальники не стеснялись перед фронтом (построением части) и бранились непечатными словами, в чем был своего рода шик. Я знал драгунского капитана Суковкина. Он имел обыкновение здороваться с солдатами не иначе, как поминая «солдатскую мать». Когда у него спрашивали, для чего он употребляет такие выражения, он отвечал: „Это необходимо для придания бодрости

Так что очень угадал со своим комментарием министр внутренних дел Российской Империи граф Петр Валуев:

«Сегодня пришло сообщение, что генерал Черняев взял Ташкент. Никто не знает, почему и зачем. Есть всё-таки что-то эротическое во всем, что у нас делается на отдаленной периферии империи»[248].

Этот легендарный призыв генерала Черняева — это призыв к штурму, или к обороне Ташкента?

Я так понимаю, что военный священник Андрей Малов, присутствовавший при этой зажигательной речи, не осудил командира. Утром он первый ворвался в брешь в крепостной стене. (Он стал и первым настоятелем Ташкентского Преображенского собора, взорванного в 1935-м. В 1870 году отказался от епископского сана).

Государь за это несколько неожиданное расширение своих владений пожаловал Черняеву бриллиантовую шпагу с надписью «За взятие Ташкента».

Сколь мирным и добровольным было «присоединение» древних среднеазиатских государств, видно из Гендемианского договора, закрепившего результаты русского наступления на Хивинское ханство в феврале — мае 1873 г.:

«Во исполнение высочайшей воли е.и.в. государя императора всероссийского туркестанский генерал-губернатор, генерал-адъютант фон Кауфман 1-й, командующий всеми русскими войсками, действующими в Хивинском ханстве, 29 мая сего года вступил в г. Хиву и овладел всем ханством. Так как Присоединение вновь покоренной страны к Российской империи не

духа и смелости солдатам; в этом всякий может убедиться, услыхавши, как они радостно отвечают на такое приветствие"»

(Русский архив. 1886. № 3. С. 366)

248 Валуев П. А. Дневник. — М., 1961. Т. 2. С. 60–61. Запись от 20 июля 1865 года.

входило в высочайше предначертанный план действий, то туркестанский генерал-губернатор предложил удалившемуся тогда к туркменам законному владетелю ханства Сеид-Мухамед-Рахим-Богадур-хану вернуться в столицу для принятия от него утраченной власти и прежних прав. Вследствие этого Приглашения Сеид-Мухамед-Рахим-Богадур-хан прибыл в лагерь русских войск, расположенных под стенами Хивы, и изъявил полную и чистосердечную свою готовность на исполнение всех требований и на принятие всяких условий, которые будут ему предложены командующим войском.

Основываясь на этом заявлении, генерал-адъютант фон Кауфман 1-й, в силу данного ему высочайшего полномочия, объявил Сеид-Мухамед-Разим-Богадур-хана владетелем Хивинского ханства и для руководства в управлении страною на время пребывания там русских войск дал ему подробные указания.

Таким образом было установлено в ханстве спокойствие.

Новому положению дел немедленно подчинились все подданные Сеид-Мухамед-Рахим-Богадур-хана, за исключением большинства родов из туркмен, которые, хотя и изъявили покорность присылкою своих старшин и депутатов к командующему русскими войсками, но на деле не признавали власти хана и не исполняли требований командующего русскими войсками. Они наказаны и усмирены силою русского оружия.

Лишение значительной части имущества, большая потеря в людях и в особенности нравственное поражение, ими ныне испытанное, упрочивают власть хана над ними и обеспечивают спокойствие всей страны на будущее время.

Прежде чем вывести русские войска из Хивы, командующий ими туркестанский генерал-губернатор, генерал-адъютант фон Кауфман 1-й, по соглашению с высокостепенным Сеид-Мухамед-Рахим-Богадур-ханом, постановил следующие статьи, с утверждением и принятием коих его высокостепенство хан хивинский заключает мир и дружбу с Россией и пользуется высоким покровительством Е.И.В.

Сеид-Мухамед-Рахим-Богадур-хан признает себя покорным слугою императора всероссийского. Он отказывается от всяких непосредственных дружеских сношений с соседними владетелями и ханами и от заключений с ними каких-либо торговых и других договоров и без ведома и разрешения высшей русской власти в Средней Азии не предпринимает никаких военных действий против них.

Весь правый берег Аму-Дарьи и прилегающие к нему земли, доныне считавшиеся хивинскими, отходят от хана во владение России со всеми проживающими и кочующими там народами. Участки земель на правом берегу, составляющие ныне собственность хана и жалованные им для пользования сановникам ханства, отходят вместе с тем в собственность русского правительства без всяких претензий со стороны прежних владельцев.

Жалобы и претензии русских подданных на хивинцев ханское правительство обязуется безотлагательно расследовать и, буде окажутся основательными, немедленно удовлетворять. В случае разбора претензий со стороны русских подданных и хивинских преимущество при уплате долгов отдается русским пред хивинцами. На Хивинское ханство налагается пеня в размере 2.200.000 руб. для покрытия расходов русской казны на ведение последней войны, вызванной самим ханским правительством и хивинским народом.

Договор этот прочитан и разъяснен Сеид-Мухамед-Рахим-Богадур-хану и его сановникам. Действительный статский советник кавалергер Струве.

Сад Гандемиян (лагерь у города Хивы),
12 августа 1873 г.»[249]

[249] Под стягом России: Сборник архивных документов. — М., 1992, С. 347–352.

Экспансия на остановилась на Хиве и Ташкенте. Она пошла дальше — вплоть до боев с афганцами в ходе памирских экспедиций отряда генерала Ионова (1891–1894 гг).

Лишь совсем в недавние времена госпропаганда стала стыдиться агрессии. В течение многих веков агрессивность князя или царя считалась его достоинством.

Стоит отметить и слова генерала Скобелева:

«дайте мне 100 тысяч верблюдов — и я завоюю Индию» (1882)[250].

«В уме нашего образованного общества давно уже гвоздем засела мысль, что от нас зависит во всякое время нажать ахиллесову пяту коварного Альбиона в Средней Азии, что здесь-то мы сможем свести наши вековые счеты с Англией, что даже путь в Константинополь лежит теперь не через Вену, как в былое время, а через Индию. Подобные химеры не только роились в голове штабных стратегов, но иногда проводились в жизнь ценою тяжких жертв»[251].

Упомянутое «былое время» — это намек на слова генерала Скобелева. Побывав в 1879 году на маневрах в Германии, он говорил потом в высоких российских кабинетах и салонах «Путь в Константинополь должен быть избран теперь не только через Вену, но и через Берлин»[252]. Уже после франко-прусской войны, «в самом начале 1882 года в Петербург приехала известная французская писательница, издательница журнала Nouvelle Revue m-me Adane (Julliette Lambèr). Пламенная патриотка, она жила идеей реванша немцам и, узнав о взглядах на них Скобелева, пожелала с ним

---

250 Грулев М. В. Соперничество России и Англии в Средней Азии. — СПб, 1909. С. 295.

251 Там же. С. 294.

252 Апушкин В. Скобелев о немцах. — ПГ, 1914. С. 86.

познакомиться. Они разговорились, конечно, на тему *войны.* „Я не люблю войны, — сказал Скобелев. — Я слишком много в ней участвовал. Никакая победа не вознаграждает за трату энергии, сил, богатств и за человеческие жертвы. Но есть одна война, которую я считаю священной. Необходимо, чтобы пожиратели (les manguers) славян были в свою очередь поглощены… Германия, я это вижу, я это чувствую, я вам это предсказываю, будет когда-нибудь съедена славянами"»)[253].

Джамский поход 1878 года, когда в Индию было двинуто 12,5 тысяч солдат, показывает, что Россия по крайней мере готова была демонстрировать свою готовность к движению в этом направлении. Войска дошли до границы Самаркандской и Кашкадарьинской области Узбекистана, в маленьком кишлаке Джам[254] получили приказ двигаться к Шерабаду и Амударье (границе с Афганистаном), но были отозваны (на Берлинском конгрессе по итогам русско-турецкой войны удалось достигнуть взаимопонимания с Англией)[255]. «Именно неудача „джамской экспедиции" показала военно-политическому руководству империи необходимость искать плацдарм для будущих действий против Великобритании, что привело к Ахал-текинским походам 1879 г. и 1880–1881 гг., новые территориальные приобретения позволяли иметь удобные районы сосредоточения для армии вторжения в Индию»[256]. То есть скобелевская резня в Геок-Тепе в январе 1881 была зачисткой территории при подготовке вторжения в Афганистан и Индию.

В 1904 году «представлялся Государю таврический губернатор Трепов. Государь выражал удовольствие о том, какие чувства

---

253 Там же. С. 27.

254 В 60 километрах от Самарканда у поселка Сарыкуль на дороге в Карши.

255 См.: «Большая игра» в Центральной Азии: «индийский поход» русской армии: сборник архивных документов. — М., 2014.

256 Алпеев О. Е. А. Н. Куропаткин и планирование войны с Великобританией в Центральной Азии в 1885–1904 гг. // Мир политики и социологии. 2018. № 5–6. С. 42.

выражались во всех частях России по поводу возникшей войны. Трепов сказал, что с такими же чувствами Россия встретит и поход в Индию»[257].

Не срослось. Но желание-то было…

И в Афганистан Красная Армия входила отнюдь не только в 1979-м:

«Планы вмешательства СССР в афганский кризис разрабатывались с конца 1928 года. Планировалось сформировать две армии: одну из верных Аманулле племен, вторую с участием специально организованных отрядов Красной Армии… 21 марта 1929 Политбюро постановило разрешить формирование отрядов РККА для наступления на Мазар-Шериф. Отряд численностью около 800 красноармейцев под командованием Примакова, который должен был действовать под псевдонимом Рагиб-бея…. Ввиду отсутствия официального согласия афганского правительства советский отряд сопровождали афганцы… 22 апреля отряд захватил в Мазари-Шерифе 5 орудий и всю губернскую казну. Местный гарнизон потерял до 250 человек только пленными… Примаков сообщал: „Операция задумывалась как действия небольшого конного отряда который в процессе боевой работы обрастет формированиями, но с первых дней пришлось столкнуться с враждебностью населения"… Поставленный перед угрозой разгрома, Примаков отправил новое сообщение: „Окончательное решение задачи лежит в овладении Дейдади и Балхом. Живой силы для этого нет. Необходима техника. Вопрос был бы решен, если бы я получил 200 газовых гранат (иприт, 200 хлоровых гранат мало) к орудиям"… 5–6 мая авиация Среднеазиатского военного округа несколько раз штурмовала боевые порядки противника. А днем раньше через границу

---

[257] Половцов А. А. Дневник. — Спб, 2005. С. 434. Запись от 17 февраля 1904 г. С. 440.

переправился второй отряд из 400 красноармейцев при 6 орудиях и 8 пулеметах. Им командовал будущий генерал И. Е. Петров... 28 мая штаб Среднеазиатского военного округа отдал приказ о возвращении. В этой операции участвовали подразделения 81-го кавалерийского, 1-го горнострелкового полков и 7-го конного горного артиллерийского дивизиона. В документах частей она значится как „Ликвидация бандитизма в южном Туркестане". Несмотря на то, что более 300 ее участников были награждены орденом Красного Знамени, остальные — ценными подарками, изложение операции в исторических формулярах было запрещено»[258].

Русско-турецкие войны.

Кто чаще выступал зачинщиком драки в многочисленных русско-турецких войнах?

Турция первой объявляла войну России в 1710, 1768, 1787 и 1809 годах[259].

Но русско-турецких войн было много больше, чем четыре.

Проект покорения далекого и вовсе не русского Стамбула веками обитал в головах русских правителей. К тому вела и «шапка Мономаха», и брак с Софьей Палеолог, и борьба за именование «царем», а не «великим князем»...

Впервые московская претензия на владение Царьградом фиксируется всего лишь через 20 лет после падения Константинополя — в 1473 году.

---

[258] Аптекарь П. Красное солнце. Секретные восточные походы РККА. — М., 2021. С. 283, 289, 291, 293, 295, 296, 301.

[259] Интересны поводы к войне 1787–1791 годов:

«Порта требовала, чтобы российское правительство вовсе отказалось от Грузии, уступило Турции 39 соляных озёр близ Кинбурна и предоставило Порте иметь своих консулов в российских городах, в особенности же в Крыму, чтобы турецкие купцы платили пошлины не более 3 %, а российским купцам запрещено было вывозить турецкие произведения и иметь на своих судах турецких матросов».

Тут-то Потемкин с Ушаковым и бросились «на защиту ближних».

Великий князь (впервые уже именуемый царем) Иван III отправил в Венецию письмо, содержание которого можно восстановить по документам государственного архива Венеции (Senato, Secreti t. XXVI. 1473–1474 p. 48, 50).

И вот в ответе на его письмо 4 декабря 1473 года мы впервые читаем *о претензиях и правах русского царя на константинопольское наследство*.

Поблагодарив царя за то, что он сохранил жизнь венецианскому послу Тревизану, синьория продолжает: «Мы отправили нашего секретаря (т. е. Тревизана) не с тем, чтобы он переговорами с ханом Золотой орды причинил вашему государству какой либо ущерб или опасность; напротив, вызванное письмом хана, наше посольство имело целью по возможности отвлечь и удалить его от вашего государства и освободить вас от этого тягостного и опасного соседа, направив его силы к областям Черного моря и на берег Дуная на борьбу с общим всего христианского мира врагом, властителем оттоманских турок, захватившим восточную империю, которая, за прекращением императорского рода в мужском колене, должна принадлежать вашему высочеству в силу вашего благополучнейшего брака»[260].

Далее мы видим, как Иван Грозный желал титула не московского царя, а римского (ромейского, греческого), для чего и родословие свое возводил к императору Августу[261].

---

260 Жак Волатерран. Римский дневник. Публ. в: Успенский Ф. Брак царя Ивана Васильевича с Софией Палеолог // Исторический вестник. № 12. 1887.

URL: http://www.vostlit.info/Texts/rus17/Vollateranus_Jacob/text1.phtml?id=11408

261 В послании Ивана Грозного Сигизмунду II Августу, написанном от имени кн. М. И. Воротынского (1567 г.), говорится: «Вы государи не коренные, а наши великие государи почен от Августа кесаря, облаадающего всею вселенною, и брата его Пруса и даже до великого государя Рюрика и от Рюрика до нынешнего государя, его царского самодержьства, все государи самодержьцы» (Послания Ивана Грозного. — М., Л., 1951. С. 260).

В 1575 году, на пике московских успехов в Ливонской войне, император Максимилиан II отправил в Москву посольство Иоганна Кобенцеля. Его цель — заручиться помощью Москвы в продвижении эрцгерцога Эрнста Габсбурга на польский престол.

После того, как эрцгерцог Эрнст получил бы трон Польши, Иван IV должен был примириться со Швецией, и вместе с империей выступить против Турции, а после её разгрома получить остатки Византийской империи — «всё Цесарство Греческое на восход солнца»[262]. В «отпускной речи» послам дьяк Василий Щелкалов потребовал, «чтоб произволеньем брата нашего Максимилияна Цесаря и папы Римского и Короля Ишпанского… всё Царство Греческое на всход солнца к нам пришло»[263].

Пожалуй, именно тогда в матрицу московской политики был вшит императив «Константинополь должен быть наш». Причем для достижения такой цели Иван Грозный был готов идти на союз даже с Римским папой: «Максимилиан Цесарь, и сын его Княжата Эрнест, и папа Римской, и Король Ишпанской и все Государи хрестьянские навеки в братстве и в любви и в соединенье будут напротив всех недругов… те Государи хрестьянские будут в докончанье и в соединенье»[264]. Русскую армию и политику в сторону Стамбула активно подвигали книжники, причем не только московские. Они неустанно передавали «пророчества» о том, что Царьград должен стать русским.

В 1683 году в сочинении «Лебедь» архимандрит Иоанникий Голятовский писал:

«Есть у туринов пророчество, до сих пор сохраняемое, что полунощный Самодержец мечом своим покорит и подчинит своей державе Святой град Иерусалим и все Турецкое царство.

---

262 Памятники дипломатических сношений древней России с державами иностранными. Тома 1–2. Священная Римская Империя. — СПб, 1851. Т. 1. Стб. 523–525.

263 Там же. Стб. 554–555.

264 Там же. Стб. 534–535.

Этот полунощный Самодержец есть Царь и Великий Князь Московский. Он-то истребит басурманскую скверную ересь и до конца погубит. <...> Не треба усомневатися о семь; приходить время, ижь оно махъметанское и атаманское господство падеть и ктому не имать востати. Имутъ бо о семъ і сами турцы многовременное волшество на погибель свою, ожидаютъ збытя его на всяко время; оно по их языку писано, нашим же языком истолковано сице: царь российский приидет, поганского махметанского начальника царство возмет и червленное яблуко приимши в свою силу мечем покорит. Аще бы за тем до семи лет меч российский противу его не востал, то еще двадцать лет будет господствовати, домы созидати, ограды тверды ограждати, винограды насаждати и чада будет умножати: подвоюнадесяти лет, яко яблуко червленно, в державу российскую впадет. И изыдет христианский меч с яростию и сильною крепостию, от всех стран обступивше и возмут Седмихолмъ и измаилетскую главу поразит и всех тогда турков до конца погубит и имя их потребит. Тогда восплачют жены турецкая и тщери ихъ, в пленение и порабощение неволею преклонени сыновом российским, и послужат им во все время их, яко раби господиям, и вознесется царство российское высше и славнейши всех царств на земли, храброю победою в высшее достоинство взыдет»[265].

[265] В основе этого пророчества — греческий апокриф «Книга Льва царя премудраго». В пророчестве Льва говорится, что турки не долго будут владеть Цареградом, ибо явится некий народ ξανθὸν γένος, который победит измаильтян и овладеет Седмихолмием. Русским книжникам полюбился этот извод, ибо в нем находило удовлетворение национальное чувство. В переводе на русский ξανθὸν γένος; значит «русый народ» — разве не соблазнительно было русскому читателю увидеть здесь «русский народ»? Это были не всегда переводы с греческого, но и вольные толкования оригинала. Они принимались в официальные памятники, например, в Степенную книгу» (Успенский Ф. И. Как возник и развивался в России Восточный вопрос. — СПб, 1887. С. 19).

Полувеком ранее Захарий Копыстенский уверял, что:

«Яко четыре седмерины имуть держати турки со измаилы Седмихолм, еже есть Царьград, а в пол пятыя седмины опанует российский род и покорит в свою власть, и всех турков до конца искоренить, и поживутъ время свое в нем, веселящеся со тщанием[266]

В 1667 году Паисий Лигарид передал царю Алексею Михайловичу пророчество из Жития Андрея Юродивого о том, что белокурый народ возьмет Константинополь.

13 октября 1653 г. св. Афанасий Третий, бывший патриарх Константинопольский, будучи на «отпуске» у государя, подал ему тетрадь, надписанную «Слово понуждаемое к… царю… Алексею Михайловичу…» (греческий подлинник, по-видимому, не сохранился; известны 3 списка XVII–XVIII вв. рус. перевода), где излагалась главная цель его приезда в Москву — побудить царя в союзе с Молдавией и Запорожским войском начать войну с турками, чтобы освободить порабощенные ими православные народы. После этого русский царь должен был занять престол византийских императоров, а Московский Патриарх — кафедру Вселенских Патриархов[267].

1672 год. «В Москве решили не дожидаться вторжения турок, а предупредить его. В мае 1672 года донским казакам направили приказ напасть на турецкие и крымские владения с моря; в июне такое же распоряжение получили запорожцы. Находившиеся в Москве крымские послы были отправлены в заключение в Вологду»[268].

---

[266] Цит. по: Терновский Ф. А. Изучение византийской истории и ее тенденциозное приложение в Древней Руси. Вып. 2. — Киев, 1876. С. 270.

[267] URL: https://www.pravenc.ru/text/76940.html

[268] URL: https://ru.wikipedia.org/wiki/Русско-турецкая_война_(1672—1681)

9 марта 1685 г. греческие монахи братья Лихуды выступили перед царями, придворными и духовными чинами с запомнившейся речью. Они только что приехали в Москву, и от имени угнетаемых турками православных народов Иоанникий и Софроний Лихуды заявили о священном праве российских государей на престол константинопольских императоров и византийское наследие в целом. «Они выдвинули два тезиса, существенных для про-правительственной публицистики периода регентства: Российское царство с Божией помощью неуклонно расширяется в мире благодаря высшей избранности своей идеи, а его экспансия ведет охваченные державой народы не к смерти и порабощению, но к свободе и просвещению истинной верой»[269].

В 1686 году Москва проводит «многовекторную политику». Пока посол Никита Алексеев уверял султана и визиря в вечной дружбе, другие московские дипломаты готовили войну. 26 апреля думный дьяк Емельян Украинцев объявил о заключении договора о Вечном мире с Польшей «московского чину всяким людям» в Кремле с Постельного крыльца. Россия присоединилась к антитурецкой Священной лиге.

Если бы тогда был телефон или интернет, Алексеев вряд ли бы смог унести ноги из Стамбула. 8 июня Никита Алексеев выехал из Стамбула назад в Москву, а 7 июня из Москвы выслали крымских послов без прощальной аудиенции у царей, причем с ними в Крым выехал московский посол с сообщением о союзе Москвы с Польшей[270].

21 августа 1686 года крымскому послу в Москве было объявлено о том, что московское царство находится в состоянии войны с Турцией и Крымом. В это время Никита Алексеев уже был задержан в Крыму (22 июня). Обмен арестованными послами состоялся

---

[269] Богданов А. П. Московская публицистика последней четверти XVII века. — М. 2001. С. 340.

[270] Кочегаров К. А. Речь Посполитая и Россия в 1680–1686 годах. Заключение договора о Вечном мире. — М., 2008. С. 397.

много позже. 17 сентября Алексеев отпущен из Бахчисарая; а 6 октября — при получении известия о прибытии Алексеева в Запорожскую Сечь, — мурза Мубарекша из Москвы. Однако, узнав от Алексеева, что крымчане ничего не знают о русских военных приготовлениях к кампании 1687 года, за мурзой (который слишком много что мог слышать и видеть в Москве) выслали гонца, который вновь арестовал его. Отпустили Мубарекша лишь в январе — с тем, чтобы тот раньше весны («сырной седмицы») не смог доехать до своей родины.

Русские полки идут в Крымские походы в 1687 и 1690 годах.

В 1695-96 годах Петр осуществляет «Азовские походы». И в этих дальних походах не турки осаждали русскую крепость Азов, а наоборот.

В 1710 году Пётр усиленно стал настаивать на удалении Карла XII, бежавшего из-под Полтавы к султану, из османских пределов, грозя в противном случае начать военные действия в союзе с королём польским. Дело кончилось катастрофическим «Прутским походом» — и единственным в истории пленением русского царя[271].

В 1735 году, воспользовавшись внутренним политическим конфликтом в Константинополе Россия, начала войну с Турцией.

Посол (резидент) России в Стамбуле И. И. Неплюев уверял, что в данный благоприятный момент Турцию надо лишь подтолк-

---

[271] Добиваясь высылки Карла XII, Пётр I стал угрожать войной Турции, но в ответ 20 ноября 1710 года султан Ахмед III сам объявил войну России. Однако сама география похода показывает, что именно русская армия вышла за пределы своей страны — в Молдавию (вассал Османской империи с 1456 года). Стоит заметить, что в той войне запорожские казаки действовали против русской армии, будучи союзниками крымского хана и турецкого султана. Не добившись, согласно Прутскому соглашению, выдворения Карла XII из Бендер, Пётр I повелел приостановить выполнение требований договора. В ответ Турция в конце 1712 года вновь объявила войну России, но боевые действия ограничились лишь дипломатической активностью вплоть до заключения в июне 1713 года Адрианопольского мирного договора, в основном на условиях Прутского договора.

нуть к анархии вступлением малого русского корпуса в их границы, и они запросят мира. Таким способом Россия без труда добьется выгодных для себя условий[272].

Российское внешнеполитическое ведомство во главе с А. И. Остерманом предписывало Неплюеву проводить политику «усыпления»: не представлять Турции громких заявлений с угрозами и «поддерживать у Порты обман, что о войне у нас ниже в мыслях»[273].

Тем временем на заседании Кабинета министров 16 июня 1735 г. был составлен документ, утвержденный императрицей, представлявший собой, по существу, официальное решение русского правительства о принятии военных мер против Османской империи[274].

В Манифесте об объявлении следующей русско-турецкой войны Екатерина честно сказала: «при последней Нашей с Портой войне… та война с здешней стороны начата была» (Манифест Екатерины II от 18 ноября 1768 года «О начатии войны с Оттоманскою Портою»).

Главной целью задуманной войны 1735 года был выход к Черному морю, второстепенной — загладить у балканских и кавказских народов память о неудачном прутском походе Петра.

---

[272] Российский государственный архив древних актов РГАДА. Ф. 9. Отд. II. Оп. 4. Кн. 77. Д. 9. Л. 175–175 об… Цит. по: Государева М. Ю. К вопросу о дипломатической подготовке русско-турецкой войны 1735–1739 гг. // Человек, образ, слово в контексте исторического времени и пространства: материалы Всероссийской научно-практической конференции, 23–24 апреля 2015 г., Рязанский университет им. С. А. Есенина. — Рязань, 2015. С. 192.

[273] Кочубинский А. А. Граф Андрей Иванович Остерман и раздел Турции. Из истории Восточного вопроса. Война пяти лет (1735–1739 гг.). — Одесса: Тип. Штаба Одесск. воен. окр., 1899. С. 113.

[274] Шульман Е. Б. О позиции России в конфликте с Турцией в 1735–1736 гг. // Балканский исторический сборник. Вып. 3. — Кишинев: Штиинца, 1973. С. 25–33.

Поначалу это не удалось: осенью 1735 года командовать походом на Крым было поручено генерал-поручику Леонтьеву. 30 тысяч солдат вступили в черноморские земли, но вследствие рано наступивших холодов, недостатка воды и фуража пришлось, не добравшись до Крыма, возвратиться, потеряв около 9 тыс. человек. В следующем году крымский поход возглавил уже фельдмаршал Миних… В общем, по итогам спустя три года Азов «стал наш».

В 1768 году запорожские казаки, преследуя польский отряд, напали на пограничный городок Балта, вторгшись, таким образом, на территорию Османской империи, и далее выжгли город Дубоссары на Днестре, где укрылись турецко-татарские защитники Балты. Турция в ответ объявила войну России, требуя вывод русских войск из Польши.

«Слово при освящении знаков новаго военнаго ордена святаго Великомученика и Победоносца Георгия», сказанное в 1769 году будущим знаменитым московским митрополитом Платоном (Левшиным) в присутствии императрицы Екатерины II и наследника престола Павла Петровича:

«Границы Российския столь распространились, что превзошли границы древней Империи Римской и всей Европы; и если бы ныне Россия не восхотела своих пределов расширять далее, то не для того, аки бы под Божиим предводительством не могла она мужественно стремиться до концев вселенной; но что уже почла бы себя обильно удовольствованною настоящею славою.

…Россия покоилась в объятиях мира и наслаждалась в тишине плодами славы своей. Сей сладкий покой отважился помутить вероломный неприятель и дерзнул разбудить спящаго льва. Возстал воин против своего хотения, гневаясь на дерзнувшаго безпокоить его; и тотчас мужество россиян открылось в прежней славе, или и большей. Бежит дерзкий

неприятель, оставляя везде по следам своим страх и стыд. Входит россиянин в его пределы, занимает его княжения, доходит до брегов Дунайских и, находясь теперь в сем славном течении, простирает желания свои и намерения далее»[275].

Сколь «оборонительны» были войны екатерининской эпохи, видно из знаменитого письма Екатерины II императору Священной Римской империи Иосифу II от 10 (21) сентября 1782 года, в котором российская императрица изложила свои взгляды на будущее Греции, Оттоманской Порты и России.

Это был явный отказ от договоренностей Кючук-Кайнарджийского договора с Турцией 1774 года.

Екатерина предложила отдать Трансильванию Австрии, а за Россией закрепить все черноморское побережье (в том числе на ту пору формально независимый Крым) и Очаков.

Еще до того, как Россия взяла Крым (и ещё до подписания манифеста об объявлении войны), в начале ноября 1768 года тогдашние фавориты Екатерины II братья Алексей и Григорий Орловы переписывались о задачах планируемой и войны, и морской экспедиции в Средиземное море:

«Если уж ехать, то ехать до Константинополя и освободить всех православных и благочестивых от ига тяжкого. И скажу так, как в грамоте государь Пётр I сказал: а их неверных магометан согнать в степи песчаные на прежние их жилища. А тут опять заведётся благочестие, и скажем слава Богу нашему и всемогущему»[276].

---

[275] Полное собрание сочинений Платона (Левшина), Митрополита Московскаго. Том 1. — СПб, 1913. С. 290–295.

[276] [Майков Л. Н.] Первая мысль о морейской экспедиции графа А. Г. Орлова // Заря, 1870. № 6. Приложение. С. 142.

Барсуков А. Князь Григорий Григорьевич Орлов // Русский архив, 1873. Кн. 1. С. 61–62. Страдания христиан под турецким владычеством сильно

4 марта 1769 г. Екатерина сообщала Алексею Орлову, что манифесты «нарочно к поднятию христианских жителей» уже готовы, и рекомендовала «приискать людей, кои между благочестивыми греческими и славянскими народами отличный кредит иметь могут»[277].

19 июля 1770 г. царица назидала Орлова:

«К особливому и честному порадованию Нашему, ведаем мы удостоверительно, что все беспристрастные державы республики христианской полагают справедливость на нашей стороне и что сие самое общее удостоверение обуздывает против воли и склонности ненавистников. Надобно, чтобы вы, соединя в свое предводительство разные греческие народы[278]*, как можно скорее составили из них нечто видимое,*

преувеличивались и ими самими, и российской пропагандой. Священник Петр Лукьянов, побывав на Востоке в 1710–1711 годах, писал: «Таковыта греки милостивы! А как сами, блядины дети, что мошенники, по вся годы к Москве-та человек по 30 волочатся за милостынею, да им на Москве-та отводят места хорошия да и корм государев. А, приехав к Москве, мошенники плачут пред государем, пред властьми и пред бояры: „От турка насилием отягчены!" А набрав на Москве да приехав в Царьград, да у патриарха иной купить митрополитство, иной — епископство. Так-то они все делают, а плачут: „Обижены от турка!" А кабы обижены, забыли бы старцы простыя носить рясы луданныя, да комчатныя, да суконныя по три рубли аршин. Напрасно миленъкова турка-та старцы греческия оглашают, что насилует. А мы сами видили, что им насилиа ни в чем нет, и в вере ни в чем. Все лгут на турка. Кабы насилены, забыли бы старцы в луданных да комчатых рясах ходить. У нас так и властей зазирают, как луданную-та наденет, а то простыя да так ходят. Прям, что насилены от турка! А когда к Москве приедут, так в таких рясах худых тоскаются, бутто студа нет. А там бывши, не заставиш ево такой рясы носить» (Хождение в Святую землю московского священника Иоанна Лукьянова. 1701–1703 / изд. подготовили Л. А. Ольшевская, А. А. Решетова, С. Н. Травников; отв. ред. А. С. Дёмин. — М.: Наука, 2008).

277 Рескрипты и письма Императрицы Екатерины II, на имя графа Алексея Григорьевича Орлова // Сборник Императорского Русского исторического общества. Т. I. С. 14.

278 Имеются в виду народы «греческой веры», то есть православные.

которое бы свету представилось новым и целым народом и чтоб оный сей новый корпус, составляясь публичным актом и объявя в оном политическое свое бытие, отозвался во всей христианской республике в такой, например, силе: Что многочисленные греческие народы, быв попущением Божиим подвергнуты тяжкому игу злочестия агарянского, совокупясь воедино и составя новый член в республике христианской»[279].

Придворный поэт Петров сотрясал северный воздух:

О коль нечаянна, коль дивна там премена!
Спартане, распустив российские знамена,
Разносят по всему Пелопонису страх.
В участие войны окрестных созывают
И слезы проливают
С оружием в руках.

Итог этой авантюры или «диверсии» (термин Екатерины Великой) вошел в греческий язык как Ορλωφικά. Как пишет греческая Википедия, «Орлофика — российские военно-морские операции на юге Пелопоннеса, островах Эгейского моря и западном побережье Малой Азии. Имели болезненные последствия для повстанцев. Главным зачинщиком этого греческого восстания был Георгиос Папазолис, а его название произошло от фамилии его зачинщиков, русских чиновников, братьев Орловых»[280].

В 1774 году был заключен Кючук-Кайнарджийский мир, и русский флот ушел с Кикладских островов. Взамен турецкий адмирал Хасан Джезаирли привел туда свои корабли.

В течение следующих девяти лет албанцы, которых турки натравили на греков, грабили Пелопонесский полуостров, сжигая, убивая, и продавая жителей в рабство.

---

279 Там же. С. 41–42.

280 URL: https://el.wikipedia.org/wiki/Ορλωφικά#cite_ref-8

Городок Эгий (Эгион, др. — греч. Αἴγιον), после славянской колонизации переименованный в Востицу (Востицца, Βοστίτσα), ныне Эйон, также Эгион (Αίγιον; ή Αίγιο) был вырезан полностью. Как утверждает греческий историк Сатас: «Все было разрушено албанской чумой. Там, где еще недавно были города и комы, щедрые и процветающие, уже царило запустение смерти и освещенные огнем руины. Пелопоннес был почти лишен своих жителей»[281]. Адмирал Хасан Джезаирли убедил Порту вмешаться в эту резню: «Если все греки будут убиты, кто заплатит пошлину?» Его десант соединился с греческими повстанцами под руководством Константина Колокотрониса. Албанцы были разбиты, но в 1780 м году адмирал вернулся на Пелопонесс и казнил самого Константина. Кара обрушилась и на прочих греческих повстанцев.

Спустя сто лет горькую память об орлифике фиксирует русский путешественник:

> *«В 1770 г. подстрекнула морейских греков к общему восстанию, которое произошло тогда и на острове Крите. Но известно, чем кончилось это морейское предприятие ее: греки опять подпали под иго турецкое, иго более тяжкое. Посему они, никак не ожидавшие нашей передачи их туркам, с той поры начали охладевать к нам. Это — естественно. В 1786 г. опять вспыхнула война между Россией и Турцией, и Екатерина опять подстрекнула греков к восстанию, но уже не в Морее, а в Епире и опять отдала их туркам, уступая угрозам Англии и Пруссии. Греки помнят это и опасаются нас»*[282].

(**Отступление 1.** В русской церковной истории эти события оставили свой небольшой след: Константинопольский патриарх

---

281 Σάθας Κωνσταντίνος, Τουρκοκρατουμένη Ελλάς. Ιστορικόν δοκίμιον περί των προς αποτίναξιν του οθωμανικού ζυγού επαναστάσεων του Ελληνικού έθνους (1453–1821). Αθήνα, 1869, σελ. 524.

282 Еп. Порфирий Успенский. Книга бытия моего. Дневники и автобиографические записки. Том VI. — Спб, 1897 (13 июля 1854).

Серафим Второй был низложен султаном Мустафой III 26 марта 1761 года и сослан на гору Афон. В 1770 году он призвал греков присоединиться к восстанию, спровоцированному Россией во время русско-турецкой войны. Поскольку свое воззвание Серафим рассылал с Афона, султан обязал афонские монастыри выплачивать тяжелые штрафы. Действующий Константинопольский патриарх Феодосий Второй с синодом лишил его сана[283] как «отступника и возмутителя спокойствия и мужа кровей»[284]. Он уплыл в Россию и поселился в Киеве, где и умер в 1779 году. Имп. Екатерина звала его патриархом и он продолжал служить[285]. Это к вопросу о церковных войнах и взаимном признании-непризнании церковных санкций.

Отступление 2. В 1806-1807 годах история повторилась. Эскадра адмирала Сенявиным захватила у французов черногорский город Котор. Черногорский митрополит Петр Негош обратился к Александру I с предложением о создании под протекторатом России Славяно-Сербского государства с центром в Дубровнике, включающее в себя и Котор. Но случился разгром под Фридландом и Тильзитский мир. 25 июля адмирал Сенявин получил царское повеление «сдать провинцию и город Боко-ди-Каттаро» французам. Эвакуация русских морских и сухопутных сил была закончена к 14 августа 1807 года. «Своих не бросаем?»)

---

283 «πρώην πατριάρχη' με Συνοδική απόφαση γυμνώθηκε από κάθε ιερατικό αξίωμα». (Χαράλαμπο' Βουρουτζίδης. Ο Οικουμενικός Πατριάρχης Σεραφείμ Β' και η Ιερά Μονή Τιμίου Προδρόμου Σερρών. 1951.

URL: http://apothesis.teicm.gr/xmlui/bitstream/handle/123456789/3171/Oikoumenikos%20Patriarxis%20Serafeim%20B%20sel%20145-157.pdf?sequence=1&isAllowed=y

Букв.: «обнажен» γυμνώθηκε (священнических облачений и полномочий).

284 Χρονικά της Πατριαρχικής Ακαδημίας: Ιστορικαί ειδήσεις περί της Μεγάλης του Γένους Σχολής 1454–1830» του Μανουήλ Ιω. Γεδεών σε pdf. Η Μεγάλη του Γένου. Εν Κωνσταντινουπόλει, Εκ του Πατριαρχικού Τυπογραφείου 1883. С. 289.

285 Православная энциклопедия. Т. 62. С. 586.

У России во время орловской экспедиции еще не было ни Крыма, ни Черноморского флота (1783 год). Во время экспедиции Сенявина все это уже было. Но что толку от флота в черноморском озере, если ему закрыт вход в проливы и далее в Средиземное море. Проливы обнуляли его существование. Поэтому от наличия или отсутствия у России военного флота в Черном море ничего никогда всерьез не зависело. Севастопольский флот значим только как средство для прорыва в Царьград.

Мечта Екатерины видна и в ее указе Суворову о подготовке войны с Турцией от 16 января 1794 года: «Скорый выход в море нашего Черноморского корабельного флота, когда бы силы оного были превосходнее и в лучшем состоянии, не токмо ограждает знатную часть пределов южной России, изъемлет от нападения Тавриду, расторгает на Черном море связь и сообщение, приносит за собою страх и поражение от берегов Дуная до пролива Цареградского и оттоль во Азию до гор Кавказских, но и поспешнейшею стезею достигнуть может до торжественного успеха и **чесменским пламенем объять стены Цареградские**. Но как состояние оного еще не соответствует судьбе его и сему предположению…»[286], то пришлось повременить…

А Царьград нужен для «греческого проекта», который был ясно обозначен еще в 1768 году, когда Екатерина своего первого внука и наследника сделала тезкой Александра Македонского. «Имя Александр было своего рода номинативным шедевром Екатерины. С одной стороны, святым ее старшего внука был Александр Невский, покровитель Петербурга, — таким образом преемственность по отношению к политической линии Петра Великого была полностью соблюдена. С другой стороны, за „порфирородным отроком“, рожденным „в Севере“, легко угадывался иной, южный прообраз»[287].

---

[286] Суворов А. В. Документы. Т. 3. — М., 1952. С. 275.

[287] Зорин А. Кормя двуглавого орла. Русская литература и государственная идеология в последней трети XVIII — первой трети XIX века. — М., 2001. С. 63–64.

«В случае, если бы успехи наши в предстоящей войне дали нам возможность освободить Европу от врага Христова имени, выгнав его из Константинополя, в. И. в. не откажете мне в вашем содействии для восстановления древней Греческой империи на развалинах ныне господствующего на прежнем месте оного варварского владычества, конечно, при непременном с моей стороны условии поставить это новое Греческое государство в полную независимость от моей собственной державы, возведя на его престол младшего из моих внуков, великого князя Константина[288]*, который в таком случае обязался бы отречься навсегда от всяких притязаний на русский престол, так как эти два государства никогда не могут и не должны слиться под державою одного государя. В свое время такое обязательство имеет быть дано как великим князем моим сыном, так равно и его старшим сыном; до тех же пор я готова представить все ручательства, какие только потребуются от меня и моих преемников, в том, что никогда не возникнет притязаний, клонящихся к соединению этих двух государств под одною короною»*[289].

О своих планах на приобретение Константинополя и даже Греции Екатерина рассказывала в письмах Вольтеру. Царица даже обещала ему выучить греческий язык в одном из университетов Европы. Пока же в порядке подготовки в России был подготовлен

[288] Константину Павловичу тогда было 3 года. Но при выборе Екатериной его имени «греческий проект» уже явно существовал в ее голове. Екатерина повелела обучить мальчика ново-греческому языку и ввела в его окружение молодых греков. «В 1770 г. императрица Екатерина II, готовившая внука своего Константина на византийский престол и для того обучившая его греческому языку…» (Еп. Порфирий Успенский. Книга бытия моего. Дневники и автобиографические записки. Том VI. — Спб, 1897 (13 июля 1854)).

[289] Русский архив. — М., 1880. Кн. 1. С. 290.

первый перевод Гомера (речь идет о прозаическом переводе П. Е. Екимова)[290].

Конечно, царьградский трон освобождался вовсе не для того, чтобы вернуть его грекам. Один из придворных стихоплетов в уста Отмана, легендарного основателя Оттоманского царства, влагает такие строки:

Если приближился моей державе срок
И твердо положил неумолимый рок
Мне больше не носить короны Константина,
Да будет в ней властна отсель Екатерина![291]

Этот раздел Турции не удался вследствие протестов Англии и Франции.

В 1806 Россия без формального объявления войны ввела войска на чужую территорию Молдавию и Валахии, бывших частями Османской империи. Турция в ответ объявляла войну. Причем в рескрипте командующему русской армией Михельсону от 16 октября 1806 года имп. Александр предписывал «надо уверять жителей (Валахии), что вступление моих войск в их страну никоим образом не должно быть признаваемым враждебным с нашей стороной действием против Порты Отоманской, но что совершенно напротив действия мои направлены к поддержанию недавно возобновленной между обеими империями союза. Не имея никаких намерений относительно завоевания принадлежащих Турции владений, я желаю лишь обеспечения независимости ее земель, коим угрожает влияние Бонапарте на поведение Дивана»[292]. Соответственно, формальным требованием царя было увольнение нескольких

---

290 Зорин А. Кормя двуглавого орла. Русская литература и государственная идеология в последней трети XVIII — первой трети XIX века. — М., 2001. С. 42.

291 Там же. С. 62.

292 Петров А. Н. Война России с Турцией. 1806–1812 гг. Том 1. — Спб, 1885. С. 65.

турецких министров, подверженных французскому влиянию. И — отмена реформы по ликвидации янычар[293].

27 октября Будберг, управляющий иностранными делами, предписывал тому же Михельсону уверять местное население, будто:

«Его Величество прямо против воли (bien a contre coeur) прибег к занятию княжества (Валахии), но что это занятие далеко от намерения действовать враждебно против Порты»[294].

13 декабря с боем был взят Бухарест. Турция объявила войну только 18 (30) декабря[295]. Так кто начал эту войну? В 1808 году Эрфуртская конвенция с Наполеоном поясняла в Статье 8:

«Е. В. Император Всероссийский, в виду волнующих Оттоманскую империю революций и перемен, устраняющих всякую возможность дать и, следовательно, всякую надежду получить достаточные обезпечения в личном и имущественном отношении в пользу жителей Валахии и Молдавии, перенес уже границы своей Империи в эту сторону до Дуная и присоединил к своей Империи Молдавию и Валахию, не находя возможным признать целость Оттоманской империи иначе, как под этим условием. Вследствие сего Е. В. Император Наполеон признает помянутое присоединение и границы Российской Империи в эту сторону перенесенными до Дуная»[296].

---

[293] Там же. С. 93.

[294] Там же. С. 70.

[295] Текст турецкого манифеста — там же. С. 124–130.

[296] Собрание трактатов и конвенций, заключенных с иностранными державами. Составил Ф. Мартенс. Т. 14. Трактаты с Францией 1807–1820. — Спб, 1905. С. 70.

Письмо Наполеона к императору Александру I от 21-го января (2-го февраля) 1808 года предлагало вместе напасть на Турцию:

> *«Если б армия из 50 000 человек, русских, французов, пожалуй даже немножко австрийцев, направилась чрез Константинополь в Азию и появилась на Евфрате, то она заставила бы трепетать Англию и повергла бы ее к ногам материка. Я готов в Далмации, Ваше Величество готовы на Дунае. Чрез месяц после того, как мы условились бы, эта армия могла бы быть на Босфоре. Удар этот отразился бы в Индии и Англия была бы покорена. К первому мая наши войска могут быть в Азии и в то же время войска Вашего Величества в Стокгольме»*[297].

Прочитав первую половину письма, царь, видимо, остался довольным и, продолжая чтение, он вдруг воскликнул: «Вот великие дела!» Затем он несколько раз повторял: «Вот тильзитский стиль!»; «Вот он, великий человек!»[298]

В ответ Министр Иностранных Дел России граф Румянцев собственноручно написал секретную записку, в которую были включены все мысли и соображения самого Государя, сообщенные им предварительно автору. Эта записка носит заглавие: «**Общий взгляд на Турцию»** и была впоследствии вручена французскому послу. В ней сказано:

> *«В Тильзите состоялось соглашение о том, чтоб изгнать турок обратно в Азию, оставя за ними в Европе только город Константинополь и Румелию. Тогда было соглашено, что Молдавию и Валахию должна была получить Россия с тем, чтоб Дунай сделался границею Российской империи, и Бессарабия была присоединена к ней. Если к этой доле еще прибавится Болгария, то Государь готов участвовать в походе на Индию, о чем тогда не было условлено. Только необходимо,*

---

[297] Там же. С. 41.

[298] Там же. С. 44.

чтоб поход на Индию совершался таким образом, как император Наполеон сам его начертал, — через Малую Азию»[299]*. Теперь же царь желал бы забрать себе Константинополь (и азиатскую и европейскую его части). Румянцев говорил французскому послу Коленкуру о Константинополе: «Это будет город и область без обывателей»*[300]*.*

Франции царь готов был отдать западную часть Македонии с Салониками и Хорватию. Для избежания общей границы России и Франции царь предлагал присоединить Сербию вместе с большей частью Македонии к Австрии.

Александр старался убедить французского посла в умеренности своих домогательств при разделе Оттоманской империи. «Я уверяю вас, — сказал он послу, — я умерен в моих притязаниях. Я требую только того, чего требует польза моего народа и от чего я отказаться не могу»[301].

Публикатор этих текстов Ф. Мартенс, «непременный член совета министерства иностранных дел», комментировал:

«Нельзя не сказать, что граф Румянцев сделал попытку разрешить исторические задачи русской дипломами при соблюдении самых высших интересов своего отечества и уважении вековых стремлений русского народа. Его план раздела Турции был грандиозен, и он был одобрен Императором Александром I, который искренно им увлекался. Если б этот план быль осуществлен в начале XIX века, при помощи Наполеона I, вся будущность Европы и России получила бы совершенно новое направление. Центр тяжести России как Мировой державы, был бы безповоротно перенесен на берега Черного моря, Босфорского и Дарданелльского проливов. Государственная жизнь русского народа продолжала бы роскошно развиваться

---

[299] Там же. С. 45.

[300] Там же. С. 50.

[301] Там же. С. 52.

в широких рамках его историко-национальных стремлений. В дипломатических переговорах Александра I с Наполеоном I в последний раз был серьезным образом поставлен вопрос о водружении русского православного креста на храме св. Софии в Константинополе. В последний раз была дана России серьезная возможность стать твердою ногою на берегах Мраморного моря и сосредоточить здесь, недалеко от сердца России, жизненные силы своего народа и обезпечить достижение его Мировых задач»[302].

Весной 1808 года царь послал к Наполеону своего флигель адъютанта князя Волконского. За обедом Бонапарт сказал ему:

«Скажите вашему государю, что если мы согласны, то мир нам принадлежит (le monde est a nous). *Мир похож на яблоко, которое я держу в руке. Мы можем его разделить пополам и каждый из нас будет иметь половину»*[303].

Но Наполеон был согласен отдать русским Босфор и Константинополь лишь при условии, что Франция будет контролировать пролив Дарданеллы. Контроль над Босфором делал Черное море внутренним русским озером и вполне гарантировал его безопасность. Но Александру нужен был выход военного флота в Средиземное море. Эти планы будущих русских интервенций Наполеон почему-то счел неуместным.

Со своей стороны, Александр понял, что если он втянется в оккупацию Турции, то этот проект «совершенно отвлек бы все военные силы на берега Черного моря и заставил бы его оставить на произвол судьбы всю Западную Европу»[304].

---

[302] Там же. С. 48.

[303] Там же. С. 55.

[304] Там же. С. 57.

В 1827 году между Россией, Англией и Францией была подписана Лондонская конвенция, согласно которой Греции предоставлялась полная автономия. Османская империя отказалась признавать конвенцию. В том же 1827 году соединённая эскадра России, Великобритании и Франции под командованием английского вице-адмирала Эдварда Кодрингтона подошла к Наваринской бухте, где находился турецко-египетский флот (всего до 2 200 орудий) под командованием Мухаррем-бея. В этом бою отличились будущие русские адмиралы Михаил Лазарев, Павел Нахимов, Владимир Корнилов, Владимир Истомин. Сражение вышло славное. Но это была агрессия.

Это было 8 (20) октября. В ответ на это нападение султан издал безобразный указ — гатти-шериф от 8 (20) декабря 1827 года, гласил:

«Всем здравомыслящим людям известно, что как всякий мусульманин естественно есть смертельный враг неверных, так равномерно и неверные суть смертельные враги мусульман, и наипаче двор Российский есть непримиримый враг народа мусульманского в Оттоманской империи. Именно Россия толкнула Англию и Францию к противостоянию Порте, именно Россия возбудила греков на восстание. Турция не будет соблюдать впредь Аккерманские соглашения и призывает всех мусульман встать против России»[305].

Но это было реакцией на уже начатую необъявленную войну.

В апреле 1828 года император Николай I объявил войну Турции. 14(26) апреля Николай I подписал манифест об объявлении войны Османской империи:

«Порта вызывает Россию на брань, грозя ей войной истребительной... Вместе с твёрдой уверенностью в правоте Нашего

[305] Шильдер Н. К. Император Александр Первый: его жизнь и царствование. — СПб, 1897. Т. 2. С. 387.

дела, повелели мы войскам нашим двинуться, и с помощью Божией действовать против врага, поправшего святость мирных союзов и прав общенародных...»[306]

Прошло уж полгода с того дня, как русский флот в составе англо-русской-французской эскадры без объявления войны разбил турецкий флот в Наваринской бухте, а царь делает вид, что к войне его вынудило закрытие турками Босфора: «Черноморская наша торговля стесняется; города и области южного края лишась сего единственного истока их произведений, угрожаются безчисленными потерями».

Интересно, что среди причин войны не подчеркивается «защита православных». Мотив объявлен честно-корыстный:

«Россия видит себя в необходимости силою оружия обезпечить свои права и пользы на Востоке... Долг чести, обязанность охранять пользы своих подданных не дозволяют России оставаться в таких отношениях с Турцией. Государь Император объявляет войну Оттоманской Порте... Сей войны требуют важнейшие пользы торговли черноморской»[307].

25 июня 1830 года, в день рождения государя императора московский митрополит Филарет произносит «Слово на заключение мира с Оттоманскою Портой».

В этом «Слове» четко фиксируется цель этой войны:

«Если бы могущественный Николай, судьбой, также как и именем своим, обреченный к победам над народами, жаждал

---

306 Манифест об открытии войны с Отоманскою империею // Полное собрание законов Российской империи. Второе собрание. Т. 3. — Спб, 1830. С. 393. № 1947.

307 Декларация о причинах войны с Оттоманскою Портою // Полное собрание законов Российской империи. Второе собрание. Т. 3. — Спб, 1830. С. 384 и 389. № 1948.

только бранных побед, то, став одною ногою в Адрианополе, а другою в Эрзеруме, наступив, так сказать, на руки Турецкой Империи, он не утерпел бы, чтобы не сделать еще шага, дабы попрать главу её, ***дабы уничижением Стамбула может быть поднять Константинополь»***[308].

…А вот следующий эпизод военных отношений России и Турции столь же интересен, сколь и забыт в общественной памяти. Итак, имел место бунт: вассал турецкого султана египетский паша пошел войной на Стамбул.

Только что Россия воевала с Турцией.

Именно воспользовавшись ослаблением Стамбула, отец Ибрагим-паши — Мухаммед-Али — поднял свой мятеж. Его сын Ибрагим прошел Палестину и Сирию, разбив все турецкие армии.

Ибрагим уже готовился к штурму Стамбула — но Россия выступила в защиту Турции («законной династии»).

В феврале 1833 года русская эскадра с 30-тысячным десантом на борту под командованием контр-адмирала М. П. Лазарева вошла в Босфор. Муравьев был послан в Александрию, чтобы заставить Мухаммеда Али остановить войска в их продвижении к Стамбулу, но в начале марта египетская армия начала новое наступление, нанося ощутимый урон турецким войскам. Турецкий султан, предчувствуя поражение, обратился к России с просьбой оставить эскадру Лазарева и прислать русские войска[309].

---

[308] Публ. В: Чтения в обществе любителей духовного просвещения за 1869. Цит. По: Корсунский И. Святитель Филарет, митрополит Московский: Его жизнь и деятельность на Московской кафедре по его проповедям, в связи с событиями и обстоятельствами того времени. — Харьков, 1894.

[309] Султан Махмуд II распорядился доставить русским морякам угощение: «Для Адмирала и господ офицеров: 10 ящиков вина, шампанского, Бордо и Мадеры; 10 украшенных корзин с турецкими конфетами и фруктами. 40 или 50 голов сахару. 50 или 60 голов сыру швейцарского и голландского; Для нижних чинов: 6 больших бочек вина виноградного, 4 бочки рома, 10 бочонков солёной рыбы, 90 пудов сыра ординарного. Несколько корзин разных свежих фруктов. 55 быков, 200 баранов, 12 кадков с живою

В марте 1833 года из Севастополя в Турцию прибыли ещё две эскадры под командованием контр-адмирала М. Н. Кумани и контр-адмирала И. О. Стожевского с четырнадцатитысячным десантом. Двадцатитысячный корпус командующего Дунайской армией генерала П. Д. Киселёва получил приказ двигаться к Дунаю.

24 апреля 1833 года с помощью французов и англичан Турция и Египет заключили мир, а 26 июня 1833 года Турция и Россия подписали Ункяр-Искелесийский договор, по которому Россия обязывалась оказывать Турции военную помощь, в обмен на это Турция закрыла проливы Босфор и Дарданеллы для всех стран (а в 1828 году в Декларации о начале войне царь Николай уверял, будто он желает, чтобы Проливы были открыты для всех).

В мае 1833 года для руководства русским десантом и переговоров с султаном и египетским пашой в Стамбул прибыл генерал-адъютант А. Ф. Орлов. Его нажим, присутствие многотысячного русского десанта на Босфоре и нежелание войны с Россией вынудили Ибрагима-пашу отвести свои войска от османской столицы.

В 1840-м году вторая османо-египетская война привела к вторжению англо-австрийских войск (при дипломатической поддержке России) в Сирию и поражению Ибрагима. Сам Ибрагим едва спасся

птицею». С другой стороны 23 февраля 1835 года в МИД России ушло официальное уведомление под № 9728: «Государю Императору благоугодно вновь строящийся в Николаеве 84-х пушечный корабль наименовать Султан Махмуд». «О таковом знаке дружественного расположения Его Императорского Величества к Султану» Главный Морской Штаб поручал сообщить турецкому правительству.

«Султан Махмуд» сошёл на воду в октябре 1836 года. Подписанный 26 июня (8 июля) 1833 года Ункяр-Искелессийский договор своей секретной статьей обязывал Турцию закрывать Проливы по требованию России для всех иностранных судов.

См. Гребенщикова Г. Босфорская военно-морская операция. 1833 год // Военно-исторический журнал. 2018, № 7. Интересно, что султан приказал на православную Пасху доставить русским морякам 25 000 яиц (Айрапетов О. Р. Внешняя политика Российской империи. Т. 2. — М., 2006. С. 231).

после битвы при Калет-Мейдане и вскоре за тем принужден был очистить Сирию. Союз России и Турции опять подошел к своему очередному концу. Но он все же — был. Что не помешало при начале Крымской войны прикинуться безпамятными и ругать англичан и французов за якобы беспрецедентный союз с иноверными:

Предав наш *Символ* за *коран*,
Вы к Туркам поступили в службу
И отступились Християн!!!…
Что ж скажет *летопись* пред светом,
Про нечестивый ваш союз? —
«Британец в сделке с Магометом
«И — стыд! — *Отурчился* Француз!!…
(Ф. Глинка. Ура.)

Главная же цель восточной политики Петербурга осталась неизменной.

В 1850 году дипломат и поэт Тютчев напомнил о ней в стихе «Пророчество»:

Не гул молвы прошел в народе,
Весть родилась не в нашем роде —
То древний глас, то свыше глас:
«Четвертый век уж на исходе, —
Свершится он — и грянет час!
И своды древние Софии,
В возобновленной Византии,
Вновь осенят Христов алтарь».
Пади пред ним, о царь России, —
И встань — как всеславянский царь![310]

[310] Впрочем, уже по ходу войны Николай I вычеркнул последние две строки и начертал резолюцию: «Подобные фразы не допускать. Петергоф.

2 (24) ноября 1849 г. великий князь Константин Николаевич подал на высочайшее имя записку «Предположение атаки Царяграда с моря», в которой говорилось:

«В случае войны с Оттоманскою Портою есть средство окончить кампанию в кратчайшее время, с меньшим кровопролитием, это есть атака и взятие Константинополя с моря. Это предприятие опасное, трудное, но которое при наших средствах не дол жно и не может не удасться. Можно при этом потерять корабля три, четыре, много крови прольется в короткое время, но все-таки не столько, как в сухопутной двухлетней или даже годовой кампании, в которой войско более страдает от трудностей пути, лихорадок и чумы, чем от самого неприятеля». По мнению автора проекта, сил Черноморского флота хватило бы для успешного подавления турецких прибрежных батарей в Босфоре и одновременной переброски 12 батальонов пехоты, то есть дивизии, в первом эшелоне десанта. Обязательным условием успеха операции было взятие под контроль входа в Мраморное море со стороны Средиземного: «Не будь же Дарданеллы в наших руках, нас так же скоро выгонят из Константинополя, как мы в него вошли»[311].

1853 год. Крымская война.

В некотором смысле повод к ее началу завязался в 1535 году.

Именно тогда король Франции Франциск I заключил с султаном Сулейманом Великолепным договор против Карла V, императора Священной Римской империи. Первый русский договор с Османской империей появился намного позже — в 1700 году.

Марта 10. 1854». И в самом деле — такого рода пропаганда явно не способствовала удержанию австрийского нейтралитета.

311 Российский государственный военно-исторический архив. Ф. 400, оп. 4, ед. хр. 586, л. 1, 3 об., 4,9. Цит по: Айрапетов О. История внешней политики Российской Империи. 1825–1855. — М., 2017. С. 351.

Договором 1535 года все католики, находящиеся на территории Османской Империи, были отданы под суд и защиту французского короля. Эти соглашения раз за разом перезаключались вплоть высадки Наполеона в Египте (1798 год). Это вторжение французов на территорию османов обернулось снятием с Франции всех привилегий. В 1852 году эскадра французов вошла в Дарданеллы, и султан согласился вернуть Франции ее покровительственные права. Россия была несогласна, и наша пресса закричала о притеснении православных. При этом сам Николай Павлович 7 (19) сентября 1851 года писал к султану с просьбой сохранить имеющееся положение (то есть он явно не считал его невыносимым для местных православных).

Если посмотреть на формальный предмет спора, то вряд ли эту «монашескую ссору» можно счесть поводом, достойным убийства сотен тысяч людей. Это:

— форма купола над храмом Гроба Господня, который султан восстанавливал на свои деньги;

— требование пожизненного служения восточных патриархов (причем гарантом этого надо было считать российского императора);

— указ султана о признании России покровителем его православных подданых;

— вопрос о том, у кого будут храниться ключи от храма в Вифлееме.

Из этих мелочей пропаганда раздула миф о том, что невероятные страдания православных под турецким гнетом именно сейчас требуют, чтобы русский царь их освободил.

Русско-турецкие войны, раз за разом начинаемые Россией в XIX веке, оправдывались крайней необходимостью защиты христиан.

Вот типовой плач св. Филарета Дроздова, митрополита Московского (еще о войне 1828 года): «Народ, от котораго святая Русь наследовала святую веру, едва не исчезает в бедах от врагов веры.

Священники распинаются или сожигаются. Христиане, мужи и жены, старцы и дети влекутся в рабство, или истаевают гладом, или, что всего ужаснее, принуждаются отречься от имени Христова» (28 мая 1828 года. Слово по случаю возложения на раку мощей иже во святых отца нашего Алексия, митрополита Московского, от благочестивейшего государя императора Николая Павловича принесенного покрова и медали за Персидскую войну).

Из такой декларации можно сделать вывод, что в стране турок христианину и уж тем паче священнику опасно выйти из дому. Да и в дом и в храм к нему в любую минуту могут ворваться башибузаки и убить просто за то, что тот не славит Магомета вместе с ними. Но так ли это?

Сначала без кровавых подробностей.

Для греков 1820-е годы и в самом деле это были годы войны за свою независимость от турецкой империи. Ее они вели с 1821 года. И что Россия?

В 1827 году турки вырезали греческое население Пелопонесса (Мореи). Средиземноморская эскадра адмирала Сенявина получила приказ императора ни в коем случае не вмешиваться:

> *«Командующему императорской эскадрой постановляется в обязанность не только не под каким видом не принимать самому и не допускать военных судов под его начальством к принятию какого-либо участия в морских действиях, предпринимаемых обоюдными эскадрами или военными судами, но и не удерживать их и ни в чем не препятствовать взаимным их действиям таким образом, чтобы ни одна из воюющих сторон не могла приписать эскадре нашей ни малейшего влияния на успех или неуспех обоюдных их предприятий»*[312].

Россия вмешалась тогда, когда греки уже изгоняли турок со своих земель (одна из причин столь поздней реакции —

312 Лазарев М. П. Документы. Т. 1. — М., 1952. С. 290.

в Александро-Николаевской аллергии на всех революционеров)[313].

Понятно, что бывали вооруженные восстания, и бывало их жестокое подавление. И тут не стоит путать причину и следствие.

Восстание — это прежде всего убийства тех «угнетателей», что оказались в зоне доступа.

Вот антирусское польское восстание.

> *«23 мая 1863 г. в местечке Сураж Гродненской губернии в убийстве православного священника Константина Прокоповича принимали участие 3 католических священника — ксендз Белостокского уезда Моравский, Суражского костела Феликс Кринский и Александр Косаковский из Августовской губернии. В общей сложности к этому преступлению были причастны 14 человек — 3 ксендза, 2 крестьянина, 2 шляхтича, 6 мещан и 1 помещик. На совести отряда ксендза Горбачевского только в Лидском уезде Виленской губернии, по меньшей мере, 3 убийства мирных обывателей, совершенных с изуверской жестокостью: перед тем как повесить крестьян, их пытали и выкололи глаза. Не меньшими зверствами отличался отряд еще одного представителя католического духовенства — ксендза Антония Мацкевича в Ковенской губернии. Своих жертв, приговоренных им же к смерти, он лично исповедовал и причащал»*[314].

---

313 И еще ранее — «Александр предал единоверцев своих турецкому мечу. <…> В глазах мира дело греческое почиталось святым, и лишь Один лишь ослепленный мог видеть в них карбонаров. Почитая греков сообщниками какой-то революционной шайки, русский царь отталкивал от себя прибегавших к его покровительству греков » (Рукописная записка Михаила Волкова: «Что довело Россию до настоящей воины…, посвященная князю Александру Михайловичу Горчакову» // Зайончковский А. М. Восточная война 1853–1856 гг. в связи с современной ей политической обстановкой. Т. 1. Приложения. — Спб, 1908. С. 163–164. Прил. № 30).

314 Карпович О. «Невинные жертвы» Муравьева, или За что казнили участников восстания 1863–1864 гг. в Беларуси // Вестник Брестского технического университета. 2011. № 6. С. 23.

В 1877 году при приближении русских войск «Болгары мстили своим угнетателям, отмечал Н. П. Игнатьев, пользуясь тем, что мы еще не приняли в свои руки управление». Русские войска пытались остановить резню…»[315]

В мае 1875 болгарские революционеры начали творить историю — «им удалось достичь успеха всего лишь в нескольких горных городах, где началось массовое истребление турецких чиновников»[316].

Один из руководителей болгарской революционной эмиграции — Любен Каравелов — призывал «дать картинку»:

> *«Необходимо оживить комитеты, но не для того, чтобы освободить народ от тяжкого ярма, но для того, чтобы подготовить его к революции, которая вызовет русское вмешательство. Представляешь, какой огонь разгорится в Европе, которая едва знает имя болгарина, когда она услышит, что в Турецкой империи на Балканском полуострове сожжены столько-то и столько-то сел и городков, убито столько-то тысяч человек.* ***Если мы сможем вызвать с помощью комитетов где-нибудь в отечестве смуты, бунт и как результат — резню-заклание****, это, несомненно, вызовет вмешательство России, я скажу: „Комитеты сыграли свою роль!" и буду очень доволен»*[317].

Аналогично польское «национально-освободительное» восстание 1863 года было направлено прежде всего на провоцирование военной интервенции крупных европейских держав против России[318].

---

315 Айрапетов О. История внешней политики Российской Империи. Т. 3. 1855–1894. — М., 2018, С. 397.

316 Там же. С. 314.

317 Цит. по: Макарова И.Ф. Апрельское восстание 1876 года в Болгарии: две версии одного события // Studia Balkanica. К юбилею Р. П. Гришиной. — М., 2010. С. 84.

318 В. Е. Воронин. О «неудобных» аспектах польского восстания 1863 г. // Россия и славянский мир в войнах и конфликтах XIX–XXI веков. Сборник статей. — М., 2018. С. 31.

Аналогична диверсия британской разведки по имени «операция Антропоид» (1942): ожидалось, что убийство Гейдриха вызовет карательные действия немцев, которые, в свою очередь, ожесточат чехов, сторонящихся движения Сопротивления…

В этом ряду кровавых пиар-акций стоит и не-эвакуация явно угрожаемых и обстреливаемых городов ради пиар-картинки — мол, гибнут мирные люди! Пример — Донецк, по окраине которого линия фронта проходила более десяти лет, но мирное население и даже дети так и не были оттуда вывезены. Что позволяло вести ежедневные возмущенные телерепортажи…

То есть и сами восставшие комбатанты — отнюдь не толстовцы. И судьба всех восставших во всех странах печальна — если они оказываются в руках реставраторов старого порядка. Когда восстали янычары — и их перерезали, хотя они были мусульманами. Как в аналогичных случаях действовали русские солдаты — см. в Главе 22. «Судьба „освобожденных“».

Но страшные дни кровавой расплаты не стоит выдавать за обычные будни. Подавление вооруженного восстания — это особая ситуация, и из нее нельзя делать выводы, будто 1. в обычные дни и в мирных областях тоже творились такие кошмары. 2. что причиной казней были именно христианские взгляды погибших («гонение за веру»).

Увы, при подавлении мятежей страдают не только те, кого взяли с оружием в руках (см. газовые атаки Тухачевского против тамбовских крестьян или Новочеркасский расстрел). Но из этого нельзя делать вывод, будто обычного жителя в обычное немятежное время и в немятежной местности могли вот так просто взять и казнить. А на войне — как на войне.

Если пушки Суворова однажды стреляли по Праге, это вовсе не значит, будто в мирные дни русские войска запросто и ежедневно расстреливали поляков с 1772 по 1916 годы. Если однажды саперные лопатки обагрили кровью проспект Руставели, это не значит, что со времен Георгиевского трактата и до конца СССР грузинам было опасно выходить из домов «под сенью дружеских штыков».

В списке балканских новомучеников есть немало «этномартиров», то есть тех, кто был казнен по ходу вооруженного сопротивления. Но все же не просто за «веру в Христа».

В 1821 году был повешен патриарх Григорий V. Но вовсе не потому, что турки вдруг заметили, как среди них ходит человек иной веры: «…они (стамбульские турки) отдались одному только чувству — жажде мести за кровопролитие, жертвами которого стали их единоверцы в Греции»[319].

19 мая 1821 г. в критском городе Ханье был повешен Мелхиседек (Деспотакис), еп. Кисамский, который, объезжая свою епархию, призывал народ к восстанию против турок.

Болгары помнят, что «През 1806 година епископ Калиник е арестуван от османските власти заедно с други свещеници и миряни заради участието си в Сръбското въстание». Но и тут вина ясно обозначена — « за участие в восстании».

Были репрессии в 1829 году — в ответ на Тракийское восстание; в 1841 году — в ответ на Нишское восстание и так далее. То есть это были репрессии не за веру, а за мятеж. А вопрос о том, в какую минуту гнет стал «невыносимым» и вызвал восстание — это вопрос не столько фактологии, сколько оценок. И еще более — пропаганды. Сначала — революционной пропаганды («будителей», в том числе из-за границы), а потом, в случае победы революции — пропаганды новой власти.

Вот кончилась очередная война, русская армия ушла из Болгарии, и, по уверению болгарской пропаганды:

«През октомври 1829 г. турците извършват кланета над българите в Странджа и Сакар. Само в едно доносение до щаба на руската армия от 14.X.1829 г. са посочени избити

[319] Преображенский А. Ф. Патриарх Григорий V и греческое восстание // Православный собеседник, 1906. Июль-август. С. 360.

400 български първенци в района на границите на Одрински и Старозагорски пашалъци»[320].

Промежуточный и более наукообразный текст звучал так:

«На границата между Одрински и Старозагорски пашалък са започнали преди един месец и продължават и досега убийства и грабежи над християните. Досега са убити до 400 души, които произхождат от доскорошни богати фамилии»[321].

Но ссылки на источник все равно нет. Но теперь хотя бы понятно, что «първенци» означает «знатные люди».

Даже если это так, то это опять же не описание будничной жизни христиан под турецким игом. Резня после двух лет войны была ее следствием, а не причиной.

И, кроме того, где это «одно сообщение в штаб русской армии»? Где его научная публикация?

Для пропаганды нужны страшные и красивые истории.

Посему популярная болгарская версия *Нишского восстании 1841 года* говорит, что восстание вспыхнуло от того, что на Пасху 6/18 апреля 1841 года племянник нишского паши Сабри Мустафы с бандой своих приятелей ворвался в храм села Каменица (нынешняя Сербия), чтобы похитить полюбившуюся ему девушку.

Если это так, то это обычная уголовщина, увы, обычная для самого дикого уголка тогдашней Европы. Это горы; рядом — «арнауты» — албанцы. Первый болгарский король Фердинанд I, прибыв впервые в Софию, с чисто немецким чувством юмора назвал себя «мухой, которая сидит в таком месте, которое никому не хочется чесать»[322].

Стоит учесть, что это была новая граница османов с Сербией (появление границы и таможни резко осложнило местную

---

320 URL: https://lentata.com/page_9177

321 URL: http://www.promacedonia.org/ss/ss_4.html

322 Цит. по: Айрапетов О. История внешней политики Российской Империи. Т. 3. 1855–1894. — М., 2018. С. 627.

торговлю), а после предыдущего Нишского восстания 1835 года новоназначенный Хайри-паша запретил туркам вообще въезд в села этого района. Увы, в 1839 году его и сменил тот самый «дядя» Сабри Мустафа.

Сербская версия прозаичнее: во-первых, они уточняют, что дело вспыхнуло не на Пасху, а неделей позже — в Фомину неделю. Во-вторых, у сербов тут нет упоминания о нападении любовника. Зато подчеркивается, что Милоје Јовановић готовил восстание заранее и на деньги сербской княгини Любицы Обренович[323]. Порой и болгары признают, что этот мятеж не был стихийно-случайным: «... създава почва за нови въстания. Подготовката е започната от местните първенци Милой Йованович от с. Каменица»[324]. Ой, опять «первенцы». Но тут уж совсем ясно, что этот Милой вовсе не был младенчиком. Хотя его и вправду турки казнили.

Теперь про «распятие священников», о которых вещал митр. Филарет. Сам он фактов, имен и дат не привел.

В поиске таковых я раскрываю двухтомник проф. А. Лебедева «История Греко-восточной церкви под властью турок» — и ничего не нахожу там о невыносимых страданиях христиан в XIX веке.

Зато в той же книге читаем: «В 30-х гг. XIX в. известный русский путешественник А. Н. Муравьев насчитал в Константинополе более 25 церквей, но, очевидно, в этом веке число церквей здесь начинает прибывать. Впрочем, в некоторых греческих провинциях

---

323 URL: https://sr.wikipedia.org/wiki/Милојева_и_Срндакова_буна

и URL: https://sr.wikipedia.org/wiki/Милоје_Јовановић_(трговац)#cite_ref-Енциклопедија_Ниша,_Историја_1-6)

См. также: Владимир Стојанчевић, академик. Народни устанак 1841 године и његов историјски значај.

URL: https://web.archive.org/web/20220408035510/

http://istorijanisa.wikidot.com/narodni-ustanak-1841-godine

324 URL: https://trud.bg/a/articles/забравеното-нишко-въстание

Турецкой империи число храмов было очень велико. Вот что, например, известие 1835 года о Морее и островах.

«В Морее и вообще на континенте деревня состояла из 7 или даже 3 домов, но имела церковь и могла иметь священника. Но так как менее 50 семей не могли пропитывать священника, то большая часть этих храмов оставалась без службы и священника. А на островах было ещё более храмов. Так, на островах Эгейского моря, в области теперешнего Греческого королевства, при греческом народонаселении в 17 тыс. семей было 502 церкви и 630 священников; следовательно, на 26–27 семей приходился один священник. В особенности на островах было очень много часовен; так, на небольшом о. Скиросе в середине XVIII в. находилось 365 часовен»...[325]

Раскрываю электронную версию автобиографической книги еп. Порфирия Успенского. Сей ученый монах десятилетия прожил в Османской империи. И в томе за 1853 год (канун Крымской войны и ее начало)[326] я сделал запрос на поиск «…уби». Вышло немало рассказов о драках мусульман между собой. Один раз — об их угрозах католическому епископу Вифлеема (из-за «квартирного вопроса», а не вероучительного). И ничего — про убийства православных.

И даже во дни начавшейся войны власти защищали христиан:

«15 ноября. Из Дамаска получено верное известие, что тамошняя магометанская чернь, услышав о победе турок над русскими, взбесилась и стала бесчестить и бить встречных христиан. Одна толпа отправилась к униатской церкви с намерением ограбить ее. Но ага разогнал эту сволочь».

---

[325] Лебедев А. А. история Греко-Восточной церкви под властью турок: От падения Константинополя (в 1453 г.) до настоящего времени. Кн. 2. — СПб, 2004. С. 260.

[326] URL: https://azbyka.ru/otechnik/Porfirij_Uspenskij/kniga-bytija-moego-dnevniki-i-avtobiograficheskie-zapiski-tom-5/1_1

Другой церковный историк того же XIX века писал:

«На христианских державах Европы, особенно на России, лежало высокое призвание — спасти христианство на Востоке от подавления и народы от медленной смерти. Призвание было понято и принято. История дипломатических сношений европейских держав с Турцией есть, можно сказать, история непрерывного заступничества их пред Портой за угнетенных восточных христиан. Россия придала этому заступничеству реальную постановку. С того момента, как ее влияние в Турции утвердилось на прочных основаниях в ***конце XVIII в., наступает новая эпоха в жизни восточных христиан и отношения к ним турецкого правительства принимают другой вид»***[327]**.**

И в самом деле, с конца XVIII столетия Турция слабеет и отчаянно нуждается в европейских союзниках, оружии и технологии. Я не могу себе представить, чтобы «больной человек Европы», во многом лишенный суверенитета европейскими державами, и чье правительство при этом искренне стремится к европеизации, проводил бы госполитику преследования христиан в середине 19 столетия. Напротив, весь XIX век — это издание и подтверждение серии законов, уравнивающих в правах всех подданных Порты.

Было массовое насилие по ходу завоевания христианских стран и в первые годы после. Было подавление восстаний. Был страшный геноцид армян в годы Первой Мировой войны и малоазийских греков — сразу после. Но в середине XIX столетия не было оснований говорить, что турецкое правительство проводит

---

[327] Скабаланович Н. А. Политика турецкого правительства по отношению к христианским подданным и их религии — от завоевания Константинополя до конца XVIII в. // Христианское Чтение. 1878. № 9–10. С. 463–464.

политику наступления на права христиан и уж тем паче их преследования за их веру. Даже «налог детьми» (в янычары) был уже отменен: де-факто в 1648 году; де-юре в 1703[328].

Новомученики, то есть христиане, убитые турками за свою веру, были там и в XIX веке. Но каждый раз это были единичные истории со схожим сюжетом: человек считался мусульманином, потом объявлял о принятии ислама, а потом отказывался от него:

Ангелис из критской дер. Меламбес († 1824) — из греческой криптохристианской семьи, формально принявшей ислам.

Ангелис Хиосский (пам. греч. 3 дек.). Победив в диспуте некоего француза-безбожника, он оставил работу и затворился в своем доме, общаясь только с двумя близкими друзьями, которым и открылся, что решил пострадать за Христа. В Лазареву субботу 1813 г. он объявил, что он мусульманин. По прошествии нескольких месяцев сбрил бороду и явился на таможню, где перед турками исповедал христианскую веру.

Аргирис Македонский: пристыдил человека, ушедшего из христианства в ислам, и был казнен (1808).

Георгий Яннинский († 1838): мусульмане на суде уверяли, что он был их.

Димитрий Пелопонесский. Принял ислам и публично отказался от него († 1803).

---

[328] Поскольку такой налог 1. Гарантировал ребенка от голодной смерти в бедной и многодетной семье 2. Мог стать потрясающим социальным лифтом, то не всегда он вызвал протест родителей. Более того, порой турки подкупали соседей-христиан, чтобы отдать в янычары своих сыновей: «Девширме собирали раз в четыре или пять лет в сельских провинциях Восточной Европы, Юго-Восточной Европы и Анатолии. В основном они были собраны с христиан. Однако некоторым мусульманским семьям все равно удавалось тайно пронести своих сыновей. Боснийские мусульмане были единственной мусульманской этнической группой, которую разрешалось вербовать, требовалась вооруженная охрана, которая вела боснийцев по пути в Стамбул, чтобы избежать контрабанды турецких мальчиков в их ряды».

URL: https://en.wikipedia.org/wiki/Devshirme

Димитрий Хиосский принял ислам ради любимой девушки и потом отрекся от него († 1802).

Иоанн Эпирский (1814). При рождении был наречен Хасаном.

Иоанн Наннос. В возрасте 17 лет им овладело желание пострадать за Христа. Он решил принять ислам и затем отречься от него (1802).

Мануил, Феодор, Георгий, Георгий, Михаил и Лампрос Самофракийские. При подавлении греческого восстания 1821–1829 гг. были взяты турками в плен, проданы в рабство и обращены в ислам. Но потом объявили о возвращении в христианство († 1835).

Марк Хиосский совершил преступление и, чтобы избежать наказания, принял ислам. Через много лет исповедал себя христианином, назвав мусульманскую веру ложной и пагубной († 1801).

Это я прошелся по списку греческих новомучеников XIX века[329].

Еще в нем есть Пантелеимон Критский († 1848). Однажды на него обратили внимание турки и стали склонять способного юношу к принятию ислама. Он отказался, был посажен в тюрьму, а затем казнен. Останки мученика мать перевезла на его родину…

Однако еще в 1865 г. митр. Афинский Феофил (Влахопападопулос) распространил окружное послание, в котором сообщалось о некоей семье с острова Спеце, по неизвестной причине перебравшейся в 1821 г. на Крит. Принадлежащая этой семье женщина по имени Анна стала вести распутную жизнь и сожительствовать с турком, от которого родила сына Пантелеимона. Мальчик умер в 12-летнем возрасте. Мать изъяла из погребения его кости и стала путешествовать с ними по Греции, выдавая их за чудотворные мощи до тех пор, пока митр. Феофил не забрал у нее останки ребенка и не провел расследование относительно ее биографии. Окружное послание митр. Феофила поддержал Константинопольский Патриархат, однако, видимо, какое-то почитание Пантелеимона сохранилось[330].

---

329 URL: https://www.pravenc.ru/rubrics/122332.html

330 URL: https://www.pravenc.ru/text/2578850.html

Но к чему эти факты, когда есть задача пропагандистского обоснования начала войны?

Конечно, многие православные подданные Порты ждали помощи России и просили о ней:

«Но что сделал наш Двор? Он приказал наистрожайшим образом своему представителю в Афинах объявить грекам, фессалийцам, эпиротам и арнаутам, что султан есть его первый друг и союзник, и что ежели кто из помянутых племен дерзнет против султана возстать, то русская армия вступит в ряды войск султана и будет до последней капли крови сражаться за права искреннейшого из союзников Николая I. Вот отзыв, данный нашим незабвенным Монархом тем народам, которые полагали найти в нем себе опору. Вот предисловие к той священной войне, которую поднял Николай I несколько лет спустя за православие... В Турецкой Империи все приверженцы хартии, данной в Гюль-Хане, все покровители и защитники христиан, все, желавшие улучшения участи подданных турецких, словом, вся так называемая в Турции западная партия была равномерно предметом нашего отвращения. Мы держались старо-турецкой партии, т.-е. той. которая почитает христиан не людьми, а животными, которая противодействует западной партии из опасения, чтобы не умножились силы и богатство между христианами в ущерб туркам. Быв защитниками заклятых врагов всякого развития свободы между подданными султана, имеем ли мы право удивляться тому, что, от берегов Дуная до вершин Тавра, христиане в нужных случаях обращались с просьбами их к английскому послу и его агентам, а не к представителю России? <...> Угождать старо-турецкой партии, в досаду Франции и Англии, составляло политику нашего двора. Но эта политика не вела ни к чему. Порта нас не слушалась; западники правили делами, и, кто бы подумал, благодаря им благосостояние христиан шло вперед исполинскими шагами. Смотря на прогресс право-

славных христиан; взирая на сооружение новых великолепных храмов и училищ среди селений, обитаемых греками и болгарами, бедный Титов (русский посланник в Стамбуле) впадал в ужасное отчаяние»[331].

И ведь восставшая Греция — лишь часть христианского населения тогдашней Турции. А что происходит в те же дни в Сербии, Болгарии, Валахии, Иерусалиме или Дамаске? Может, там «священники распинаются или сожигаются; христиане, мужи и жены, старцы и дети влекутся в рабство и принуждаются отречься от имени Христова»?

Но нет про то никаких достоверных известий…

Зато есть простой факт по имени «липоване». Множество русских староверов (и просто казаков) бежало из России и поселялось в пределах Османской империи. В 1862 году их число оценивалось в 250 000 человек[332].

«Бежавшие в Турцию раскольники проповедуют везде и всем, что правительство русское не щадит никого и гонит людей не только за их деяния, но и за верования. хотя бы их деяния согласовались во всем с гражданским порядком. Пропаганда раскольничья приводит всех христиан, живуших в Турции, в изумление, ибо восточные христиане хотя и имеют поводы жаловаться на различные притеснения со стороны турецкого правительства в отношениях политическом, хозяйственном и гражданском, но они должны сознаться, что касательно веротерпимости турецкое начальство неукоризненно. Оттоманское правительство дозволяет каждому созидать себе

331 Рукописная записка Михаила Волкова: «Что довело Россию до настоящей воины…, посвященная князю Александру Михайловичу Горчакову» // Зайончковский А. М. Восточная война 1853—1856 гг. в связи с современной ей политической обстановкой. Т. 1. Приложения. — Спб, 1908. С. 175 и 181–182. Прил. № 30.

332 «Россия под надзором»: отчеты III отделения 1827–1867. — М., 2006. С. 508.

Бога по произволу, не вступается ни в какую догматику и смотрит с величайшим равнодушием на обряды всех Церквей и религий. Для турок нет различий между православным и тем. который принадлежит поповщине или безпоповщине. Для турок нет оттенка между молящимся за Царя или немолящимся за Царя, ибо турок от гяура молитвы не требует. Итак, вот причина, по которой раскольник, гонимый в своем отечестве, предпочитает Турцию России»[333].

Так что вполне справедливо советский академик Е. Тарле сказал об одной активной столичной славянофилке:

«О защите христианских братьев, притесняемых нечестивыми агарянами, и о свободе веры в Турции хлопотала и придворная славянофилка Антонина Дмитриевна Блудова, озабоченно справлявшаяся ***в это самое время*** *у своих московских корреспондентов о том, правда ли, что на Рогожском кладбище в самом деле вполне исправно запечатаны старообрядческие молельни. Фрейлину это очень беспокоило вследствие ее опасения, что только зазевайся московская полиция, того*

---

[333] Рукописная записка Михаила Волкова: «Что довело Россию до настоящей воины…, посвященная князю Александру Михайловичу Горчакову» // Зайончковский А. М. Восточная война 1853–1856 гг. в связи с современной ей политической обстановкой. Т. 1. Приложения. — Спб, 1908. С. 178. Прил. № 30. Ср.: «Турки мало интересуются тем, что происходит в христианских храмах их государства. В церковных книгах встречается следующее молитвенное воззвание: «Агарянская чада, ты Отроковице, покори императору нашему молитвами твоими» (Октоих, гл.4. пятн. Канон песнь 9).» (Лебедев А. А. История Греко-Восточной церкви под властью турок: От падения Константинополя до настоящего времени. Кн. 2.– СПб, 2004. С. 262). Митр. Филарет в 1858 году в связи с этим советовал: «Стоит труда сделать опыт доставить болгарам из России нужнейшие богослужебные книги, напечатанные так, чтобы враги православия не могли указать на них, как на противные политическому положению Турции. Прошение о низложении царства агарянского можно заменить прошением о обращении непознавших истины к истинному Богопознанию о вере». (Собрание мнений и отзывов Филарета, митрополита Московского и Коломенского, по делам православной церкви на Востоке. — СПб, 1899.

и гляди, старообрядцы как-нибудь вдруг заберутся к своим запечатанным и запрещенным иконам. Преследуя русских старообрядцев, она осмеливалась разглагольствовать о защите свободы веры!»[334]

А про то, как изнывала собственно греческая церковь под османским гнётом в 19 столетии, есть такое свидетельское описание:

«Константинопольская Церковь, правимая Святейшим Синодом под председательством Вселенского Патриарха, есть нравственное лицо, сильное, богатое, пользующееся обширною властью и заведывающее делами Православной Церкви на всем пространстве Европейской Турции и Малой Азии. Она считается истинною главою православнаго народонаселения Оттоманской Империи и заведует не только собственно духовными и церковными, но даже и гражданскими актами сынов своих. Православное народонаселение простирается до 8.500.000 душ. Константинопольская Церковь, имея паству многочисленную, зажиточную, промышленную и пользуясь над этой паствою властью обширною, пресыщена благами міра сего. Она утопает в неге и бездействии, собирает с овец своих дань, не заботится ни о благосостоянии, ни о просвещении своей паствы, но, имея в виду одно вещественное благо свое, идет рука в руку с Портою Оттоманскою, делит каждое руно на две части, оставляя большую себе и уступая меньшую турецкому правительству. Константинопольская Церковь имеет около семидесяти епархий; но из ея семидесяти верховных пастырей, едва десять могут почесться истинными пастырями. Прочие суть совершенные волки.

Константинопольская Церковь, гордясь своим богатством и своей силою, смотрит на Русскую Церковь свысока, почитает ее младшею сестрою своею и отзывается о духовном

---

334 Тарле Е. В. Крымская война. Т. 1. Гл. 2.

русском регламенте и о Святейшем нашем Синоде как о нововведении в иерархии церковной. Она не почитает Синод властью, с собой равной, ибо Вселенская Церковь приписывает Константинопольскому Трону первенство. Огромные доходы, которыми Вселенская Церковь пользуется, ставят ее в положение, совершенно независимое. Она не нуждается в пособиях внешних; не посылает за сборами в Россию; не хлопочет о метохах и монастырях; не наскучает никому о доброхотных подаяниях, но налагает произвольно оброки на свою богатую и многочисленную паству; употребляет свои огромные доходы, как ей угодно, и страшится чужого вмешательства в ее управление.

Всякий иностранный посол, прибывающий в Царьград, есть предмет недоверчивости Вселенского Патриарха и его Синода. Представитель России есть в глазах его естественный покровитель православия на Востоке, но с тем условием, что он не дозволит себе ни запроса, ни разбора, ни порицания, ни надзора по делам Вселенской Церкви. Константинопольский Патриарх с его Синодом образуют тесную олигархию, в которую нет доступа никому. Патриарх и Синод боятся одной Порты и поэтому ей одной и хотят угождать. Патриарх и Синод подлежат всем превратностям судьбы. Лица, сидящие на патриархии, часто сменяются по проискам и козням турецких сановников, или по просьбе самих греков, недовольных управлением какого-нибудь патриарха. Но права и власть патриарха и синода остаются непоколебимы. Самостоятельность Церкви не нарушается; власть переходит, конечно, из рук в руки, но вступивший вновь патриарх продолжает пользоваться тою же самою властью, которою пользовались и его предшественники; также налагает дани, также судит лицеприятно; также гонит и милует и с тою завистью смотрит на иностранных посланников и в особенности на русского, от которого скрывает всегда правду. Со времени греческого восстания, когда погибли на виселице в одном Царьграде двадцать шесть архиепископов[335]*, Вселенская Церковь перешла в руки людей незначущих.*

Кроме вселенского трона, Православная Церковь на Востоке имеет еще трех патриархов: Антиохийского, Иерусалимского и Александрийского. Паства первого состоят из 190.000, паства второго — из 50.000, а паства третьего из 10.000 душ. Помянутые три патриарха по причине малочисленности и бедности паствы своей нуждаются часто в денежных пособиях. Они принимают с благодарностью присылаемые из России суммы. Но что касается до нашего влияния на дела патриархии и в особенности на распределение подаяний наших, то помянутые три патриарха столь же избегают нашего вступательства в их управление, как и Вселенский. Порфирий Успенский, глава русской духовной миссии в Иерусалиме и Сирии, и наблюдатель за тремя бедными патриархами, для них несносный аргус... Среди различных оппозиций, образовавшихся в Царьграде против посла Меншикова, одна из самых сильных была оппозиция патриарха и синода Вселенской Православной Церкви. Патриарх и синод ужасались той мысли, что Россия когда-нибудь получит право вступаться в их дела. Патриарх и синод готовы были охотно пользоваться услужливым заступничеством России перед Портой и турецким падишахом. Но они трепетали перед мыслью, что Россия сделается когда-нибудь официальной покровительницей Православной Церкви на Востоке. Пользоваться Россией при случае составляло политику патриархии, но даровать России право вступаться гласно в дела Церкви казалось Патриарху и Синоду гнусной изменой против свободы и самостоятельности Церкви. Обладая вполне греческим языком, нам случалось говорить с епископами константинопольского синода о русской церкви и слышать их рассуждения о неудобствах,

[335] Об этих событиях 1821 года — у меня в книге «О нашем поражении», Глава 9.

могущих произойти для Вселенского престола из официального протектората русской державы. Эти епископы нам говорили: Вы обратите нашу Церковь из госпожи (деспины) в рабу. Ваш Петр I сверг законного главу Русской Церкви, устроил какой-то Синод и отнял у церкви управление ее имениями. Ваша Екатерина II обобрала у церкви все ея достояние и превратила церковь из богатой в убогую. Ваш Николай, теперь столь усердный к благу православия, в прошедшем 1852 году лишил грузинскую церковь ее самостоятельности... Вы сделаете то же самое и с нами. Мы теперь богаты и сильны. Девять миллионов душ в руках патриарха, его синода и семидесяти епархиальных епископов. Вы, с правом протектората в руке, лишите нас всего, уничтожите наше значение и пустите нас с сумою»[336].

Стоит обратить внимание и на то, что 8(20) марта 1854 г. султан новым законом подтвердил Гюльханейский хатт-и-шериф 1839 года о равенстве «всех моих подданных без различия вероисповедания или секты»[337]. Но это не подвигло царя Николая на остановление своей «священной войны».

Потому что эту войну он планировалась вовсе не как оборонительную для Росии и защитительную для балканских христиан.

Уже в начале января 1853 г. время Николай I писал:

«Могущий быть в скором времени разрыв с Турцией, приводит меня к следующим соображениям. Какую цель назначить нашим военным действиям? Всякая медленность, нерешимость дает туркам время опомниться, приготовиться к обороне. Итак, быстрые приготовления, возможная тайна и решительность в действиях необходимы для успеха. Думаю,

336 Рукописная записка Михаила Волкова: «Что довело Россию до настоящей воины..., посвященная князю Александру Михайловичу Горчакову» // Зайончковский А. М. Восточная война 1853–1856 гг. в связи с современной ей политической обстановкой. Т. 1. Приложения. — Спб, 1908. С. 180 и 186–188. Прил. № 30.

337 Хрестоматия по новой истории. Том II. 1815–1870. — М., 1963. С. 424.

что сильная экспедиция с помощью флота, прямо в Босфор и Царьград, может все решить весьма скоро. Если флот в состоянии поднять в один раз 16 тыс. чел. с 32 полевыми орудиями, с необходимым числом лошадей при двух сотнях казаков, то сего достаточно, чтобы при неожиданном появлении не только овладеть Босфором, но и самим Царьградом»[338].

То есть турки, по замыслу царя, не готовы даже к обороне, в то время, как сам он ставит задачу захвата Стамбула.

И эта война мыслилась вполне желанной российскими политиками. Посол России в Турции Меншиков

«понимал, что если царь добьется даже полностью удовлетворения всех своих домогательств по части церкви путем переговоров, то им, Меншиковым, в Петербурге будут довольны наполовину. Но если он привезет с собой из Константинополя достаточный предлог для занятия Придунайских княжеств, то им будут уже вполне удовлетворены... Меншиков понял, что царь рассчитывает воевать только с Турцией, а вовсе не с Европой, и он очень охотно, с легким сердцем, решил поспособствовать скорейшему исполнению царских тайных чаяний... 11 февраля 1853 г. Меншиков простился с императором Николаем и выехал к месту своего назначения. И даже его маршрут был составлен так, что должен был внушить Турции неминуемо живейшие опасения. Меншиков сначала держал путь на Бессарабию и в Кишиневе произвел смотр пятому армейскому корпусу. Новые и новые военные части подходили и вливались в Бессарабию после его отъезда. Из Бессарабии князь отправился в Севастополь и здесь произвел большой смотр всему Черноморскому флоту. С громадной своей свитой Меншиков сел на военный пароход «Громоносец» и выехал в Константинополь. Он демонстративно присоединил при этом к своей свите двух людей, через которых мог

---

[338] Цит. по: Айрапетов О. История внешней политики Российской Империи. 1825–1855. — М., 2017. С. 369.

поддерживать постоянную живую связь как с сухопутными, так и с морскими силами России, предназначенными действовать против Турции в случае разрыва дипломатических отношений: генерала Непокойчицкого, начальника штаба 5-го армейского корпуса (в Бессарабии), и вице-адмирала Корнилова, начальника штаба Черноморского флота»[339].

Эта война Турцией началась по тому же сценарию, что и в 1806 году: русские войска заняли молдавские княжества, а потом Турция объявила войну.

14 июня 1853 г. состоялся высочайший манифест Николая I о занятии Россией Придунайских княжеств:

«Истощив все убеждения и с ними все меры миролюбивого удовлетворения справедливых Наших требований, признали Мы необходимым двинуть войска Наши в Придунайские княжества, дабы доказать Порте, к чему может вести ее упорство. Но и теперь не намерены Мы начинать войны; занятием княжеств Мы хотим иметь в руках Наших такой залог, который бы во всяком случае ручался Нам в восстановлении Наших прав»[340].

---

[339] Тарле Е. В. Крымская война. Т. 1. — М., 1941. С. 155 и 163.

И еще: «Британский посол Стрэтфорд советовал уступать Меншикову по всем пунктам, касающимся „святых мест", кроме двух: 1) не соглашаться на то, чтобы эти уступки были выражены в форме *сенеда,* соглашения султана с Николаем, т. е. документа, имеющего международно-правовое значение, и 2) чтобы формулировка этих уступок не заключала в себе права царя вмешиваться в отношения между султаном и его православными подданными. Стрэтфорд тут вел совершенно беспроигрышную игру: он твердо знал, что не за тем послан Меншиков, чтобы уехать только с фирманом султана о православной церкви и „святых местах", и что именно, получив всевозможные уступки по этому вопросу, царский посол принужден будет так или иначе выявить чисто завоевательные намерения своего повелителя» (с. 175).

[340] URL: https://runivers.ru/doc/d2.php?SECTION_ID=6748&CENTER_ELEMENT_ID=146929&PORTAL_ID=7146

15 июня русский консул в Валахии и Молдове известил местных господарей о воле русского царя: при подходе русских войск они должны прекратить всякую связь с султаном, а дань, которую ранее они посылали в Стамбул, отныне пересылать в Россию[341].

21 июня 1853 года начался переход русских войск через Прут (границу России и Османской империи) и форсированное движение с целью скорейшего занятия Бухареста, куда войска прибыли 3 июля 1853 г. При этом 2 (14 июля) в письме к царю русский фельдмаршал Паскевич заявлял, что «Заняв (Молдавское и Валашское) княжества, мы не начинаем войны»[342].

Но даже «штатским» все было понятно. 18 июня после публикации манифеста о вторжении в Придунайские княжества графиня Растопчина пишет оду «Нашим братьям Юго-Восточным православным», сопровождая ее авторской пометкой: «Прочитавши манифест **о войне**»[343].

И цель этой войны графиня поняла вполне ясно:

Долой мечеть с двурогою луною!
Сияй, наш православный Крест,
Над маковкой Софии золотою

В связи с этим сенатор Лебедев записал в дневнике, что «**война за веру**, за Греков и славян нашла сильное сочувствие в говорливых людях»[344].

Другой пиит — прапорщик Иванов 2–й — отозвался стихом «На вступление русских войск в Придунайские княжества». Ему тоже ясна цель начавшегося в июне похода:

---

341 Гирс А. А. Россия и Ближний Восток. Материалы к истории наших сношений с Турцией. — Спб, 1902. С. 49.

342 Восточная война. Письма кн. И. Ф. Паскевича к кн. М. Д. Горчакову. 1853–1855. // Русская старина, 1876. Т. 15. Вып. 1. С. 172.

343 Ратников К. В. Крымская война и русская поэзия: Антология патриотических стихотворений 1853–1856 гг. — Челябинск, 2011. С. 22.

344 Из записок сенатора К. Н. Лебедева // Русский Архив 1888 г. № 5. С. 0137.

С Богом в путь далекий, славный,
С Богом! Севера сыны,
Мы соседей своенравных
Вразумить теперь должны
И опять пред русским громом
Затрепещет их Царьград.
Что, по слову Николая,
Мы припомним старину
И права родного края
Не уступим никому[345].

Поэт князь Вяземский говорил в частном письме:

«Как же не имеем мы исторического права на Восточное наследство, когда оно сделается выморочным. Не говорю уже о семейных отношениях царей наших с восточными царевнами, о гербе нашем, но главное дело: церковь. Из Восточной империи она одна уцелела, и душа этой церкви к нам перешла. Там остается один ее труп. Знаю, что правительство наше не хочет присвоения Царьграда. И, может быть, оно и право. Но история хочет, чтобы со временем Царьград был русский. И воля ваша, она права. Неужели, когда поганая феска слетит с головы Востока, мы отдадим эту голову немецкому бумажному колпаку какого-нибудь немецкого принца, как отдали возродившуюся Грецию нашему Карлсбадскому приятелю, царю Афанасию. Нет, этому не бывать. Греки братья наши. Как же не иметь нам исторических прав? Да вся история наша не что иное, как развитие этого права. Это не только наше историческое право: еще более, это наша историческая обязанность. Я не говорю, что следует зарезать пожизненного владельца, чтобы скорее завладеть имением его. Но если и когда

[345] Ратников К. В. Крымская война и русская поэзия: Антология патриотических стихотворений 1853–1856 гг. — Челябинск, 2011 С. 264.

владелец этот честным манером околеет, то не можем допустить, чтобы кто другой сел на его место, а чтобы не дать другому сесть, одно средство: сесть самому. Другого, воля ваша, ничего не придумаешь»[346].

Этот текст написан уже после начала войны, но в нем сказались общие и еще предвоенные настроения. Интересно также мнение Вяземского о том, что защищать-то уже нечего ввиду смерти предмета защиты: «Там остается один труп церкви».

Через три с половиной месяца после вторжения в свои пределы, 4 октября 1853 г. Турция объявила войну России.

20 октября (1 ноября) Николай издал Манифест с объявлением войны[347].

18 ноября эскадра под командованием вице-адмирала Нахимова напала на турецкую военно-морскую базу в Синопе.

3 (15) февраля 1854 года Англия и Франция потребовали от России вывода войск из Придунайских княжеств. Петербург не ответил.

9 (21) февраля Николай объявил о разрыве дипломатических отношений с Англией и Францией[348].

12 марта в Константинополе был подписан союз Турции, Франции и Англии.

15 марта 1854 года Великобритания и Франция объявили войну России.

Так кто начал Крымскую войну?

---

[346] Письмо графине Блудовой от 16 апреля 1854 // Полное собрание сочинений. Т. 10. — Спб, 1886. С. 133.

[347] Полное собрание законов Российской империи. Второе собрание. Т. 28. Отд. 1. — Спб, 1850. С. 490. № 27628.

[348] Полное собрание законов Российской империи. Второе собрание. Т. 29. Отд. 1. — Спб, 1850. С. 176. № 27916.

Герцен откликнулся на новость 25 марта 1854 г.:

«Итак, царь накликал наконец войну на Русь. Ему не жаль крови русской. А еще есть добрые люди между вами, которые его называют отцом, — вотчим он безжалостный, а не отец. Гибнуть за дело следует; на то в душе человеческой храбрость, отвага, преданность и любовь; но горько гибнуть без пользы для своих, из-за царского упрямства. Весь свет жалеет турков не потому, чтоб они были кому-либо близки. Их жалеют оттого, что они стоят за свою землю, на них напали, надобно же им защищаться.

А наши бедные братья льют кровь, дерутся храбро, поля усеивают телами, и никто, кроме нас, не кручинится об них, и никто не ценит их мужества, потому что дело их неправое. Царь говорит, что защищает православную церковь. Никто на нее не нападает; а если в самом деле султан теснит церковь, как же царь с 1828 года молчал на это?

„Православные христиане держатся турками в черном теле", – прибавляет царь. Мы не слыхали, чтоб они были больше притеснены, нежели крестьяне у нас, особенно закабаленные царем в крепость. Не лучше ли было бы начать с освобождения своих невольников, ведь они тоже православные и единоверцы, да к тому же еще русские.

Он начал войну, пусть же она падет на одну его голову. Пусть она окончит печальный застой наш...»[349]

Тем не менее, вполне информированный московский митрополит Филарет Дроздов громко возвещал неправду: «Враги напали на великий дом Царя нашего, — на Россию, напали без

---

349 URL: http://gertsen.lit-info.ru/gertsen/public/volnaya-russkaya-obschina-v-londone.htm

правды, и, нарушив законы честной войны, позволяют себе разбойнические хищения и опустошения»[350].

При этом что Крымская война в XIX веке, что военные события в Украине в XXI веке показали, что «агрессивная НАТО» была просто не готова к ведению боевых действий прежде всего в силу отсутствия логистики (атрофии тыловых армейских служб после окончания наполеоновских войн) в первом случае и военной индустрии — во втором.

…3 мая 2022 патриарх Кирилл, к тому времен уже ославленный папой Франциском как «алтарный мальчик Путина»[351], заявил:

---

[350] Речь на Красной площади к стрелковому полку Императорской фамилии по совершении молебствия 9 сентября 1855 года // свт. Филарет митр. Московский. Творения. Слова и речи. Т. 5. — М., 2007. С. 580.

[351] В интервью итальянскому изданию Corriere Della Sera (URL: https://www.corriere.it/cronache/22_maggio_03/intervista-papa-francesco-putin-694c35f0-ca57-11ec-829f-386f144a5eff.shtml) Франциск сказал: «Патриарх не может становиться путинским прислужником» (Il Patriarca non può trasformarsi nel chierichetto di Putin; английский перевод: …cannot become Putin's altar boy. URL: https://www.reuters.com/world/europe/pope-says-wants-go-moscow-meet-putin-over-ukraine-paper-2022-05-03/)

А как еще сказать о таком проповеднике — «Владимир Владимирович просил передать вам свой привет» («Слово», 17 сентября 2023 года. URL: http://www.patriarchia.ru/db/text/6059962.html).

«Что называется, из первых уст, через Патриарха к вам обращаются эти замечательные слова Верховного главнокомандующего. Владимир Владимирович помнит обо всех, заботится. Он живет интересами и судьбой своего народа» («Слово», 16 сентября 2023 года. URL: http://www.patriarchia.ru/db/text/6059668.html).

«В нынешнее время мы видим, как внешние силы, хотящие брани, ополчились на Святую Русь, чающе разделити и погубити единый народ ея (молитва о Святой Руси). И сегодня наша особая молитва об Отечестве нашем, о народе нашем, о Главе государства нашего Владимире Владимировиче Путине, вчера отметившем свое 70-летие. Благодаря его личному участию, в сфере церковно-государственных отношений произошли весьма отрадные изменения, ознаменованные созданием уникальной модели сотрудничества, выстраиванием доверительного и взаимополезного диалога. По моему благословению сегодня, в день памяти преподобного

«Мы ни с кем не хотим воевать. Россия никогда ни на кого не нападала. Это удивительно, что великая и могучая страна никогда ни на кого не нападала — она только защищала свои рубежи»[352].

Очевидно, до него донеслись реакции людей, потрясенных этим его историческим открытием. И 8 мая патриарх Кирилл, выступая в коричневом мундире в храме цвета хаки, решил добавить подробностей:

«Так сложилось, что страна наша практически никогда не вела агрессивных войн. Было два случая, которые могут поставить нам в пример и сказать: «А как же Первая мировая война? А до нее Балканская война? Ведь вы пошли на Балканы, и армия Самсонова двинулась в Восточную Пруссию — значит, и вы агрессоры». Совсем нет! На Балканы армия наша пошла не для того, чтобы расширить пространство своей страны, не для того, чтобы обогатить страну богатой добычей, не для того, чтобы подчинить другие народы, а для того чтобы спасти от пятисотлетнего рабства болгарский народ. И назовите еще страну, которая пожертвовала тысячами и тысячами своих сынов для того, чтобы помочь другой стране так, как мы помогли болгарам!»[353]

Сергия, во всех храмах нашей страны возносятся молитвы о Главе государства Российского, дабы Господь даровал ему здравие и долгоденствие, утвердил в мудрости и духовной крепости». URL: http://www.patriarchia.ru/db/text/5965497.html

352 URL: http://www.patriarchia.ru/db/text/5922848.html

353 URL: http://www.patriarchia.ru/db/text/5924172.html

Интересно отметить на видеозаписи, что, когда патриарх говорил на военные темы, он стучал сжатым кулаком по воздуху. Когда же он перешел к евангельской теме жен-мироносиц, его рука расслабилась и стала спокойно-бездвижной.

И в самом деле — Балканская война началась 12 апреля 1877 года с того, что именно Россия объявила войну Турции.

Петр Шувалов[354] вспоминал о ее начале: император Александр Николаевич «сначала говорил, что останется чужд войне, потом, желая оказать любезность императрице и получить за то некоторое отпущение грехов личных, стал мирволить косвенному вмешательству, затем после плотного завтрака произнес московскую речь с угрозами в адрес Турции и Англии и, наконец, мечтая о воссоединении утраченной по Парижскому трактату бессарабской территории, заказал три фельдмаршальских жезла (для себя и двух братьев) еще прежде объявления войны»[355].

Способ объявления войны был несколько странным: после парада войск на Скаковом поле в Кишинёве на торжественном молебне епископ Кишинёвский и Хотинский Павел (Лебедев) прочёл Манифест Александра II об объявлении войны Турции.

«Всем Нашим любезным верноподданным известно то живое участие, которое Мы всегда принимали в судьбах угнетенного христианского населения Турции. Желание улучшить и обеспечить положение его разделяет с Нами и весь Русский народ, ныне выражающий готовность свою на новые жертвы для облегчения участи христиан Балканского полуострова. Порта осталась непреклонною в своем решительном отказе от всякого действительного обеспечения безопасности своих христианских подданных и отвергла постановления Константинопольской конференции. Исчерпав до конца миролюбие Наше, мы вынуждены высокомерным упорством Порты приступить к действиям более решительным. Того требует

---

354 Шеф жандармов и начальник Третьего отделения, чрезвычайный и полномочный посол в Великобритании (1874–1879), а потом представитель России на Берлинском конгрессе.

355 Половцов А. А. Дневник государственного секретаря. Т. 2. — М, 2005. С. 186. Запись от 10 марта 1889 г.

и чувство справедливости и чувство собственного Нашего достоинства. Турция своим отказом поставляет Нас в необходимость обратиться к силе оружия. Глубоко проникнутые убеждением в правоте нашего дела, Мы в смиренном уповании на помощь и милосердие Всевышнего объявляем всем Нашим верноподданным, что наступило время предусмотренное в тех словах Наших, на которые единодушно отозвалась вся Россия. Мы выразили намерение действовать самостоятельно, когда Мы сочтем это нужным и честь России того потребует. Ныне, призывая благословение на доблестные войска Наши, Мы повелели им вступить в пределы Турции»[356].

Чтобы ограничить круг возможных союзников Турции, царь превентивно заверил в отсутствии территориальных целей у его гуманитарной спецоперации. 21 октября 1876 года он принял английского посла в Петербурге А. Лофтуса и заявил ему об отсутствии у России притязаний на Константинополь и проливы[357].

В качестве мотива войны и в самом деле была выставлена помощь угнетаемым славянам.

Как накануне, в 1869 году, писал Тютчев:

Только там, где тени бродят,
Там, в ночи, из свежих ран
Кровью медленно исходят
Миллионы христиан...

Таким был его отклик на событие поистине эпохальное и значимое для всего человечества — открытие Суэцкого канала.

---

[356] Гарковенко П. Е. Война России с Турцией 1877–1878 года: Подробное описание военных подвигов русских войск на обоих театрах войны за веру и свободу. Подвиги русских богатырей нашего времени, их биографии, очерки, рассказы, сцены и проч. — СПб, 1879.

[357] История внешней политики России. Вторая половина 19 века (от Парижского мира 1856 г. до русско-французского союза). — М., 1999. С. 190.

В те годы Турция уже сто лет как была под присмотром европейских держав, и «миллионы христиан» там никак не могли «исходить кровью». Но для пропаганды факты не важны.

В любом случае это было открытое вмешательство во «внутренние дела». В том же XIX веке, если Турция решала поддержать восстание кавказских горцев (которых и в самом деле Россия порой геноцидила) — российская пропаганда это называла агрессией и вмешательством в наши внутренние дела. В XX веке, когда Запад указывал СССР на нарушения прав человека, эти заявления с гневом отметались советским МИДом и пропагандой со ссылкой, что это наши «внутренние дела».

Но сама Россия декларировала не как свое право, а как свой долг вмешательство во внутренние дела других стран. Вот типовая проповедь священника государственной церкви тех лет. Ее автор — дядя будущего философа Сергея Булгакова, священника Андрея Булгакова.

> *«Теперь, когда Турция упорно отвергла самые миролюбивые настояния об улучшении участи своих христианских населений, мы зрим Благочестивейшего Государя нашего в величии Подвигоположника, начинающего священную брань с нечестивыми агарянами за честь России, за святое дело свободы веры жизни и чести единоверных братий наших, балканских славян»*[358].

Но точно ли среди мотивов и целей Балканской войны не было желания России прирасти землицей?

26 июня (8 июля) 1876 года Александр II и Горчаков встре-тились с императором Австро-Венгрии Францем-Иосифом и Андраши в Рейхштадтском замке в Богемии. В ходе встречи было заключено

---

358 Орловские епархиальные ведомости 1877. № 15. С. 877–879.

так называемое Рейхштадтское соглашение, которое предусматривало, что в обмен на поддержку австрийской оккупации Боснии и Герцеговины Россия получит согласие Австрии на возвращение юго-западной Бессарабии (это Измаил и ныне украинские земли между устьями Дуная и Днестра, в том числе знаменитый остров Змеиный), отторгнутой у России по Парижскому мирному договору в 1856 году, и на присоединение порта Батуми на Чёрном море.

Позже, по условиям Сан-Стефанского мирного договора, Россия получала не только Батум, но и Ардаган, Карс, Алашкерт и Баязет.

Кроме того, в этом же договоре Россия так нарезала границы Болгарии, что та получала Македонию и Фракию (болгары это называли «Беломорье»), получая выходы к Средиземному морю — что было нужно для создания там российских военно-морских баз по ту сторону турецких проливов (но и Сербия, которая после австрийской аннексии Боснии и Герцеговины в 1778 году, потеряла выход к Адриатическому морю, желала прорваться к побережью хотя бы тут). Это к вопросу об отсутствии у России геополитических интересов в той войне.

О настроении «общества» говорит запись в «Дневнике писателя» Ф. М. Достоевского:

«Данилевский напечатал недавно в газете „Русский мир" ряд статей о будущей судьбе Константинополя. После превосходных и верных рассуждений о том, что Константинополь, по изгнании турок, отнюдь не может стать вольным городом, вроде, как, например, прежде Краков, не рискуя сделаться гнездом всякой гадости, интриги, убежищем всех заговорщиков всего мира, добычей жидов, спекулянтов и проч и проч, Н. Я. Данилевский решает, что Константинополь должен, когда-нибудь, стать общим городом всех восточных народностей. Все народы будут-де владеть им на равных основаниях, вместе с русскими, которые тоже будут допущены ко

владению им на основаниях, равных с славянами. Такое решение, по-моему, удивительно. Какое тут может быть сравнение между русскими и славянами? И кто это будет устанавливать между ними равенство? Как может Россия участвовать во владении Константинополем на равных основаниях с славянами, если Россия им неравна во всех отношениях — и каждому народцу порознь и всем им вместе взятым? Великан Гулливер мог бы, если б захотел, уверять лилипутов, что он им во всех отношениях равен, но ведь это было бы очевидно нелепо. Зачем же напускать на себя нелепость до того, чтоб верить ей самому и насильно? Константинополь должен быть наш, завоеван нами, русскими, у турок и остаться нашим навеки».

Дневник. Ноябрь 1877

И еще: мотивы агрессии могут выставляться самые благородные, но от этого она не перестает быть агрессией (см. ее определение, данное резолюцией ООН).

Отгремела последняя русско-турецкая война, но планы России не изменились.

Посол России в Стамбуле Нелидов писал царю о морском десанте на Босфор и Дарданеллы в 1882 году: «…эта подготовка должна быть начата как можно скорее, ведена с крайнею тайною и осторожностью. Разве что при весьма скором и удачном действии, мы успеем не только обеспечить за собою твердую основу на Босфоре, но и проникнуть в Дарданеллы, занять там самые важные позиции. Дипломатической подготовки тут быть не может. Нашей деятельности будет принадлежать лишь, когда все будет готово, найти удобный предлог к войне… Внутренние беспорядки, возмущение одной из национальностей, фанатическое движение мусульман, наконец, смуты и политический переворот в столице или во дворце — все это может служить предлогом для вмешательства или для ограждения наших интересов, или для восстановления порядка, или же, наконец, для защиты христиан и, преимущественно, наших подданных»[359].

В том же году будущий адмирал Макаров сделал картографические съемки Проливов, а в секретной записке от 3 мая 1883 года он писал:

> ***«Если мы спросим Европу о разрешении захватить Константинополь, то она не согласится, но если мы захватим Босфор со всем флотом и через две недели будем иметь 100 тысяч войска для поддержания наших справедливых требований, то Европа, мирящаяся с силой и фактами, не захочет еще более усложнять Восточный вопрос»***[360].

Вскоре, 12 (24) сентября 1885 г., сам Александр III писал генерал-адъютанту Обручеву:

> *«По-моему, у нас должна быть одна и главная цель; это — занятие Константинополя, чтобы раз навсегда утвердиться в проливах и знать, что он будет постоянно в наших руках. Это в интересах России и это должно быть наше стремление; все остальное, происходящее на Балканском полуострове, для нас второстепенно. <...> Славяне теперь должны сослужить службу России, а не мы им... Что касается собственно проливов, то, конечно, время еще не наступило, но надо нам быть готовыми к этому и приготовлять все средства. Только из-за этого вопроса я соглашусь вести войну на Балканском полуострове, потому что он для России необходим и действительно полезен»*[361].

---

[359] О занятии проливов // Красный Архив. Т. 46. — М., Л., 1931. С. 184

[360] РГАВМФ. Ф. 410. Оп. 2, Д. 3838, Л. 63 об — 64. Публ. в: Кондратенко Р. В. Морская политика России 80-х годов XIX века. — Спб, 2006.

URL: https://history.wikireading.ru/366954

[361] Публ.: Красный Архив. Т. 46. — М., Л., 1931. С. 181–182.

В тот же день британский министр иностранных дел Роберт Солсбери пишет, что создание «великой Болгарии» (путем соединения Болгарского княжества с пока еще турецкой Восточной Румелией) приведет к тому, что Болгария из плацдарма влияния России превращается в препятствие на пути русской армии к Проливам и Константинополю[362].

И если это понимал Лондон, то тем более учитывал Петербург.

В ноябре громыхнула болгаро-сербская война из-за претензий обеих стран на Румелию. Россия и Болгария разошлись (см. Главу 52 «Болгарская неблагодарность», том 2).

Полная потеря союзников на Балканах стала причиной изменения военной политики России. Теперь ее основой стал не сухопутный пролом к Константинополю чрез Румынию, Дунай и Балканы, подготовка к десантной экспедиции на Босфор в обход Балканского полуострова.

25 июня 1895 г. исполнявший обязанности военного министра генерал-адъютант Обручев обратился к управляющему Морским министерством адмиралу Н. М. Чихачеву с запросом «О готовности к высадке десанта на Черном море». Совещание по проливам состоялось 6 июля 1895 г. Присутствовавшие на нем министры, военный, морской и иностранных дел, а также некоторые высшие государственные чины и посол в Турции А. И. Нелидов под председательством генерал-адмирала Алексея Александровича пришли к единому выводу о возможности захвата проливов, в результате чего «Россия выполнит одну из своих исторических задач, станет хозяином Балканского полуострова, будет держать под постоянным ударом Англию, и ей ничего не будет угрожать со стороны Черного моря. Затем все свои военные силы она сможет тогда

---

[362] Айрапетов О. История внешней политики Российской Империи. Т. 3. 1855–1894. — М., 2018. С. 601.

сосредоточить на западной границе и на Дальнем Востоке, чтобы утвердить свое господство над Тихим океаном»[363].

В 1896 году идея десанта была в одном шаге от реализации[364]. Но Николай предпочел взять Порт-Артур…

Через несколько лет Записка министра иностранных дел России императору Николаю II напоминала:

---

[363] Цит. по: Хевролина В. М., Чиркова Е. А. Проливы во внешней политике России в 80–90-е гг. XIX в. // Россия и Черноморские проливы (XVIII–XX столетия). — М., Международные отношения, 1999. С. 239.

[364] Проект захвата Босфора в 1896 г. // Красный Архив. Т. 47–48. — М., Л., 1931. С. 50–70.

«Осенью 1914 года (бывший премьер-министр России) Витте производил впечатление загнанного, запуганного ребенка. С растерянным взглядом припухших глаз, с плаксивой гримасой, страшно осунувшийся, полуживой, он ронял своим сиплым мещанским говорком:

– Если бы они знали, что сделали… Если бы они знали, что такое Германия! Не знают… Не ведают… А я знаю… И я вам говорю — запомните — мы погибли!.. Я не доживу. Но вы… Когда-нибудь вы это скажете… Господи! Да почему же я так берег Россию от войны? Для чего было 17 октября? Тогда нас Бог спас… А теперь — накажет… За ложь этих десяти лет… За Столыпина, за все…

Он широко перекрестился, всхлипнул и продолжал:

– Свербеев… Русский посол при Вильгельме — Свербеев… Да с ним Вильгельм и говорить не хотел… А как я умолял послать меня! Разве-ж я допустил-бы! На коленях ползал бы, за фалду уцепился бы… Вильгельм… Вильгельм… Кто его знает в Европе?.. А между тем — судьба мира — в руках этого человека…

На этажерке лежал портрет Вильгельма лицом вниз. Витте взял его, воззрился. На стене висел портрет Николая. Витте задумчиво продолжал:

— Тайна войны — в свойствах этих двух людей… Двух антиподов… Самое искреннее и глубокое, что было в Николае — ненависть к Вильгельму… Эти два человека могли быть закадычными друзьями, а стали смертельными врагами… И вот, человечество платит потоками крови… Говорят, я стремлюсь к власти. Но, разве с ним можно работать? **Еще в самом начале царствования он требовал взять Константинополь**».

(Баян (Колышко И. И.). Лапсус. // Новости Дня. К., 1918. № 25, 11.10. С. 1)

«Действительно ли России необходимо иметь, на случай войны с какою бы то ни было европейскою державою, морскую станцию в бассейне Средиземного моря? По мнению нашего морского министерства, для военного времени угольные станции, конечно, имели бы важное значение, служа базами для действия наших крейсеров и даже эскадр; но, чтобы эти станции могли оказать такую услугу нашему флоту, будет необходимо их укрепить и охранять военною силою, иначе ничем не защищенные станции в самом начале войны станут безнаказанно легкою добычею неприятеля. Создание таких опорных пунктов представляет весьма сложную задачу и вызовет затрату больших денежных сумм. Приведенные соображения, очевидно, в одинаковой степени применимы ко всем другим угольным станциям и не только в Средиземном море, но даже и в бассейне Персидского залива до тех пор, пока последний не будет связан прямым путем с нашею операционною базою в Закавказье или в Средней Азии. Совершенно иное значение имело бы осуществление заветного исторического призвания России — утвердиться на берегах Босфора. Необходимость и неизбежность этого события настолько укоренились в сознании всех, что представляется излишним доказывать выгоды для России обладания проливами. Подвергая самому тщательному изучению этот важный вопрос, подлежащие ведомства прежде всего должны озаботиться выяснением:

1. В чем должны заключаться средства полной подготовки в военном и морском отношениях плана занятия Босфорского пролива;

2. каковы наиболее верные способы благополучного и, в случае надобности, внезапного осуществления этого предприятия.

Нашему послу в Берлине поручено было подготовить почву к соглашению, которое ясно подтверждало бы данное в свое время дедом императора Вильгельма, его родителем и им самим заверение в том, что Германия действительно признает исключительно за Россиею право ограждения, а в случае необходимости, и фактического занятия Босфора».

На полях этой записки имеется помета: «Высочайше одобрено. 25 января 1900 г.»

К дискуссии присоединился военный министр Империи. В своем письме министру иностранных дел России от 16 (29) февраля 1900 г. он сообщал:

«Весьма секретно. Наиболее важною задачею России в настоящем XX веке я признаю прочное военное занятие Босфора. Поэтому все меры, способствующие к выполнению сего важного предприятия, должны быть приняты. Не касаясь мер военного характера, я придаю огромное значение подготовке турецкого правительства к уступке нам Босфора. Первым шагом к тому должно, как мне кажется, служить прекращение турками дальнейшего укрепления берегов Босфора»[365].

Осенью 1902 года в Главном морском штабе прошла военно-стратегическая игра на тему «Занятие русскими силами верхнего Босфора».

Летом 1908 года состоялось Особое совещание, которое получило Высочайшее одобрение. На его основе были составлены оперативные разработки под грифом «совершенно секретно» по организации десантной операции на Босфоре. Там же ставились и основные цели по захвату проливов и объяснялись причины, почему этот захват необходим. Вот что говорилось в одном из этих документов:

---

365 Публ.: Красный архив. Т. 18. С. 6.

См. также: Царское правительство о проблеме проливов в 1896–1911 гг. // Красный архив. Т. 61. С. 135–140.

«В случае благоприятного исхода главной Босфорской операции, обстоятельства военного времени могут вызвать наступления нашего флота совместно с сухопутными силами на Босфор. В высочайше одобренном заключении Особого Совещания 21-го июля 1908 установлено, что политическая обстановка может вынудить нас занять Верхний Босфор. Владение проливами имеет для России тройное значение: Россия получает возможность упростить оборону своего черноморского побережья. Россия получает базу в Средиземном море, как точку опоры, дающую ей возможность проявлять свою мощь, а в некоторых случаях и владычествовать на этом море»[366].

Тогда российская дипломатия требовала от Турции, чтобы та не возводила укрепления на Босфоре и южном берегу Черного моря, а также не строила железную дорогу вдоль черноморского побережья. Всё вместе было ярчайшим обозначением намерения России напасть на Турцию именно в этих местах. Стоит ли удивляться, что Турция стала на сторону Германии в Первой мировой войне?[367]

Стоит также заметить, что главным мотивом борьбы за Проливы было то, что без контроля над ними Черноморский флот оказывается запертым в Черном море. Это верно. Но — а зачем и куда ему оттуда ходить? У России есть ее территории, которые надо защищать на берегах Средиземного моря? Нет. Значит, все не-мирные экспедиции ЧФ РФ за пределы Черного моря не могут

---

[366] ЦГАВМФ. Ф. 3, д. 121. Сейчас это Российский государственный архив военно-морского флота — РГА ВМФ.

[367] Церковные проекты 1915–1917 годов, связанные с чаемой русской оккупацией Константинополя, были мной приведены в книге «Византия против СССР» (Глава вторая. Военно-епархиальная). А по гражданской линии уже был назначен градоначальник Константинополя («комиссар города») — русский посланник в Белграде Г. Н. Трубецкой. (Тимофеев А. Ю. Февральская революция 1917 г. и Сербия // Вестник МГИМО. 2017. № 3. С. 25).

быть чем-то иным, нежели агрессия. А военные суда России, следующие в мирных целях, Турция и так не задерживала.

Кстати, все «стратегические игры» начала XX века показывали, что при выдвижении ЧФ к Босфору англичане все равно успевают занять Дарданеллы. То есть через заведомо превосходящий английский флот русский флот дальше двигаться все равно не сможет, а турки за 3–4 недели подтянут свою сухопутную армию и сметут русский плацдарм назад в море.

Как писал А. Ф. Гейден[368] «до сих пор не установлено окончательно, желаем ли мы только занять верхний Босфор и тем превратить Черное море во внутреннее русское озеро, или мы желаем проложить себе путь в воды Средиземного моря и для того занять Дарданеллы. Эти задачи настолько разнятся друг от друга, что требуют двух разных подготовок, которые в свою очередь отзовутся как на числе, так и на типе кораблей»[369].

В феврале 1913 года Черноморский флот получил приказ быть готовым выступить в Босфор. В штабе начальника отдельного отряда судов Черноморского флота проводились заседания и обсуждались планы операций прорыва через Босфорский пролив в случае начала войны с Турцией, а также план действий судов Черноморского флота при высадке десанта в Константинополе. Однако под давлением Франции и Британии Россия согласилась не начинать войну с Турцией ценой уступки ею Адрианополя Болгарии.

Военный министр генерал В. А. Сухомлинов тоже опасался неготовности России для проведения десанта на Босфоре: «На основании моих наблюдений, — писал он в своих мемуарах, — на десантном маневре 1903 года, я не мог отказаться от мысли, что наш десант на Босфоре — это дорогая игрушка и, сверх того, может стать опасной забавой — по крайней мере еще в течение долгого

---

[368] Начальник канцелярии Императорской Главной квартиры, флигель-адъютант Николая II; начальник Морской походной канцелярии.

[369] Цит. по: Рыбаченок И. С. Закат великой державы. Внешняя политика России на рубеже XIX–XX вв.: цели, задачи и методы. — М., 2012. С. 318.

времени. В 1913 году я докладывал Государю мою личную точку зрения относительно рискованности самой операции по занятию проливов с технической стороны. Выслушав мой доклад, Император Николай II, видимо, настроенный оптимистично, не отрицая трудности операции с военной точки зрения, дал мне понять, что в этом деле идея и цель всего вопроса имеет такое доминирующее значение, что технические детали отходят на задний план»[370].

На Особом совещании по вопросу о черноморских проливах в присутствии руководителей дипломатического, армейского и военно-морского ведомств 8/21 февраля 1914 г. начальник Черноморского оперативного сектора Морского Генерального штаба России А. В. Немитц заявил:

> *«На пути к Проливам мы имеем серьёзных противников в лице не только Германии или Австрии. Как бы ни были успешны наши действия на западном фронте, они не дадут нам Проливов и Константинополя. Их могут занять чужие флоты и армии, пока будет происходить борьба на нашей западной границе... мы должны именно одновременно с операциями на западном фронте занять военною силою Константинополь и Проливы, дабы создать к моменту мирных переговоров совершившийся факт нашего завладения ими. Только в таком случае Европа согласится на разрешение вопроса о Проливах на тех условиях, на которых нам это необходимо»*[371].

Первая мировая война. Тут агрессора определили победители. Но ее начало было похоже на старт бегунов: они все стоят на стартовой линии и с нетерпением ждут начала забега. Если у кого-то

---

[370] Сухомлинов В. Воспоминания. — Берлин, 1924. С. 198.

[371] Из журнала Особого совещания 8 февраля 1914 г. // Вестник Народного комиссариата по иностранным делам. 1919, № 1. С. 32–41. Цит. по: Тимофеев А. Ю. Февральская революция 1917 г. и Сербия // Вестник МГИМО. 2017. № 3. С. 26.

случился фальстарт[372], это не означает, что остальные участники этого забега были против своего участия в нем. В августе 1914-го пять империй и одна республика одинаково жаждали помериться силами.

Справедливо отмечено, что «в первых числах августа 1914 г., начались несколько долго подготавливаемых войн, каждая со своими причинами и предпосылками, лишь условно объединенные в понятие «европейская война»: 1) сербо-австрийская война за создание великой Сербии, с одной стороны, и за возврат Сербии к статусу 1909 г., с другой; 2) русско-австрийская война за гегемонию на Балканах и Галицию; 3) русско-германская война за Константинополь и Проливы; 4) франко-германская война за Эльзас-Лотарингию и французские колонии; 5) англо-германская война за гегемонию на морях и господство в Северном море. Объединение

---

372 Посол Германии Пурталес так объявлял российскому министру иностранных дел о начале войны:

> «Посол, глубоко растроганный, задыхаясь, с трудом выговорил: „В таком случае, господин министр, я уполномочен моим правительством передать вам эту ноту", и дрожащими руками он передал С. Д. Сазонову ноту с объявлением войны, которая, как оказалось впоследствии, содержала в себе два варианта, по оплошности германского посольства в Петербурге соединенные в одном тексте. Эта подробность, впрочем, была замечена лишь впоследствии, так как в самую минуту передачи ноты суть германского заявления была столь ясна, что не в словах было дело. Разговор между послом и министром происходил стоя в большом кабинете, и после вручения ноты граф Пурталес, потерявший всякое самообладание, отошел к окну (первому от угла) и, взявшись за голову, заплакал, говоря: „Никогда бы я не поверил, что покину Петербург при таких обстоятельствах". При этом он обнял министра и ушел… Баварский посланник барон Грунелиус, видимо, был очень огорчен всем случившимся и весьма недоволен необходимостью покинуть Петербург. Он сказал: „Я пришел спросить у вас, что мне делать. Я не имею специальных инструкций от моего правительства, но полагаю, что я должен следовать за германским посольством. Все происходящее очень печально и очень неприятно. Считаете ли вы, что я должен видеться с министром? Я думаю, что в настоящий момент он должен быть очень занят, и что лучше его не беспокоить. Прошу вас сказать ему, что я в отчаянии от всего случившегося"».

(Поденная запись министерства иностранных дел // Красный Архив. — М., Пг., 1923. Т. 4. С. 39–40)

отдельных конфликтов в один вместе с расширением масштабов войны, произошло после вступления в нее Турции в ноябре 1914 г.»[373].

В январе 1914 года Николай II заявил, что «Путь к Константинополю идет через Берлин» (то есть через войну с Германией)[374].

11 (24) апреля 1914 года Палеолог, французский посол в Петербурге, сообщал своему министру в Париж о беседе императора Николая с министром иностранных дел России Сазоновым. Обсуждая угрозу столкновения между Россией и Германией, царь предусматривал также возможность возобновления военных действий между Грецией и Турцией. В этом случае турецкое правительство закроет проливы. «Чтобы вновь открыть проливы, я прибегну к силе», — сказал Николай[375].

Как видим, цель войны обозначена ясно (без сербов), и она носит откровенно агрессивный характер.

12 (25) декабря 1916 года из своей могилевской ставки император Николай II приказом отклонил германское предложение о мирных переговорах и пояснил: «Достижение Россией созданных войной задач, обладание Царьградом и проливами еще не обеспечено. Заключить ныне мир значило бы не использовать плодов русских войск и флота. Священная память погибших на полях доблестных сынов России не допускает и мысли о мире до окончательной победы над врагом, дерзнувшим мыслить, что если от него зависело начать войну, то от него же зависит в любое время ее окончить». Про сербов в этом приказе не было ни слова[376].

---

373 Субаев Р. Р. Балканы и Weltpolitik: к вопросу о причинах мировой войны // Первая мировая война и судьбы народов Центральной и Юго-Восточной Европы: очерки истории. — М., 2015. С. 29.

374 Delcasse to MAE 29. I. 1914. AMAE, C. P. Russie N.S. 42. Цит. по: Luntinen P. French Information on the Russian War Plans. Helsinki: SHS, 1984. P. 202.

375 Лунева Ю. В. Босфор и Дарданеллы. Тайные провокации накануне Первой мировой войны (1908–1914). — М., 2010. С. 215.

376 URL: https://archivogram.top/28080919-listovka_prikaz_gosudarya_imperatora_armii_i_flotu_o_prodolzhenii_voennyh_deystviy?ysclid=lnogvzqdq3223899860

Александр Бенуа отметил этот приказ своем дневнике: «Вместо какого-либо шага к миру приказ Государя по войскам с пометкой „Царьград“. На кого это может теперь действовать? Кто это ему советует? И как „нетактично“ теперь, на третий год несчастной войны, при уже полном истощении всенародно раскрыть ее настоящую подоплеку! Ох, доиграются до катастрофы, ох, допляшутся!» (Запись от 28 декабря 1916 г.)[377]

При этом никакого военного союза, обязывающего Россию выступить в защиту Сербии, просто не существовало.

«Решение начать войну принял кайзер Вильгельм, а не Николай. Однако Николай дал весомый повод кайзеру и не уклонился от войны, хотя вполне мог это сделать... Белград отклонил один и самый неприятный пункт ультиматума, который требовал участия австрийских чиновников в расследовании на территории Сербии заговора с целью убийства Франца Фердинанда. Тем самым сербы дали Вене повод объявить войну. Почему Белград сделал это? Еще Милюков писал об очевидном ответе на этот вопрос: Петербург сразу обещал Белграду защиту и тем побудил сербов не принимать полностью ультиматум, предъявленный Веной. При такой поддержке со стороны России сербы ультиматум полностью не приняли, и это открыло путь к общеевропейской войне. Царь прекрасно понимал последствия своей позиции в вопросе об ультиматуме и принял их, посчитав, что июльский кризис дает ему возможность решить вековой вопрос о проливах в рамках общеевропейской войны. Говорить о защите Сербии как главной цели Николая II — бессмысленно. В случае большой войны Сербия была обречена на захват Австро-Венгрией и ее союзником в лице Болгарии, имевшей территориальные претензии к Сербии после второй балканской войны. Трудно поверить в то,

---

[377] URL: https://rg.ru/2016/12/27/o-chem-pisali-v-dnevnikah-v-poslednij-novyj-god-pered-revoliuciej.html

что царь не понимал невозможности спасти Сербию, которая не имела общих границ с Россией. И действительно, в ходе войны Сербия была захвачена и потеряла треть населения — больше в процентном отношении, чем все другие участники войны. Спасти сербов можно было только мирными переговорами, а для этого надо было лишить Австрию повода для объявления войны, удовлетворив австрийский ультиматум. Пункты ультиматума задевали суверенитет Сербии, но не вели к ее захвату»[378].

Тут стоит сделать уточнения.

Война началась из-за этой фразы сербского ответа на австрийский ультиматум: «…что касается участия в этом расследовании австро-венгерских агентов и властей, которые были бы откомандированы с этой целью императорским и королевским правительством, то королевское правительство не может на это согласиться, так как это было бы нарушением конституции и закона об уголовном судопроизводстве».

Незадолго до 1914 года был прецедент, когда сама Россия выдвигала аналогичный ультиматум суверенному государству.

В 1903 году в османской провинции Македония албанскими фанатиками один за другим были убиты два русских консула (в Митровице — Г. Щербина; в Битоли — А. Ростокский). Эскадра из девяти русских военных кораблей подошла к Босфору. Убийца Ростокского тут же был казнен турецкими властями.

Но Россия вместе с Австро-Венгрией предъявила ультиматум Порте — «Мюрцштегскую программу».

Она предполагала учреждение должностей русских и австро-венгерских гражданских агентов для контроля за деятельностью турецких властей, реорганизацию турецкой жандармерии и полиции под руководством иностранных военных инструкторов, утвержденных Россией и Австрией:

---

[378] Калашников В. В. Русская революция: ключевые решения. — Спб, 2021. С. 122 и 129–130.

1. Для установления контроля над деятельностью местных турецких властей по приведению в исполнение реформ назначить при Хильми-паше особых гражданских агентов от России и Австро-Венгрии, которые будут обязаны всюду сопровождать главного Инспектора.

2. Реорганизация турецкой жандармерии и полиции является одной из наиболее существенных мер к умиротворению края. Задача реорганизации жандармерии в трех вилайетах будет возложена на генерала иностранной национальности на службе императорского оттоманского правительства, к которому могли бы быть прикомандированы военные чины великих держав; им будут поручены отдельные районы, на пространстве коих они будут действовать как контролеры, инструкторы и организаторы. Таким образом, они вместе с тем в состоянии будут наблюдать за образом действий войск по отношению к населению. Эти офицеры могут, если это им представится необходимым, просить о прикомандировании к ним некоторого числа иностранных офицеров и унтер-офицеров...[379]

После месяца раздумий Султан согласился. Через два года, в ноябре 1905, корабли пяти великих держав (России, Австрии, Италии, Англии и Франции) высадили десант на острова Лемнос и Лесбос — и Порта продлила срок полномочий Комиссии.

Так что австрийский ультиматум 1914 года по сути повторял ультиматум 1903 года, с которым Россия была согласна.

Аналогично 30 сентября 1912 года болгарское правительство вручило турецкому посланнику в Софии ноту, в которой Турции предписывалось провести реформы в интересах ее христианского населения. В этой ноте указывалось на необходимость введения областной автономии с назначением губернатором бельгийца или швейцарца[380].

---

379 URL: https://diletant.media/articles/43586493/

380 См.: Балканская война. 1912–1913 гг. — М., 1914.

«Младшая сестра» Сербии — Черногория — сама в 1912 г. добивалась присылки австрийских судебных чиновников в Цетинье в силу полной неспособности организовать нормальное судопроизводство[381].

Так что ничего беспрецедентного и невозможного Вена от Белграда не требовала.

На телеграмме сербского королевича, передающей текст австрийского ультиматума, император Николай начертал резолюцию для министра иностранных дел России Сазонова: «Что ему ответить?»

26 июля 1914 г.

Вскоре и. о. посла России в Белграде получил от Сазонова инструкцию:

«Если беспомощное положение Сербии действительно таково, что оно не оставляет сомнения об исходе ее вооруженной борьбы с Австро-Венгрией, было бы, быть может, лучше, если сербы, в случае нападения австрийцев, совсем не пытались им оказывать сопротивления, а отступали, предоставляя неприятелю занять страну без боя, и обратились бы с торжественным призывом к державам. Последним сербы могли бы, вслед за указанием на их тяжелое положение после войны, в течение которой они своей умеренностью заслужили благодарность Европы, сослаться на то, что им невозможно выдержать неравную борьбу и они просят помощи у держав, основанной на чувстве справедливости»[382].

Но русский посол решил не доводить это предложение до сербов…[383]

---

[381] Субаев Р. Р. Балканы и Weltpolitik: к вопросу о причинах мировой войны // Первая мировая война и судьбы народов Центральной и Юго-Восточной Европы: очерки истории. — М., 2015. С. 32.

[382] Штрандтман В. Балканские воспоминания. — М., 2014. С. 277 и 282.

[383] Там же. С. 309.

Прими посол другое решение — история тоже могла бы стать другой.

Но посол знал, что сербы уже решились.

Стоит отметить, что у Австрии не было никаких территориальных претензий к Сербии. Она не собиралась вводить туда свои войска. Она потребовала того же, что Россия в 2022 потребовала от Украины: «денацификации», то есть прекращения пропаганды против соседа. «Не допускать никаких публикаций, возбуждающих ненависть и презрение к монархии и проникнутые общей тенденцией, направленной против ее территориальной неприкосновенности. Немедленно закрыть общество, называемое «Народная Одбрана», конфисковать все средства пропаганды этого общества и принять те же меры против других обществ и учреждений в Сербии, занимающихся пропагандой против австро-венгерской монархии. Незамедлительно исключить из действующих в Сербии программ учебных заведений, как в отношении личного состава учащих, так и в отношении способов обучения, все то, что служит или могло бы служить к распространению пропаганды против Австро-Венгрии»[384].

Российская пропаганда в 1914 году осудила Вену за эти требования с тем, чтобы по сути самой повторить их через сто лет.

---

[384] Эти австрийские требования были напоминанием об обязательствах, которые Сербия взяла на себя в 1881 году и подтвердила в 1889-м. Тогда король Милан подписал тайную конвенцию, согласно которой Вена обещала не сдерживать сербское движение через Македонию к Салоникам (по реке Вардар) в обмен на гарантии Белграда не допускать просербскую пропаганду в сербских окраинах Империи. Интересно, что второе требование Путина к Украине — «демилитаризация» — также имеет аналог в истории Первой Мировой: 2 августа 1914 года германское правительство 2 августа направило Бельгии ультиматум, добиваясь пропуска германских войск через бельгийскую территорию. Не менее провокационные требования были предъявлены Франции. Германское правительство настаивало, чтобы Франция заявила о своем нейтралитете в начавшемся вооруженном конфликте. В подтверждение своего нейтралитета Франция должна была отдать в залог Германии крепости Туль и Верден. Получив отказ, германское правительство 3 августа объявило войну Франции и 4 августа — Бельгии.

Увы, статья 231 послевоенного Версальского договора возложила всю вину на Германию и ее союзников и тем самым освободила Сербию даже от постановки вопроса о доле ее вины[385]. А исследование Николая Полетики «Сараевское убийство» вот уже более 90 лет внесено в «индекс запрещенных книг» просербской инквизиции[386]. «Принципиальное различие между Бельгией и Сербией заключалось в том, что первая, действительно, стала жертвой абсолютно неспровоцированного нападения, а вторая уже в течение месяца была стороной острейшего дипломатического конфликта с великой державой, стремившейся к войне. Если Бельгию не о чем не спрашивали и ничего ей не предлагали (кроме как не препятствовать вторжению), то с Сербией было совсем не так — у нее был выбор, и она его сделала»[387].

И не надо говорить, что война все равно разразилась бы. Международная политика тогда была очень подвижна. Отсрочка войны даже на пару месяцев (с августа на октябрь) означала бы ее перенос на год (никто не хотел воевать зимой). За этот год где-то прошли бы выборы. У кого-то наметился бы кризис в далекой колонии. Кого-то убили бы террористы. А кто-то научился бы лучше воевать или подготовиться к войне…

Надо сказать, что у Германии вообще не было разработанных планов войны на русском фронте:

---

385 «Союзные и Объединившиеся Правительства заявляют, а Германия признает, что Германия и ее союзники ответственны за причинение всех потерь и всех убытков, понесенных Союзными и Объединившимися Правительствами и их гражданами вследствие войны, которая была им навязана нападением Германии и ее союзников».

386 Полетика Н. П. Сараевское убийство. — Л., 1930.

Полетика Н. П. Возникновение мировой войны. — М., Л., 1935.

387 Субаев Р. Р. Балканы и Weltpolitik: к вопросу о причинах мировой войны // Первая мировая война и судьбы народов Центральной и Юго-Восточной Европы: очерки истории. — М., 2015. С. 34.

…«план Шлиффена» касался лишь Западного фронта. В ранних вариантах (1894–1899 годов) плана Шлиффена предполагалось совместными ударами австрийской и германской армий из Галиции и Пруссии срезать польский выступ и окружить русские силы, сосредоточенные в крепостях Варшавского укрепленного района. Но в более поздних вариантах просто нет слова «Россия», как нет и ни одного названия населенного пункта в пределах Российской Империи[388].

Более поздний план Шлиффена — Мольтке на покорение Франции отводил 39 дней, а на сороковой предполагался поворот на Восток «на помощь Австрии». На протестные вопли из союзной Вены Шлиффен отвечал, что ее судьба решается на Сене, а не на Буге[389].

---

[388] Текст плана Шлиффена: URL: http://germanhistorydocs.ghi-dc.org/sub_document.cfm?document_id=796

«Плана развертывания основных сил на востоке у генерального штаба не оказалось. В официальном германском описании войны говорится: „В течение многих лет в Большом Генеральном штабе производилась разработка двойного стратегического развертывания, отвечавшего двум различным вариантам, причем одновременно с разработкой развертывания больших масс на Западе и небольших сил на Востоке производилась разработка большого развертывания на Востоке… Такая двойная разработка сильно затрудняла железные дороги… Поэтому для гладкого проведения сосредоточения оказалось весьма благоприятным принятое в 1913 г. начальником Большого Генерального штаба решение отменить разработку плана большого стратегического развертывания на Востоке. С этого времени разрабатывался только вариант большого развертывания армий против Франции, с оставлением на восточной границе лишь незначительных сил“»… (Per Weltkrieg 1914 bis 1918. Die militärischen Operationen zu Lande. Das deutsche Feldeisenbahnwesen. Bearbeitet im rteichsarchiv. Berlin, 1928, B. 1, S. 21) У генерального штаба не было плана железнодорожных перевозок и сосредоточения войск на русско-германской границе (Царев Н. Т. От Шлиффена до Гинденбурга. (О провале военной доктрины кайзеровской Германии в 1914–1918 гг.). — М.: Воениздат, 1956. С. 121 и 123).

[389] Царев Н. Т. От Шлиффена до Гинденбурга. (О провале военной доктрины кайзеровской Германии в 1914–1918 гг.). — М.: Воениздат, 1956. С. 94.

Тем самым давалась фора России: пока немецкая армия занята маршем на Париж, Россия не будет сдерживаема в своем движении на запад. Немецкий генштаб готов был даже пожертвовать Пруссией в надежде потом оттеснить Россию, оставшуюся без союзников…

Но поскольку нельзя было предугадать — где будут позиции русской армии к моменту завершения западной кампании, то и планы разрабатывать было неуместно.

Впрочем, в случае быстрого поражения Франции Россия могла бы просто не явиться на войну, ибо у нее не было серьезного конфликта интересов с Германией (кроме вопроса о том, кто будет строить железную дорогу в Турции и Персии).

Под наступление на Париж Германия создавала инфраструктуру: для переброски германских корпусов на запад было подготовлено 13 независимых двухколейных магистралей. Каждому корпусу отводилась отдельная двухколейная магистраль. Для маневрирования вдоль фронта у французской границы можно было использовать четыре мощные рокадные двухколейные магистрали, рассчитанные на перевозку с одного крыла на другое четырех корпусов в течение трех дней. Переброска войск через Рейн обеспечивалась 15 железнодорожными мостами. Ничего похожего не строилось для нужд возможного восточного фронта. Две двухколейные магистрали Восточной Пруссии могли обеспечить развертывание лишь ограниченных сил против России. Для переброски войск с западного фронта на восточный и обратно были подготовлены четыре двухколейные магистрали. Но рокадные магистрали вдоль огромного восточного фронта не строились.

Поскольку наступление тут не планировалось, то появилось и еще одно отличие двух фронтов. На Западе предполагалось наступление, и поэтому там надеялись использовать принцип «война кормит войну». То есть продовольствие для нужд наступающей и оккупационной армии полагалось отбирать у местного населения захваченных территорий. Напротив, в Восточной Пруссии сосредоточивались большие запасы продовольствия и предметов боевого снабжения войско. Здесь насчитывалось 17 продовольственных складов с 50 млн. порций провианта. В Кенигсберге и Данциге хранились огромные запасы зерна, закупленного в России. «Только на этом театре военных действий германское командование рассчитывало питать свою армию в начале войны за счет накопленного в мирное время запаса продовольствия»[390].

Сама Россия планировала именно наступление:

> *«Документы военных игр окружных штабов 1910 и 1911 гг. показывают, что новый план войны по* ***„мобилизационному расписанию 1910 года"****, задуманный как оборонительный, после завершения его разработки приобрел противоположную направленность. Германия по-прежнему рассматривается как главный противник, однако теперь руководство ГУГШ разрабатывает план концентрического наступления в пределы Восточной Пруссии. Подготовленные в конце 1910 г. дополнительные маршруты перевозок корпусов Московского и Казанского военных округов в корне меняли первоначальную концепцию „мобилизационного расписания 1910 года", так как отвечали другой задаче — сокрушению вооруженных сил Германской империи. План вторжения в Восточную Пруссию был отработан в ходе двух больших военных игр при штабе Варшавского военного округа в 1910 и 1911 гг. В пользу того, что план войны 1910 г. носил наступательный характер, свидетельствуют подготовительные материалы несостоявшейся стратегической военной игры командующих военными округами в декабре 1910 г.»*[391].

---

390 Там же. С. 100.

391 Алпеев О. Е. Документы стратегических военных игр русского Генерального штаба 1906–1914 гг.: состав и методика источниковедческого изучения // Первая мировая: Неоконченная война: Материалы международной научной конференции, посвященной 100-летию начала Первой мировой

В августе 1914 года против одной немецкой армии (8-й) в Пруссии шли в наступление две русские армии (1-я и 2-я). В Галиции против двух австрийских армий (3-й и 4-й) воевали четыре русских (3-я, 4-я, 5-я, 8-я). Уже из этого видно, кто против кого готовил наступательные планы.

Именно Русская армия начала наступление по всем фронтам. В Пруссии — сначала удачное (Гумбинен), потом катастрофичное; стабильно удачное — в Галиции[392].

Но то, что в августовских сводках с фронта звучали названия прусских и австрийских деревень, а никак не русских, не мешало проповедникам говорить о том, что «на нас напали»:

> *«Вероломный враг наш, не дождавшись конца мирных переговоров, сделал на нашу границу внезапное чисто разбойничье нападение и положил конец войне. Мы же таким образом оказались вынужденными обороняться и защищаться. Следовательно, не мы, русские, являемся непосредственными виновниками происшедшей войны»*[393].

войны 1914–1918 гг. «Проблемы поиска и публикации российских и зарубежных источников о Первой мировой войне 1914–1918 гг. на современном этапе развития исторической науки». Москва, 18 июня 2014 г. — М.: РГГУ, 2015. С. 83.

392 Интересно, что и советский Генштаб в 1940–41 гг. планировал аналогично: основные силы сосредотачивались в Киевском округе, в то время как войска Западного округа наносили по Прусии лишь отвлекающий удар. 17 ноября 1940 г. нарком обороны и начальник Генерального штаба представили доклад «Основные выводы из указаний Политбюро и СНК СССР 5 октября 1940 года при рассмотрении планов стратегического развертывания Вооруженных Сил СССР на 1941 год». Состав сил Красной армии в европейских приграничных округах предлагалось довести до 182,5 расчетных дивизий и 159 авиаполков, из них в состав Юго-Западного фронта — до 113 дивизий и 140 авиаполков. Таким образом, на юго-западном стратегическом направлении планировалось сосредоточить (с учетом резервов Главного Командования) 74,5 проц. общевойсковых соединений и 88 проц. частей ВВС. (Михалев С. Н. Стратегическое руководство. Россия / СССР в двух мировых войнах XX столетия. — Красноярск, 2000. С. 199).

393 прот. Михаил Сперанский. Поучение в день Рождества Христова // Рижские епархиальные ведомости. 1914. № 24 (декабрь). С. 722.

У Австро-Венгрии в 1914 году также не было наступательных планов против России. В первый день войны у Волочиска австрийцы открыли по нашим часовым ружейный огонь и у своего берега взорвали опоры железнодорожного моста через пограничную речку Збруч, но, однако, границы не перешли. Если армия готовится к наступлению, то она заинтересована в сохранении пограничных мостов, стоящих перед ней. Если же в плане значится оборона, то разрушение таких мостов является первоочередной задачей[394].

Первые орудийные залпы Первой Мировой раздались под русскими флагами.

Это была подлая провокация немецкого линкора «Гебен», который в 6 часов утра 4 августа 1914[395] обстрелял французский порт Филипвиль в Алжире[396]. Главной задачей это атаке было

---

394 Великая всемирная война. Т. 4. Пятисотвёрстный авангардный бой на Австрийском фронте. — СПб, 1914.

395 Ранее этого австро-венгерская артиллерия обстреляла Белград в 23 часа 28 июля. Но пока это был лишь локальный конфликт, в котором не были задействованы «великие державы».

396 Маскарад с флагами, увы, был тогда распространен. Турция не имела права пропускать военные суда любой страны, которая вела войну (еще в 1833 году именно Россия навязала ей эту норму в интересах зашиты Черного моря от интервенции; другие страны признали это в 1841). Когда в 1900 году Россия проводила «спецоперацию» в Китае, Турция все же пропустила несколько пароходов с русскими войсками, объяснив это тем, что война не была объявлена.

В июле 1904 года война шла. Поэтому крейсера «Петербург» и «Смоленск», убрав артиллерию в трюм, поняли флаги торгового флота («Добровольного флота») и так прошли Проливы и Суэц. И в прежние годы суда «Доброфлота», перевозившие каторжников на Дальний Восток, имели на борту вооруженные команды. Они проходили Босфор под торговым флагом, а потом поднимали военный.

И в этот раз, пройдя канал и выйдя в Красное море, оба парохода поставили орудия и прочее оборудование на места и, подняв военный флаг, начали с 11 июля крейсерские операции на путях движения торговых судов. За это время до конца крейсерства (рейдерства) около 1 сентября обоими вспомогательными крейсерами в Красном море, а затем у восточных

воспрепятствовать перевозке 19-го армейского французского корпуса из Алжира во Францию[397].

«Гебен» и «Бреслау» — это новейшие германские линкоры. После атаки алжирских портов они прорвались в Стамбул и 16 августа 1914 г. корабли подняли турецкий флаг. Командир «Гебена»

берегов Африки в районе до Мадагаскара было остановлено и осмотрено свыше 20 пароходов различных наций, подозреваемых в доставке Японии различных видов военной контрабанды. Из этого числа крейсером «Петербург» 14 июля был задержан английский пароход «Малакка» с большим грузом военной контрабанды для Японии (броневые плиты, взрывчатые вещества, стратегическое сырье и пр.). Признанный подлежащим конфискации пароход с посаженной на него призовой командой был отправлен в Либаву.

Крейсером «Смоленск» были встречены с грузом военной контрабанды английские пароходы «Ардова» (задержан 17 июля), «Скандия» (задержан 18 июля) и «Формоза» (задержан 24 июля). Все три судна были задержаны, снабжены призовой командой и отправлены в Россию. (URL: https://rgavmf.ru/biblioteka/boevaya-letopis-russkogo-flota/russko-yaponskaya-voyna-operacii-vspomogatelnykh-kreyserov)

Понятно, что такие действия русских судов называются «военной хитростью», а аналогичные действия «недружественных стран» — «подлым коварством»... 10 ноября 1941 года немецкий крейсер-рейдер «Корморан», замаскированный под голландское торговое судно Straat Malakka, у побережья западной Австралии потопил австралийский лёгкий крейсер «Сидней». Причем при сближении немецкий капитан приказал радистам послать ложный сигнал бедствия о том, что судно Straat Malakka остановлено подозрительным кораблём. Сигнал содержал сигнал бедствия торгового корабля, остановленного военным рейдером.... «Сидней» стал самым большим кораблём Союзников, потерянным со всем экипажем в годы Второй мировой войны: из 645 человек команды «Сиднея» не выжил никто.

397 «Гебен» выпустил 45 снарядов. Жертв было немного, но на три дня была задержана отправка французских подкреплений в метрополию (См.: Мужеников В. Б. Линейные крейсера «Фон дер Танн», «Мольтке»,» Гебен» и «Зейдлиц» 1907–1918 гг... — СПб, 2010). На суше немецкие войска без боя прошли Люксембург. Первые залпы раздались 6 августа на правом фланге германского фронта: открыли огонь бельгийские защитники Льежа. А в 5 часов утра 7 августа 1914 года французские войска перешли франко-германскую границу и вступили на земли Эльзаса и Лотарингии, отторгнутые некогда Германией от Франции.

немецкий контр-адмирал Сушон был назначен командующим турецким военно-морским флотом. При этом он сохранил подчинение Берлину.

29 октября н. ст. уже под турецким флагом «Гебен» обстрелял Севастополь. «Гебен» израсходовал 47 снарядов калибра 280 мм и 12 снарядов калибра 150 мм, не нанеся значительных повреждений ни кораблям, ни городу. Но немцы и не планировали нанести серьезный ущерб Черноморскому флоту. Они хотели сделать неотвратимым вовлечение Турции в мировую войну.

Не Турция решила вступить в войну. Это сделал за нее адмирал Сушон.

Его коллега, контр-адмирал Хопман, представитель кригсмарине в верховном командовании Германии, записал в своем дневнике 28 октября:

> *«Поскольку в Константинополе влиятельные круги еще выступают против войны, Сушон не получит приказа о нанесении удара... Турция может очень плохо воспринять то, что мы вместо нее объявим войну России»*[398].

Антивоенные «влиятельные круги в Константинополе» — это Великий визирь Саид Халим-паша (он же — министр иностранных дел), морской министр Джемаль-паша, маршал Ахмет-Иззет-паша (командующий сухопутным силами Турции в войне 1913 года). За (и то лишь в келейных беседах с Сушоном) — военный министр Энвер-паша[399].

---

398 Публ.: Козлов Д. Ю. «Странная война» в Черном море (август-октябрь 1914 года). — М., 2009. С. 180.

399 14 ноября 1914 г., Энвер-паша перед своим отъездом на Кавказский фронт совершил акт сакрального вандализма. В стамбульском пригороде Сан-Стефано, месте подписания знаменитого договора, даровавшего свободу Болгарии, была взорвана часовня, выстроенная в память русских воинов, погибших в войне 1877–78 гг. Это событие было запечатлено на первом в истории документальном синематографическом фильме, созданном ту-

24 октября морской министр дал Сушону приказ начать маневры в Черном море. Кроме того, Энвер вручил Сушону запечатанный конверт с приказом атаковать русские корабли. Но Сушон не имел права вскрыть этот конверт без телеграммы от Энвера (нормальная практика: во всех штабах всех армий мира лежат секретные конверты с планами действия в час Икс). Телеграмма от Энвера так и не поступила. Сушон принял решение самостоятельно и в германских интересах[400].

3 ноября адмирал Сушон докладывал своему кайзеру:

> *«Из длительных устных переговоров с военным министром, морским министром и великим визирем я вынес впечатление, что оба министра, хотя и желают скорейшего начала войны, однако ни разу не высказывали своих намерений на совете министров и тем более великому визирю. Поэтому у меня не было иной возможности как довериться Энвер-паше и действовать без приказа совета министров или даже вопреки последнему. Энвер в беседе с глазу на глаз согласился с тем, чтобы я вышел с флотом и начал враждебные действия. Он пообещал, что мне будет обеспечено возвращение в Босфор, в худшем случае он может выдать мои действия за самоуправство немецкого адмирала, что в дальнейшем не будет иметь никаких последствий»*[401].

Уже после «севастопольской побудки» русский посол в Турции докладывал в Петербург, что 30 октября великий визирь уверял его, «что ни он, ни правительство не желают войны» и что он велит

рецким автором Фуатом Узкинаем — бывшим офицером османской армии — и спонсированном военным министерством Энвера (Михайлов В. В. Великие державы и вовлечение Османской империи в Первую мировую войну. — Спб, 2017. С. 170)

400 Роган Ю. Падение Османской империи. — М., 2018. С. 84-85.

401 Публ.: Козлов Д. Ю. «Странная война» в Черном море (август-октябрь 1914 года). — М., 2009. С. 191.

послу Османской империи в Петербурге *Фахреддин-бею* «передать Императорскому Правительству глубокое сожаление о случившемся»[402].

Правительство Турции принесло извинения. Великий визирь и ещё четыре министра Османской империи объявили о намерении подать в отставку[403].

Еще раз: Султан Мехмед V не давал приказ своему флоту напасть на русские корабли и порты. Великий визирь Саид Халим-паша не давал приказ флоту напасть на русские корабли и порты. Морской министр Джемаль-паша не давал приказ флоту напасть на Севастополь. Военный министр (он же — начальник Генштаба) Энвер-паша не давал приказа о начале военных действий.

Это была чистейшая и подлейшая[404] провокация со стороны уже воюющего Берлина. Именно оттуда 25 октября пришел приказ «атаковать русский флот, если представится возможность»[405].

Однако со стороны Великобритании и России последовал ультиматум о выдворении из Турции немецких представителей[406]. Это Турция сделать не могла (у Сушона был приказ Берлина расстрелять турецкий флот своими линкорами).

2 ноября, не согласовывая своих действий с союзниками, Россия объявила войну Турции. 5 и 6 ноября за ней последовали Англия и Франция.

---

402 Там же. С. 196.

403 Ulrich Trumpener. Turkey's Entry into World War I: An Assessment of Responsibilities // The Journal of Modern History. — 1962. — December (vol. XXXIV, no. 4). P. 379–380.

404 Турецкие миноносцы, обстрелявшие Одессу, шли под русскими флагами и отличительными огнями (см.: Масловский Е. Мировая война на Кавказском фронте 1914–1917 гг. — Париж, 1933. С. 20).

405 Козлов Д. Ю. «Странная война» в Черном море (август-октябрь 1914 года). — М., 2009. С. 82.

406 См. Черчилль У. Мировой кризис. Т. 1. Гл. 17.

Как справедливо заметил Черчилль — «Ни один корабль в истории с тех пор, как появился компас, не принес людям столько крови, страданий и разрушений, как этот» (The *Goeben* brought more slaughter, more misery and ruin than has ever before been borne within the compass of one ship[407]).

И дело не в том, сколько было убито или потоплено самим этим кораблем. А в том, что он толкнул Османскую империю к войне на стороне Германии. А это сотни тысяч жертв кавказского русско-турецкого фронта. Это открытие Месопотамского фронта Антанты. Это трагедия Галлипольского десанта[408]. Это геноцид армян и это малоазийская катастрофа греков.

По заявлению Людендорфа, вступление Турции в войну позволило Германии продержаться лишних два года.

В Высочайшем манифесте от 2 ноября 1914 года Царь говорил:

«Вместе со всем Народом Русским Мы непреклонно верим, что нынешнее безрассудное вмешательство Турции в военные действия только ускорит роковой для нее ход событий и откроет для России путь к разрешению завещанных ей предками исторических задач на берегах Черного моря»[409].

И эта задача вовсе не состояла в восстановлении греческой Византийской империи. Греки готовы были выставить три армейских корпуса для войны против Турции. Российский министр иностранных дел Сазонов, узнав о предложениях греческого премьер-министра Венизелоса, 3 марта 1915 года заявил, что греческое участие в покорении Турции вовсе необязательно: «Мы вполне благоволим к вашим компенсациям в Малой Азии, но что касается Константинополя, мы предпочитаем, чтобы ваших вооруженных сил

---

[407] Цит. по: Tuchman, Barbara W. The Guns of August. New York, 1962. P. 187.

[408] Ирония военной судьбы: во дни Крымской войн в Галлиполи высадились 10 английских полков на пути к Севастополю.

[409] Журнал «Нива», 1914, ноябрь.

там не было. Такое стало бы осложнением для вас и источником недовольства для нас», — писал он своему визави в Афинах[410].

Несколько ранее посол России в Греции Нелидов пояснял министру иностранных дел Ламздорфу (в письме от 8 (21) мая 1901 года), что Россия не должна поддерживать переход острова Крит от Турции к Греции, т. к. «увеличенное греческое государство станет еще более притязательным в своих честолюбивых замыслах и представит еще сильнейшие затруднения для разрешения Восточного вопроса в смысле прав и желаний настоящих хозяев Балканского полуострова»[411].

В начале 1915 года между Россией и союзниками разрабатывается будущее управление оккупированного Константинополя. Министерство иностранных дел России направляет в Главный штаб ВМФ секретный документ, который назывался «Об установлении штата временного управления Императорского Российского Главноуполномоченного в Царьграде». В нем, в частности, говорилось: «Между нами, Францией и Великобританией установлено, что в случае занятия союзными войсками Константинополя, управление Царьградом будет временно осуществляться тремя Державами. Необходимо иметь ввиду, что установление прочного порядка в Царьграде важно, главным образом, для России, которой придется в дальнейшем будущем управлять краем. Для Англии же и Франции на первом месте стоят интересы их подданных, охранять каковые обе державы будут прежде всего, хотя бы и в ущерб интересам коренного населения страны, являющегося будущими поданными России»[412]. Причем среди аргументов в дискуссии о принадлежности Крита уже упоминался прорыв к Суэцкому

---

410 G. F. Abbott. Greece and the Allies 1914–1922. — London, 1922. Цит. по: Михайлов В. В. Великие державы и вовлечение Османской империи в Первую мировую войну. — Спб, 2017. С. 242.

411 Цит. по: Рыбачёнок И. С. Закат великой державы. Внешняя политика России на рубеже XIX–XX вв.: цели, задачи и методы. — М., 2012. С. 222.

412 ЦГАВМФ. Ф. 418, оп. 2, д. 274.

каналу… Это понятная логика империи: новые занятые территории, с одной стороны, надо защищать от возможных нападений, с другой — использовать их как точку опоры для своих собственных следующих расширений.

России не нужны были никакие сильные государства на Балканах — даже православные и славянские, которые могли бы ограничить чаемый контроль самой России над Царьградом и Проливами.

Итак, Константинополь должен был стать губернским городом России, а его жители — войти в состав верноподданного населения Российской империи.

В 1915 году вышла утопия архиепископа Антония (Храповицкого). Тогда финал войны ему виделся таким:

> «…*град Константина должен быть отдан своим историческим владельцам — эллинам, а Россия должна только сохранить проливы, как Англия владеет Гибралтаром… Россия должна овладеть широкой лентой земли от Южного Кавказа до Дамаска и Яффы и овладеть Сирией и Палестиной, открыв для себя берег Средиземного моря… Сирия и Палестина. Здесь православных христиан в двух патриархатах всего только 500 тысяч, почти все они арабы. Конечно, должно тоже оберегать и их язык, и их приходские общины, но не должно препятствовать поселению там русских землевладельцев и ремесленников, очищая для них и пустыни, и магометанские поселения, которые, впрочем, и сами начнут быстро пустеть под русским владением. Если это будет сделано, то не пройдёт и десяти лет, как вся Палестина и Сирия обратятся во Владимирскую или Харьковскую губернию. Народ наш так и ринется поселяться в страну, где жил наш Спаситель, Его Пречистая Матерь, Апостолы, Пророки и мученики. Там будет уже место для чисто русской культуры, для русской речи, для русской торговли и промышленности*»[413].

---

[413] Чей должен быть Константинополь? Из книги митрополита Антония (Храповицкого) «Молитва русской души» (М., 2006).

Планы владыки Антония на Сирию и Палестину весьма схожи с нацистским планом «Ост».

«В 1916 г. исход войны уже казалось был предрешен, каждому было ясно, что Германия истощает последние силы и скоро близится победа. В Св. Синоде уже обсуждался вопрос о том, кому будет принадлежать Константинополь и, если он войдет в состав Российской империи, то что делать с Вселенским патриархом. Высказывались мнения, что следует оставить ему титул экзарха Константинопольского с подчинением Св. Синоду, как это произошло с Грузинским католикосом в свое время»[414].

В 1940 году СССР предложил Болгарии и Турции создание советских военно-морских баз на территории этих стран вкупе с заключением договора о взаимопомощи. Но Турция видела судьбу балтийских республик после аналогичных предложений — и отклонила их.

12–14 ноября 1940 года нарком иностранных дел СССР Молотов проводил переговоры с Гитлером в Берлине. Молотов был согласен присоединиться к пакту фашистских государств при условии получения контроля над Проливами, о чем он вручил меморандум немецкому послу уже вернувшись в Москву:

URL: http://www.pravoslavie.ru/2605.html

«При обсуждении вопроса о том, кому должен принадлежать Константинополь после войны, вл. Антоний (Храповицкий) настаивал на передаче его грекам, т. к. боялся внесения в него петербургского полунемецкого духа. Кроме того, владыка настаивал на присоединении Св. Земли к России. Далее он восстал против предполагавшегося подчинения Петербургскому Синоду Константинопольского патриарха по причине нарушения чистоты канонического принципа».

(Православная Русь, № 16 (198), 15/28 августа 1936 г. URL: http://www.krotov.info/spravki/1_history_bio/19_1890/1863_Hrapozvizky.htm)

414 Жизненный путь Блаженнейшего Митрополита Антония (Храповицкого) // Письма Блаженнейшего Митрополита Антония (Храповицкого). — Джорданнвилль, 1988. URL: https://azbyka.ru/otechnik/Antonij_Hrapovickij/pisma/

*«**Меморандум Молотова от 25 ноября 1940 г.** СССР согласен принять в основном проект пакта четырех держав об их политическом сотрудничестве и экономической взаимопомощи, изложенный г. Риббентропом в его беседе с В. М. Молотовым в Берлине 13 ноября 1940 года и состоящий из 4 пунктов, при следующих условиях: <...>*

2. Если в ближайшие месяцы будет обеспечена безопасность СССР в Проливах путем заключения пакта взаимопомощи между СССР и Болгарией, находящейся по своему географическому положению в сфере безопасности черноморских границ СССР, и организации военной и военно-морской базы СССР в районе Босфора и Дарданелл на началах долгосрочной аренды; 3. Если центром тяжести аспираций СССР будет признан район к югу от Батума и Баку в общем направлении к Персидскому заливу»[415].

В 1808 году безразмерность аппетитов русского царя, потребовавшего и Румынию, и Болгарию, и Константинополь с проливами, потрясла Наполеона. И при сохранении дружественной риторики он стал приглядываться к военным картам Российской Империи.

В 1940-м та же безразмерность аппетитов Москвы в отношении все тех же стран поразила Гитлера. Как позже, 4 июня 1942 года, он сказал финскому маршалу Маннергейму: «претензии, этим человеком выдвигавшиеся, означали, весьма очевидным образом, желание полного доминирования над Европой!»[416]

---

415 АП РФ. Ф. 3. Оп. 64. Д. 675. Л. 108–116. Машинопись. Подлинник.

Имеется помета: «Передано г. Шуленбургу мною 25 ноября 1940 г. В. Молотов». URL: https://www.alexanderyakovlev.org/fond/issues-doc/1011048

URL: https://www.bbc.com/russian/russia/2010/11/101109_soviet_german_talks_history

Мельтюхов М. И. Упущенный шанс Сталина. Советский Союз и борьба за Европу: 1939–1941. – — М.: Вече, 2000. С. 456.

416 URL: https://rufabula.com/articles/2016/06/25/hitler-and-mannerheim

И 18 ноября он отдал приказ приступить к разработке плана «Барбаросса»[417]:

В середине ноября 1940 года в ОКХ был подготовлен план «Отто», который курировал Фридрих Паулюс. В ноябре-декабре 1940 года генеральный штаб ОКХ продолжал уточнять и проигрывать на картах разработки по действиям на основных стратегических направлениях. 5 декабря 1940 года «Отто» был представлен Гитлеру, который одобрил этот план. 17 декабря Йодль доложил Гитлеру подготовленный проект директивы. Гитлер сделал ряд замечаний. 18 декабря 1940 года после внесения некоторых уточнений в проект Гитлер подписал директиву № 21 верховного главнокомандования вермахта, получившую условное наименование «Вариант Барбаросса».

Во Второй мировой войне Турция была нейтральна. Она не пропустила немецкие и итальянские военные корабли в Черное море[418], поэтому у Черноморского флота СССР были все преимущества (которыми он так и не сумел воспользоваться).

Однако в конце апреля 1942 в Закавказье было проведены командно-штабные игры отрабатывалось вторжение в Турцию. На оккупацию южной Армении (Эрзерум) отводился 31 день.

5 мая командармы получают приказ быть готовыми к началу боевых действий.

---

[417] 15 ноября Гитлер сказал: «Молотов выложил карты на стол… Впустить русских в Европу означает конец Центральной Европы; Балканы и Финляндия представляют собой опасные фланги» (цит. по: Случ С. З. Мотивы приглашения В. М. Молотова в Берлин // Славянство, растворенное в крови… В честь 80-летия со дня рождения Владимира Константиновича Волкова (1930–2005). Сборник статей. — М., 2010. С. 279.

[418] Румынский военный флот, конечно, оставался в Черном море. Кроме того, ряд небольших судов и подводных лодок был перевезен по железной дороге.

В июле 1942 года «в недрах штабного аппарата Закавказского фронта родился сверхсекретный документ „Соображения по планированию операций Закавказского фронта", который предусматривал ведение военных действий как на север — против наступающих германских дивизий, так и на юг — с целью упреждения нападения со стороны Турции. В „Соображениях" говорилось: „Одновременно с прочной обороной Закавказья с севера и Черноморского побережья упредить развертывание и активность турецких войск путем разгрома их в полосе ТРАБЗОН, БАЙБУРТ, ЭРЗЕРУМ, КАРС, АРДАГАН, АРТВИН… Продолжительность наступательной операции в ТУРЦИИ не должна превышать 40–50 дней"». Для вторжения в Турцию выделялось 13 стрелковых дивизий, 2 кавалерийские и 3 танковые бригады. Они должны были продвинуться на глубину до 210 км на приморском направлении и 300 км — на эрзерумском[419].

(Такое поведение было вполне обычно для Мировых Войн: в Первую из них Россия едва не напала на Швецию — чтобы не допустить ее союза с Германией[420]. Англия высадила свои войска в Греции, чтобы заставить ее воевать на своей стороне.

---

419 Мягков М Ю. 1942 год. От «Кремля» до «Марса». — М., 2015. С. 160–162.

420 5 августа 1914 года адмирал Николай Оттович фон Эссен направил письмо командующему 6-й армией (к нему Балтийский флот перешёл в оперативное подчинение с началом войны) генералу К. П. Фан дер Флиту, в котором просил разрешения превентивно напасть на шведский флот:

«Проект письма Его Превосходительству шведскому адмиралу, которое полагаю передать оному по случаю обнаруженія шведскаго флота в северной части Балтійскаго моря.

Ваше Превосходительство. Хотя в настоящей войне между Россіей и Германіей шведское правительство и объявило нейтралитет, и ничто, повидимому, не нарушаетъ дружеских отношеній между нашими государствами, я все же не могу не обратить Вашего вниманія на то, что в періодъ, ближайшій перед началом войны, на родине Вашей был целый ряд манифестацій в пользу вооруженія для борьбы съ Россіей. Учитывая это обстоятельство, а также принимая во вниманіе трудность своевременнаго

полученія точныхъ известій об истинных намерениях Швеции и ея вооруженных сил, я обращаюсь к Вам, Милостливый Государь, с предложеніем провести весь шведскій флот в Карлскрону, с покорнейшей просьбой не выходить оттуда во все время продолженія войны Россіи с Германіей. Как военный, Вы поймете мое распоряженіе моимъ кораблям при встрече с каким бы то ни было военным судном в пределахъ Балтійского моря и его заливов — немедленно его уничтожить. Прошу считать, адмирал, это мое заявленіе дружественнымъ актомъ, устраняющимъ печальную возможность возникновенія случайных военныхъ действій между нашими флотами и націями. Примите, Милостливый Государь, мои уверенія в отличном уваженіи. Н. О. фон Эссен».

Ниже — приписка:

«Ежели угодно будет шведам ответіть отказом на предложеніе об оставленіи их флотом Балтійскаго моря в наше распоряженіе до конца военных действій между Россіей и Центральными державами, то во исполненіе плана, составленнаго флаг-капитаном оперативной части, капитаном 1-го ранга Колчаком, отдам распоряженіе стрелять по шведскім броненосцам, пока те не будут потоплены. Милостливый Государь, прошу срочно телеграфировать свой ответ на эту депешу в Гельсингфорс».

(Текст ультиматума: РГА ВМФ. Ф. р-1529. Оп. 2. Д. 184. Л. 5. Публ.: Петров М. Л. Два боя (Черноморского флота с л. кр. «Гебен» 5 — IX — 1914 и крейсеров Балтийского флота у о. Готланд 19 — VI — 1915). Редакционно-издательский отдел Морских Сил РККФ. — Л., 1926; и Козлов Д. Ю. «Шведский поход» адмирала фон Эссена. — М., 2019)

Эссен все же повел свой флот в атаку.

«26 июля в 21 час на „Рюрике" сбор флагманов, командиров и начальников дивизионов. Темнеет. Бьется отражение минной атаки. Шлюпки без огней пристают к трапу. Ночь ясная, луна. На заседании обсуждался вопрос о предстоящем походе, назначенном на следующие сутки к 4 ч. утра, **о внезапном нападении на Швецию**»

(«Все огорчены, так как двухсотлетнюю годовщину Гангутской победы хотели отпраздновать новой победой над шведами…»: Записка Е. Ф. Винтера о "шведском походе" флота Балтийского моря в июле 1914 года// Великая война 1914–1918: Альманах Российской ассоциации историков Первой мировой войны: Россия в Первой мировой войне: Вып. 6. — М., 2017. С. 111)

И лишь прямое распоряжение царя вернуло корабли в Финский залив.

«29 июля адмирал получает радио от начальника штаба Верховного Главнокомандующего. Телеграмма резка, и адмирал обижен ее содержанием. *„Если бы нам позволили, мы бы одержали блестящую победу, столь необходимую для укрепления духа нашего малочисленного флота, — говорил*

Во Вторую Норвегия в феврале 1940 года заявила Великобритании протест о несоблюдении норвежского нейтралитета: 16 февраля в ее территориальных водах английский эсминец с русским именем «Козак» (*Cossack)* захватил германский танкер «Альтмарк». Для немецкой стороны бездействие норвежских кораблей во время захвата «Альтмарка» стало свидетельством того, что, защищая свой нейтралитет от Германии, Норвегия а) готова терпеть вмешательство Великобритании и б) не будет сопротивляться немецкому вторжению. Премьер-министр Франции Эдуар Даладье призвал захватить норвежские порты, «так же как „Альтмарк“».

7 апреля 1940 года началась загрузка четырех британских и трех французских бригад на корабли флота союзников для захвата Норвегии. Но Германия сделала это быстрее: уже 9 апреля ее вооруженные силы десантировались в этой скандинавской стране. 14 апреля десант союзников высадился в порту Харстад и начал наступление на Нарвик. В тот же день лауреат Нобелевской премии норвежский писатель Кнут Гамсун выступил по радио, обвинив Великобританию в развязывании войны на территории Норвегии[421]. Утром 10 мая 1940 года британские войска высадились в столице Исландии, Рейкьявике. Не встречая сопротивления, они быстро

адмирал. — И мои действия — занятие исходного положения, столь необходимого для внезапного нападения — получили бы справедливую оценку. Сейчас же, раз флот им не нужен, они его отзывают с фитилем". Содержание этой телеграммы вкратце следующее: „Задача Балтийского флота — защита столицы, что достигается его положением в Финском заливе. Проект письма признан актом оскорбительным для остающейся пока лояльной Швеции. Главнокомандующий своевременно скажет, куда идти..." Распространившееся известие о возвращении вызывает бурю огорчения в личном составе. Офицеры забегают на мостик „Рюрика“ справиться, правда ли это, и не хотят верить печальной действительности»

(Там же. С. 113–114)

[421] URL: https://runivers.ru/doc/d2.php?SECTION_ID=9166&PORTAL_ID=9166

заняли стратегически важные объекты, отключили узлы связи и арестовали всех находившихся в стране граждан Германии, после чего, изъяв местные транспортные средства, достаточно быстро заняли другие населённые пункты страны. Уже вечером 10 мая правительство Исландии выразило категорический протест против оккупации нейтральной страны). Постепенно британский контингент был увеличен до 25 000 человек. Спустя год британские оккупационные силы были заменены американскими в количестве 60 000 человек, хотя США на тот момент ещё не вступили во Вторую мировую войну. 9 апреля 1941 года Генрик Кауфман, посол Дании в США, отказавшийся признать оккупацию Дании Третьим рейхом, подписал с правительствами США и Канады соглашение, согласно которому военно-воздушные силы США имели право использовать базы на территории Гренландии. В ответ датское правительство уволило Кауфмана с государственной службы).

Мировая война заканчивается, а претензии СССР в этом регионе все те же:

> *19 марта 1945 года СССР денонсировал советско-турецкий договор от 25 декабря 1925 года. В мае Турция предложила проект соглашения, при котором в случае войны гарантировался бы свободный проход армии и флота СССР через турецкую территорию. Но после этой уступки у СССР возник соблазн «дожать» Турцию до полного удовлетворения всех советских требований. Посол Турции в Москве С. Сарпер лично встречался с Молотовым; на встрече 7 июня нарком иностранных дел заявил о таких желательных условиях заключения нового соглашения, как режим совместного советско-турецкого контроля в Черноморских проливах (с размещением советской военно-морской базы) и «исправление» Московского договора 1921 года, который Молотов назвал несправедливым для «обиженного в территориальном*

> *вопросе» СССР. Новая граница СССР и Турции, с советской точки зрения, должна была примерно соответствовать границе Российской и Османской империй по состоянию на 1878 год: к «незаконно отторгнутым» территориям относились бывшая Карсская область, юг Батумской области, а также Сурмалинский уезд бывшей Эриванской губернии*[422].

Согласно высказываниям В. М. Молотова и А. Я. Вышинского, сделанным ими в беседе с послом Югославии в СССР Поповичем, Советский Союз планирует не останавливаться на этих требованиях; они упомянули «о перспективе сбрасывания Турции с Балканского полуострова, а также выхода на Эгейское море. Это будет сделано, сказал Молотов, чтобы обеспечить славянам будущее»[423].

В декабре 1945 года претензии СССР к Турции, до этого выдвигавшиеся только на закрытых переговорах, были косвенно

---

[422] 4 февраля министр иностранных дел Турции Н. Сюмер встретился с послом СССР в Турции С. Виноградовым. Территориальные претензии Союза посол объяснил так:

«…это претензии Армянской ССР, а согласно Конституции СССР союзное правительство обязано защищать интересы союзных республик».

(см.: Джамиль Гасанлы. Турецкий кризис в период «холодной войны» и Республики Южного Кавказа // Кавказ и глобализация. Т. 2. Вып. 4. 2008. С. 134)

18 октября МИД Турции в своей ноте резонно заметил:

«Турецкое правительство не может понять, как право СССР на защиту может реализовываться на территории Турции, противореча суверенным правам этой страны».

(Там же. С. 140)

[423] Гибианский Л. Я. Донесения югославского посла в Москве об оценках руководством СССР Потсдамской конференции и положение в Восточной Европе (август — ноябрь 1945 г.) // Славяноведение. 1994. № 1. С. 3–13.

озвучены в советской прессе. В ответ в апреле 1946 года американский линейный корабль «Миссури» (тот, на борту которого за полгода до этого Япония подписала свою капитуляцию) вошёл на рейд Стамбула.

7 августа 1946 года СССР обратился к Турции с нотой, в которой выдвинул пять требований по Черноморским проливам. Параллельно начались военные приготовления вдоль границ Турции[424].

Претензии СССР упоминаются в Фултонской речи Уинстона Черчилля, считающейся началом Холодной войны:

«Турция и Персия глубоко обеспокоены и озабочены по поводу претензий, которые к ним предъявляются, и того давления, которому они подвергаются со стороны правительства Москвы…»

Лишь в мае 1953 года Турции было сообщено заявление советского правительства, в котором говорилось:

«Что же касается вопроса о Проливах, то советское правительство пересмотрело своё прежнее мнение по этому вопросу и считает возможным обеспечение безопасности СССР со стороны Проливов на условиях, одинаково приемлемых как для СССР, так и для Турции»[425].

Н. С. Хрущёв, выступая на Пленуме ЦК КПСС в июне 1957 года, дал эмоциональную оценку сталинской дипломатии в отношении Турции: «Разбили немцев. Голова пошла кругом. Турки, товарищи, друзья. Нет, давайте напишем ноту, и сразу Дарданеллы

---

[424] Иванов И. С. Очерки истории Министерства иностранных дел России. 1802–2002. В 3 т. Т. 2. — М., 2002.

[425] Джамиль Гасанлы. Турецкий кризис в период «холодной войны» и Республики Южного Кавказа // Кавказ и глобализация. Т. 2. Вып. 4, 2008. С. 144.

отдадут. Таких дураков нет. Дарданеллы — не Турция, там сидит узел государств. Нет, взяли ноту специальную написали, что мы расторгаем договор о дружбе и плюнули в морду туркам… Это глупо. Однако мы потеряли дружескую Турцию и теперь имеем американские базы на юге, которые держат под обстрелом наш юг…[426]

Наконец, об этом есть рассказ самого Молотова в 1975 году:

«Предъявили в конце войны туркам контроль над Дарданеллами, турки не пошли на это, и союзники не поддержали. Это была наша ошибка. Когда туда вошли наши корабли, там уже были англичане наготове... Конечно, это наше упущение. Я ставил вопрос о контроле над проливами со стороны нас и Турции. Считаю, что эта постановка вопроса была не вполне правильной, но я должен был выполнять то, что мне поручили. Я поставил этот вопрос в 1945 году, после окончания войны. Проливы должны быть под охраной Советского Союза и Турции. Это было несвоевременное, неосуществимое дело. По существу, с нашей стороны это было неправильно: если бы Турция была социалистическим государством, об этом еще можно было бы говорить.

Были у нас претензии на турецкие земли. Грузины-ученые выступили... Неловко это было. Босфор охранять совместно с турками...

Милюков все время о Босфоре говорил. Русские генералы все время насчет Босфора... Выход из Черного моря!

Не прошло. В последние годы Сталин немножко стал зазнаваться, и мне во внешней политике приходилось требовать

---

[426] Гасанлы Д. П. СССР — Турция: полигон «холодной войны». — Баку: Изд-во «Адилоглы», 2005. С. 509.

то, что Милюков требовал — Дарданеллы! Сталин: «Давай, нажимай! В порядке совместного владения». Я ему: «Не дадут». — «А ты потребуй!» <...> Понадобилась нам после войны Ливия. Сталин говорит: «Давай, нажимай!» Аргументировать было трудно. На одном из заседаний совещания министров иностранных дел я заявил о том, что в Ливии возникло национально-освободительное движение. Но оно пока еще слабенькое, мы хотим поддержать его и построить там свою военную базу. И вопрос с Дарданеллами, конечно, надо было решать. Хорошо, что вовремя отступили, а так бы это привело к совместной против нас агрессии. В то же время Азербайджан претендовал, — увеличить их республику почти в два раза за счет Ирана. Начали мы щупать этот вопрос — никто не поддерживает. У нас была попытка, кроме этого, потребовать район, примыкающий к Батуми, потому что в этом турецком районе было когда-то грузинское население. Азербайджанцы хотели азербайджанскую часть захватить, а грузины — свою. И армянам хотели Арарат отдать. Выступать с такими требованиями тогда было трудно. Царское правительство нахапало вокруг России районов. Нам следовало быть очень осторожными. Но попугать — попугали крепко»[427].

Как сказал один иностранный дипломат 24 июля 1944 г.:

«СССР перенял царскую политику: скоро Москва появится на Ближнем Востоке с серпом и молотом в одной руке и крестом в другой»[428].

---

[427] Чуев Ф. Сто сорок бесед с Молотовым: Из дневника Ф. Чуева. — М., 1991. С. 101–103.

[428] Цит. по: Иванов С. А. Византийская культура и агиография. — М., 2020. С. 496.

Эти события стоит учитывать тем церковным людям, которые недоумевают, отчего это Константинопольский патриархат отказался участвовать во Вселенском Соборе, который Москва пробовала созвать в 1948 году.

И, наконец, 2015 год. Степашин. Глава Палестинского общества, экс-глава ФСБ, бывший премьер-министр России:

> *«Если бы Турция не была членом НАТО, она никогда бы не позволила даже пальчиком пошевелить, иначе бы сегодня и пролив Дарданеллы, и Константинополь были бы российскими»*[429].

Цели растянувшейся на века конфронтации с Турцией были вполне ясны: установление контроля России над Балканскими странами и над проливами.

Некоторые политики заметили преодоление коминтерновского мессианизма в обычный российский империализм еще раньше. При виде сталинских репрессий Черчилль писал:

«Как влияет этот забой на Россию — фактор силы в европейском балансе? Данность в том, что Россия решительным образом отошла от коммунизма. Состоялся сдвиг вправо. План мировой революции, вдохновлявший троцкистов, разваливается, если не разрушен полностью. Национализм и некоронованный империализм России проявляют себя несовершенным образом, но все же как нечто более надежное. Вполне возможно, что Россия в старых одеждах личного деспотизма дает больше точек соприкосновения, чем евангелисты III Интернационала. В любом случае ее будет легче понять. Действительно, речь идет в меньшей степени о манифестации мировой пропаганды, чем об инстинкте самосохранения общества, которое боится острого германского меча, и имеет для этого все основания».

(Churchill Winston. Schritt für Schritt. Amsterdam, 1940. С. 63–65)

См. также: письмо Гитлера Муссолини (08.03.1940):

«В России после окончательной победы Сталина, несомненно, совершается превращение большевистского принципа в своего рода национальный русский образ жизни».

(ADAP. Serie D, Bd. 8, Dok. 663)

[429] URL: https://www.ippo.ru/humanitarian/article/predsedatel-ippo-sergey-stepashin-dlya-nas-siriya-308275

Стоит заметить, что войны, в которых прославился святой адмирал Ушаков, были все как на подбор вполне захватнические[430].

Да и Суворову не довелось защищать ни один русский город, о чем есть интересный отзыв Кутузова, сохраненный в воспоминаниях генерала Маевского:

> *«Я помню, как в одно утро принесли готово-написанный приказ фельдмаршалу, где от его имени вспоминалось о Суворове. Фельдмаршалу прочитали его, и все, кроме имени, ему понравилось. Но чтобы скрыть ревность свою, он раскрыл ее следующим разговором: — Конечно, Александр Васильевич был великий полководец. Но ему не представилось еще тогда спасти отечество»*[431].

Тот же Кутузов писал про «народ, который в продолжение двухсот лет не видел войн на своей земле».

Что это за такой счастливый народ? Он, наверно, наслаждался столетиями мира? Народ-миролюбец? Ой, это про русский народ.

---

[430] Император Павел приказал Ушакову открыть боевые действия в Средиземном море в ответ на высадку Наполеона в Египте. Как и чем это могло угрожать интересам России?

«Действуйте вместе с турками и англичанами против французов яко буйного народа, истребившего в пределах своих веру и Богом установленные законы, чему показали очевидный пример, сделав ныне впадение во владения Блистательной Порты в Египте».

(Михайловский-Данилевский А. И. История войны 1799 г. между Россией и Францией в царствование императора Павла I. Т. 1. — Спб, 1853. С. 90)

«Решившись низвергнуть настоящее правительство Франции, я…» — писал русский император графу Разумовскому, русскому послу в Вене (Милютин Д. А. История войны России с Францией в царствование Павла I в 1799 году. — СПб, 1853. Т. 2. С. 175).

[431] Маевский С. И. Мой век. 1793–1826. — М., 2015. С. 63

Цитата из письма Кутузова французскому маршалу Бертье 8 октября 1812[432]. Помянутые 200 лет — это 1612–1812.

От поляков в Москве до Наполеона в Кремле.

Но ведь войны в эти века были? Да. Какие славные имена и места славы русского оружия! Егерсдорф, Прейсиш-Эйлау, Мутенская долина, остров Корфу, Измаил! Это ж русские селенья, это ж родина моя!

Северная война, Семилетняя война, русско-турецкие войны, русско-персидские войны, наполеоновские войны…

Но как называются войны, что ведутся не на своей земле? Не они ли случайно называются агрессией? Есть, конечно, формула Галича: «Граждане, Отечество в опасности: наши танки на чужой земле!» Но она, кажется, о другом аспекте таких операций.

У Владимира Соловьёва в «Трех разговорах» (1899 г.) Политик вопрошает:

> *«Почему, я спрашиваю, Александр Невский, бивший ливонцев и шведов в тринадцатом веке, — святой, а Александр Суворов, бивший турок и французов в восемнадцатом, — не святой? Ни в чем, противном святости, Суворова упрекнуть нельзя. Он был искренно благочестив, громогласно пел на клиросе и читал с амвона, жизнь вел безупречную, даже ничьим любовником не был, а юродства его, конечно, составляют не препятствие, а скорее лишний аргумент для его канонизации. Но дело в том, что Александр Невский сражался за национально-политическую будущность своего отечества, которое, разгромленное уже наполовину с востока, едва ли бы устояло при новом разгроме с запада, — инстинктивный смысл народа понимал жизненную важность положения и дал этому князю самую высокую награду, какую только мог представить, причислив*

[432] Кутузов М. И. Сборник документов. Т. 4, ч. 2. — М., 1955. С. 39.

его к святым. Ну а подвиги Суворова, хотя несравненно более значительные в смысле военном, — особенно его Аннибаловский поход через Альпы — не отвечали никакой настоятельной потребности, — спасать Россию ему не приходилось, ну, он и остался только военною знаменитостью».

(Разговор второй)

Эти претензии на Царьград вовсе не были капризом или импровизацией. Это многовековая претензия на землю, которая никогда не была русской, хотя «миролюбиво» осаждалась еще во времена князей Олега и Святослава.

Эту мечту уже в наши дни озвучила певица Жанна Бичевской, и многолюдные православные залы с архиереями и батюшками умилялись ее обещаниям:

Возвратит Россия Русский Севастополь,
Станет снова Русским полуостров Крым,
Наш Босфор державный, наш Константинополь
И святыня мира Иерусалим!

Упоминание Иерусалима тут вполне уместно: московская экспансия на этом направлении не собиралась ограничиться Царьградом. По пути к нему надо было еще покорить Турцию.

Сталин с января 1946 года вынашивал идею создания еврейского государства не ради облагодетельствования еврейского народа, а ради создания коммунистического плацдарма на Ближнем Востоке. Эту идею горячо поддержал будущий первый премьер Израиля, выходец из Российской Империи, легендарный Давид Бен-Гурион. Он открыто называл себя большевиком и восхищался трудами Ленина. В ООН Советский союз проголосовал против резолюции о праве возвращения палестинских беженцев в еврейское государство и работал над тем, чтобы как можно больше территорий при разделе перешли евреям, а не пробританск и, как правило, настроенным арабам. Сталин даже заранее подготовил готовое правительство для Израиля. Например, по замыслу советских властей, премьер-министром страны должен был стать Соломон Лозовский — бывший заместитель наркома иностранных дел СССР[433].

А в 1955 год произошел поворот советской ближневосточной политики (не в целях, а в средствах):

«Расскажу здесь об этом, хотя это и не имеет отношения к теме данной главы. Нас, работников объекта и министерства, приглашенных на заседание Президиума, долго не впускали в зал заседаний. Вышел Горкин (кажется, это был он; тут я немного боюсь за свою память):

— У вас просят извинения за задержку. Заканчивается обсуждение сообщения Шепилова, который только что вернулся из поездки в Египет. Вопрос чрезвычайно важный. Обсуждается решительное изменение принципов нашей политики на Ближнем Востоке. Отныне мы будем поддерживать арабских националистов. Цель дальнего прицела — разрушение сложившихся отношений арабов с Европой и США, создание „нефтяного кризиса" — все это создаст в Европе трудности и поставит ее в зависимость от нас.

Пересказывая эти слова через четверть века, я могу неточно передать отдельные выражения. Но я ручаюсь за общий смысл того, что мне, тогда еще вполне „своему", довелось услышать».

(Андрей Сахаров. Воспоминания. Гл. 12-5)

---

433 URL: https://news.ru/near-east/poslednij-proekt-stalina-kak-sssr-pomog-sozdat-evrejskoe-gosudarstvo/

Русско-персидские войны

Русско-персидские войны были неизбежным следствием вторжения России в каспийский регион, Дагестан и Закавказье.

В 1560 году состоялся первый поход на Северный Дагестан. Повтор — в 1594-м и 1604-м.

1650 год — казаки напали на персидский караван, и шах увидел в этом повод для вмешательства во внутренние дела России в Дагестане…

Персидский поход 1722–1723 годов имел место по той причине, что после окончания Северной войны Пётр I решил совершить поход на западное побережье Каспийского моря, и, овладев Каспием, восстановить торговый путь из Центральной Азии и Индии в Европу, что весьма полезно было бы для российских купцов и для обогащения Российской империи. Пётр I объявил персидскому шаху, что повстанцы совершают вылазки на территорию Российской империи и грабят купцов, и что русские войска будут введены на территорию северного Азербайджана и Дагестана для оказания помощи шаху в усмирении жителей мятежных провинций. Затем был пушечный обстрел и штурм Баку. Когда-то (в 1724) наш официоз честно выражался о военных действиях в том регионе: «По доношению, присланному из новозавоеванного в Персиде городу Баки…»[434]

В 1796 году в Персию войска вел граф В. А. Зубов. Взятие Дербента, Баку и Гянджи.

Вот хроника событий на персидском фронте начала XIX века: в 1803 году в результате успешного похода русских войск под командованием генерала Гулякова России покорились Джаро-Белоканские общества и Илисуйский султанат.

---

[434] Собрание постановлений и распоряжений по ведомству православного исповедания. Т. 4. — СПб, 1876. С. 191.

В январе 1804 года князь Цицианов слал угрозы Мухаммед-хану Каджару и требовал, чтобы тот признал русского кандидата в качестве католикоса Армянской церкви, дал заложников, выплачивал 80 000 рублей дани ежегодно и сдал русским все военные запасы. 3 января 1804 года русские штурмом взяли Гянджу. Джавад-хан и большая часть гарнизона погибла при защите, и Гянджинское ханство было включено в состав России. Это послужило поводом к тому, что Персия объявила войну России. Да, война объявлена не нами. Но точно ли России тут жертва чужого нападения на нее?

В конце июня 1804 года Цицианов повёл меньше, чем 3 000 русских, грузинских и армянских солдат через границу Эриванского ханства. Его первой целью был армянский религиозный центр в Эчмиадзине, где он столкнулся с армией Аббаса-Мирзы в 18 000 человек. Эривань тогда взять не удалось. Но в 1805 году к России были присоединены Карабахское, Ширванское и Шекинское ханства, Шурагельский султанат.

В августе 1805 в течение 11 дней Каспийская флотилия бомбардировала Баку. К концу августа высадившийся отряд овладел передовыми укреплениями перед городом. Ханские войска, вышедшие из крепости, были разбиты. Однако большие потери от столкновений, а также нехватка боеприпасов вынудила 3 сентября снять осаду с Баку, и 9 сентября флотилия полностью покинула бакинскую бухту. Лишь 3 октября 1806 года русские войска под командованием генерала Булгакова вошли в Баку. В 1807 году русские войска снова неудачно штурмовали Эривань.

В 1812 г. генерал Котляревский, перейдя Аракс, 19–20 октября разгромил персов в битве при Асландузе. В декабре 1812 года Котляревский вступил на территорию Талышского ханства. В январе 1813 года Котляревский осадил Ленкорань. 1 января 1813 года Ленкорань была взята штурмом.

Точно ли «ханства» и «султанаты» ждали «русских освободителей»?

Даже православные грузины роптали так, что в 1817 году генерал Алексей Петрович Ермолов обещал утопить их страну в крови:

«От обедни Алексей Петрович пошел к архиерею Феофилакту и долго разговаривал с ним о поведении грузинского дворянства. Говорил о неблагодарности грузин, о бунтах. Я честью клянусь, что при мне здесь может только последний бунт быть, а потом на сто лет тишины. Кахетия забунтовала? 30 000 народу уничтожу, залью ее кровью, и армия сыта будет на ваш счет»[435].

В 1826 году инициатором очередной русско-персидской войны за обладание северным Азербайджаном были персы. Основания к тому были: для генерала Ильинского, командующего русскими войсками в северном Талыше (граница современных Азербайджана и Ириана) были законными любые методы обеспечения русского контроля над областью и его личных выгод. Он убрал ряд местных вожаков и завладел имуществом населения, главным образом богачей, попросту убивая их и не оставляя следов от их тел, обычно он привязывал к их телам тяжести и топил их в Каспийском море[436]. В ходе переговоров по итогам войны 1826–1829 годов в Тегеране толпа убила русского дипломата и поэта Александра Грибоедова…[437]

---

[435] Записки Н. Н. Муравьева // Русский архив. 1886. № 5. С. 27.

[436] Soli Shahvar, Emil Abramoff.The Khan, the Shah and the Tsar: The Khanate of Talesh between Iran and Russia // Russians in Iran. Diplomacy and Power in the Qajar Era and Beyond. — London, New York: I.B.Tauris & Co. Ltd, 2018. P. 38.

[437] Из отношения графа Нессельроде графу Паскевичу № 527 от 16 марта 1829 года:

«…При сем горестном событии Его Величеству отрадна была бы уверенность, что шах Персидский и наследник престола чужды гнусному умыслу и что сие происшествие должно приписать опрометчивым порывам усердия покойного Грибоедова, не соображавшего поведения своего

В первые месяцы 1909 года российские войска в порядке подавления революционного движения в Персии заняли Джульф, Решт, Казвин, Тебриз и другие города на севере Ирана. 16 июля Моххамед-Али шах все же отрекся от престола. Несмотря на завершение Гражданской войны и восстановление конституции, Россия продолжала и дальше направлять в Иран военные силы для того, чтобы закрепить свои позиции. Причем это продвижение было похоже на слепой империалистический инстинкт, что отметила даже крайне правая газета «Земщина»: мы сами не знаем, куда и на что идем[438].

«29 октября 1911 года в Тегеране посол России вручил правительству Персии ультиматум с требованиями восстановления порядка в Персии и обеспечения защиты экономических интересов России. После истечения срока ультиматума от 11 ноября 1911 года войска России перешли русско-персидскую

с грубыми обычаями и понятиями черни тегеранской, а с другой стороны, известному фанатизму и необузданности сей самой, которая одна вынудила шаха и в 1826 году начать с нами войну».

(Материалы к истории персидской войны 1826–1828 гг. // Кавказский сборник, Том 30. 1910. С. 171)

438 Земщина (Санкт-Петербург). 1909. 23 июня (6 июля). № 18. С. 2.

Самой «Земщине» все было ясно:

«И разум, и чувство подсказывают нам необходимость энергичного и немедленного вмешательства в персидские дела, пока еще есть время вернуть потерянное, водворив в стране порядок и законность и, водворив порядок в стране, защитить наши экономические интересы в Персии. Ни одна европейская держава не стала бы медлить в нашем положении, а немедленно приступила бы к действиям, отвечающим всем потребностям и интересам государства».

(Земщина. 1909. 18 июня (1 июля). № 14. С. 2)

«Если бы русское правительство при первых признаках волнения в Персии прибегло к посылке в те города, спокойствие которых особенно важно для интересов России, небольших русских отрядов, русская торговля была бы избавлена от громадных убытков».

(Колокол (Санкт-Петербург). 1909. 21 июня (4 июля). № 985. С. 1)

границу и заняли город Казвин. Ввод войск осуществлялся по трём операционным направлениям — из Джульфы, Астары и Энзели — на Тегеран. 10 ноября в Тегеране, после оккупации войсками России северной Персии, персидское правительство согласилось удовлетворить все требования России»[439].

Как говорит историк — «политика России в отношении Персии во время Первой мировой войны была логичным продолжением ее действий, осуществляемых в адрес персидского государства ранее (в 1909 и 1911 г.), а именно применение военной интервенции в Персидском Азербайджане как способа сохранения в нем своего политико-экономического влияния, но никак не с целью территориального захвата его земель»[440]. В 1920 году была провозглашена Персидская Советская Республика с центром в Гиляне (южный берег Каспийского моря).

Хроника событий была такой: 17 мая 1920 года из Баку вышла Волжско-Каспийская военная флотилия под командованием Фёдора Раскольникова и Серго Орджоникидзе, и взяла курс на Энзели, где находились корабли, уведённые белогвардейцами Деникина из русских портов. 18 мая флотилия выдвинула ультиматум британским войскам, занимавшим город Энзели, по его истечении начались боевые действия, британцы и белогвардейцы отступили. Советская Россия вернула контроль над кораблями. Однако лёгкая победа и благоприятное отношение населения к изгнанию шахских властей и поддерживающей их английской миссии породили у большевиков надежды на установление дружественного просоветского правительства в регионе. Воспользовавшись моментом, 4 июня 1920 года отряды дженгалийцев под командованием националиста Мирзы Кучек-хана заняли г. Решт — столицу остана Гилян. 5 июня, после переговоров с советскими представителями,

---

439 URL: https://ru.wikipedia.org/wiki/Российская_интервенция_в_Персию

440 Фарис В. Г. Ассирийские части российской армии в Первой мировой войне. Диссертация на соискание ученой степени кандидата исторических наук. — М.: Институт российской истории РАН, 2022. С. 58–59.

там же была провозглашена Гилянская Советская республика. 20 сентября 1920, вернув уведённый белогвардейцами флот, правительство РСФСР приняло решение о сворачивании своей военной операции в Иране и приступило к переговорам с шахским правительством. 26 февраля 1921 г. был заключён советско-иранский договор о постепенном выводе советских войск. Согласно договору, советские войска начали покидать Гилян с апреля и были полностью выведены к 8 сентября 1921.

20 сентября пленум ЦК РКП(б) рассматривал предложения НКИД (письмо Л. М. Карахана) по персидскому вопросу и мерах по советизации Персии. Письмо Карахана во всей полноте отражало двусмысленную политику Советской России в отношении Персии: проведение вооруженной интервенции сочеталось с официальным ее отрицанием и многочисленными заявлениями НКИД о признании права Персии на территориальную неприкосновенность и национальный суверенитет). Признавая развал советского правительства в Гиляне, военные неудачи, политические ошибки и бестактности, допущенные гилянским руководством и Персидской Красной армией, враждебность населения к скомпрометировавшим себя советским гражданам, хозяйничавшим в Персии как в завоеванной стране и одновременное ослабление враждебности к англичанам, Карахан все же настаивал на политике советизации Персии[441].

После этого 26 февраля 1921 правительство РСФСР в лице Г. Чичерина заявило:

> *Российское Советское правительство торжественно заявляет о бесповоротном отказе России от насильнической в отношении Персии политики империалистических правительств России*[442].

---

[441] Персиц М. А. Застенчивая интервенция: о советском вторжений в Иран, 1920–1921 гг. — М., 1999. С. 35.

[442] URL: http://docs.historyrussia.org/ru/nodes/111843-mirnyy-dogovor-mezhdu-soyuznymi-i-obedinivshimisya-derzhavami-i-germaniey-versalskiy-mirnyy-dogovor-izvlecheniya-28-iyunya-1919-g#mode/inspect/page/16/zoom/4

18 мая 1921 г. политбюро утвердило постановление, подготовленное специально созданной комиссией, — «об уводе наших войск из Персии».

И все же, воспользовавшись «некоторой неопределенностью» постановления ЦК РКП(б), Орджоникидзе и новый главком Персидской Красной армии Н. Ф. Гикало вместе с несколькими азербайджанскими деятелями решили еще раз «попробовать» внезапным ударом частей под командованием Эхсануллы-хана захватить Тегеран (Мазендаранская операция). Но эта попытка в ноябре 1921 окончилась бесславно[443]. Некий В. Островский (видимо, посланец Коминтерна в Гиляне) писал, что «неуспех русской интервенции в Персии отразился на ее революционном движении тяжелым образом… (ибо она) отшатнула от революции широкие народные массы… Туземные революционные силы… не смогли использовать нашу интервенцию в своих интересах… и действия нашего военного командования только скомпрометировали Красную армию и подорвали наш политический престиж на Востоке»[444].

Членом Иранской компартии был активно участвовавший в событиях Яков Блюмкин, убийца германского посла графа Мирбаха в 1918 году и будущий спутник Рерихов. Сергей Есенин в 1924–1925 годах написал цикл стихотворений под названием «Персидские мотивы», видимо, вдохновлённый вышеописанными событиями в Иране, которые наблюдал как очевидец, так как находился при штабе командира группы войск и его друга Примакова.

Иран ли напал на СССР 25 августа 1941 года? Тогда в Персию вошли 44-я, 47-я и 53-я армия, у которых было около тысячи танков. Вошли с боями и без приглашения иранского правительства. Были убиты около 200 иранских военных; потери РККА составили 40 человек[445]. Еще около 200 гражданских лиц погибли при советской бомбардировке Гиляна.

---

[443] Персиц М. А. Застенчивая интервенция: о советском вторжений в Иран, 1920–1921 гг. — М., 1999. С. 51.

[444] Там же. С. 56–57.

[445] Голуб Ю. Г. Иран в фокусе политики великих держав. 1941–1943. — Саратов, 2015. С. 114.

Нельзя сказать, что местное население было в восторге.

«Ноты протеста регулярно поступали в посольство СССР в Тегеране: советские военнослужащие разобрали ледник, порубили ценные деревья, устроили дебош и т. д. Архивные документы содержат многочисленные свидетельства нападений на мелкие советские гарнизоны и на отдельных командиров и бойцов Красной Армии. Учитывая, что устоявшаяся в отечественной историографии традиция требовала представлять советско-иранские отношения как союзнические, эти данные до сих пор не предаются огласке»[446].

2 марта 1946 года, по прошествии 6 месяцев «после прекращения всех военных действий», англичане приступили к выводу своих войск с территории государства, однако советская сторона отказалась поступить так же, мотивируя своё решение «угрозой безопасности Советского Союза».

«В марте 1946 года на территорию Южного Азербайджана были введены 15 советских бронетанковых дивизий, которые начали продвижение в сторону Тегерана. Экспертное сообщество выделяет два ключевых этапа военного вмешательства. Изначально планировалось захватить крупнейшие нефтяные месторождения Персидского залива, Турцию и Суэцкий канал, а затем уже полностью занять и аннексировать Южный Азербайджан»[447].

Голуб Ю. Г. Малоизвестная страница великой войны: советская оккупация Северного Ирана в августе — сентябре 1941 года // Военно-исторические исследования в Поволжье. Вып. 5. Саратов, 2003.

URL: https://ru.wikipedia.org/wiki/Иранская_операция

446 Оришев А. Б. Иранская интеллигенция, национализм и нацистская Германия // Интеллигенция и мир. 2020. № 4. С. 22.

447 Шагалов В. А., Москвичева Е. А. Иран во Второй Мировой войне и влияние Постдамской конференции на его послевоенное развитие // Международные отношения и общество. 2020. № 3–4. С. 84.

Дело шло к образованию двух новых советских республик — Южного Азербайджана и Курдистана.

В мае 1946 года случилось первое в истории новообразованной ООН предъявление официального обвинения в Совет Безопасности. Иранское правительство обвиняло СССР.

В итоге Советский Союз вывел Красную Армию из Ирана. Но нескрываемое намерение советской стороны продолжать оккупацию Ирана и желание оккупировать послевоенную Турцию стали одной из главных причин начала «холодной войны».

Как впоследствии говорил участник тех событий шах Реза Пехлеви:

«Как мне кажется, историки подтвердят, что „холодная война" фактически началась в Иране. Хотя ее симптомы наблюдались также и в других районах земного шара, впервые признаки этой формы войны явственно проявились в Иране»[448].

В движении России на Юг, конечно, не стоит забывать и заглядывание Петербурга на Индию.

«Первый документально установленный проект похода на Индию был представлен на рассмотрение Екатерины II не каким-либо российским военным стратегом, а принцем Нассауским в 1791 г. Некий французский штабной офицер, автор этой схемы, предложил атаковать британские владения через Бухару и Кашмир»[449].

---

[448] M. Reza Shah Pahlavi. Mission for my Country, London, 1961, P. 70–71. Цит. по: Шагалов В. А., Москвичева Е. А. Иран во Второй Мировой войне и влияние Постдамской конференции на его послевоенное развитие // Международные отношения и общество. 2020. № 3–4. С. 86.

[449] Сергеев Е. Ю. Большая игра, 1856–1907. Мифы и реалии российско-британских отношений в Центральной и Восточной Азии. — М., 2016. С. 66. Там излагаются и более позднее планы предложения.

Всерьез к этому отнесся уже император Павел. Он успел отдать приказ о посылке донских казачьих полков для поиска путей в Индию через Среднюю Азию. В двух рескриптах 12 января 1801 года атаману Войска Донского В. П. Орлову Павел I следующим образом объяснял сложившуюся ситуацию:

«Англичане приготовляются сделать нападение флотом и войском на меня и на союзников моих — Шведов и Датчан. Я и готов их принять, но нужно их самих атаковать и там, где удар им может быть чувствительнее и где меньше ожидают. Индия лучшее для сего место. От нас ходу до Инда, от Оренбурга месяца три, да от вас туда месяц, а всего месяца четыре. Поручаю всю сию экспедицию вам и войску вашему, Василий Петрович. Все богатство Индии будет вам, за сию экспедицию наградою»[450].

---

[450] Безотосный В. Наполеоновские планы. Проект завоевания Индии Наполеона Бонапарта. — М., 2017.

Название книг не должно вводить в заблуждение: автор доказывает, что это был план именно Павла, предложенный им Наполеону. Шансы у этого проекта были. Не так давно закончилась кровопролитная четвертая англо-майсурская война. Крупное княжество Майсур на юге Индостана 20 лет сопротивлялось английской колонизации. Во главе сопротивления стоял мусульманский правитель Типу Султан. Понимая, что в одиночку ему не справиться с английской армией, он в 1797 г. Он обратился за помощью к правителям-единоверцам. На зов откликнулся шах Афганистана Заман-шах, но встретив сопротивление в Сигхских княжествах, вынужден был повернуть назад. После этого Типу стал искать дружбы с Францией, создав в Серингапатаме якобинский клуб при поддержке большого отряда французов из соседнего Хайдарабада. В Париж он отправил эмиссара с планом франко-майсурского союза. К уже имеющимся французским отрядам добавилась сотня волонтеров с острова Маврикий. Английский губернатор Индии Р. Уэлсли (брат герцога Веллингтона) заключил союз с низамом Хайдарабада и в 1798–99 годах, разоружив французские отряды, окончательно разбил истощенное войной княжество Майсур, разграбив его столицу и убив правителя Типу Султана. Только закончилась эта война, как в 1800 году восстали жители Курга — одной из южных провинций… Восстание то затухало, то поднималось и было подавлено лишь в 1805 г.

Россия была не в силах потеснить Англию на морях, «а значит, — писал в 1855 году профессор Московского университета И. В. Вернадский, — не там может быть нанесен чувствительный урон Англии. На страну, из которой развилось ее могущество на Востоке, должен быть направлен и главный удар. Эта страна — Индия»[451]. Профессор предлагал нанести превентивный удар по Индостану чрез Персию:

> *«Если не будет сделано такой попытки, то Великобританская власть одолеет и Китай, как она поработила Индию»[452]. В духе XIX века все это называлось «естественным движением русской власти»[453].*

И это вовсе не было только мечтами публицистов. Офицеры заваливали царя и Генштаб подробно разработанными проектами индийского похода.

Стоит учесть, что пока еще не было Суэцкого канала (открыт в 1869 году), у России было даже логистическое преимущество на этом направлении[454].

До огневого боевого контакта с индусами дело дошло лишь один-два раза.

---

451 Вернадский И. В. Политическое равновесие и Англия. — М., 1855. С. 68.

452 Там же. С. 70.

453 Там же. С. 68.

454 При этом о планах прорытия этого канала еще Наполеон сообщал русскому императору Павлу в 1801 году. В Египте еще оставалась французская армия.

«Суэцкий канал, который соединит Индийский океан и Средиземное море, уже существует в проекте. Эта задача несложная, ее можно решить в короткое время, и это без сомнения принесет неисчислимые выгоды русской торговле. Если Ваше Величество все еще разделяет мнение, которое Вы часто высказывали, что часть северной торговли могла бы переместиться к югу, то Вы можете связать свое имя с великим предприятием, которое окажет огромное влияние на будущие судьбы континента».

(Сборник Российского исторического общества. Т. 70. С. 110)

В 1854 году англичане привезли к стенам Севастополя гуркхов. Так называли представителей народов тибетского и индийского происхождения, живших в предгорьях непальских Гималаев. Их боевой клич «Jai Mahakali, Ayo Gorkhali» (Слава великой Кали, идут гуркхи) 5 (17) июня 1855 года услышали русские защитники третьего бастиона, защищавшего Южную бухту. Но атака была отбита[455].

Второй и более достоверный эпизод — это защита сипаями Ташкента от генерала Черняева (В 30 000-м гарнизоне Ташкента было 10 000 сипаев[456]). Так что это можно считать русско-индийским инцидентом.

Но попытки проложить дорогу в Индию через Афганистан и Персию породили не один боевой инцидент.

А еще была война на Кавказе. Долгая и очевиднейшим образом завоевательная.

И чтобы начать покорять Кавказ, нужно было пройти пространство степи между Доном, Кубанью и Каспием. А это — опять многовековые русско-кумыкские войны, начиная с 1560 года и кончая 1843-м[457].

Политическая география этих мест видна из письма императрицы Екатерины к Вольтеру от 11/22 сентября 1769 года:

«Горские черкасы присягнули мне в хранении верности. Они суть те, которые занимают страну, называемую Кабардою. Сие есть следствие победы, одержанной нашими калмыками

---

455 Агранин А. Третий бастион не сдался врагу // «Сегодня», 11 декабря 2018 г. Мемуарно-документальных подтверждений этому, однако, нет. Скорее всего, журналист принял за гуркхов «Indian» officers, т. е. британских офицеров с опытом службы в Индии (ну, как у нас называют «афганцев»).

456 Терентьев М. А. История завоевания Средней Азии. — М., 2018. Т. 1. С. 341.

457 URL: https://ru.wikipedia.org/wiki/Русско-кумыкские_войны

при помощи регулярных войск над кубанскими татарами, находящимися у Мустафы в подданстве и населяющими землю, лежащую по ту сторону Дона, где река Кубань протекает»[458].

Как видим, Кубань, «земля за Доном» не просто была освоена мирными русскими землепашцами. Она была завоевана «при помощи регулярных войск». Что уж говорить о землях собственно Кавказа…

Да и война с кабардинцами шла много дольше. Начавшись в 1765 году, она окончательно завершилась лишь к 1825 году.

Но началась война с чеченцами и народами Дагестана[459]. Эта война на Восточном Кавказе шла до 1864 года. Но тут же она продолжилась на Западном Кавказе. Литературу по этому вопросу найти несложно.

Отмечу лишь, что с Западного Кавказа (Абхазия, Адыгея, Сочи…) около миллиона горцев («мо(а/у)хаджиров») — адыгов, убыхов, абхазов — ушли в Турцию. До сих пор в Турции живет больше этнических абхазов (более одного миллиона человек), чем в самой Абхазии. Кстати, именно потомки абхазских беженцев населяют Голанские высоты на границе Сирии и Израиля.

И даже Грузия не просто отдыхала «под сенью дружеских штыков»[460].

---

[458] Переписка российской императрицы Екатерины и господина Вольтера. Ч. 1. — М., 1803. С. 49.

[459] И не только с ними. Русский военный хронист (библиотекарь Генштаба) пишет:

«29 июня 1810. Экспедиция полковника Сталя (шесть рот пехоты, два эскадрона драгун, казаки и грузинская милиция) в Осетию: усмирение осетин».

(Лацинский А. Хронология русской военной истории. — Спб, 1891. С. 86)

[460] см.: Потто В. Кавказская война. Том 1. От древнейших времен до Ермолова. — М., 2006.

В России имя грузинского города Телави знакомо прежде всего по эпизоду из фильма «Мимино». Но вот нечто более давнее: «2 февраля 1812. Нападение восставших кахетинцев на форштат города Телава: телавский комендант с 60 человеками заперся в крепость и защищал ее до прибытия подкрепления: майора Вронского с тремя ротами 9-го егерского полка, и майора Есипова — с 250 нарвских драгун… 4 марта. Освобождение Телава»[461].

Среди множества грузинских боев и восстаний я бы вспомнил одно — по той причине, что оно называлось «Церковное восстание» (оно же — «Имеретинское») 1819 года.

По условиям «Георгиевского трактата» 1783 года в Грузии сохранялся свой патриарх, который, однако, имел странный статус: он числился восьмым членом Святейшего синода Российской Церкви:

> *«Его Императорское Величество соизволяет, чтоб католикос или начальствующий архиепископ их состоял местом в числе российских архиереев в осьмой степени, именно после Тобольского, всемилостивейше жалуя ему навсегда титул Святейшего Синода члена».*
>
> *ст. 8*

В 1801 году Грузия вошла в состав Российской империи.

Далее синод применил в Грузии тот же метод, что потом советская власть применяла к самой РПЦ: Поскольку единовременно упразднить грузинские епархии было невозможно, было решено постепенно соединять их с соседними после смерти или ухода на покой правившего архиерея.

2 апреля 1803 г. главнокомандующий в Грузии генерал князь П. Цицианов уведомил патриарха Антония Багратиони, что «священная есть воля Его Императорского Величества не умножать

---

[461] Лацинский А. Хронология русской военной истории. — Спб, 1891. С. 86–87.

в Грузии высоких в духовенстве званий и что упраздняющиеся епархии должны быть присоединяемы к ближайшим, а паче к беднейшим епархиям».

29 мая 1804 г. тот же генерал Цицианов в рапорте на высочайшее имя докладывал, что, придерживаясь этого правила, во время его «пребывания в Грузии, в Карталинии [Картли] упразднено три епархии и осталось три», хотя, как ему «кажется, достаточно в Карталинии иметь одну епархию»[462].

В начале ноября 1810 г. патриарх был вынужден уехать в Петербург, покинув свою родину. 9 ноября в соборе Светицховели состоялась последняя в XIX веке патриаршая служба.

30 января 1811 г. имп. Александр I утвердил доклад Святейшего Синода об упразднении автокефалии и патриаршего достоинства Грузинской церкви. Решением Синода от 21 июня 1811 г. с Антония был снят сан Католикоса-Патриарха[463].

В общем, в церковной жизни, как и в светской: «горе побежденным!»

Далее последовало то же, что и в Молдавии: запрет службы на местном языке, перевод ее на церковно-славянский и поставление высшей иерархии только из числа приезжих русских[464].

В 1817 году рязанский архиепископ Феофилакт (Русанов) был назначен Экзархом Грузии. Он разработал план церковной реформы, направленной на сближение грузинских церковных порядков с общероссийскими: меньше епархий, епископов, храмов, монастырей, штата духовных лиц (ведь на епархиальные управления

---

462 Абашидзе З. Грузинский Экзархат Русской Православной Церкви. // Православная Энциклопедия. Т. 13.

URL: http://www.pravenc.ru/text/168201.html

463 Антоний Второй // Православная Энциклопедия. Т. 2.

URL: http://www.pravenc.ru/text/116048.html

464 Об этом есть книга священника Топологяну «Попытка русских денационализировать Бессарабию чрез Церковь» (1933) pr. N.N. Topologeanu «Incercarea rusilor de a desnationaliza Basarabia prin Biserica».

и монастыри шли средства из госбюджета Империи), проведение секуляризации церковного и монастырского имущества.

И это было справедливо: эпидемия чумы наполовину сократила население по крайней мере Имеретии. К 1821 году там осталось около (из 100 000 населения или 12 975 «дымов» казенных крестьян было 14 000 душ; они кормили 1 950 семью дворянскую или поповскую, в т. ч. 693 священников и 197 диаконов)[465]. В итоге шесть крестьянских семей должны были кормить одну семью дворянскую или поповскую.

А еще крестьянам Грузии надо было кормить и обслуживать (в т. ч. гужевым транспортом) 56 161 русского солдата…

Кроме того, русский Экзарх стал вводить богослужения на церковнославянском языке. По его указу в Сионском соборе половина служб велась приехавшими с ним русскими священниками по-славянски, а половина — грузинскими священниками на их языке.

Церковная реформа с одной стороны, повышала церковные налоги, с другой — сокращала вдвое число клириков, которые находились на зарплате («в штате»).

В 1819–1820 гг. в Кутаиси началось Имеретинское восстание, которое возглавили митрополит Кутаиси (Кутатели) Досифей (Церетели) и митрополит Генатели Евфимий (Шервашидзе), дочь имеретинского царя Соломона II царевна Дареджан, князь Иван Абашидзе.

Экзарх обвинил их в подстрекательстве народа и убедил власти, что разрядить ситуацию можно только арестом и ссылкой мятежных архиереев[466]. В Западную Грузию были введены дополнительные военные силы, правителем Имеретии назначен полковник

---

465 Утверждение русского владычества на Кавказе. Том XII. Иваненко В. Н. Гражданское управление Закавказьем от присоединения Грузии до наместничества вел. кн. Михаила Николаевича. Исторический очерк. — Тифлис, 1901. С. 128.

466 «Кроме вышеозначенных митрополитов Кутатели и Генатели необходимо нужным считаю избавить Имеретию по духовной части еще от двух

44-го егерского полка И. А. Пузыревский. Начальник корпусного штаба генерал-лейтенант А. А Вельяминов писал полковнику:

> *«Сообразите, чтобы эти молодцы не ускользнули; если нельзя живых схватить, то истребить, но тогда тело Кутателя* (митрополита Досифея) *отнюдь не оставлять, а вывезти из Грузии, ибо убийство митрополита может произвести в народе вредное для правительства влияние»*[467].

В ответ полковник Пузыревский написал генералу о своем плане пленников «в крайности должно будет умертвить и бросить в реку»[468]. До той поры — «дабы пленники были смирнее и не были узнаны во время провоза жителями, поймав, надену на них холщевые мешки с отверстием противу рта и перевяжу сверх мешка по шее и поясу».

23 февраля генерал ответил полковнику, что убийство митрополитов произведет плохое впечатление на православных русских солдат.

> *«Итак, если бы по крайнему нашему несчастию, должно было бы прибегнуть к сему жестокому средству, тогда отнюдь не оставлять ни одного в Имеретии тела и не зарывать и не кидать онаго в реку, ибо тела те могут быть снесены вниз и открыть суеверному народу убитого. Всякаго таковаго довезти до Моздока, где онаго можно и предать земле. Единомышленники бунтовщиков могут внушить народу о наказании*

весьма вредных лиц: архимандрита Григория и племянника митрополита Кутатели кн. Бежана Церетели. Оба они были замечены мною первыми зачинщиками мятежа».

(Письмо митр. Феофилакта к ген. Вельяминову от 9 февр 1820 // Акты, собранные Кавказской археографической комиссией: Том VI. Часть первая. — Тифлис, 1874. С. 575)

467 Акты, собранные Кавказской археографической комиссией: Том VI. Часть первая. — Тифлис, 1874. С. 576.

468 Там же. С. 579.

смертью захваченных, но не могши того доказаать, мы всегда можем заблужденный народ вывести из той слепоты, в которую погрузить его пытаются»[469].

Ночью 4 марта 1820 года митрополиты Досифей и Евфимий, архимандрит Григорий (Цкитишвили) и несколько имеретинских князей были схвачены. Досифей оказал сопротивление и был избит прикладами ружей и штыками. Пленники с мешками на головах были отправлены на лошадях через Лихский перевал в Восточную Грузию, чтобы затем по Военно-Грузинской дороге проехать в Россию.

Митрополит Досифей скончался 8 марта 1820 года (Грузинская православная церковь считает, что он умер ещё 6 марта) на пути между Сурами и Гори[470]. Тело митрополита было погребено в Успенской церкви в крепости Ананури.

Синод Грузинской православной церкви 27 мая 2005 года причислил митрополитов Досифея и Евфимия[471] к лику святых.

Незадачливый экзарх Феодосий покинул Имеретию под охраной 300 русских солдат и двух пушек[472].

А Имеретинское восстание все ширилось. Генерал Вельяминов отправился к Шемокмеди и 24 июня подошёл к монастырю-крепости. Монастырь был готов к обороне. Три роты 44-го егер-

---

469 Там же. С. 582.

470 Рапорт ген. Вельяминова ген. Ермолову: «митрополит Кутатели 5 числа, т. е. на другой день после ареста заболел простудною горячкою, а 8 числа сего месяца от сей болезни помер на марше от Сурама к Гори» (Там же. С. 584).

471 Митр. Евфимий Шервашидзе был вывезен в Александро-Свирский монастырь, где и скончался 21 апреля 1822 года. Сосланный в Россию старый первосвященник называл императора Александра I «Нероном нового времени».

472 Махарадзе Н. Б. Восстание в Имеретии 1819–1820 // Материалы по истории Грузии и Кавказа. 1942. вып. 3. — Тбилиси 1942. С. 74. URL: https://dspace.nplg.gov.ge/bitstream/1234/266485/1/Masalebi_Saqartvelosa_Da_Kavkasiis_Istoriisatvis_1942_III.pdf

ского полка были брошены на штурм со стороны ворот и еще один отряд с другой стороны. В полчаса крепость была взята. Вельяминов приказал разрушить все укрепления, а заодно окрестные виноградники и поля.

Была совершена и вылазка в Мегрелию — пять рот с двумя орудиями под началом майора Михина захватили село Гведа. Возможно, это Гведи (გვედი) в Хонском районе, которое формально существует, но на картах не отмечено. Но при селе упоминается «известный монастырь», которого сейчас вроде как не наблюдается.

На этом восстание, получившее имя «церковного», и затихло. После этого Гурия не бунтовала до самого 1841 года.

Грибоедов писал пьесу «Горе от ума» в 1823 году в Тифлисе. События имеретинского восстания ему были известны довольно хорошо. Персонаж его пьесы, полковник Скалозуб, служил в 45-м егерском полку (намек на 44-й егерский?) Он мог получить звание полковника после убийства Пузыревского в апреле 1820 года, но полк ему дали не сразу, а только через два года («Однако за полком два года проводили»). Во всяком случае во фразе «То старших выключат иных, Другие, смотришь, перебиты» может заключаться отсылка на кадровые перестановки в 44-м полку после сражений в Гурии и смерти Пузыревского[473].

[473] URL: https://travelgeorgia.ru/681/

Глава 8

ИДЕМ НА СЕВЕР: ВОЙНЫ СО ШВЕЦИЕЙ

Первая война между единым Русским государством и Шведским королевством это Русско-шведская война 1495–1497 годов (фин. Vanha viha — «Старая вражда»).

Иван III в 1493 году закрыл Ганзейский двор в Новгороде и заключил союз с королём Дании Гансом, который надеялся захватить шведский трон. В 1495-м Иван III послал князей Даниила Щеню (во главе московской рати), Якова Кошкина-Захарьина (во главе новгородской рати) и Василия Фёдоровича Шуйского (во главе псковской рати) осадить шведский замок Выборг. Чтобы лучше руководить военными действиями, государь прибыл на время похода в Новгород. Осада Выборга длилась в течение трёх месяцев. Русским воинам во время одного из штурмов удалось разрушить две башни и захватить часть городской стены, но взятием города все это не увенчалась. В следующем году русские воеводы Василий Косой и Андрей Челяднин, с ходу взяв Нишлот, опустошили всю южную Финляндию вплоть до Ботнического залива.

В марте 1497 года в Новгороде было заключено перемирие со шведами сроком на шесть лет. После того, как на шведский престол взошёл Ганс, военные действия были отложены до 1508 года, когда Швеция и Россия ратифицировали мирный договор, который должен был действовать в течение 60 лет. Хотя война не привела ни к каким территориальным приобретениям обеих воюющих сторон, оба государства подтверждали договор в 1513 и 1524 годах.

Русско-шведские пограничные бодания 1554–1557 годов были обоюдно агрессивными.

В Ливонскую войну Швеция почти не вмешивалась.

При царе Федоре в 1589–90 годах параллельно идут пограничные стычки и переговоры со шведами. В конце концов Москва ставит ультиматум. Царский наказ гласил:

«Говорить с послами по большим, высоким мерам, а последняя мера: в государеву сторону Нарву, Иван-город, Яму, Копорье, Корелу без накладу, без денег... Государю нашему, не отыскав своей отчины, городов Ливонской и Новгородской земли, с вашим государем для чего мириться? Теперь уже вашему государю пригоже отдавать нам все города, да и за подъем государю нашему заплатить, что он укажет».

С. М. Соловьев.
История России. Т. 7, Гл. 3

И пошла русская армия на осаду Нарвы...

В 1610 году Швеция объявила войну России.

1656 год. «Ввиду реальной опасности столкновения с объединёнными литовско-шведскими войсками царь решил нанести упреждающий удар. Летом 1656 года Алексей Михайлович начал войну против Швеции»[474]. Или, как выразился переводчик Посольского приказа — «московиты объявили войну Шведской короне по причине того, что она якобы мешала им завоевать Польское государство»[475].

---

474 URL: https://ru.wikipedia.org/wiki/%D0%A0%D1%83%D1%81%D1%81%D0%BA%D0%BE-%D1%88%D0%B2%D0%B5%D0%B4%D1%81%D0%BA%D0%B0%D1%8F_%D0%B2%D0%BE%D0%B9%D0%BD%D0%B0_(1656%E2%80%941658)

475 Дневник переводчика посольского приказа Кристофа Боуша (1654–1664). — М., 2024.

Осада Риги была неудачной, но Дерпт взять удалось.

Северную войну Петр начал по своей инициативе.

В июле 1699 г. был подписан русскими договор о военном союзе с Данией.

3 августа 1698 года Петр заключил словесное соглашение с польским королем Августом Вторым о совместном выступлении против Швеции (на свидании в Раве Русской).

14 сентября 1699-го в Дрездене был подписан тайный договор польского короля и курфюрста саксонского Августа II с датско-норвежским королём Фредериком IV о союзничестве против юного шведского короля Карла XII.

11 ноября 1699 года «Дрезденский договор» дополнился «Преображенским соглашением»: по итогам тайных переговоров в селе Преображенском Петр подписал секретное соглашение с Польшей о совместной войне против Швеции ради отторжения у нее прибалтийских владений.

Что не помешало Петру Великому уже через пять дней, 16 ноября 1699 г., клятвенно подтвердить Кардисский «вечный мир» со Швецией от 1661 года.

«В июле 1699 года в Москву прибыло большое шведское посольство (150 человек)... Шведы явились, чтобы известить царя о вступлении на престол Карла XII, и привезли с собой богатые дары — серебряные изделия германских и шведских мастеров весом 8 пудов 9 фунтов 88 золотников и на сумму 3.245 рублей 26 алтын и 1 деньгу. Таких богатых подарков шведы русским никогда не преподносили, и это красноречиво свидетельствовало о намерениях стокгольмского двора с Россией не ссориться. По тогдашним законам при заступлении нового монарха на престол требовалось подтверждение основных договоров, существовавших между обеими странами. В данном случае речь шла о подтверждении Кардисского

мира. Переговоры прошли в целом гладко, если не считать одного пункта. Разногласия проявились, казалось бы, из-за непринципиальной статьи номер 27, определяющей порядок ратификации текста мирного договора: русские предлагали ратифицировать договор посылкой спецпосла с грамотами в Стокгольм, шведы же требовали, чтобы царь в их присутствии принес присягу на Евангелии и совершил обряд крестоцелования»[476].

Что и было сделано и подписано:

«По Кардисскому вечному договору, плюсскому совершению и Московскому постановлению в соседственной дружбе и любви мы с вашим королевским величеством быти изволяем».

Но это была операция дипломатического прикрытия: отказ от продления мирного трактата был бы открытым признанием враждебных намерений в отношении Швеции, и потому Петр прибег к «мистификации» для сокрытия своих истинных намерений — и, хотя Россия уже вела подготовку к войне, царь «обязался» «содержать верно, крепко и ненарушимо» договор, который, по сути, он уже нарушил.

После подписания русско-польского договора датский посол 26 ноября 1699 г. подтвердил особым «артикулом», что Дания, как и Россия, будет вести наступательные военные действия против шведов до окончательной победы.

«8 августа 1700 года, когда русский посол Украинцев подписывал в Константинополе мирный трактат, уже решена была новая война, и Россия входила в новый союз, направленный против Швеции»[477].

---

476 Докончальная грамота со шведским королем Карлом XII // Письма и бумаги императора Петра Великого / Комиссия по изданию писем и бумаг императора Петра Великого. — СПб, Гос. тип., 1887. С. 314–317.

477 Кафенгауз Б. Внешняя политика России при Петре I. — М., 1942. С. 23–24.

А шведам война с Россией просто была не нужна. Тут не было интересных для них целей и возможных приобретений. Лесов и болот им и так хватало. Напротив, Карлу XII был необходим мир с Москвой, потому что Европа состязалась в привлечении Швеции на свою сторону в борьбе за испанское наследство. Вот там было что делить.

В итоге, едва получив известие о заключении мира с Турцией, буквально на другой день, Петр сообщил письмом Августу II о подписании мира с турками и о том, что отдано распоряжение новгородскому воеводе объявить шведам войну и перейти границу.

19 августа 1700-го Петр объявил войне Швеции, и 24 августа русские войска выступили с наступательным походом на штурм шведской Нарвы[478].

Петровский вице-канцлер Петр Шафиров в 1717 году написал книгу под названием «Рассуждение, какие законные причины Петр I, царь и повелитель всероссийский, к начатию войны против Карла XII, короля шведского, в 1700 году имел».

Причин оказалось две.

Во-первых, Петр имел право притязать на исконно русские земли, которые оказались «похищенныя и отторгнутыя»:

---

[478] Это происшествие, случившееся на заре нашей Имперской истории, стоит сопоставить с совсем не-аналогичным происшествием, имевшим место на заре истории просто Рима. В первую Пуническую войну карфагеняне разбили римский экспедиционный корпус и взяли в плен его командира Регула. Через несколько лет пленного Регула послали в Рим на переговоры. С него взяли клятву: если мира не будет, он вернется в плен. Сенат был готов на любые условия, чтобы только спасти Регула. Но сам Регул призвал сенаторов не к миру, а к войне: карфагеняне слабеют, победа близка, а его, Регула, жизнь — недорогая плата за торжество над неприятелем. Сенат предложил остаться — он не захотел нарушить клятву. Жрецы обещали именем богов снять с него клятву — он отвечал, что хочет быть честным не перед богами, а перед людьми.

Как говорится — «бойтесь христиан: их бог прощает им всё».

«И всяк, ежели кто злобою и пристрастием не ослеплен, признает, имел ли Его Царское Величество Всероссийский ПЕТР Первый, древние в праве натуралном основанные притчины, сии от наследного своего Государства, против всякой правости похищенныя и отторгнутыя, и около ста лет во владении насилном содержанные провинции, отыскивать, и за ту претерпенную обиду и за полученные в те годы со оных провинцей подати, и контрибуции, искать Сатисфакции, присовокуплением других земель во владении Короны Шведской неправедножь бывших? Когда к тому ж правую притчину ему подают предков ево имеющие важные и законные претензии, н провинции Ливонию, и Эстляндию, яко выше объявлено»[479].

Это один из тех логических кругов, на которых колесит пропаганда: новые завоевания называются возвращением древних земель, а указание на некие древленаши земли есть призыв к их новому отвоеванию. Один из древнейших примеров звучал так:

«Я, царь царей Шапур, сопричастник звезд, брат Солнца и Луны, мои предки владели всей Азией. Требовать прежних границ подобает мне, так как превосхожу всех царей блеском и подвигами».

Аммиан Марцеллин.
История XVII. 5, 3

Вслед за Шафировым еп. Феофан Прокопович в торжественной проповеди 23 ноября 1718 г. провел параллель между Петром и Александром Невским, который «при Неве благословенным же оружием умертвив, смертоноснаго супостата, отродил Россию и сия ея члены, Ингрию, глаголю и Карелию, уже тогда отсещися имевшия, удержал и утвердил в теле отечества своего и, прозван быв Александр Невский свидетельствует и доселе, яко Нева есть российская»[480].

479 Шафиров П. Рассуждение… — М., 2008. С. 30–31.

480 Прокопович Ф. Сочинения. — М., Л., 1961. С. 103.

Шафиров выводит универсальный закон реал-политики: право государя в удобное для него время прибегать к насилию, разрывая былые договоренности[481].

Так что начало войны с целью возврата былых владений становится просто обязанностью правителя:

> *«хотя бы Царское Величество и не имел иных новых важных притчин против короны Шведской войну всчинать, тоб по всем правам натуралным, и гражданским, не токмо имел с доброю совестию доволные причины, но и должен был яко отец отечества для привращения тех неправедно от Короны своей отторгнутых наследных провинцей, усмотря благовременство, войну всчать»*[482].

Но это всегда имеющаяся и многовековая[483] причина для войны. А какова же новейшая и «действующая» причина, запустившая именно эту, «Северную», войну? Сила гравитации есть всегдашняя и непременная причина падения самолета. Но ведь для падения именно этого воздушного корабля и именно в этот час должны быть и иные причины — технические, погодные, человеческие…

---

481 «Каждой потентат должен право свое и Государства, от того ж Всемогущаго дарованною силою и оружием оборонять, и насилие насилием усмотря к тому удобное время отвращать, как тому обычей всего света от начала был, и до кончины онаго пребывать будет».

(Шафиров П. Рассуждение… С. 32)

482 Шафиров П. Рассуждение. С. 31

483 Шафиров начинает отсчет претензий от времен Александра Невского:

«И хотя времянем оные провинции от Российского владения при противных конъюнктурах и отступали, однакож паки, иногда договорами, иногда же и оружием к оному присовокуплены бывали; как и во время владения Великаго Князя Российского Александра, [ради его великой на Неве реке против Короля Шведскаго Магнуса одержанной виктории Невским нареченнаго] отступившая было провинция Лифляндия от него, паки оружием под владение его приведена, и дань на них погодная наложена».

(Рассуждение. С. 15)

Так вот, Шафиров поводом к войне считает неудобства, которые претерпело Великое посольство Петра в 1697 году. И хотя сам Петр настаивал на своем инкогнито и на отсутствии официального церемониала, через несколько лет именно неуважительность была предъявлена как повод для войны:

«Чрез всю Лифляндию такое худое доволство всей свите показывали, что не токмо на своих одних лошедях ехать, но и на оные корму и всем пищу и питья получить и за денги едва могли, и в мизерных карчмах становится принуждены... По приезде к Риге в приеме себе не то что какого излишняго учтивства, но ниже против посланников не получили, и встречены и комплементованы, толко от Рижских бургомистров и мещан, а не от Губернатора. И что всего страннее, и в городе им квартер иметь не позволено, но поставлены на предьместие в безделных деревянных но и о тех сказано, чтоб договаривались об оных с господарями сами»[484].

И раз Петр так и не получил «сатисфакции» у шведского короля в виде наказания Рижского губернатора, то он имел все основания для того, чтобы двинуть армию в бой...

Аналогично уверение Феофана Прокоповича:

«Которая могла быть причина оной рижской укоризне и гонению смертному на Петра, монарха нашего, умышленному чрез Далберда коменданта? Тем ли не згибель свою заслужил у них державный сей путник, что в Голандию

---

484 Там же. С. 35. Это у Петра Алексеевича было наследственным. Войну с Польшей в 1853 году царь Алексей Михайлович тоже начал из-за обиды: поляки-де «в листах своих отца его государева Царя Михаила Феодоровича Его Государево именование и титлы писали с умалением и безчестием, и терпети того невозможно» (О объявлении войны Казимиру Королю Польскому и Литовскому // Полное собрание законовь Российской империи. Т. I. С. 307). Еще ранее св. митр Филипп говорил, что Иван Грозный начал Ливонскую войну «за свое царское отечество и обиду» (Богомольная грамота митрополита Филиппа в Кириллов монастырь по случаю войны с Крымом и Польшей 1567 Ноября 24 // Акты, собранные в библиотеках и архивах Российской Империи Археографическою экспедициею Императорской академии наук. Т.1. – СПб., 1836, с. 313). И вновь отмечу, что в ту пору слово «отечество» было синонимом слова «вотчина», т.е. наследственное личное владение.

и иные далекие земли странствовати изволил! Тем воистинну у зависти заслужил»[485].

«Рижская укоризна» состояла в том, что Петр со своими приближенными пожелал осмотреть крепость в Риге. Он ходил по валу крепости, смотрел в подзорную трубу и даже была сделана попытка снять план крепости. Но шведский караул потребовал, чтобы русские удалились, и пригрозил оружием[486].

Это не было какой-то местной странностью. В самой Московии антишпионские меры были еще строже. Павел Алеппский описывает тамошние нравы времен царя Алексея:

«Вот точное описание города Москвы и её стен, как мы их видели собственными глазами, бросая на них взоры украдкой, так как стрельцы, стоящие у каждых ворот, как только заметят, что кто-нибудь пристально смотрит на стену или пушку, лишают его жизни, хотя бы он был из их же народа. На этой неделе схватили одного из таких, заметив, что он ходит и рассматривает городские стены, и представили его визирю, раздели до гола и обвели по городу со связанными руками, при чем за ним шел палач с кнутом из бычачьих жил, непрестанно крича, что это шпион и что таково ему возмездие, и бил его до полусмерти. Мы видели его спину и плечи — зрелище, от которого сердце сжимается, так как тело было изорвано и отваливалось клочьями, а кровь текла рекой. Под конец он лишился жизни, так как после этого истязания его бросили голого в тюрьму, где он замерз и умер»[487].

---

485 Феофан Прокопович. Слово похвальное о баталии Полтавской, сказанное в Санктпитербурхе в церкви Живоначалныя Троицы 27 июня 1717 // Панегирическая литература Петровского времени. — М., 1979. С. 212.

486 Кафенгауз Б. Внешняя политика России при Петре I. — М., 1942. С.14.

487 Архидиакон Павел Алеппский. Путешествие Антиохийского патриарха Макария в Россию в первой половине XVII века, описанное его сыном,

Кстати, за все долгие годы Северной войны армия Карла практически ни разу не ступала на русскую землю, на землю Московского царства. Был эпизод с неудачным десантом в устье Двины. И поход 1709 года по правому (уже московскому) берегу Днепра до Полтавы. Как именовал эти территории Шафиров — «украина малороссийская»[488].

Много чаще и больше полки Петра ходили по шведско-польской территории.

В конце Северной войны Петр совершил еще несколько военно-политических кульбитов:

В октябре 1715 г. Петр подписал с курфюрстом Ганновера (он же — король Англии Георг I) Грейфсвальдский договор[489]. По нему Ганновер получал Бремен и Верден. От кого? Нет, не от Швеции, а от Дании, которая была неизменным союзником Петра в Северной войне.

В 1718 году Карл XII решил приступить к мирным переговорам с Россией. Они состоялись на Аландских островах. К концу лета договор был согласован. Петр соглашался выделить шведскому королю Карлу XII 20 тыс. солдат для военных действий против Ганновера, с которым он еще совсем недавно состоял в военном и антишведском союзе.

В Петровских договорах о союзе с Саксонией-Польшей предполагалось, что лишь устье Невы и Финский залив отойдут к России, а Лифляндия с Ригой станут польской добычей. Вопреки возобновленному в 1709 г. союзному договору, подтвержденному Ярославской конвенцией в мае 1711 года, Лифляндия, отвоеванная у шведов, так и не была возвращена Польше и Августу II. Она стала «военным трофеем» Петра I.

архидиаконом Павлом Алеппским. — М., 2005. Глава «Москва. Описание Кремля».

[488] Шафиров П. Рассуждение. С. 11.

[489] Мартенс Ф. Собрание трактатов и конвенций, заключенных Россией с иностранными державами. Т. 9. Трактаты с Англией 1710–1801. — Спб, 1892. С. 31–35.

И этот человек обвинял в неверности гетмана Мазепу!

Кстати, если уж ставить вопрос о том, кто кого предал в той ситуации, то скорее Петр отдал Малороссию на разгром и грабеж шведам.

В декабре 1706 года Петр собрал в Жолкве генеральный военный совет для выработки стратегического плана войны с Карлом. Совет решил:

«Встретить противника в Польше, но баталии в Польше не давать; уклоняться от боя по крайней мере до пределов Российских, потому что на жителей Польши нельзя полагаться, и потому в случае неудачи, Русская армия подверглась бы величайшей опасности. На пути отступления опустошать край и тем лишать шведов средств к содержанию своей армии. Тревожить неприятеля отрядами для замедления его марша. Чтобы при избежании решительного боя стараться удерживать шведов на переправах и крепких местах и, где представится случай, нападать превосходными силами на части шведской армии, которые будут удалены от главных сил; окружать неприятеля с боков и с тылу легкими отрядами, и ведя ими деятельную малую войну, не только утомлять и ослаблять тем противника, но и особенно затруднять способ продовольствия его войск, наконец, вместо опустошения Русской земли, приказать сельским жителям пограничных наших провинций удаляться со своими стадами в леса и болота, зарыв в ямах весь хлеб, который не в состоянии будут взять с собой».

Предполагалось без боя оставить на разграбление шведам даже Киев:

«Во время неприятельского приходу, осадя и управя Печерский монастырь, уступить за Днепр, а старый Киев оставить. И того ради надлежит зело трудиться, дабы Печерский монастырь как наискоряя укрепить и артиллерию управить,

дабы при приходе неприятельском без страха возможно сию фортецию оставить» (см. С. М. Соловьев. История России. Т. 15. Гл. 3).

Так Петр писал гетману Мазепе 24 января — что, пожалуй, стало одним из мотивов перехода гетмана на шведскую сторону. Тем самым

«Петр I, как репрезентант легитимной власти, утратил своё право быть таковым, отказав И. Мазепе в военной помощи, когда войска Карла XII изменили маршрут и повернули на Украину. Противостоять этой силе с имеющимися у гетмана в наличии войсками было невозможно. Пренебрежение ценностями официальной культуры, то есть нормами права, дает возможность И. Мазепе и старшине право обвинить суверена в пренебрежении его обязательствами по отношению к подданным, а следовательно позволяет воспользоваться правом jus resistendi, то есть восстать против суверена с целью защиты своих интересов»[490].

Но сейчас речь не о Мазепе, а о Петре. Точнее, о том, что русский царь мог переступать через данные им гарантии, нарушать ранее заключенные им же договора и союзы, и о том, как и почему он начал Северную войну.

В декабре 1748 года Елизавета Петровна отдала приказ подготовить корпус для вступления в Финляндию в составе 30 тыс. человек, предназначенного для поддержания порядка и прекращения гражданской войны в Швеции, и лишь давление Лондона удержало ее от начала новой войны[491].

---

490 Ковалевская О. Политическая акция И. Мазепы (1708—1709) как составной элемент системного кризиса конца XVII — начала XVIII века http://www.mazepa.name/history/aktziya.html#10

491 Киндинов М. А. «Система Петра Великого»: к вопросу о дипломатии канцлера А. П. Бестужева-Рюмина (1748–1756 гг.) // Научный диалог. 2015. № 8 (44).

В послепетровские годы дважды — в 1741 и 1788 годах — шведы[492] объявляли России войну в жажде реванша. Но сухопутные боевые действия шли на шведской земле — в Финляндии. Первое из них: шведы напали на Савонлинну (русское название 18 столетия — *Нейшлот*, фин. Savonlinna, швед. Nyslott).

А когда и как Финляндия оказалась в России? Несмотря на то, что война не была объявлена, русские войска 9 (21) февраля 1808 года перешли границу. Формальное объявление войны с русской стороны последовало только 16 марта.

Этому предшествовало письмо Наполеона к Императору Александру I от 21-го января (2 февраля) 1808 года: «Вашему Величеству необходимо удалить Шведов от своей столицы; протяните с этой стороны свою границу насколько вам угодно будет. Я всеми своими силами готов помогать вам в этом»[493].

Далее я буду цитировать воспоминания Фаддея Булгарина[494], который совсем еще молодым безусым офицером принял участие в этом походе:

> *«Все финские поселяне — отличные стрелки, и в каждом доме были ружья и рогатины. Составились сильные пешие и конные толпы, которые под предводительством пасторов, ландманов и финских офицеров и солдат. Они нападали на слабые*

---

492 В своем Манифесте об объявлении войны имп. Екатерина не преминула отметить, что шведский король Густав Третий — ее двоюродный брат (Полное собрание законов Российской Империи. Т. 14. — Спб, 1830. С. 1081).

493 Собрание трактатов и конвенций, заключенных с иностранными державами. Составил Ф. Мартенс. Т. 14. Трактаты с Францией 1807–1820. — Спб, 1905. С. 40–41.

494 По изданию Булгарин Ф. Воспоминания. Т. 3. — Спб, 1847, с указанием страниц.

Он приводит интересную деталь для темы «образ чужого в европейской культуре XVIII века»: в лютеранских кирхах Финляндии бесы изображались в виде крылатых темнокожих африканцев.

русские отряды, на госпитали, и умерщвляли немилосердно больных и здоровых... Разъяренная чернь свирепствовала! Возмущение было в полной силе, и народная война кипела со всеми своими ужасами (с. 50)... *Эти стрелки, зная местность, пользовались ею и отступая перед нами по большой дороге, высылали малые партии застрельщиков по сторонам, укрывшись за камнями или в лесу. Нельзя было своротить в сторону на сто шагов с большой дороги, чтобы не подвергнуться выстрелам* (с. 86)... *Саволакские стрелки самые опасные наши неприятели в этой неприступной стране были крестьяне лесистой и болотистой области. В мирное время эти стрелки жили по домам своим. Все они дрались храбро и были чрезвычайно ожесточены против русских* (сс. 87–88)... *Пасторы проповедовали в церквах и в поле, что даже частное убийство неприятеля дозволено для защиты отечества подкрепляли свои речи примерами из Ветхого Завета* (с. 118)...

Первой жертвой неистовства разъяренной черни были лейб-казаки из отряда графа Орлова-Денисова. 70 казаков захватили поселяне врасплох и мучительски умертвили. Говорят, что поселяне бросали в огонь раненых вместе с мертвыми. Некоторые пикеты были изрублены топорами на мелкие куски. Находили обезглавленные трупы наших солдат, зарытые стоймя по грудь в землю. Народная война была в полном разгаре (с. 119)... *Граф Орлов-Денисов объявил, что каждый крестьянин, уличенный в бунте, будет расстрелян* (с. 120)...

Вооруженные толпы крестьян в лесах истребляли наших фуражиров и наши отдаленные посты. Эти партизаны отлично исполняли свое дело. Недостаток в съестных припасах заставлял нас высылать на далекое расстояние фуражиров, чтобы забирать скот у крестьян, отыскивая их жилища в лесах, и каждая фуражировка стоила нам несколько человек убитыми и ранеными (с. 137)...

Поселяне возстали и несколько раз завязывали с нами порядочную перестрелку. Безпрерывная бдительность изнуряла наших солдат. Чем далее мы шли вперед, тем более встречали ненависти к нам и надежды на скорейшее очищение Финляндии русскими (с. 237)... *Жители не скрывали своей ненависти к нам* (с. 238).

Финляндская война была народною. Отчаянное сопротивление шведского войска и жителей Финляндии (с. 276)... *Шведский командующий имел на своей стороне все преимущества генерала, защищающего свое отечество. Все жители держали его сторону, укрепляли его тылы, доставляли лодки, подводы, продовольствие и старались по возможности вредить нам* (сс. 278–279)».

А что про покоряемых финнов думали русские генералы?

26 июня 1789 князь Потемкин-Таврический пишет царице Екатерине: «Финляндский народ бесполезен. Он податьми не приносит даже на содержание правительства. Сия провинция у шведов была бостель (база снабжения) *военной милиции. Для чего бы не обратить сих жителей в матросов, коими пятую часть флота наполнить?»*[495]

Не похоже на «освобождение»...

И в XIX веке писали открыто: «Россия много обязана Аракчееву в деле **покорения** Финляндии»[496].

Советско-финская война 1939 года. Кто нападающая сторона? Вообще это было замечательно: разместить свою столицу и военную базу флота на самой границе, и на этом основании требовать, чтобы соседи по планете подвинулись.

---

495 Русский архив. 1886. № 6. С. 161

496 Булгарин Ф. Воспоминания. Т. 5. — Спб, 1848. С. 41.

Впрочем, 2 декабря 1939 года глава советской дипломатии Молотов заявил:

«Советский Союз не находится в состоянии войны с Финляндией и не угрожает финскому народу. Советский Союз находится в мирных отношениях с Демократической Финляндской Республикой, с правительством которой 2 декабря заключен договор о взаимопомощи и дружбе. Этим договором урегулированы все вопросы, по которым безуспешно велись переговоры с делегатами прежнего правительства Финляндии, ныне сложившего свои полномочия. Правительство Демократической Финляндской Республики в своей декларации от 1 декабря с. г. обратилось к Правительству СССР с предложением оказывать Финляндской Демократической Республике содействие своими военными силами для того, чтобы совместными усилиями возможно скорее ликвидировать опаснейший очаг войны, созданный в Финляндии ее прежними правителями»[497].

Это традиционная сталинская политика: едва Красная армия ступала на территорию другой страны, в ближайшей «освобожденной» деревне создавалось марионеточное правительство для всей этой державы.

1 декабря 1939 года части 70-й стрелковой дивизии 7-й армии (СССР) с боями вступили в п. Териоки (ныне Зеленогорск). Вечером 1 декабря 1939 года советское радио сообщило о создании альтернативного правительства на территории Финляндии (известное под именем Териокское правительство (фин. Terijoen hallitus)) и основании Финляндской Демократической Республики.

Аналогично:

21 июля 1944 г., вскоре после того, как Советская армия перешла границу с Польшей, в пограничном городе Хельм члены

---

497 «Известия» № 281 (7051) от 5 декабря 1939 г.

Републикация: Внешняя политика СССР. Сборник документов. Том IV. — Москва, 1946. № 382.

Крайовой Рады Народовой образовали Польский комитет национального освобождения во главе с Эдвардом Осубка-Моравским (Edward Osubko-Marawski).

21–22 декабря 1944 года в Дебрецене было образовано коалиционное Временное правительство, которое возглавил генерал Бела Миклош-Дальноки. В состав правительства вошли 13 человек (3 коммуниста, 6 представителей иных партий и 4 беспартийных). 28 декабря 1944 года Временное правительство объявило войну Германии и 20 января 1945 года заключило перемирие с СССР и западными союзниками. Тем не менее, территория Венгрии была полностью освобождена от немецких войск лишь к 4 апреля 1945 года.

В 2022 г. занятие частей Херсонской и Запорожской областей также было презентовано московскими властями как добровольное вхождение всех этих областей в состав России.

И оправдания поглощению балтийских берегов были найдены без особых фантазий. Когда нужно было — наши правители[498] умели устраивать свои «гляйвицы» и «тонкинские инциденты».

---

[498] Не наши правители тоже умели:

«По шведским законам король имел право без согласия парламента вести только оборонительную войну, для этого нужно было, чтобы первый выстрел прозвучал с русской стороны. Король Густав инсценировал несколько провокаций на границе, но они не произвели должного впечатления на население Швеции. Более того, еще до начала войны вызвали в шведском обществе насмешки над королем. Всем были известны страстное увлечение короля театром и его любовь к ярким экстравагантным жестам. Отряд шведских кавалеристов по приказу монарха переодели «русскими казаками» и велели напасть на маленькую деревушку в Финляндии. Умопомрачительные наряды, сшитые для драматического спектакля и отражавшие представления шведских театральных портных о русском национальном костюме, полностью дезавуировали мнимых казаков даже в глазах финских приграничных крестьян, иногда видевших маневры русских войск».

(Елисеева О. Потемкин. — М., 2005. С. 449)

Это прелюдия к войне 1788 года.

«Зимняя война» началась с лживого сообщения о нападении Финляндии на СССР. Мол, карельская деревушка Майнила была обстреляна финской артиллерией. Много позже Н. С. Хрущев вспоминал те дни:

«Мы сидели у Сталина довольно долго, ожидали часа истечения ультиматума. Сталин был уверен, и мы тоже верили, что не будет войны, что финны в последнюю минуту примут наши предложения, и тем самым мы достигнем своей цели без войны, обезопасим страну с Севера... Потом позвонили, что мы всё-таки произвели роковой выстрел. Финны ответили артиллерийским огнём. Началась война. Говорю это потому, что существует и другая трактовка событий: дескать, финны выстрелили первыми, а мы вынуждены были ответить».

Еще спустя годы сотрудник Центрального госархиве Советской армии (ЦГАСА) и Российского государственного военного архива П. А. Аптекарь отметил, что журнал боевых действий 68-го полка 70-й стрелковой дивизии 19-го корпуса 7-й армии (РГВА. Ф. 34980. Оп. 12. Д. 150. Л. 1) сфальсифицирован. В обычно крайне подробных сообщениях простым карандашом на первой странице написано: «Расположение полка 26 ноября 1939 года подверглось провокационному обстрелу финской военщины. В результате обстрела погибли 3 и ранены 6 красноармейцев и командиров». При этом имена погибших и пострадавших, их звания и должности не указаны. Далее весь журнал заполнен тем же одним карандашом и одним почерком, что нетипично для армейских документов. При этом разведывательные и оперативные сводки 70-й стрелковой дивизии и 19-го стрелкового корпуса не содержали никаких сведений ни об обстреле, ни о наличии вблизи границы финской артиллерии (РГВА Ф.34980 Оп. 10 Д. 1071,1084), а данные о боевом и численном составе 68-го стрелкового полка с 25 по 28 ноября 1939 года оставались неизменными[499].

[499] Аптекарь П. Советско-финские войны. — М., 2004. С. 62–63.

Советскому Союзу нужно было расширение его территории. Ему нужна была война. Он создал для нее повод.

В период 1919–1939 годов Литва не имела общих границ с СССР и взамен имела довольно мирные отношения с Москвой, опасаясь не ее, а окружавшей Литву Польши. Но поделив Польшу с Риббентропом, СССР получил вдобавок границу с Литвой. И решил, что оттуда тоже может исходить угроза советскому миру. Что ж, «ради мира» пришлось срочно и Литву подбирать под себя…

Не менее неприлична история с аннексией Эстонии.

Польская подводная лодка «Орел» (Orzel) в сентябре 1939 года прекратила боевое дежурство и 15 сентября попросила помощи в Таллине из-за вспышки тифа на борту. 17 сентября РККА начала свой «польский поход». Соответственно, польская лодка в Таллинском порту стала рассматриваться Советским Союзом как вражеская, а разрешение эстонских властей на ее пребывание — как акция, враждебная СССР. 18 сентября поляки убежали, и 14 октября оказались в Англии (далее лодка совершила несколько походов в составе Королевского флота и погибла осенью 1941 года).

19 сентября газета «Правда» напечатала заявление ТАСС, в котором говорилось буквально следующее: «По достоверным данным, польские подводные лодки скрываются в портах прибалтийских стран, находя поддержку в определенных правительственных кругах». 19 сентября нарком иностранных дел СССР Вячеслав Молотов вызвал к себе посла Эстонии Аугуста Рея, обвинил эстонское правительство в содействии польским подводникам и пригрозил, что советский ВМФ войдет в территориальные воды соседнего государства на поиски субмарины.

В Москве проходили советско-эстонские переговоры о торговле. Молотов пригласил к себе министра иностранных дел Эстонии Карла Сельтера и заявил, что побег польской подводной лодки свидетельствует о том, что эстонское правительство «или не хочет,

---

См. также: Чекмасов И. А. Нераскрытые тайны «Майнильского инцидента». // Военно-исторический журнал. 2021. № 3.

или не может поддерживать порядок в своей стране и тем самым ставит под угрозу безопасность Советского Союза». Более того, сказал нарком, по советским данным, эстонцы сами отремонтировали субмарину, заправили ее топливом, снабдили продовольствием и организовали побег. В результате в море оказалась подводная лодка, якобы представляющая угрозу для советского флота. После этого Молотов потребовал от Сельтера немедленно позвонить президенту и премьер-министру Эстонии, разъяснить им ситуацию и подписать договор «о взаимной помощи», который обеспечил бы СССР право иметь на эстонской территории базы для флота и авиации. У границы республики развертывалась советская 8-я армия, созданная на базе Новгородской армейской группы.

В последующие дни граждане СССР узнали о торпедных атаках «неизвестной подводной лодки»:

«Потопление советского парохода неизвестной подводной лодкой. Ленинград, 27 сентября (ТАСС). 27 сентября около 6 часов вечера неизвестной подводной лодкой в районе Нарвского залива был торпедирован и потоплен советский пароход „Металлист" водоизмещением до 4 000 тонн. Из состава команды парохода в количестве 24 человек дозорными советскими судами подобрано 19 человек; остальные 5 человек не найдены».

«Нападение неизвестной подводной лодки на советский пароход „Пионер". Ленинград, 28 сентября (ТАСС). По радиосообщению капитана советского парохода „Пионер" 28 сентября около 2 часов ночи при входе в Нарвский залив он был атакован неизвестной подводной лодкой и был вынужден выброситься на камни в районе банки „Вигрунд". К месту аварии парохода ЭПРОНом высланы спасательные партии. Команда парохода находится вне опасности».

Как видим, фальшивки ТАСС были сделаны грамотно. Польскую субмарину они прямо не обвиняли, хотя делали прозрачный намек в ее адрес.

24 сентября советский лидер «Ленинград» в 13.30 произвел несколько выстрелов в сторону залива Эрус. Три снаряда разорвались в воде, один упал в лесу. Советские официальные лица назвали это «обстрелом тайных баз польских подводных лодок» в эстонских водах. 28 сентября 1939 года в Москве был заключен договор между СССР и Эстонией о «взаимной помощи». По нему эстонские власти разрешили частям Красной армии вступить на территорию своей страны.

Ни одной торпеды или пули лодка «Орел» за время перехода из Таллина в Англию не истратила. Атака на «Пионер» произошла только на словах. Что касается «Металлиста», то его действительно направили в Нарвский залив, на мелкий участок, чтобы после затопления судовые надстройки выступали из воды. Прибыв в заданную точку, команда грузовоза перешла на сторожевой корабль «Туча». После этого советская подводная лодка Щ-303 выпустила в надводном положении три торпеды[500].

---

500 См.: Тарас А. Бегство «Орла» — подвиг или провокация? // НГ-Независимое военное обозрение. 16.05.2008.

Глава 9

ИДЕМ НА ЗАПАД

О первом русском шаге в этом направлении говорит первая же русская летопись — в 1030 году «иде Ярослав на чудь и победи я и постави град Юрьев» (позже Дерпт и Тарту).

Следующий эпизод в русском приобретении Прибалтики — Ливонская война.

Но кто ее развязал? Русское царство начало ее 17 января 1558 года вторжением русских войск в Ливонские земли. В этом пока еще разведывательном рейде участвовало 40 тысяч человек под командованием хана Шиг-Алея (Шах-Али), воевод М. В. Глинского и Д. Р. Захарьина-Юрьева. Они прошли по восточной части Эстляндии.

Академик Ю. Готье одну из причин катастрофического для Москвы исхода этой войны видел в том, что

> *«...в Ливонии действовали крупные массы только что покоренных нардов Поволжья под командой бывшего казанского царя Шиг-Алея (Шейх-Али). Вторжение в Ливонию огромных недисциплинированных масс кавалерии, подавлявших своей численностью, и было основной ошибкой русских. Как русская дворянская конница, так и конница поволжских народов производили страшное опустошение края, и в результате вызвали к себе в коренном населении ненависть, не ослабевавшую*

до конца войны... В 1572 г. царь Иван становится во главе похода. <...> В отношении грабежей и опустошений поход 1572 г. повторил прискорбные явления конца 50-х годов. Симпатии местного населения были безнадежно потеряны»[501].

Начало этой войны русская сторона мотивировала не самозащитой, исключительно желанием получить с Ливонии полагающуюся дань. Блицкриг затянулся до 1583 года и кончился для Московского царства печально.

Показательно, как сегодня патриарх Кирилл объясняет мотив этого нападения:

«Иван Грозный боролся с сепаратизмом феодальных владык для того, чтобы Русь могла противостоять Западу. Уже тогда Иван Грозный обратил свои взоры к Балтийскому морю, понимая, что выход на Балтику означает выход за рубеж, туда на Запад, а это требовало от России силы не только военной»[502].

То есть Иван Грозный вместо того, чтобы ввести режим контрсанкций и проводить импортозамещение, сам пожелал приблизиться к тогдашней НАТО и иметь к ней военно-торговый выход. Этот выход он прорубает военной силой через земли западных соседей и отчего-то удивляется, что они оказывают сопротивление.

И в XVIII веке Прибалтийские земли эстов, литов и латышей вошли в состав новорожденной Российской Империи вовсе не в результате референдума, не по воле своих жителей и даже не по воле своих правителей.

Походы русской армии по Прибалтике вовсе не были ни освободительными, ни оборонительными: эти земли для занимавшей их

---

501 Готье Ю. Балтийский вопрос в 13–16 веках // Историк-марксист. 1941. Кн. 6 (94). С. 94 и 95.

502 URL: http://www.patriarchia.ru/db/text/5998173.html

Швеции не были плацдармом для наступления на Москву просто по той причине, что Швеции не нужны были новые континентальные приращения — ей было важно превратить Балтийское море в свое «внутреннее озеро».

А вот Петр счел, что ему мало торгового пути через Архангельск и нужно прорубить «окно в Европу» именно через шведские владения.

Впрочем, юридически эти земли были куплены Петром у Швеции по итогам Северной войны.

Ништатский договор определял:

> ***Его королевскому величество (****Е.к.в.) свейское уступает сим за себя и своих потомков и наследников Его Царскому Величеству (е.ц.в.) и его потомкам в совершенное непрекословное вечное владение и собственность в сей войне, чрез е.ц.в. оружия от короны свейской завоеванные провинции Лифляндию, Эстляндию, Ингерманландию и часть Карелии с дистриктом Выборгского лена... Все жители оных от присяги и должности их, которыми они государству Свейскому обязаны были, по силе сего весьма уволены и разрешены быть имеют... Против того* (т. е. кроме территориальных уступок со стороны Швеции) *же Его Царское Величество (е.ц.в.) обещает в четыре недели по размене ратификаций о сем мирном трактате, короне свейской возвратить, и паки испражнить Великое княжество Финляндское кроме той части, которая внизу в описанном разграничении выключена и за е.ц.в. остаться имеет, так и таким образом, что е.ц.в., его наследники и последователи на сие ныне возвращенное Великое княжение никакого права, ниже запроса, под каким бы видом и именем то ни было, вовеки иметь не будут, ниже чинить могут.* ***Сверх того хочет е.ц.в. обязан быть и обещает (е.к.в.) сумму двух миллионов ефимков исправно без вычета и конечно от е.к.в. с надлежащими полномочными и расписками снабденным уполномоченным заплатить и отдать указать на такие***

сроки и такой монетой, как о том в сепаратном артикуле, который такой же силы и действа есть, яко бы он от слова до слова здесь внесен был, постановлено и договорено»[503].

Мотив этого решения состоял в том, чтобы получить оправдание для неисполнения союзного договора с польским королем Августом, которому ранее Петр обязался передать Лифляндию в случае победы.

Кроме того, по условиям Ништадского мирного договора, все «маетности» (то есть земельные владения) Лифляндии и Эстляндии следовало вернуть их прежним владельцам. Последние обязывались принести присягу на верность России. Те из них, которые не пожелали бы принести такую присягу, должны были в определенный срок (один — два года) продать свои владения либо царю, либо кому-нибудь из его подданных[504].

Но последствие этой купли-продажи оказалось крайне важным: местное немецко-шведское дворянство сочло законным свой переход на службу русской короне, так как он был санкционирован их сюзереном. Так Россия получила тысячи верных ей по-европейски воспитанных администраторов, которые и составили костяк имперской бюрократии. Именно так Московское царство стало Империей.

---

503 2 миллиона ефимков при весе монеты в 1721 году 28 граммов — это 56 тонн серебра. Для сравнения можно сказать, что первенец российского линейного флота 52-пушечный линкор «Полтава» обошелся государевой казне в 35 тысяч ефимков, и это включая стоимость пушек. Таким образом, Пётр I отправил в Швецию сумму, достаточную для снаряжения флота из 56 линкоров. Ежегодный бюджет России в те годы составлял порядка 4–5 миллионов рублей (или ефимков, серебряный рубль перечеканивался из иоахимсталера), так что царь отправил шведам половину всего бюджета страны. В то же время «Финансовая статистика Швеции в период 1719–2003 гг.» говорит, что в 1721 году бюджет этой страны составлял около 6 миллионов шведских далеров, или 2 миллиона ефимков. Таким образом, шведы получили от России сумму, эквивалентную их годовому бюджету.

504 Никифоров Л. А. Внешняя политика России в последние годы Северной войны: Ништадский мир. — М.: АН СССР, 1959. С. 435–436.

В Семилетнюю войну Россия вступила вовсе не потому, что на нее напала Пруссия. Петербург принял секретное решение о подготовке к войне с Пруссией в мае 1853 года.

Первые выстрелы в этой войне 19 июня 1757 года сделала русская эскадра капитана Валрона по крепости Мемель. 24 июня Мемель сдался. 29 июля был взят Тильзит, 25-го — Гумбинен. И лишь 16 августа Елизавета Петровна объявила войну, издав манифест «О несправедливых действиях короля прусскаго противу союзных с Россиею держав Австрии и Польши»:

«Король Прусский двоекратное сделал на области Ея Величества Римской Императрицы, Королевы Венгеро-Богемской, Нашей союзницы и приятельницы нападение и чрез то так силен и опасен сделался, что все соседние Державы оное к крайнему своему отягощению чувствовали, то мы, как для собственной государства нашего, так и союзников наших безопасности, и для воздержания сего предприимчивого государя от новых вредительных покушений, принуждены были содержать всегда знатную часть наших сил на Лифляндских границах.

А сверх того, для большей предосторожности, возобновили мы оборонительные союзы с ее величеством императрицею королевою и его величеством королем польским. Принудя чрез то короля прусского в покое остаться, и соседей своих оным пользоваться оставить, мы сию доныне чрез столько лет приобретенную славу, признание Европы и тишину нашей империи предпочли бы завоеванию целых королевств; но мнения короля прусского от наших весьма разнствовали.... Не первая от него вышла на свет и военная декларация, на том только основанная, что он мнимых своих неприятелей предупреждать должен. Правило, которому доныне один только король прусский последовал и которое, ежели б повсюду было принято, привело бы весь свет в крайнее замешание и совершенную погибель!.. Не токмо целость верных наших союзников, святость нашего слова и сопряженная с тем честь и достоинство, но и безопасность собственной нашей империи требовали, не отлагать действительную нашу противу сего нападателя помощь.

Мы для того армиям нашим повелели учинить диверсию в областях короля прусского, дабы его тем принудить к постоянному миру и к доставлению обиженным праведного удовольствия, и оные теперь действительно находятся для того в областях короля прусского; и мы несомненную имеем надежду, что всевышний и сие толь праведное намерение благословит совершенным исполнением. Объявляя о том чрез сие, не сомневаемся, что все наши, верные подданные совокупят с нами усердные к всевышнему молитвы, де его всемогущая десница защитит праведное дело и возобновит твердый мир и покой в славу его пресвятого имени. Почему нашему Синоду повелеваем приносить во всех церквах ежеденное о том моление»[505].

Молитвы Синода не очень помогли. Русская армия имела военные успехи[506]. Но в 1761 году на российский престол взошёл

---

505 Полное собрание законов Российской Империи. Т. 14. — Спб, 1830. С. 786–787.

506 Кунерсдорфское сражение 2 августа 1759 года в Силезии было столь кровопролитно, что солдаты 81-го пехотного Апшеронского полка сражался «по колено в крови», в память о чем солдатам и офицерам полка было присвоено право носить красные чулки,а с 1914 года — сапоги с красными отворотами *«Государь Император, в 27-й день февраля 1914 года, Высочайше повелеть соизволил: Присвоить офицерам и нижним чинам 81-го пехотного Апшеронского полка — красные отвороты на голенища сапог, в память Кунерсдорфского сражения 2-го Августа 1759 года. Означенные отвороты должны быть из красного бараньего сафьяна, шириной в отделке 1 3/4 вершка, с подгибом внизу, на подбое из черной кожи; отвороты к верхнему краю голенища должны быть пришиты двумя черными строчками, с загибом внутрь, внизу же они должны быть лишь прострочены двумя красными строчками, дабы возможно было их отворачивать черной стороной вверх».*

Пётр III, который 24 апреля заключил «Петербургский мир» с Фридрихом, своим давним кумиром. Свергнувшая его Екатерина II своим первым манифестом вроде бы аннулировала уступку своего супурга — «слава российская, возведенная на высокую степень своим победоносным оружием, через многое свое кровопролитие, заключением нового мира с самым её злодеем (Фридрихом II), отдана уже действительно в совершенное порабощение…». Но уже через несколько дней (22 июля 1762 г.) Екатерина специальным рескриптом через русского посланника в Берлине Фридриху сообщила, что «мы заключенный мир с его величеством продолжать будем свято и нерушимо». Тем самым она отдала обратно Фридриху все российские приобретения в этой войне без денежной компенсации.

Веками западная граница Московии — это граница польская (литовская). В веках эта граница весьма подвижна и всегда кровава.

Пройдем мимо давних средних веков.

Войны Смутного времени в значительной степени были гражданскими. Но у Польши тут, конечно, был свой агрессивный аппетит.

Смоленская война, или **русско-польская война 1632–1634 годов**, началась в период «бескоролевья» в Речи Посполитой. После смерти Сигизмунда III его сын Владислав не успел ещё утвердиться на престоле, и в Москве решили, что наступил благоприятный момент для реванша за поражение в войне 1609–1618 годов, когда был потерян Смоленск. В июне 1632 года, не дожидаясь нескольких месяцев до окончания срока действия Деулинского перемирия, русское правительство решило начать войну. 20 июня 1632 года состоялся Земский собор, на котором война была объявлена, и воевода Михаил Шеин атаковал польское Смоленское воеводство.

1 октября 1653 года царский Земский собор принял решение удовлетворить просьбу Хмельницкого и объявил войну Речи Посполитой — это была война за Левобережную Украину и Смоленск.

«Царь Алексей Михайлович, прося у Бога помощи, поволил идти на недруга своего, на Яна Казимира короля Польского

и Литовского и на его владенье на Литовское и Польское государства войною»[507].

Среди причин войны – то, что на московских царей из новой династии Романовых «в книгах их напечатаны злые безсчестия и укоризны и хулы, чего не только Помазанникам Божиим, но и простому человеку слышати и терпети невозможно… И в листех их именованья и титлы писаны со многим примененьем» (О объявлении войны Казимиру Королю Польскому и Литовскому // Полное собрание законов Российской империи. Т. I. С. 307–308).

В 1733 году началась война за польское наследство. Русские войска 31 июля 1733 года перешли границу и 20 сентября показались возле Варшавы.

После смерти Августа III (1763) Екатерина II, покровительствуя Станиславу Понятовскому, послала в Варшаву войска, которые заняли город, после чего Понятовский был избран королём.

1768 год. Гражданская война разных «конфедераций» в Польше. Одна из сторон просит о помощи Россию.

В манифесте имп. Екатерины об объявлении войны Турции 18 ноября 1768 года говорится: мол, поскольку «православие в Речи Посполитой несказанно утеснено, не преминули Мы возобновлять усильные Наши представления в пользу греко-российской православной церкви и находящихся с нею в равном случаи прочих диссидентов… По умножению безвинного гонения и насильств против диссидентов **повелели Мы части войск Наших вступить в земли Республики Польской**».

(«Часть войск Наших» через два века вернется в форме «ограниченного контингента»).

1772 — Первый раздел Польши. Суворов берет Краков[508] и получает свое первое генеральское звание.

---

[507] О объявлении войны Казимиру Королю Польскому и Литовскому // Полное собрание законов Российской империи. Т. I. С. 306.

[508] Тут, правда, произошла одна из редких в его жизни конфузий: В ночь с 17 на 18 февраля он предпринял четырехчасовой штурм Краковского замка,

1792 год. Россия поясняет Польше свое видение ее новых границ. Кутузов набирается боевого опыта на польской земле. Второй раздел Польши.

1794 год. Польское восстание под руководством Костюшко. Суворов берет Прагу и Варшаву. «Суворов донес Екатерине о взятии Варшавы тремя словами: «Ура! Варшава наша!» Екатерина отвечала 19 ноября двумя словами: «Ура! Фельдмаршал!» Кроме жезла с бриллиантами, Екатерина пожаловала ему 7 000 душ. Екатерина написала ему: «Вы знаете, что я не произвожу никого через очередь… но Вы, **завоевав Польшу**, сами себя сделали фельдмаршалом»[509].

1830 год. Герой Отечественной войны Денис Давыдов пишет стих:

Поляки, с Русскими вы не вступайте в схватку:
Мы вас глотнем в Литве, а высрем на Камчатку[510].

1830 год — это год не только стихов, но и год подавления очередного польского восстания.

В том столетии было принято открыто оправдывать подавление чужой свободы отстаиванием своих эгоистических интересов.

Поэт и дипломат Федор Тютчев пояснял в 1831 году:

Как дочь родную на закланье
Агамемнон богам принес,
Прося попутных бурь дыханья
У негодующих небес…
— Так мы над горестной Варшавой
Удар свершили роковой,

но русские войска вынуждены были отступить с большими потерями (150 убитых). Голод вынудил осажденных поляков отворить ворота крепости лишь 26 апреля.

509 Записки. Русские мемуары. Избранные страницы. XVIII век. Сост. И. И. Подольская. — М., 1988. С. 502.

510 Давыдов Д. В. Полное собрание стихотворений. — Л., 1933. С. 105.

В публикации многоточие, предполагающее нечто более грубое — «а вы…м в Камчатку».

Да купим сей ценой кровавой
России целость и покой!

То есть «России целость и покой» можно покупать «ценой кровавой».

«Кровь русская лилась рекой», дабы «Грозой спасительной примера Державы целость соблюсти».

Далее поэт начинает откровенно графоманить:

Славян родные поколенья
Под знамя русское собрать
И весть на подвиг просвещенья
Единомысленных, как рать.

На какой «подвиг просвещенья» московиты собрались вести европейцев-поляков[511]?

---

[511] Польское восстания 1830–1831 годов привело к появлению Киевского университета. Он был основан 8 (20) ноября 1833 указом императора Николая I на базе закрытых Виленского университета и Кременецкого лицея. Волнения 1905–1906 годов привели к тому, что в январе 1907 года Советом министров Российской империи было принято постановление, которым предусматривалось «учредить в Новочеркасске политехнический институт, использовав для сей цели денежные средства и личный состав Варшавского политехнического института, к временному закрытию которого привели студенческие беспорядки 1905–1906 годов. Ведущие сотрудники института были командированы в Новочеркасск и образовали ядро профессорско-преподавательского состава нового института»
(URL: https://znanierussia.ru/articles/Южно-Российский_государственный_политехнический_университет)

Сегодняшняя официальная сказка о рождении этого чуда образования гласит иное:

«Южно-Российский государственный политехнический университет (НПИ) имени М. И. Платова образован 18 октября 1907 года с величайшего одобрения Николая II как Донской политехнический институт. ДПИ — первое высшее учебное заведение на Юге России. Университет является единственным вузом в России, созданным по инициативе казаков и для обучения казаков. Половина всех денежных средств, затраченных на открытие ДПИ, была собрана казаками Всевеликого Войска Донского».

(URL: https://www.npi-tu.ru/university/about/presentation/)

И почему для этого надо потопить их в крови? И как можно идти путем просвещения в рядах «единомысленных, как рать»? Просвещение обычно идет путем дискуссии и плюрализма, а не путем построения на плацу единомысленной рати.

Сие-то высшее сознанье
Вело наш доблестный народ —
Путей небесных оправданье
Он смело на себя берет.
Он чует над своей главою
Звезду в незримой высоте
И неуклонно за звездою
Спешит к таинственной мете!

К какой именно «мете» (цели) ведет окрестные народы русская армия даже вопреки их желаниям («Как дочь родную на закланье»), Тютчев все же не пояснил.

Уже умирая после третьего инсульта, Тютчев — «нем и недвижим лежал он как мертвец… Священник прочел ему отходную и напутствовал к смерти. Кругом стояли домашние — плакали, прощались. Так продолжалось часа четыре; наконец… он ожил. В эту минуту приехал из Петербурга вызванный по телеграфу его духовник… и когда он подошел к Тютчеву, чтобы со своей стороны напутствовать его к смерти, то Тютчев предварил его вопросом: какие подробности о взятии Хивы» (мемуар Аксакова[512]). Не о Боге, не о своей душе думал геополитический стихотворец в минуту перехода, а о завоевании далекой страны, в которой он сам никогда не бывал и которая ничего плохого его Родине не могла сделать ввиду своей удаленности и слабосилия.

На самом деле казаки приняли участие в открытии этого университета разве что в качестве вертухаев.

[512] Цит. по: Кожинов В. Тютчев. — М., 2009. С. 125.

И просто поэт А. С. Пушкин писал 1 июня 1831 г. князю Вяземскому о сражении при Остроленке (9 000 погибших поляков): раненый польский офицер «запел „Еще Польска не згинела", и свита его начала вторить, но в ту самую минуту другая пуля убила в толпе польского майора, и песни прервались. Все это хорошо в поэтическом отношении. **Но все-таки их надобно задушить**, и ваша медленность мучительна»[513].

В советско-польской войне 1920 года виноваты обе стороны. По всей Восточной Европе шли афтершоки Первой Мировой и Версаля: все новые государства толкали своих новых соседей[514].

---

[513] А. С. Пушкин. Собрание сочинений в 10 томах. — М.: ГИХЛ, 1959–1962. Том 10. Письма 1831–1837. С. 34.

[514] Масарик в телеграмме Бенешу, посланной 29 октября 1918, т. е. на следующий день после назначения последнего министром иностранных дел только что созданной Чехословакии, предлагает «а) мобилизация… г) трудности со словацкими частями, которые в руках у венгерских офицеров; венгры будут яростно сопротивляться. Словакию необходимо оккупировать д) поэтому необходимо объединиться с югославянами и румынами против венгров е) наши армии из Франции и Италии могут быть посланы против венгров вместе с Югославию, позднее в Богемскую Словакию ж) возможно, французская армия сможет оккупировать югославскую территорию и даже войти в Богемию» (Серапионова Е. П. Окончание Первой мировой войны и подготовка Чехословакии к Парижской мирной конференции// Славянство, растворенное в крови… В честь 80-летия со дня рождения Владимира Константиновича Волкова (1930–2005). Сборник статей. М., 2010, с. 172. В следующем году правительство Чехословакии ошарашит Парижскую мирную конференцию своим предложением создать «Бургенландский коридор» (впрочем, Масарик эту идею излагал английскому правительству еще в мае 1915-м): передать Праге контроль над прямой полосой земли длиной в 200 км и шириной в 80, которая разделила бы Австрию и Венгрию, но соединила бы Чехословакию (от Братиславы) и Югославию. Масарика не смущало, что из 1 171 000 жителей этого «коридора» славян было только 220 000.

20 мая 1919 года венгерское правительство Бела Куна объявило войну за соединение венгерских земель и вторглось в Словакию. 4 июля 1919 года, на фоне поражений чехословацкой армии в боях с войсками Венгерской Советской Республики, президент Чехословакии Масарик заменил армейское руководство французскими офицерами, назначив генерала Пелле верховным командующим Вооружённых сил Чехословакии: с февраля 1919 года по декабрь 1920 года Пелле занимал пост начальника Главного

Польша тех лет просто не знала своих собственных границ. Точнее — она заявляла, что ее границы должны быть теми же, что

штаба Вооружённых сил Чехословакии и даже получил звание генералиссимуса. В начале 1920 года Чехословакия была готова перейти к наступательным действиям и стянула свои войска к Братиславе для пробития «Чешского коридора» (см.: Obsazení záp. Maďarska naším vojskem? // Lidové noviny. 13. 1. 1920, s. 1).

Было и румынское вторжение в Венгрию, по ходу которого 3 августа 1919 года румынская армия заняла Будапешт.

Была и польско-чешская Семидневная война 1919 года за обладание Заольжьем.

И польско-немецкие вооруженные столкновения за обладание Верхней Силезией: в августе 1920 года местная немецкая газета опубликовала сообщение (как выяснилось позднее — ошибочное) о падении Варшавы под ударами Красной Армии в советско-польской войне. Немецкая община, для которой сей факт отождествлялся с концом независимого польского государства, отметила это событие празднованиями. Народные гулянья быстро переросли в столкновения с поляками, которые продолжились даже после опровержения слухов о взятии Варшавы. Так началось «Второе силезское восстание». Потом было и Третье восстание с «битвой при горе святой Анны».

Тем временем, например, армия, считавшая себя наследницей Российской Императорской, напала на Литву и Латвию: Западная русская Добровольческая армия была поддержана и фактически создана Германией в 1919 году. Основу ее составил «Особый русский корпус» во главе с казачьим генералом Павлом Бермондт-Аваловым, а также балтийские немцы, ранее служившие в местном фрайкоре. Всего в этой армии было около 50 000 человек. В октябре 1919 года Западнорусская Добровольческая армия напала на Литву и Латвию, которым Германия предоставила независимость. Добровольцы ненадолго оккупировали западный берег Даугавы в Риге, и правительству Карлиса Улманиса пришлось запросить военную помощь у Литвы и Эстонии. Эстонцы отправили два бронепоезда в помощь латышам (по некоторым объяснениям, в обмен на передачу Латвией острова Рухну и его территориальных вод Эстонии), а литовцы, занятые войной с большевиками, могли предложить только дипломатический протест. Латышам также оказали помощь орудия британского эсминца Vanoc, стоявшего в Рижском порту.

В ноябре латвийской армии удалось загнать войска Бермондта-Авалова на территорию Литвы. Наконец, Западнорусская Добровольческая армия потерпела тяжелые поражения от литовцев возле Радвилишкиса. Генерал бежал в Данию.

и в 1772 году. До своего «раздела» она веками включала в себя земли Белоруси, Литвы, Украины, и грезила, будто жители этих земель с радостью вновь примут польское владычество. Польша просто грезила обрести статус великой державы (mocarstwowośći). В 1919–1920 годах поляки дважды захватывали Вильно (Вильнюс)[515].

В августе 1920 года польские части, преследуя разбитую армию Тухачевского[516], вошли на территории, на которые претендовала Литва, польские войска столкнулись с литовскими частями. Совет Лиги Наций 20 сентября принял рекомендацию, подтверждающую в качестве восточной границы Польши «линию Керзона», к западу от которой лежали земли с преобладанием польского населением, к востоку — территории с преобладанием непольского (литовского, белорусского, украинского) населения, и предложил Польше считаться с суверенитетом Литвы на территорию с восточной стороны линии Керзона. Литва и Польша официально приняли

---

515 Этим «воссоединением» поляки так гордились, что 21 апреля 1933 года 35 000 солдат (т. е. почти 10 % численного состава польской армии) приняли участие в военном параде в Вильно в рамках празднования вовсе неюбилейной 14-й годовщины первого занятия города польскими войсками.

516 Результатом этого поражения стала невероятная сделка Ленина с Пилсудским:

> В ходе Великого Отступления 1915 года Российская империя успела увезти из Польши железнодорожные паровозы вагоны и некоторые другие ценности. Восстановив свою государственность, Польша потребовали этот долг уже от советской России, оценив свой убыток в 27 миллионов золотых рублей. Как ни странно, Ленин, отказавшийся от любых иных долгов царской России, этот долг признал. В Рижском мирном договоре 1920 года он был признан.
>
> При этом РСФСР ставила условием выплат изгнание из Польши Савенкова, Петлюры и иных деятелей вооруженного антисоветского сопротивления. Польша в ноябре 1921 с этим согласилась. (см.: Матвеев Г. Ф. Из истории советско-польского дипломатического конфликта 1921 года // Славянство, растворенное в крови… В честь 80-летия со дня рождения Владимира Константиновича Волкова (1930–2005). Сборник статей. М., 2010). URL: https://inslav.ru/images/stories/pdf/2010_Slavjanstvo_rastvorennoe_v_krovi.pdf

эту рекомендацию. Под давлением Лиги Наций в последних числах сентября 1920 года в Сувалках> начались польско-литовские переговоры. 7 октября был подписан договор, разграничивающий польскую и литовскую зоны (План Гиманса). В соответствии с договором Вильна и прилегающие территории оказывались на литовской стороне демаркационной линии.

Договор должен был вступить в действие 10 октября 1920 года.

За два дня до вступления Сувалкского договора в силу по негласному распоряжению Юзефа Пилсудского части польской армии (1-я литовско-белорусская дивизия) под командой генерала Люциана Желиговского, **имитируя неподчинение верховному командованию**, начали наступление и заняли Вильну (9 октября) и Виленский край. **Занятые территории были объявлены государством** Срединная Литва, временно управляемым Верховным главнокомандующим и Временной правящей комиссией. Выборы, проведённые 8 января 1922 года, сформировали представительный орган населения Срединной Виленский сейм.

Сейм 20 февраля 1922 года большинством голосов принял резолюцию о включении Виленского края в состав Польши. 22 марта 1922 года Учредительный сейм в Варшаве принял Акт воссоединения Виленского края с Польской Республикой. В апреле 1922 года Виленский край вошёл в состав Польши. В 1926 году на территории края было сформировано Виленское воеводство.

Стрелкову-Гиркину было у кого учиться…

Большевики же в своей тогдашней жажде «мировой революции» просто не признавали никаких государственных границ и в свой глобальный проект стремились ассимилировать всю Польшу — раз уж она оказалась на пути к Берлину и Парижу[517].

---

[517] На Запад, рабочие и крестьяне!
Против буржуазии и помещиков,
за международную революцию,
за свободу всех народов!

Два года спустя красный Главком Каменев в статье «Борьба с Белой Польшей» так описывал обстановку, сложившуюся после выхода РККА на польскую границу летом 1920 года:

«По достижении вышеуказанных успехов перед Красной Армией сама собою, очевидно, стала последняя задача овладеть Варшавой, а одновременно с этой задачей самой обстановкой был поставлен и срок её выполнения „немедленно". Срок этот обусловливался двумя важнейшими соображениями: нельзя затягивать испытания революционного порыва польского пролетариата, иначе он будет задушен; судя по трофеям, пленным и их показаниям, армия противника, несомненно, понесла большой разгром, следовательно, медлить нельзя: недорубленный лес скоро вырастает. К задаче надо было приступить немедленно. В противном случае от операции, весьма возможно, нужно было бы отказаться совсем, так как было бы уже поздно подать руку помощи пролетариату Польши»[518].

В 1939 году было вполне ясное вторжение советских войск в Польшу.

Бойцы рабочей революции!
Устремите свои взоры на Запад.
На Западе решаются судьбы мировой революции.
Через труп белой Польши лежит путь к мировому пожару.
На штыках понесём счастье
и мир трудящемуся человечеству.
На Запад! К решительным битвам, к громозвучным победам!

(Правда. № 99, 9 мая 1920 г.)

Даже после заключения Рижского мирного договора в Смоленске Реввоенсовет Западного фронта вел формирование партизанских отрядов для засылки в Польшу. (Матвеев Г. Ф. Из истории советско-польского дипломатического конфликта 1921 года // Славянство, растворенное в крови… В честь 80-летия со дня рождения Владимира Константиновича Волкова (1930–2005). Сборник статей. — М., 2010. С. 204/

518 Военный вестник. — М., 1922. № 12. С. 8.

«Правительство СССР вручило сегодня утром ноту польскому послу в Москве, в которой заявило, что Советское правительство отдало распоряжение Главному командованию Красной армии дать приказ войскам перейти границу»[519].

Еще 9 сентября 1939 г. нарком обороны маршал К. Е. Ворошилов и начальник Генштаба командарм 1 ранга Б. М. Шапошников подписали приказы № 16633 Военному совету БОВО и № 16634 Военному совету КОВО, согласно которым следовало «к исходу 11 сентября 1939 г. скрытно сосредоточить и быть готовым к решительному наступлению с целью молниеносным ударом разгромить противостоящие войска противника».

В документах были не допускающие двойного толкования слова:

«В дальнейшем иметь в виду овладение Вильно», «мощным ударом прорвать фронт противника и наступать в направлении на Ошмяны, Лида и к исходу 13 сентября выйти на фронт Молодечно, Воложин, к исходу 14 сентября овладеть районом Ошмяны, Ивье. В дальнейшем иметь в виду оказать содействие Полоцкой группе в овладении г. Вильно, а остальными силами наступать на г. Гродно», «действовать в направлении на г. Барановичи и к исходу 13 сентября выйти на фронт Снов, Жиличи» и т. д.[520]

В 4.20 15 сентября Военный совет Белорусского фронта издал боевой приказ № 01, согласно которому «белорусский, украинский и польский народы истекают кровью в войне, затеянной правящей

---

519 Нота правительства СССР, врученная польскому послу в Москве утром 17 сентября 1939 года

URL: https://runivers.ru/doc/d2.php?SECTION_ID=6334&CENTER_ELEMENT_ID=147635&PORTAL_ID=7462

520 Цит. по телеграмм-каналу Алексея Исаева «Железный ветер», 14 сентября 2024 г.

помещичье-капиталистической кликой Польши с Германией. Рабочие и крестьяне Белоруссии, Украины и Польши восстали на борьбу со своими вековечными врагами помещиками и капиталистами. Главным силам польской армии германскими войсками нанесено тяжелое поражение. Армии Белорусского фронта с рассветом 17 сентября 1939 г. переходят в наступление с задачей — содействовать восставшим рабочим и крестьянам Белоруссии и Польши в свержении ига помещиков и капиталистов и не допустить захвата территории Западной Белоруссии Германией. Ближайшая задача фронта — уничтожить и пленить вооруженные силы Польши, действующие восточное литовской границы и линии Гродно — Кобрин»[521].

К отъезду польского правительства в Румынию (которое будет только 17 сентября) это все отношения не имело. Реальным импульсом к подписанию приказов стали сообщения о том, что немцы прорвались в Варшаву. Позже выяснилось, что «прорвались» не равно «взяли», и выполнение приказов от 9 сентября приостановили. Потом выяснилось, что польские войска близ Варшаве (в Радоме) окружены (65 000 попали в плен). Можно было двигаться немцам навстречу.

Польский генерал Андерс вспоминает:

«Утром 29 сентября я решил на авось пробраться к ближайшей деревне, Стасёвой Ясёнке. Как только мы подошли к деревне, один из ее жителей немедленно оповестил милицию, а затем и советских солдат, которые были расквартированы в каждом доме. Под экскортом бронемашин нас отвезли через Турку в Старый Самбор, где расположилось командование Красной Армии.

---

521 РГВА. Ф. 35086. Оп. 1. Д. 190. Л. 1–4. Публ.: Мельтюхов М. И. Упущенный шанс Сталина. Советский Союз и борьба за Европу: 1939–1941. — М., 2000. С. 112–113.

URL: http://militera.lib.ru/research/meltyukhov/03.html

Именно тогда я впервые услышал это характерное мнение: мы с Германией теперь настоящие друзья и вместе выступим против мирового капитализма. Польша выслуживалась перед Англией, поэтому гибель ее была неминуема. Польши больше никогда не будет. Немцы подробно извещают нас о всех передвижениях польских частей, которые стремятся пробиться в Венгрию или Румынию.

В Старом Самборе меня отвели к командарму Тюленеву. Он принял меня, окруженный по крайней мере двадцатью офицерами. И сразу набросился с упреками — зачем я не сдался сразу, оказал сопротивление, вследствие которого Красная Армия, которая по-братски вошла в Польшу, чтобы освободить народ от „бар и капиталистов", потеряла 18 танков и много „бойцов" (солдат). На мое замечание, что Советы нарушили договор и без каких-либо на то оснований заняли польскую территорию, я получил такой ответ:

— У Советского Союза своя политика.

Этот аргумент мне приходилось слышать еще не раз.

Тюленева интересовало, где наши солдаты и где спрятаны знамена, почему польские части уничтожают оружие и не хотят сдаваться Красной Армии, зачем стараются пробиться в Венгрию и Румынию, почему Польша является „агентом" Англии и т. д.

Мне пришлось выслушать весьма длинную лекцию, которая содержала такие интересные тезисы:

— заключенный с Германией дружественный союз вечен, поэтому править миром будут только большевики и немцы;

— советская Россия поможет немцам побить Англию и Францию, чтобы раз и на всегда покончить с главным врагом советской России — Англией;

— можно не считаться с Соединенными Штатами, которые никогда не вступят в войну, потому что Советы этого не допустят через свои коммунистические организации;

— нет политики мудрее, чем политика Советского Союза, а Сталин — гений;

— Советский Союз значительно сильнее Германии»[522].

Через год, 17 августа 1940 года поверенный в делах СССР во Франции Н. В. Иванов встретился с сотрудником МИД Франции Л. Неманоффом (потомком русских эмигрантов, в советских дипломатических донесениях упоминаемым под псевдонимом «Нак») и пояснил ему мотивы действий СССР. Он сказал, что единственная цель «мирной политики» СССР — восстановление границ Российской империи (которая включала в себя и Польшу и Финляндию)[523]. Это уже не коминтерновский проект («мир без Россий и Латвий»[524]), а просто имперский.

В 1981 году советские танки стояли в готовности повторить «чехословацкий вариант» и оккупировать Польшу. Чтобы избежать этого, Ярузельский ввел в своей стране военное положение и сам запретил деятельность антикоммунистической «Солидарности». Советский маршал Д. Т. Язов говорил о Ярузельском: «Он был очень порядочным человеком. Фактически спас Польшу, введя в стране военное положение. Когда Брежневу доложили, что вокруг Варшавы стоят восемь польских дивизий, ему пришлось отказаться от ввода советских войск»[525].

---

522 Андерс В. Без последней главы // Иностранная литература. 1990. № 11. URL: https://www.sakharov-center.ru/asfcd/auth/?t=page&num=1344

523 Суту Ж.-А. Советская дипломатия и вишистская Франция// Война и политика. 1939–1941. — М., 1999. С. 158.

524 Маяковский декларировал в 1926 году «коммунизма естество и плоть»: «чтобы в мире без Россий, без Латвий, жить единым человечьим общежитьем».

525 Портал Культура 13.08.2014.

А спустя сорок лет поэт Игорь Караулов на «Поэтическом вечере ZOV» зачитал:

Давай разделим Польшу пополам,
как сладкий айсберг киевского торта.
Ее, дитя версальского аборта,
пора судить по всем ее делам
запьём её горилкой или морсом.
Ты будешь Фридрихом, я буду Щорсом.
А вечерком махнём на ипподром.
Поедем наблюдать за лошадьми,
угоним с кондачка посольский «порше».
Не будет больше рифмы «Польше — больше»
и бигоса не будет, чёрт возьми.
Прости меня, любимая пся крев,
что я делил не то, не так, не с теми.
Но всё же мы пришли к центральной теме
и разделили Польшу, повзрослев[526].

А еще на Западном фронте России была война, в которой не было выстрелов: в июле **1799 года** король Испании Карл IV отказался признавать Павла I магистром Мальтийского ордена, в ответ на что в июле Павел 15 (26) июля обнародовал манифест об объявлении войны Испании:

«Восприяв с союзниками нашими намерение искоренить беззаконное правление, во Франции существующее, восстали на оное всеми силами <…> В малом числе держав европейских, наружно приверженных, но в самой истине опасающихся последствий мщения сего издыхающего богомерзского правле-

---

URL: https://portal-kultura.ru/articles/armiya/55582-posledniy-marshal-imperii/?print=Y&CODE=55582-posledniy-marshal-imperii

526 5 октября 2022 года главный редактор медиагруппы «Россия сегодня» и RT Маргарита Симоньян представила сборник «Поэзия русского лета» с этим стихом. URL: https://ria.ru/20221005/vecher-1821838489.html

ния, Гишпания обнаружила более прочих страх и преданность ея ко Франции <...> Теперь же узнав, что и наш поверенный в делах советник Бицов <...> принужден был выехать из владений короля гишпанского, принимая сие за оскорбление величества нашего, объявляем ему войну, повелевая во всех портах империи нашей наложить секвестр и конфисковать все купеческие гишпанские суда, в оных находящиеся, и послать всем начальникам сухопутных и морских сил наших повеление поступать неприязненно везде и со всеми подданными короля гишпанского»[527].

В октябре **1801 года** пришедший к власти Александр I подписал мир с Испанией.

А в русско-французских войнах кто чаще был задирой? Командующий русской армией в 1807 году генерал Беннигсен честно писал:

«С самого начала Россия заявляет себя народом воинственным и завоевательным; она распространяет радиусы из центра в окружности и в том числе по направлению к Швеции, Польше и Турции»[528].

Все войны с Наполеоном Россия начала по своей инициативе и вела их на чужой территории[529]. Наполеон же «всегда был сторонником франко-русского сближения»[530]. Возможное исключение

---

527 Россия и Испания: документы и материалы 1667–1917. Том I. 1667–1799. — М., 1991. С. 447–448.

528 Записки графа Л. Беннигсена о войне с Наполеоном 1807 года. — Спб, 1900. С. 22.

529 «Александр Первый был главным инициатором и, можно сказать, автором войны 1805 года». (Соколов О. В. Битва трёх императоров. Наполеон, Россия и Европа. 1799–1805 гг. — Спб, 2019. С. 424)

530 Безотосный В. М. Рецензия на книгу: Соколов О. В. «Битва двух империй» // Безотосный В. М. Эпоха 1812 года и казачество. — М., 2020. С. 440.

лишь одно: кампания 1812 года. «Возможное» потому, что война 1812 года началась сложнее, чем изложено в российских учебниках. Тут оба хищника изготовились именно к атаке (подробнее — в Главе 45, Том 2).

Впрочем, военная судьба изменчива.

После Аустерлица и Фридланда Александру пришлось подписать Тильзитский мир, став союзником Наполеона. А посему — пришлось еще разок стать агрессором. На этот раз против ранее союзной Австрии:

В 1809-м австрийцы пошли войной на Наполеона. «Как только Наполеон узнал о начале военных действий, он немедленно выехал к армии… 6 мая, выполняя свои обязательства (по Тильзитскому миру) Россия разорвала дипломатические отношения с Венским Двором и начала подготовку к походу… В действующий корпус вошли 70 000 человек… Стратегически замысел войны против Австрии был заложен 18 мая в рескрипте Александра Первого командующему С. Ф. Голицыну… 3 июня российские войска в составе трех дивизий переправились на левый берег Западного Буга и вступили в Галицию. Получив донесение о переходе границы, Александр уведомил об этом Наполеона… Голицын сообщал Александру о „присоединенных к России провинциях“. 13 июля он предписал А. А Суворову (сыну генералиссимуса) занять Краков. Генерал должен был распустить местное самоуправление и объявить земли под контролем Александра Первого… По итогам войны Наполеон настоял на передаче России за участие в войне четырех округов Старой Галиции — (Тернопольский, Залесский, Черновицкий и Станиславовский) с населением около 400 тысяч человек. Такое решение не удовлетворило Александра, который рассчитывал на присоединении к России всей Старой Галиции с Лембергом (Львовом)»[531].

---

531 Лукашевич А. М. В преддверии «грозы 1812 года»: участие России в войне 1809 года против Австрии // Отечественная война 1812 года: Источники. Памятники. Проблемы. Материалы 24 конференции. Бородино. 2021, С. 6–13.

1848 год. 26 апреля царь Николай Первый издает Манифест «О движении армий наших для содействия Императору Австрийскому на потушение мятежа в Венгрии и Трансильвании»:

«Мы изъявили, что готовы встретить врагов Наших, где бы они ни предстали, и не щадя Себя будем, в неразрывном союзе с Святою Нашею Русью, защищать честь имени Русскаго и неприкосновенность пределов Наших. Призвав в помощь правому делу Всевышняго Вождя браней и Господа побед, Мы повелели разным армиям Нашим двинуться на потушение мятежа и уничтожение дерзких злоумышленников. Так — Мы в том уверены — чувствует, так уповает, так отзовется, в Богом хранимой Державе Нашей, каждый Русский, каждый Наш верноподданный, и Россия исполнит Святое свое призвание!»[532].

Речь шла о восстании венгров, сербов, хорватов, румын против австрийской власти. Никто из них не угрожал «неприкосновенности пределов» России и им, в общем, не было дела до «чести имени Русскаго». Но своей непокорностью венскому «помазаннику» они оскорбляли веру Николая в свое собственное Богоизбранничество — и он «повелел разным армиям Нашим двинуться на потушение мятежа». Это тоже считать «оборонительной войной»? И это была именно война: границу пересекли 162 000 солдат при 528 орудиях. Это сопоставимо с численностью армии Кутузова на Бородинском поле[533]. 17 августа 1849 года царь издал

См. также: Лукашевич А. М. Ненадежный союзник: участие России в войне 1809 г. против Австрии. Журнал Белорусского государственного университета. История. 2021. № 1. С. 68–81.

532 Полное собрание законов Российской империи. Второе собрание. Т. 24. — Спб, 1850. С. 235. № 23200.

533 Причем впервые в русской военной истории была совершен «десант» в тыл врага на поезде: 27 апреля дивизия С. Ф. Панютина (четыре

новый манифест с ясным термином: «О благополучном окончании войны в Венгрии»[534].

А в разгар этой войны московский митрополит Филарет так описывал ход боевых действий на заведомо чужой земле:

«Наше воинство понесло труд долгих и трудных путей. Дало несколько битв против врагов, которые не имели недостатка ни в воинах, ни в предводителях, ни в оружии. Города, селения, пути, — все надлежало воинству нашему оспаривать у оружия врагов, а где они не полагались на свое оружие, там обращали убийственную руку на свою землю и свою собственность, чтобы опустошение и лишение обратить в оружие против нас. Так, по их расчетам, самая победа, которая вела бы нас ***внутрь их земли****, должна была вести к неисходной пропасти» (Слово 22 августа в день коронации имп. Николая Павловича).*

О своем же царе он вещал так:

«Тогда как мы во внутреннем мире отечества, — в таком же ли мире Он, зиждитель и охранитель нашего мира, предмет наших всеобщих молитв? И чем теперь занят дух Его? Не устремляет ли он орлиных, дальновидных взоров, за пределы отечества, чтобы наблюдать движения союзных и враждебных сил, и, в пользу одних и против других, направлять нравственную и военную силу России? (Слово в день рождения Государя Императора 25 июня 1849 года, говоренное в Успенском соборе).

полка — 10 659 человек при 48 орудиях) из Кракова была перевезена к окрестностям австрийской столицы по железной дороге.

[534] Полное собрание законов Российской империи. Второе собрание. Т. 24. Отд. 2. — Спб, 1850. С. 20. № 23458.

Итак, дальновидные взоры российского правителя смотрят далеко за пределы отечества и направляют туда военную силу России.

Вот и вышло, что нет ни одной пограничной с Россией страны (кроме США[535]), которую она в те или иные времена не хотела бы покорить или присоединить к себе или забрать у нее кусок территории. Карта мира с границами России (СССР), и с зонами ее влияния и контроля, какой она бывала в головах кремлевских мечтателей, весьма отличается от карты реальных границ нашей страны.

«Любезное Отечество наше со всех сторон окружено врагами», — сообщал русский миссионер алтайцам в годы Крымской войны[536]. О том, что это связано со стремлением «любезного Отечества» расширяться во все стороны[537], он отчего-то умолчал.

Один рифмоплет еще в 2014 году разразился стишатами:

Россия, душенька чиста,
за что тебе такие муки?!
Святая, в образе Христа,
а по границам только суки...[538]

---

[535] Тут не надо путать страну (государство) США и территорию Американского континента. Россия успела побыть и повоевать и на Аляске, и в Калифорнии (Форт Росс).

[536] Прот. Василий Вербицкий. Катихизическое поучение о Боге едином, но троичном в Лицах // Из духовного наследия алтайских миссионеров. — Новосибирск, 1998. С. 53.

[537] Интересен рассказ вел. князя Владимира Александровича о своем царственном брате Александре, который впоследствии получит имя Миротворца:

«Великий князь вспомнил, как в начале царствования он имел с своим братом продолжительные разговоры, умеряя его вспышки неудовольствия и раздражения то против Австрии, то против Пруссии, то против Англии, — вспышки, тесно граничившие с воинственным задором».

(Дневник А. А. Половцева, госсекретаря Российской империи. Запись от 29 октября 1894 г. // Красный архив. 1934. С. 171)

[538] Автор — Владимир Елин.
URL: https://stihi.ru/2022/07/30/3773?ysclid=lfpv0zkia0661016909

Как и где Россия уместилась в образ Христа, автор не поясняет. Но суть патриотической пропаганды он передал очень точно.

Это злое, болезненное и опасное самосознание описал Владимир Сергеевич Соловьев еще в 1892 году:

> *«...он* (русский народ), *в лице значительной части своей интеллигенции, хотя и не может считаться формально умалишенным, однако одержим ложными идеями, граничащими с манией величия и манией вражды к нему всех и каждого. Равнодушный к своей действительной пользе и действительному вреду, он воображает несуществующие опасности и основывает на них самые нелепые предположения. Ему кажется, что все соседи его обижают, недостаточно преклоняются перед его величием и всячески против него злоумышляют. Всякого и из своих домашних он обвиняет в стремлении ему повредить, отделиться от него и перейти к врагам — а врагами своими он считает всех соседей. И вот, вместо того, чтобы жить своим честным трудом на пользу себе и ближним, он готов тратить все свое состояние и время на борьбу против мнимых козней. Воображая, что соседи хотят подкопать его дом и даже напасть на него вооруженною рукой, он предлагает тратить огромные деньги на покупку пистолетов и ружей, на железные заборы и затворы. Остающееся от этих забот время он считает своим долгом снова употреблять на борьбу — с своими же домашними...»*[539]

Да и как можно верить тезису о нашем всегдашнем миролюбии, если в школах до сих пор учат про то, что национальные интересы важнее мира, договоров и чужих жизней?

---

[539] В. С. Соловьев. Мнимые и действительные меры к подъему народного благосостояния // Вестник Европы. — 1892. № 11. С. 360.

Вот нужен был Москве торговый порт на Балтике — значит, эта потребность оправдывает и Ливонскую, и Северную войны[540]. «России был нужен выход к морю»… Ну, а Гитлеру «была нужна» бакинская нефть. Тоже законный повод для войны и агрессии?

Нужно отодвинуть границы подальше от столиц — и это вроде бы оправдывает и Зимнюю войну, и Польский поход вкупе с пактом Молотова — Риббентропа.

Нужен угольный порт российскому флоту в Индийском океане — значит, у России должна быть своя колония в Африке.

И просто совсем на наших глазах с кличем «нам нужна безопасность» российские войска пошли «демилитаризировать» Украину. Безопасность самой Украины при этом учету не подлежит. «Нам надо!» Этика эпохи викингов…[541]

---

540 «Иван Грозный боролся с сепаратизмом феодальных владык для того, чтобы Русь могла противостоять Западу. Уже тогда Иван Грозный обратил свои взоры к Балтийскому морю, понимая, что выход на Балтику означает выход зарубеж, туда на Запад, а это требовало от России силы не только военной».

(патриарх Кирилл. «Слово», 22 января 2023 года. URL: http://www.patriarchia.ru/db/text/5998173.html)

541 Вот фрагменты одной из речей Путина (октябрь 2023):

«Эгоизм, самомнение, пренебрежение реальными вызовами неизбежно заведут, будут заводить нас в тупик, так же, как и попытка более сильных навязать остальным собственные представления и интересы.

…

В международной системе, где царит произвол, где всё решает тот, кто возомнил себя исключительным, безгрешным и единственно правым, под ударом может оказаться кто угодно просто по той причине, что та или иная страна не понравится гегемону, потерявшему чувство меры и, добавлю, чувство реальности.

…

Прочный мир установится только тогда, когда все станут чувствовать себя в безопасности, понимать, что их мнение уважается, когда никто не способен по собственному желанию заставить, принудить остальных жить и вести себя так, как это угодно гегемону, пусть даже это противоречит

И все же одно дело — грех, а другое — оправдание греха. Содом и «идеал Содомский». Увы, в сознании россиян идол Имперского Величия затемняет этику, делает слепыми. Наша агрессия всегда справедлива и вообще это была высшая форма социальной защиты.

Что ж, таким благочестивым павлинам зеркало подставил еще Некрасов:

Живя согласно с строгою моралью,
Я никому не сделал в жизни зла.
Жена моя, закрыв лицо вуалью,
Под вечерок к любовнику пошла;

суверенитету, подлинным интересам, традициям, устоям народов и государств. В такой схеме само понятие какого-либо суверенитета просто отрицается, выбрасывается, извините, на помойку.

…

Не наше дело, как живут другие государства.

…

Простыми способами управления, причёсыванием всех под одну гребёнку, как у нас говорят, к чему привыкли некоторые государства, со всей сложностью процессов не справиться.

…

Навязывание любой стране или народу, как им жить, как чувствовать себя, должно быть запрещено».

(URL: http://kremlin.ru/events/president/news/72444)

Это все очень верно. Есть лишь два вопроса: 1) формула «любая страна» включает в себя Украину? 2) слово «никто» (во фразе «никто не способен по собственному желанию заставить, принудить остальных жить и вести себя так, как это угодно гегемону») автор речи относит ведь и к себе самому?

Следуя принципу христианской эмпатии, скажу, что Президенту очень тяжело.

Ибо ведь очень нелегко (с точки зрения совести и логики) лозунг об уважении к чужому суверенитету совмещать с принесением его (чужого суверенитета) в жертву своей «безопасности». Правда, некоторые считают, что как раз легко жить и без совести, и без логики.

Я в дом к нему с полицией прокрался
И уличил... Он вызвал: я не дрался!
Она слегла в постель и умерла,
Истерзана позором и печалью...
Живя согласно с строгою моралью,
Я никому не сделал в жизни зла.

Имел я дочь; в учителя влюбилась
И с ним бежать хотела сгоряча.
Я погрозил проклятьем ей: смирилась
И вышла за седого богача.
Их дом блестящ и полон был, как чаша;
Но стала вдруг бледнеть и гаснуть Маша
И через год в чахотке умерла,
Сразив весь дом глубокою печалью...
Живя согласно с строгою моралью,
Я никому не сделал в жизни зла...

Крестьянина я отдал в повара:
Он удался; хороший повар — счастье!
Но часто отлучался со двора
И званью неприличное пристрастье
Имел: любил читать и рассуждать.
Я, утомясь грозить и распекать,
Отечески посек его, каналью,
Он взял да утопился: дурь нашла!
Живя согласно с строгою моралью,
Я никому не сделал в жизни зла.

Приятель в срок мне долга не представил.
Я, намекнув по-дружески ему,

Закону рассудить нас предоставил:
Закон приговорил его в тюрьму.
В ней умер он, не заплатив алтына,
Но я не злюсь, хоть злиться есть причина!
Я долг ему простил того ж числа,
Почтив его слезами и печалью...
Живя согласно с строгою моралью,
Я никому не сделал в жизни зла.

Глава 10

ЧТО НЕ НРАВИТСЯ СПЯЩЕЙ КРАСАВИЦЕ?

8 февраля 2022 года на пресс-конференции с президентом Франции Макроном президент России привел замечательную формулу для обоснования расширения границ: «Нравится, не нравится — терпи, моя красавица»[542].

Возможно, это заговорила питерская подворотня. В ней бытовал такой текст:

«Моя милая в гробу
Я пристроюсь и [...]бу
Нравится, не нравится —
терпи, моя красавица»[543].

И пела сие некая группа «Красная плесень»[544]. Впрочем, сами они все же авторство себе не приписывают[545].

---

542 URL: http://www.kremlin.ru/catalog/countries/FR/events/67735

543 Дискуссию о генезисе частушки см. тут: https://vnnews.ru/peskov-byl-prav-yeto-folklor-polnaya-ve/

544 URL: https://lyricsworld.ru/Krasnaya-Plesen/Spit-krasavica-v-grobuos-torozgno-mat-208575.html

545 URL: https://www.fontanka.ru/2022/02/08/70432139/

Но тема секса с мертвой и спящей красавицей много более древняя.

Мало кто знает об оригинале сказки о Спящей Красавице.

Во-первых, красавицу звали Зелландина.

Таково ее имя в литературном первоисточнике — анонимном французском сборнике Perceforest, написанном около 1340 года и частично изданном в 1528 под названием La tres elegante, delicieuse, melliflue et tres plaisante histoire du tres noble victorieux et excellentissime roy Perceforest, 1. Roy de la Grande-Bretagne fondateur du franc palais et du temple du souverain Dieu. — P.: Galliot du Pré, 1528.

Полностью роман не издан до сих пор. Роман сей хоть и изрядно забыт, но все же был упоминаем у Рабле[546].

В рукописи полностью это собрание пестрых глав называется «Древние хроники Англии, события и деяния короля Персефореста и рыцарей Вольного Чертога». Оно начинается с географического и исторического описания Великобритании, далее описывает смерть Христа и свою версию христианизации Британии. Среди его новелл — и история про Зелландину.

Итак, в «Персефоресте» принцесса Зелландина (Zellandine) погружается в волшебный сон, по ходу которого ее насилует обретший ее Троил (Troylus). Родившийся от этого мальчик высасывает волшебную иголку из пальца спящей матери, и тем самым пробуждает ее.

В XVII веке эту сказку перерабатывает и издает неаполитанец Джамбаттиста Базиле (Giambattista Basile). Его сборник сказок

---

[546] Глава 30 повествующая о том, как Панург искусно вылечил Эпистемона:

«Я видел вольного стрелка из Баньоле — он инквизитор по делам еретиков. Однажды он застал Персфоре за таким занятием: Персфоре мочился у стены, на которой был намалеван антонов огонь. Стрелок объявил его еретиком и совсем уже было собрался сжечь его, однако Моргант вместо полагавшегося стрелку proficiat'а и прочих мелких доходов подарил ему девять бочек пива».

назывался «Пентамерон» или «Сказка сказок, или Забава для малых ребят» (неап. Lo cunto de li cunti overo lo trattenemiento de peccerille).

В третий день была помещена новелла «Солнце, Луна и Талия» (Sole, Luna e Talia).

Красавицу по имени Талия настигло проклятье в виде укола веретена, после которого принцесса заснула беспробудным сном. Безутешный король-отец оставил ее в маленьком домике в лесу. Спустя годы мимо проезжал еще один король, зашел в домик и увидел Спящую Красавицу.

Далее следует повесть о непотерянном времени:

> *«Воспламененный ее красотой, он снял ее с трона, отнес на руках на ложе, где сорвал плоды любви, после чего, оставив ее по-прежнему спящей, вернулся в свое королевство и в течение долгого времени не вспоминал об этом случае. А она по прошествии 9 месяцев произвела на свет двойню — мальчика и девочку. И две феи заботились о них, прикладывая к матушкиным сисечкам».*

Однажды мальчик в поисках груди принялся сосать палец матери, случайно высосал отравленный шип, тем самым ее разбудил.

Однажды похотливый король снова приехал в заброшенный домик и, надо отдать ему должное, признал свое отцовство. Тогда законная королева, якобы от имени короля, отправила секретаря к Талии и велела передать, что король желает увидеть детей.

Обрадовалась Талия и отослала детей к королю. А коварная королева приказала повару забить детей и приготовить из них разнообразные супы и блюда, которыми потом намеревалась накормить короля.

Затем злая королева вызвала во дворец Талию. Она приказала сложить костер во внутреннем дворе замка и бросить туда Талию. Та же, видя, какая ей грозит опасность, упала перед королевой на колени: «Талия стала оправдываться, что на ней нет вины, что муж королевы овладел ее огородиком, когда она спала» и стала молить дать ей отсрочку, чтобы хотя бы снять одежду. Королева, не столько не из сочувствия, сколь позарившись на расшитое жемчугом и золотом платье Талии, дала дозволение.

Талия, громко рыдая, начала снимать верхнее парчовое платье. И вот сняла она накидку и верхнее платье, осталась лишь в тонкой расшитой серебром рубахе. И поволокли её стражники на костер.

В это время как раз в замок вернулся король… Понятно, кому достался костер.

У братьев Гримм своя версия этой сказки. «Подробное описание засыпания и пробуждения двора и всего замка — вставка В. Гримма. У Ш. Перро данный мотив отсутствует. По мнению Х. Рёллеке, Гримм таким образом хотел отвлечь внимание от эротического подтекста сцены, в котором принц встречается с королевной (в версии Перро, напротив, этот подтекст акцентирован)»[547].

Честно говоря, я не заметил особой акцентуации «эротического подтекста» у Шарля Перро. Принц целует — принцесса просыпается.

Правда, потом в благодарность она на два года становится его наложницей. Не женясь на ней, принц приживает от нее двух детей — девочку Зарю (Aurore) и мальчика День (Jour).

Однако, по смерти своего отца став королем, принц решает узаконить эти отношения. Но его королева-мать — родственница Шрека[548]. И когда юный король отправился на войну против своего соседа императора Cantalabutte, королева объявила метрдотелю, что желает съесть внучку под соусом Робер…

---

547 Гримм В. и Я. Детские и домашние сказки. — М., 2020. С. 1115.

548 То есть она из рода огров-людоедов. В мультике «Шрек Третий» тот вспоминает: «Мой отец хотел съесть меня; поэтому он купал меня в кетчупе и клал спать с яблоком во рту».

Стоит отметить, что у Перро действие происходит в одном королевстве, а, значит, в одной семье, и принц целует свою пратетю[549].

Зато в версии Гримм есть место для массовых мучительных смертей:

> *«И пошла по стране молва о прекрасной спящей королевне, которую прозвали Терновая Роза* (вариант: Шиповничек)*, и вот стали наезжать туда от времени до времени разные королевичи и пытались пробраться через густую заросль в замок. Но было это невозможно, так как шипы сплелись будто человеческие пальцы, зацепившись за них, юноши так и оставались висеть, запутывались в заросли и, зацепившись о шипы, не могли больше из них вырваться и погибали в страшных муках»*[550].

Для большей полноты истории сказки вспомним, как в переложении Жуковского появляется молитва принца, которая вместе с каннибализмом, эротикой и муками, конечно, исчезнет из советских изданий сказки:

> *Хочет вверх идти; но там*
> *На ступенях царь лежит*
> *И с царицей вместе спит.*
> *Путь наверх загорожен.*
> *«Как же быть? — подумал он. —*

---

[549] Сказка Перро 1697 года интересна тем, что в ней само собой разумеющимся считается факт исторического прогресса: когда заколдованный замок просыпается, музыканты начинают играть устаревшую за сто лет сна музыку — «скрипки и гобои играли старые пьесы».

Оригинальный текст на французском XVII столетия: https://fr.wikisource.org/wiki/Contes_de_Perrault_(%C3%A9d._1902)/La_Belle_au_Bois_dormant

[550] Гримм В. и Я. Детские и домашние сказки. — М., 2020. С. 264.

Где пробраться во дворец?»
Но решился наконец,
И, молитву сотворя,
Он шагнул через царя.

…Вот какой древний пласт культуры актуализировал Путин своей репликой. Да, были времена, когда все, что не сопротивляется и все, что можно добыть мечом, считалось законной добычей рыцаря. Просто мы напрасно думали, что времена «шевоше» давно уже прошли.

Надо заметить, что до Путина были и другие исторические деятели, которые мыслили именно в такой логике. Это называется «Грубые ухаживания».

«В 1252 году прибыли послы от Александра к Гокану с дружественными предложениями и просили у него Принцессу Христину в супруги сыну Александра». Однако король Хокон, видимо, первоначально считал этот брак малополезным для укрепления положения Норвегии. Русь числилась в данниках Золотой Орды, и, возможно, этот брак представлялся королю не вполне достойным; а потому «в деле, до бракосочетания касавшемся, учтивыми словами было им отказано[551]. Точнее сказать: принцессу просили для

---

[551] «Þenna vetr komu austan sendimenn Alexandri konungs ór Garðaríki af Hólmgarði; sá hét Mikjall riddari, er fyrir þeim var; kærðu þeir um þá hluti, er við áttust sýslumenn Hákonar konungs norðr á Mörk ok austan Kiríalar, þeír er skattgildir váru undir Hólmgarðs konung, þvíat þeir höfðu ófrið í ránum ok manndrápum; var þar síðan ráð fyrirgert, hversu þat skyldi niðr setja; þeir báðu ok dóttur Hákonar konungs fyrir Alexander konung. Síðan sendi Hákon konungr menn aust í Hólmgarð; var þeim þar vel tekit, settu þeir þá frið milli skattlanda sinna, svá at hvárigir skyldi herja á aðra, Kiríalar né Finnar, ok helst sú sætt ekki lengi síðan. Í þann tíma gerðu Tattarar ófrið á Hólmgarð, ok var því ekki litið á bónorð Hólmgarðs konungs».

Saga Hakonar konungs Haakonarsonar, 271. Цит. по Fornmannasögur 10, 43–44. (Kaupmannahöfn, 1835)

Перевод:

«В ту зиму приходили с востока послы Александра конунга из Гардарики из Хольмгарда; тот звался Микьял рыцарь, кто был главным у них.

самого Александра Невского: «þeir báðu ok dóttur Hákonar konungs fyrir Alexander konung» — «они просили также дочь конунга Хакона для конунга Александра».

Брак не состоялся. Зимой 1256/57 годов Александр Невский совершил разорительный поход по Финляндии.

1 июля 1543 года английский король Генрих VIII подписал Гринвичский договор с Шотландией. Данный мирный договор предполагал обручение его сына 6-летнего Эдуарда[552] с семимесячной Марией Стюарт. Через полгода шотландцы аннулировали договор. Генрих был взбешён и по весне он приказал Эдуарду

Жаловались они на те дела, в которые вовлечены были наместники Хакона конунга в Мёрке и с востока Карелы, данники конунга Хольмгарда; ибо совершали враждебные действия, грабежи и человекоубийства. Были предположения, как должно этому положить конец. Они просили [или сватали] также дочь конунга Хакона за [или для] конунга Александра. После посылал Хакон конунг людей на восток в Хольмгард; их приняли хорошо, установили мир между их владениями, чтобы никто не воевал других, ни Карелы, ни Финны. И соблюдался тот договор недолго потом. В то время творили Татары немирие [или войну] в Хольмгарде и потому не было удовлетворено [или было отклонено] сватовство Хольмгардского конунга»

(Цит. по: Кузнецов С. Н. К вопросу о Биармии // Этнографическое обозрение. — М., 1905. № 2–3. С. 47)

Мотив отказа не вполне ясен: шведы отказали конунгу Новгорода (ok var því ekki lítið á bónorð Hólmgarðs konungs) в связи с «нападением татар». Имеется в виду то, что татары напали на Новгород, и тем самым сделали эти земли бедными и непривлекательными? Но татар в Новгороде не было… Или же в сознании автора саги соединились память о сватовстве и финском набеге Александра (поскольку шведы знали, что Александр — ордынский подданный и посланник, они вполне могли именовать его войско татарским).

У Карамзина:

«въ лѣтописяхъ Норвежскихъ сказано, что набѣги Моголовъ на Россію помѣшали тогда заключенію брачнаго договора. Слова Торфеевы: cæterum ea tempestate Russi ab incursantibus Tartaris admodum infestabantur: id vero obstabat, quominus pacta illa de nuptiis convenirent. Сіе было въ 1252 году».

[552] Герой повести «Принц и нищий».

Сеймуру вторгнуться в Шотландию и предать всё огню и мечу. Сеймур провел самую жестокую военную кампанию, которую когда-либо начинали англичане против шотландцев. Война, которая продолжилась и во время правления Эдуарда, получила название «Грубые ухаживания» (*Rough Wooing).*

А в 1812 году Наполеон вторгся в Россию с тем, чтобы заставить ее (точнее, ее царя) дружить и вернуться к Тильзитскому миру: «Россия поклялась на вечный союз с Францией. Ныне нарушает она клятвы свои» (Из Воззвания Наполеона к войскам). Среди поводов к той войне был и отказ Александра в браке Наполеона с сестрой царя Анной Павловной.

Это всё то же «нравится, не нравится — терпи, моя красавица»…

Красавица тогда не стерпела, и через два года казаки были в Париже.

А вот интересная чуть более поздняя история:

«5 января 1847 года

Суматоха и толки в целом городе. В № 284 за 17 декабря „Северной пчелы" напечатано несколько стихотворений графини Ростопчиной и, между прочим, баллада: „Насильный брак". Рыцарь барон сетует на жену, что она его не любит и изменяет ему, а она возражает, что и не может любить его, так как он насильственно овладел ею. Кажется, чего невиннее в цензурном отношении?

Но теперь оказывается, что барон — Россия, а насильно взятая жена — Польша. Стихи действительно удивительно подходят к отношениям той и другой и, как они очень хороши, то их все твердят наизусть. Барон, например, говорит:

Ее я призрел сиротою,
И разоренной взял ее,
И дал с державною рукою
Ей покровительство мое;

Одел ее парчой и златом,
Несметной стражей окружил;
И враг ее чтоб не сманил,
Я сам над ней стою с булатом...
Но недовольна и грустна
Неблагодарная жена.
Я знаю — жалобой, наветом
Она везде меня клеймит,
Я знаю — перед целым светом
Она клянет мой кров и щит,
И косо смотрит исподлобья,
И, повторяя клятвы ложь,
Готовит козни... точит нож...
Вздувает огнь междоусобья...
С монахом шепчется она,
Моя коварная жена!!!...

Жена на это отвечает:
Раба ли я или подруга —
То знает Бог!.. Я ль избрала
Себе жестокого супруга?
Сама ли клятву я дала?..
Жила я вольно и счастливо,
Свою любила волю я...
Но победил, пленил меня
Соседей злых набег хищливый...
Я предана... я продана...
Я узница, а не жена!

Он говорить мне запрещает
На языке моем родном,

Знаменоваться мне мешает
Моим наследственным гербом...
Не смею перед ним гордиться
Старинным именем моим.
И предков храмам вековым,
Как предки славные, молиться...

Иной устав принуждена
Принять несчастная жена.
Послал он в ссылку, в заточенье
Всех верных, лучших слуг моих;
Меня же предал притесненью
Рабов, лазутчиков своих...

Кажется, нельзя сомневаться в истинном значении и смысле этих стихов.

11 января 1847 года

Толки о стихотворении графини Ростопчиной не умолкают. Государь был очень недоволен и велел было запретить Булгарину издавать „Пчелу". Но его защитил граф Орлов, объяснив, что Булгарин не понял смысла стихов. Говорят, что на это замечание графа последовал ответ:

— Если он (Булгарин) не виноват как поляк, то виноват как дурак!»[553]

Наконец, стоит вспомнить и про то, что именно любовь сделала Ригу русской.

Нет, не любовь рижан к Москве, а любовь одного немца к одной полячке.

---

[553] Никитенко А. В. Записки и дневник. Т. 1. — М., 2005.

Дело было так:

В декабре 1699 года саксонско-польский король Август II во исполнение договора с Петром начал Северную войну против Швеции и двинул армию на Ригу. Ее планировалось захватить внезапно. Саксонские войска были собраны на границе Лифляндии. Но…

Сбором саксонской армии командовал генерал Флемминг. И у него оказались более важные и срочные дела: командующий уехал из армии справлять свою свадьбу в Саксонию: он вступал в брак со знатной полькой.

Из-за его отъезда дело не двигалось, а шведы тем временем приготовились к отпору.

В феврале 1700 г. без объявления войны армия Августа (6 000 саксонцев, 3 000 литовцев с К. Сапегой во главе, польская королевская гвардия и 1 200 татар). Тихо, без объявления войны, все же подошла к Риге. Но было уже поздно.

Поляки Ригу в 1 700 так и не взяли. Нужный момент был упущен из-за «Венусова [т. е. венериного] веселия», как писал Петру в тот момент Головин («Письма и бумаги императора Петра Великого (ПБПВ) т. I, с. 334).

Рига осталась шведской, и в 1710 г. была взята Петром. В переписке Петра с его друзьями и подчиненными взятие Риги описывается иносказательно, в аллегорических образах, объединенных свадебной темой: Петр I предстает в образе жениха, а Рига — в образе девицы-невесты.

Фельдмаршал Шереметев так сообщал Московскому губернатору Т. И. Стрешневу о Рижской:

«Сего июля 4-го числа сия провинция, столичный город Рига, которая никогда никоторыми способами взята не бывала, и называется во всей Европе девицею нерушимою, с которой мне, сироте, Бог благоволил обручиться и взять в невесту на честный окорд» (ЧОИДР 1861, I, 205). Рига, которую не взял «в невесты» Флемминг (ведь он не к той «невесте» направился, и не тот «брак» заключил), дождалась истинного жениха.

Взятие города-девы завоевателем-женихом — известный и древний сюжет[554].

Так что путинское «терпи, моя красавица» имеет исторические прецеденты.

---

554 Его «мифопоэтические аспекты» исследован в: Топоров В. Н. Текст города-девы и города-блудницы в мифологическом аспекте // Исследования по структуре текста. — М., 1987. С. 121–132. Исторические аспекты тут: Плюханова М. Б. Сюжеты и символы Московского царства. — Спб, 1995. С. 190–199; Сморжевских-Смирнова М. А. Рига–«невеста» в балтийских завоеваниях Петра I // Scando-Slavica, 56:2. С. 251–268.

Глава 11

«ПРАВА ОНА ИЛИ НЕТ — ЭТО МОЯ СТРАНА»

My Country, Right or Wrong!

Так звучит весьма популярная патриотическая формула.

Это «мо» (словечко), сказанное американским офицером Стивеном Декатюр (Декейтер) (Stephen Decatur) на обеде, устроенном в его честь в городе Норфолке (штат Виргиния) в апреле 1816 года[555].

По другой версии американец немецкого происхождения Carl Schurz, сенатор и расист сказал в 1872 году:

«My country, right or wrong; if right, to be kept right; and if wrong, to be set right».

(«Правая или неправая — это моя страна; если права — до́лжно её поддержать, если нет — поправить»).

И есть его (словечка) разбор мудрым Честертоном:

«Со всех сторон мы слышим сегодня о любви к нашей стране, и все же тот, кто в буквальном смысле слова испытывает такую любовь, должен быть озадачен этими разговорами, как человек, который слышит от всех людей, что луна светит

---

555 URL: https://en.wikipedia.org/wiki/Stephen_Decatur

днем, а солнце — ночью. В конце концов, он должен прийти к убеждению, что эти люди не понимают, что означает слово «любовь», что они подразумевают под любовью к стране не то, что мистик подразумевает под любовью к Богу, а что-то вроде того, что ребенок подразумевает под любовью к варенью. Для того, кто любит свою родину, например, наше хваленое безразличие к этике национальной войны — это просто загадочная белиберда. Это все равно, что сказать человеку, что мальчик совершил убийство, но что ему не стоит беспокоиться, потому что это всего лишь его сын. Здесь, очевидно, слово «любовь» употреблено без смысла.

Суть любви — быть чувствительной, это часть ее обреченности; и тот, кто возражает против одного, непременно должен избавиться от другого. Эта чувствительность, доходящая иногда до почти болезненной чувствительности, была отличительной чертой всех великих любовников, как Данте, и всех великих патриотов, как Chatham[556].

Слова «Моя страна, права она или нет» — это то, что ни одному патриоту не придет в голову сказать, разве что в отчаянном случае. Это все равно, что сказать: «Моя мать, пьяная или трезвая». Несомненно, если мать порядочного человека пьет, он разделит ее беды до последнего; но говорить так, будто он будет в состоянии безразличия к тому, пьет его мать или нет, — это, конечно, не язык людей, познавших великую тайну.

---

[556] Чэтэм это, вероятно, William Pitt, the Elder, also called (from 1766) 1st Earl of Chatham. Питт начинал свою карьеру в парламенте с острой критики правительства. Но стал премьер-министром, как позже и его сын. Оба Питта осуждали войну Англии против восставших США (а, значит, были «плохими патриотами» с точки зрения своих критиков). Потеря американских колоний позволила Британии вступить в наполеоновские войны с большим единством и организованностью, чем это было бы в противном случае. Потеряв американские колонии, Британия обратилась к Азии, Тихому океану, а затем и Африке с последующими приобретениями, приведшими к возникновению Второй Британской империи.

То, что нам действительно нужно для расстройства и свержения глухого и буйного джингоизма, — это возрождение любви к родной земле. Когда это произойдет, все пронзительные крики внезапно прекратятся. Ибо первый признак любви — это серьезность: любовь не приемлет бутафорских бюллетеней и пустой победы слов. Она всегда будет считать лучшим самого откровенного советчика».

«Джингоизм» — это забытый термин. Он определяется Толковым словарём русского языка Ушакова как «шовинистический национализм в Англии». Согласно Большой советской энциклопедии, «для джингоизма характерны пропаганда колониальной экспансии и разжигание национальной вражды».

Отчего-то эти российские издания спрятали историю этого термина. Jingo — это эвфемизм и трансформация имени Jesus. Оборот by Jingo — это небрежная клятва, вместо by Jesus («Богом клянусь»). Это казус устной и пьяной речи, почти не зафиксированный в письменном виде. Но есть исключение, открывшее ему дорогу в журналистику и политологию.

Куплетист G. W. Hunt написал песенку, которая широко исполнялась в британских пабах и мюзик-холлах в 1877–78 годах. Ее припев был таким:

We don't want to fight but by Jingo if we do
We've got the ships, we've got the men, we've got the money too
We've fought the Bear before, and while we're Britons true
The Russians shall not have Constantinople!

Мы не хотим воевать,
но, если мы это сделаем, то ради Джинго
У нас есть корабли, у нас есть люди, у нас есть деньги.
Мы уже сражались с медведем,
и пока мы настоящие британцы
Русские не получат Константинополь!

Да, это годы русско-турецкой войны и — шире — годы Большой Игры, по ходу которой Россия зачем-то пробовала оторвать Индию от Лондона.

В качестве политического ярлыка термин «джингоизм» ввел известный британский антиклерикал и деятель «рабочего движения» Джордж Холиоук в своем письме в газету Daily News 13 марта 1878 г. Как и французское словечко «шовинизм» (очень схожее по своему происхождению), это не столько самоназвание некоей идеологии или политическое движение, сколько дразнилка, кличка, бросаемая в лицо оппонентам. В том письме Холиоук клеймил джингоистов: «Я, конечно, намеревался обозначить удобным названием новый вид патриотов… [чьей] характеристикой была вызывающая войну претенциозность, которая дискредитировала молчаливую, решительную, самооборонительную позицию британского народа»[557].

Американская культура как политическая, так и художественная, полна осуждения собственно военной истории, что не позволяет считать, будто формула «моя страна всегда права» — это мейнстрим американизма. Вот простая декларация Марка Твена:

> *«…если между американцем и монархистом действительно существует какая-то разница, то она в основном сводится к следующему: американец сам для себя решает, что патриотично, а что нет, в то время как за монархиста это делает король, чье решение окончательно и принимается его жертвой безоговорочно. По моему твердому убеждению, я единственный человек, догадавшийся оставить за собой право самому создавать свой патриотизм. Они ответили: — Предположим, начнется война, какова тогда будет ваша позиция? Вы и в этом случае оставите за собой право решать по-своему, наперекор всей нации? — Именно так, — ответил я. — Если эта война покажется мне несправедливой, я прямо так*

---

[557] URL: https://en.wikipedia.org/wiki/George_Holyoake

и скажу. Если в подобном случае мне предложат стать под ружье, я откажусь. Я не пойду воевать за нашу страну, как и за любую другую, если, по моему мнению, страна эта окажется неправой. Если меня насильно призовут под ружье, я вынужден буду подчиниться, но добровольно я этого не сделаю. Пойти добровольцем значило бы предать себя, а следовательно, и родину. Если я откажусь пойти добровольцем, меня назовут предателем, я это знаю — но это еще не сделает меня предателем. Даже единодушное утверждение всех шестидесяти миллионов не сделает меня предателем. Я все равно останусь патриотом, и, по моему мнению, единственным на всю страну».

«Из автобиографии»

Ну, а повторение мема про «моя страна всегда права» означает самоампутацию тостующего в качестве самостоятельного субъекта морально-ответственных действий и суждений. «Моя страна» определяет, что такое добро и зло за меня и вместо меня. Это полная антитеза «нравственному императиву» Канта и «моему неалиби в бытии» Бахтина[558].

Страна, которая запрещает обсуждение вопроса о том, права он или нет, становится опасна не только для своих соседей, но и для своих граждан. Точнее, своих граждан она просто отменяет, превращая бывших граждан в банальный мобресурс.

Те немногие, в ком при этом сохраняется гражданское самоощущение, могут ответить словами из «Лизистраты» Леонида Филатова:

— Постой!.. Ты что-то путаешь в запале!
Известно ведь любому пацану:
На вас не нападали. Вы — напали.
Вы первыми затеяли войну!

---

[558] См. Бахтин М. К философии поступка // Философия и социология науки и техники. — М., 1986. С. 91.

Предводитель (надменно):
Позвольте вам заметить с укоризной
И поскорей возьмите это в толк!
Мы выполняем долг перед Отчизной,
Священный перед Родиною долг!

Лизистрата (раздумчиво):
Пред Родиной, конечно, неудобно...
Долги, конечно, надо отдавать...
Но почему она в уплату долга —
С вас требует кого-то убивать?
И коль у вас пред ней долги такие,
Что даже жизнь в уплату их пустяк,
То хочется спросить вас, дорогие,
Зачем же вы одалживались так?
Коль Родина удар наносит сзади,
Да так, что аж в глазах потом круги,
То лучше, дорогие, не влезайте
Вы к этой страшной Родине в долги!

Глава 12

ВСЕЛЕНСКАЯ ПРЕТЕНЗИЯ МОСКВЫ

Древний Рим заложил мощный вирус в матрицу последующих европейских властителей. Как греки отождествляли свой мир с «экуменой» («вселенной»), так и римляне были убеждены, что Империя может быть лишь одна. В 480 году, когда был убит последний и уже формальный император Западной Римской империи Юлий Непот, фактический владелец Италии варварский вождь Одоакр отказался провозглашать себя императором и царские инсигнии отослал в Константинополь, императору Восточной Римской империи. Сам Одоакр удовольствовался получением от византийского императора Зенона титула римского патриция.

Германские короли Европы еще долго формальным своим главой признавали византийского Императора. И лишь в 800 году Карл Великий решился присвоить себе этот титул, оправдываясь тем, что римский престол свободен, т. к. тогда впервые за всю историю Константинополя престол занимала женщина (Ирина[559]).

---

[559] Путь святой Ирины к единоличной власти лежал через убийство ее же сына Константина:

«...в девятом часу страшно и безжалостно выкололи ему глаза по воле матери его и советников её, что он едва-едва не умер... Таким образом его мать сделалась единовластною».

(Феофан Исп. Летопись, год 6289 / 789 (797)

Это ощущение единственности императорского статусу даже Карла привело к мысли о женитьбе на престарелой Ирине.

Но в 914 году императорский титул вновь исчез из политического лексикона Европы.

В 962 году была провозглашена «Священная Римская империя германской нации».

Позже в Москве ее именовали Цесария, а отождествляемых с нею «восточно-имперцев — Ост-райх (Австрия) — цезарцами.

И в головах кремлевских правителей начинает зреть идея — «чем мы хуже». Возможно, ее в эти головы заронил в марте 1519 папский легат. Он сообщил московскому великому князю, что «Папа хочет его и всех людей русския земли приняти в единачство и и согласье римския церкви, не умаляя и не пременяя их добрых обычаев и законов, но хочет покрепити и грамотою апостольскою утвердити и благословити вся та предреченная, занже церковь греческая не имеет главы: патриарх констинополской и все царство в турских руках, и он ведает, что духовнейши митрополит есть на Москве, хочет его и кто по нем будет, **возвысити и учинити патриархом, как было преже константинополской**. А царя всеа Русии хочет короновати в христьянского царя»[560].

Русский «царь» это и есть «цезарь». И хотя в поздне-римском протоколе термины «император» и «кесарь» не было равнозначны (кесарь — это кандидат в императоры), русский язык XVI века их не различал.

И Иван Грозный уже настойчиво хочет именно этого титула Римского Кесаря, не удовлетворяясь венчанием на Московское царство.

---

[560] Посольство от магистра прусского Альбрехта к Великому Князю Василию Ивановичу. Запись речи Дитриха Шонберга // Сборник Русского исторического общества. Т. 53: Памятники дипломатических сношений Московского государства с Немецким орденом в Пруссии. 1516–1520 г. — СПб, 1887. С. 85–86. URL: http://elib.shpl.ru/ru/nodes/10353-t-53-1887#mode/inspect/page/104/zoom/4

В 1560 году Константинопольский патриарх Иоасаф предлагает ему компромисс — именуя Ивана Грозного «государем всех христиан, от востока до запада и до океана»[561]. То есть он признает за Иваном «функционал» византийского императора, но без прямого его именования таковым.

В 1591 г. послание греческого архимандрита Христофора к Борису Годунову возгревало ту же мечту: «И чтобы Бог подаровал [царю Федору Ивановичу] обладати всею Вселенною от конца и до конца»[562].

В 1598 году грамота о возведении на царство Бориса Годунова неоднократно именует московского патриарха Иова «Пресвятейший», что является калькой с титула вселенского патриарха («панагиотитас» — всесвятейший).

При этом московское собрание, через которое интригует Борис Годунов и от имени которого говорит патриарх Иов, именуется «вселенским собором»[563].

Так же в этой грамоте характерно отождествление Успенского собора Кремля с Церковью Символа веры: «...грамоту сию положити во святей велицей соборней апостольстей церкви пречистыя Владычицы нашея Богородицы в патриаршестей ризнице»[564]. Добавление слова «великая» — это опять же калька с константинопольского протокола, в котором и св. София, и сама патриархия именовались «Великая церковь».

---

[561] Каптерев Н. Ф. Характер отношений к православному Востоку в XVI и XVII столетиях. — Сергиев Посад, 1914. С. 34.

[562] Посольская книга по связям России с Грецией (православными иерархами и монастырями) 1588–1594 гг. — М., 1988. С. 59.

[563] «Первопрестольнейший же Иов, патриарх Московский и всея Руси со всем освященным вселенским собором с великим воплем и неутешным плачем Великую Государыню молили..., и много о том патриарх со своим вселенским собором били челом, чтобы Великая государыня не оставила сирых. И Государыня всему вселенскому собору отказала...».

(Грамота избраная и утверженая на царство царю Борису Феодоровичу (1598) // Древняя российская вивлиофика. Ч. 7. — М., 1788. С. 40)

[564] Там же. С. 110.

В 1645 году московский патриарх Иосиф говорит при венчании на царство Алексея Михайловича: «…благочестивое ваше царство Бог паки прославит и распространит Бог от моря и до моря и от рек до конец вселенныя воеже быти вам Государю на вселенней Царю и Самодержцу Христианскому и совозсияти яко солнце посреди звезд»[565].

Предисловие к Служебнику, изданному в Москве в 1654–1655 годах, включает в себя молитву: «…благоволи убо той православную свою сущую в велицей и малой Росии церковь и с нею всех православия питомцев всюду во вселенней обитающих возвеселити» (лист 1).

В 1687 архимандрит Игнатий (Римский-Корсаков) в слове к войскам, отправлявшимся в Крымской поход, обозначил масштаб начинания:

> *«**По всей вселенней**, и от Христа поставленнии по образу небеснаго Его царствия содержащии российския скиптродержавства пресветлии нашы цари да будут в царском их многолетном здравии, всея Вселенный государи и самодержцы… Тое знаменует «всея России», понеже господь Бог по всей земли разсея сыны человеческия… Все царство Ромейское, еже есть греческое, приклоняется под державу российских царей, Романовых… Всяко они грекове вскоре прибегнут, под державу богохранимых великих государей Всея России; въкупе со престолом Цареградским, который по законом ваш есть, и самодержавство всея вселенныя»*[566].

---

[565] Древняя российская вивлиофика. Ч. 7. — М., 1788. С. 265–266.

[566] Публ.: Богданов А. П. Памятники общественно-политической мысли в России конца XVII в.: Литературные панегирики. — М., 1983. С. 156, 157, 166, 169.

Анализ — Богданов А. П. «Слово воинству» Игнатия Римского-Корсакова — памятник политической публицистики конца XVII в. // Исследования по источниковедению истории СССР дооктябрьского периода. — М., 1984. С. 131–158.

Царь Алексей Михайлович и несколько позже предстает в церковной риторике как «устрашитель всея вселенныя покоритель же и пленитель порубежных стран»[567].

Это не просто поэтический оборот.

Вот вполне официальный и непубличный документ — Статейный список посла Василия Богдановича Лихачева с докладом царю Алексею Михайловичу (январь 1659).

У московских послов в те времена не было пространства для вольного маневра. Они должны были просто раз за разом воспроизводить позицию своего государя и настаивать на ее полном принятии. А отчеты им приходилось составлять так, чтобы по итогам не оказаться в числе «предателей». Оттого порой русские и иностранные тексты договоров содержали далеко неодинаковые тезисы, что вело к последующим недоразумениям и конфликтам.

В данном случае посол воспроизвел самомнение кремлевских владык, приписав мысли самого царя Алексея Михайловича о его собственном величии великому герцогу Тосканскому Фердинанду:

> *«Князь поцеловал грамоту и начал плакать, а сам говорил чрез толмача: „за что меня холопа своего ваш пресловутый во всех государствах и ордах великий князь из дальнего и преславного града Москвы поискал и любительскую свою грамоту и поминые прислал? А он великий государь, что небо от земли отстоит, то он великий государь: славен и преславен от конец до конец всея селенныя; и имя его преславно и страшно во всех государствах, от ветхаго Рима и до новаго до Иерусалима; и что мне бедному воздать за его великаго государя велию и премногую милость? А я и братья мои и сын мой его великаго государя раби и холопи, а его царево сердце в руце Божией; ужто так Бог изволил"».*

Богданов А. П. От летописания к исследованию: Русские историки последней четверти XVII века. — М., 1995. С. 107–198, 380–423.

567 Описание торжественных врат. 9 ноября 1703 // Панегирическая литература Петровского времени. — М., 1979. С. 140.

Об аудиенции у жены флорентийского герцога посол пишет, будто она говорила, что великий государь «нас холопей своих в великое удивление и в радость привел. Мы челом бьем, не позазрите нам в нашем неразумии и простоте, в чем мы вам не унаровили, а муж мой и сын и братия вечные его раби и холопи и о том вам челом бью».

Величие московского царя таково, что великий герцог Тосканский («града Флоренска») бьет челом даже его посланникам «чтоб они пожаловали посетить братиев его» или «князь же бил челом посланником на рынке гулять»[568].

Синологи говорят, что именно в этом состоит рецепт векового китайского миролюбия: придворные льстецы говорят императору, что он и так уже владыка всей вселенной, а потому завоевывать просто нечего. Быть может, если бы так же современные российские послы описывали свои беседы с западными лидерами — жил бы к нашей всеобщей радости Владимир Владимирович мирно и самоудовлетворенно.

Как мудро сказал Император
Народов Галактики друг:
Чужого имперцам не надо,
Поскольку ВСЕ наше вокруг![569]

---

568 Древняя российская вивлиофика, содержащая в себе собрание древностей российских до истории, географии и генеалогии российския касающихся. — СПб, 1788. Кн. 4. С. 345, 346, 351 и 354.

URL: https://viewer.rsl.ru/ru/rsl01005416794?page=4

569 Флотская лирическая

Прощайте, огни космодрома:
На подвиг Отчизна зовет.
Вдали от родимого дома
Имперский крейсирует флот.
На мостике стонут и плачут,
Уныло листая Устав:
Там сказано ясно — за срывы задачи
Душить офицерский состав.

Российский канцлер Алексей Бестужев-Рюмин в 1744 году создал свою внешнеполитическую систему, которой он сам дал название «Система Петра Великого». Цель внешней политики России он видел в распространении влияния России на всем континенте — вплоть до «предписания законов всей Европе»[570].

Тема вселенского бремени русской любви ясно прозвучала в первом гимне России — «Гром победы, раздавайся», написанном в 1791 году Гавриилом Державиным:

«Мы ликуем славы звуки, чтоб враги могли узреть, что свои готовы руки в край вселенной мы простреть».

В том же 1848 году Федор Тютчев (не только поэт, но и старший цензор Министерства иностранных дел) объяснил «Русскую географию»:

Москва, и град Петров[571]*, и Константинов град —*
Вот царства русского заветные столицы...
Но где предел ему? И где его границы —
На север, на восток, на юг и на закат?

…

Как мудро сказал Император,
Народов Галактики друг,
Чужого имперцам не надо,
Поскольку всё НАШЕ вокруг!
Одни выбирают пехоту,
Других самоходки манят,
а мне не прожить без имперского флота,
хоть флот проживет без меня…

URL: https://the-mockturtle.livejournal.com/225182.html

570 Письма графа А. П. Бестужева-Рюмина к графу М. Л. Воронцову // Архив князя Воронцова. Кн. 2. — М., 1870. С. 21.

571 Кажется, это про Рим, а не про Петербург.

Грядущим временам их судьбы обличат…
Семь внутренних морей и семь великих рек…
От Нила до Невы, от Эльбы до Китая,
От Волги по Евфрат, от Ганга до Дуная…
Вот царство русское… и не прейдет вовек,
Как то провидел Дух и Даниил предрек.

Глава 13

«Я В БЕРЕЗОВЫЕ СИТЦЫ НАРЯДИЛ БЫ ЦЕЛЫЙ СВЕТ»

Оправдывая безудержную русскую имперскую экспансию, Тютчев, однако, делал удивленно-возмущенное лицо при виде реакции на нее. Еще 21 апреля 1854 года, когда Англия и Франция только готовились атаковать русские порты, Тютчев писал:

«Давно уже можно было предугадать, что эта бешеная ненависть... которая тридцать лет, с каждым годом все сильнее и сильнее, разжигалась на Западе против России, сорвется же когда-нибудь с цепи. Этот миг и настал <...> России, — утверждал поэт, — просто-напросто предложили самоубийство, отречение от самой основы своего бытия, торжественного признания, что она не что иное в мире, как дикое и безобразное явление, как зло, требующее исправления»[572].

Это очень интересная манипуляция, которая объявляет утрату далеких мечтаемых колоний угрозой жизненным интересам и самому существованию метрополии. Ну вот не дали России Босфор, Иерусалим, Балканы, Порт-Артур, Манчжурию… И что — тем самым ее убили?

---

572 Цит. по: Кожинов В. Тютчев. — М., 2009. С. 224.

Также достойно памяти, что «самой основой бытия России» Тютчев провозглашал мессианскую всепланетарную «помощь».

Вот несколько примеров простирания рук «в край вселенной» и помощи «всем угнетенным народам» из русской истории (понятно, что любая другая имперская история даст примеров не меньше).

«„Слово обер иеромонаха Гавриила благодарственное Богу триипостасному о полученной победе над Каролом королем шведским и войски его под Полтавою произнесенное при Ангуте в церкви Преображения Господня походной полка Преображенскаго 1719 лета месяца июня, 27 дня" так объясняет причину начала Северной войны: „Праведно вооружися Россия за многия люди и страни плененныя"»[573].

Манифест Екатерины II от 18 ноября 1768 года «О начатии войны с Оттоманскою Портою» декларировал заботу русской царицы о Польше:

«Не могли мы конечно в удовлетворение должной от Нас стражи как православной церкве, так и главнейшему государственному интересу оставить, чтоб не вступиться и за оную и за самую конституцию Польскую... По умножению безвинного гонения и насильств против диссидентов, не могли Мы натурально и по человеколюбию и по долгу Короны Нашей воздержаться от употребления сильнейших мер после того, как

---

[573] Панегирическая литература Петровского времени. — М., 1979. С. 252. О защите Петром всей Европы говорит и речь архиеп. Феофана Прокоповича:

«Швеция, оружием славная, се Швеция, всей Европе страшная».

(Феофан Прокопович. Слово похвальное о баталии Полтавской, сказанное в Санктпитербурхе в церкви Живоначалныя Троицы 27 июня 1717 // Панегирическая литература Петровского времени. — М., 1979. С. 213)

все уже другие способы кротости и самые угрозы втуне истощены были. Тут уже повелели Мы части войск Наших вступить в земли Республики Польской... От сей напасти ограждена была Польша через присутствие войск Наших, которому равномерно должна она еще благодарить за счастливое и покойное составление последней генеральной конфедерации, а с оною и за самое исправление крывшихся в недрах ее пороков. Не трудно было войскам Нашим рассыпать первую кучу возмутителей; ибо они везде, где только встречались, биты были; но с другой стороны зараза мнимого их защищения веры католической, которая однако же в новых законах республики при всей ее целости безвредно соблюдена была, распространялась из дня в день в мелком дворянстве по всей земле больше и скорее, нежели регулярные Наши войска угоняться могли. Со всем тем по взятии Кракова, по совершенном успокоении ныне Литвы и по очищении Подолии имели Мы основательную причину надеяться, что в краткое время будут прекращены и остатки польских замешательств, и что тогда Нам беспечно уже будет возвратить войска Наши в Россию, удостоверясь по непорочности собственных Наших правил и поступок».

В апреле 1793 г. Екатерина II писала английскому королю Георгу III:

«Причинами моего вмешательства в дела Франции являлись, бесспорно, не столько личные мои интересы, сколько интересы соседних с этим королевством держав. Отделенная от Франций громадными преградами, я могла бы, приняв некоторые меры предосторожности и в особенности благодаря счастливому характеру народов, находящихся под моим скипетром, спокойно ждать завершения событий. <......> Друг порядка, справедливости и всеобщего счастья человечества, побуждаемая лишь этими чистыми и бескорыстными

мотивами, я старалась пробудить активность и привлечь внимание европейских держав к тем многообразным опасностям, которые угрожали им в результате французской революции»[574].

В 1791 году Екатерина своему секретарю Храповицкому говорила про свой план втянуть шведского короля Густава III в интервенцию во Францию: «…мы с ним часто в мыслях разъезжаем на Сене в канонерских лодках»[575]. Совместная военная экспедиция с участием 8 000 русских солдат не состоялась лишь по причине почти одновременной смерти и шведского короля, и австрийского императора Леопольда. Но сын и внук Екатерины этот проект реализовали сполна.

С подобного глобального манифеста императора Павла начался итальянский поход Суворова:

«Соединясь с Римским императором и королем Великобританским вооружаемся и идем мы единодушно на врага человечества, противоборника властей, преступника Закона Божьего, и восстаем на восставшего на благоденствие всего света. Нанесть повсеместно тяжкие ему удары, пресечь способы к распространению власти и заразительных правил пагубной вольности лишить всех завладений, более хитростию, чем силою орудия приобретенных, и поразив страхом и ужасом тучи опустошающих сих злодеев, заключить в прежние их пределы, ожидая междоусобной брани и восстановления древнего престола от Бога поставленных во Франции Государей»[576].

---

[574] Цит. по: Французская революция 1789 г. в донесениях русского посла в Париже И. М. Симолина // Литературное наследство. Т. 29–30. — М., 1937. С. 358.

[575] Секретный договор Екатерины II с Густавом III против французской революции 1789 года // Историк-марксист. 1941. Кн. 6 (94). С. 97.

[576] Михайловский-Данилевский А. И. История войны 1799 г. между Россией и Францией в царствование императора Павла I». Т. 1. — Спб, 1853. С. 131.

Отметим, что одна из целей этой далекой военной экспедиции — спровоцировать восстание и гражданскую войну в стране и близко не имеющей с Россией общих границ.

В 1801 году проект совместного франко-русского похода в Индию предполагал, что «комиссары обоих правительств будут посланы ко всем ханам и „малым деспотам"» тех стран, через которые армия должна будет проходить, для объявления им:

> *«Что армии двух могущественных в мире наций должны пройти через их владения, дабы достигнуть Индии; что единственная цель этой экспедиции состоит в изгнании из Индостана англичан, поработивших эти прекрасные страны, некогда столь знаменитые, могущественные и богатые <...> ужасное положение угнетения, несчастий и рабства, под которым ныне стенают народы этих стран, внушило живейшее участие Франции и России; что вследствие этого эти два правительства решили соединить свои силы для освобождения Индии от тиранского ига англичан»*[577].

Манифест Александра I «О составлении и образовании повсеместных временных ополчений или милиции» (30 ноября 1806 года) объяснял, отчего не только армия, но и русское народное ополчение должны идти в Европу:

> *«Вероломство общего врага, попирая святость трактатов и прав народных и угрожая опустошением всей Европы, побудило Нас напоследок восприять оружие на подкрепление Государств, Нам сопредельных. Несчастия, постигшие Австрийские войска, принудили сию Монархию к заключению невыгодного мира».*

---

[577] Проект сухопутной экспедиции в Индию, предложенный Императору Павлу Петровичу первым консулом Наполеоном Бонапарте (пер. с фр.) — М., 1847. С. 21–22.

В 1808 году царь Александр отказывается от похода в Индию и Царьград, поняв, что этот проект «совершенно отвлек бы все военные силы на берега Черного моря и заставил бы его оставить на произвол судьбы всю Западную Европу»[578]. Вот ведь какие несмысленыши населяют Западную Европу! Без мудрого контроля далекого северного царя им никак не обойтись…

13 марта 1812 г., досадуя на то, что Пруссия вдруг отказалась поддержать Россию, уже изготовившуюся к походу на Францию, Александр I написал Фридриху-Вильгельму III: «Лучше все-таки славный конец, чем жизнь в рабстве». Н. Троцкий с иронией отмечает, что это написал рабовладелец, имевший 10 млн рабов, рабовладельцу, имевшему 3 млн рабов[579].

«Император Александр, друг всех угнетенных народов, предлагает вам…», — гласила русская листовка 1812 года, обращенная к испанским солдатам наполеоновской армии.

Первые слова Александра к собравшимся во дворце генералам, по прибытии в Вильно в декабре 1812 года, были: «Вы спасли не одну Россию, вы спасли Европу».

Когда князь М Ф. Орлов явился к маршалу Мармону с предложением сдаться на капитуляцию, он отрекомендовался «флигель-адъютантом его величества императора Всероссийского, который желает спасти Париж для Франции и мира». Тот же Орлов, по поводу притязаний России, сказал, что она хочет «ничего для себя и всего для мира». В то время, как Австрия, Пруссия, Англия шли под своими национальными знаменами и откровенно преследовали национальные интересы, Александр представлял себя благодетелем и освободителем «вселенной». Звание русского царя, казалось, меньше всего удовлетворяло Александра. «Бог ниспослал мне

---

[578] Собрание трактатов и конвенций, заключенных с иностранными державами. Составил Ф. Мартенс. Т. 14. Трактаты с Францией 1807–1820. — Спб, 1905. С. 57.

[579] Троицкий Н. А. 1812. Великий год России. — М., 2007. С. 114.

власть и победу для того, чтобы я доставил вселенной мир и спокойствие»[580].

Итоги тех войн подвёл Пушкин:

Вернулась Франция к Бурбону.
Моря достались Албиону,
Свобода — ляху. Ну а нам —
Восторг провинциальных дам
Да дидактические оды.
Авось, когда-нибудь потом
Вослед иным и мы войдем
Под свод пленительной свободы,
И просвещения венец
На нас натянут, наконец.

Как общее место в российской публицистике XIX века звучат слова церковного историка: «Еще от царствования императора Александра I в наследие новому царствованию остался нерешенный тогда спор России с Турцией из-за единоверных нам племен и народов, подвластных Турции»[581].

Веками стоит крик российских пропагандистов: «Запад, не смей вмешиваться в наши внутренние дела и дозволь нам самим решать, кого из наших холопов нам казнить и ссылать!» Но также веками пропагандистским оправданием Российской экспансии на земли Речи Посполитой, в Закавказье и на Балканы было именно желание защитить права и свободы православных диссидентов.

В 1833 году Михаил Магницкий (доверенное лицо императора Александра и Аракчеева, попавшее в опалу при Николае

---

[580] Ульянов Н. Александр Первый — император, актер, человек? // Родина. 1992. № 6–7. С. 143.

[581] Корсунский И. Святитель Филарет, митрополит Московский: Его жизнь и деятельность на Московской кафедре по его проповедям, в связи с событиями и обстоятельствами того времени. — Харьков, 1894.

Павловиче) пишет статью «Судьба России», направленную против Карамзина:

> *«Карамзин тосковал о том, что Россия была под властью татар; и он сожалеет, что «сень варварства, омрачив горизонт России, сокрыла от нас Европу». Но иначе смотрит на вещи философия о Христе. Она не тоскует о том, что был татарский период, удаливший Россию от Европы. Она радуется тому, ибо видит, что угнетатели ее, татары были спасителями ее от Европы. Угнетение татарское и удаленность от Западной Европы были, может быть, величайшими благодеяниями для России, ибо сохранили в ней чистоту веры Христовой. Она оставалась младенцем во внешнем образовании, но зато не лишилась того младенчества, которому одному доступно Небо. Россия обстриглась и обрилась по-европейски, надела фрак европейский, стала танцевать по-европейски, отвергнулась личного характера своего, своего особенного я для того, чтобы сблизиться с Европою. Сближение же с Европою ей нужно было совсем не для нее, как обыкновенно думают, а для самой Европы. Чтобы превзойти Европу, для этого Россия — вместо сближения с Европою — удалялась от нее, как удаляется отрок или юноша, избранный от игр и веселий и детских распрей своих сверстников, чтобы в зрелом возрасте быть их путеводителем, как удалялся отрок Наполеон от товарищей своих, чтобы со временем быть повелителем их. В удалении от шумного торжества европейского, Россия укреплялась и мужала к высокому предназначению своем. С самой сей же минуты* ***она уже была назначена быть и не только повелительницею, но и учительницею мира****. А скоро должно настать время, когда, успокоившись от брожений своих, народы Европы узнают и душу России, и узнавши — сами неодолимо захотят тесно сдружиться с нею,* ***слиться в один состав с нею, отдаться ей, как брат***

отдается брату, *захотят, отказавшись от заблуждений своих, петь один с нею чистый гимн Свету, Жизни и Любви»*[582].

Рассказывают, что 22 февраля 1848 г., получив известие о революции в Париже, царь Николай ворвался на бал кавалергардов, взмахом руки остановил оркестр и почти заорал: «Господа! Седлайте коней — во Франции провозглашена республика!»[583] 14 (26) марта царский манифест объявил войну всем вообще европейским революционным силам[584], и трехсоттысячная армия двинулась в поход. Но, по меткому слову Лафайета, «авангард повернулся против главных сил»: 18 марта прусский король Фридрих Вильгельм IV приказал своей армии вернуться в казармы и не воевать против восставшего народа.

На исходе этого года российский златоуст, главный церковный идеолог эпохи митрополит московский Филарет Дроздов пояснил: «В наше время у некоторых народов возникла новая мудрость, которая вековыми трудами государственной мудрости обработанныя и усовершенствованныя государственныя установления[585] находит

---

582 URL: http://krotov.info/libr_min/13_m/in/akov.htm

583 Выскочков Л. Николай Первый. — М., 2003. С. 376.

584 «По заветному примеру Православных Наших предков, призвав в помощь Бога Всемогущего, Мы готовы встретить врагов Наших, где бы они ни предстали».

585 Эти установления Филарет перечислил в другой своей проповеди того же года:

«*Первое:* царская власть есть Божественное учреждение.

Второе: наследственность царской власти есть также Божественное учреждение.

Третие: царская наследственная власть есть высокий дар Божий избранному Божию.

Четвертое: царская наследственная власть есть и для народа благопотребный и благотворный дар Божий.

Вот коренныя положения царского и государственного права, конечно, не имеющия недостатка в твердости, поелику основаны на слове Божием,

не только требующими исправления, но совсем негодными, и хочет все переломать и перестроить» (Слово на день тезоименитства государя императора Николая Павловича, говоренное в Чудове монастыре 6 декабря 1848 года). Ясно, что такое нельзя позволить этим «некоторым народам», пусть даже и заграничным:

«Не Россиянин, может быть, спросил бы меня теперь: почему на постановленное Богом для одного народа, и на обещанное одному Царю, я смотрю, как на общий закон для Царей и народов? И я не затруднился бы ответствовать: потому что закон, истекший от благости и премудрости Божией, без сомнения, есть закон совершенный; а совершенного почему не предлагать для всех?» (Слово на день рождения Государя Императора 25 июня 1848 года).

А посему:

«При мысли о новых событиях, сердце исполняется новыми благодарными чувствованиями к Дающему спасение Царю. Третие десятилетие вращая скипетр огромного царства твердою рукою, много Он совершил подвигов; но еще нового рода испытание представил совершившийся ныне год. В царствах более или менее союзных с Россиею, и частию соседних, у народов многочисленных, образованных, в минуты дремания Правительств, из вертепов тайных скопищ, безнравственных и безбожных, внезапно исторгся вихрь мятежа и безначалия, который, колебля и разрушая порядок одного царства по другом, угрожал миру и безопасности всех народов Европы: а против державы Российской особенно дышал яростию с шумом и воплями, как против сильной и ревностной защитницы

утверждены властию Царя царствующих, и запечатлены печатию клятвы Его!»

(Слово на день рождения Государя Императора 25 июня 1848 года).

законной власти, порядка и мира. Благочестивейший Государь, с обычною Ему откровенностию, сказал Свое царское слово Своему народу о тревожных движениях за пределами России, могущих приразиться и к ее пределам, и изъявил Свою волю».

Слово на день восшествия на Всероссийский Престол благочестивейшего государя императора Николая Павловича, говоренное в Чудове монастыре 26 ноября 1848 года

Правда, в этой речи митрополит сделал вид, будто войска остались в российских пределах, и «порядок» в Европе навело лишь слово русского царя, а не его пушки:

«Внутренним движением военных сил к угрожаемым пределам, не выходя из мирного положения, Он стал в положение грозное: и таким образом нравственно подкреплял верных союзников и друзей порядка и мира, и поражал издалеча дерзость мятежа и безначалия... Самодержец России мановением скипетра действует так сильно, как оружием, не прерывая мира, побеждает одну из самых враждебных сил, словом угашает возгоравшуюся войну, величественным молчанием заграждает огнедышащия уста? И год тревог и ужасов для многих народов у нас остался годом мира и спокойствия».

Царя же он уверял: «Провидение избрало Тебя охранительным и благотворным орудием не только для России, но и для других стран образованного мира, угрожаемого в своей образованности» (Речь Благочестивейшему Государю Императору Николаю Павловичу пред вступлением Его Величества в Успенский Собор 9 сент. 1850)

Проходит 30 лет. И по-прежнему генерал Скобелев простирает заботы России далеко за ее границы. В 1878 году, уже после русско-турецкой войны, говорил: «Наше призвание охранять южных славян, именно их… Без этого — мы сами уйдем в животы, в непосредственность, потеряем свой исторический raison d'être!»[586]

---

[586] Апушкин В. Скобелев о немцах. — Пг., 1914. С. 27.

При этом те, кого Москва-Петербург называют «братьями», должны признать свой статус «младшего партнера». Как это понял в 1844 году после общения с русскими славянофилами (Погодиным и Шевыревым) чешский писатель Карел Гавличек:

> *«Русские называют всё русское славянским, чтобы потом назвать всё славянское русским»*
>
> *(Rusové rádi nazývají všechno ruské slovanským, aby pak mohli tvrdit, že všechno slovanské je ruské).*

Два года Гавличек работал домашним учителем в Москве. А потом заявил: «Я приехал в Россию славянином, а вернулся чехом» (Odjel jsem do Ruska jako Slovan, vrátil jsem se jako Čech). Ему не нравилось немецко-австрийское владычество над его родиной. Но он понял, что Россия придет в Прагу для утверждения свое власти над ней, а не для дарования чехам реальной свободы. И идея панславянского братства тут не более, чем листочек для прикрытия имперского возбуждения.

1914 год:

> *«Война эта, навязанная нам немцами, вполне отвечает провиденциальному назначению России — освободить от немецкого плена братьев-славян. II даже больше того: нести на Запад, как Достоевский проповедывал, чистое христианство, потому что то христианство, которое существует там, изменило лик Христа»*[587].

…Проходят столетия. Самомнения меньше не становится. Все так же нации норовят навязать себя в качестве спасителя всего мира. При этом рецепт счастья может радикально меняться, но мессианская навязчивость остается («Я в березовые ситцы нарядил бы **целый свет**!»)

---

[587] Голос Церкви // Вестник Виленского православного Свято-Духовского братства. 1914. № 15–16. С. 334.

Даже отойдя от православно-монархического мировоззрения, Россия сохранила свой мессианский и общепланетарный настрой. Теперь он облекся в теорию и практику экспорта мировой революции с гимном «Гренада, Гренада, Гренада моя».

Я не буду приводить официальные программы и документы коминтерновского стиля. В массовом сознании остаются песни, стихи, фильмы. И они пережили сам Коминтерн.

Песни, утвержденные комиссарской цензурой для зомбирования, вполне ясно определяли безграничье целей:

Будет людям счастье,
Счастье на века;
У Советской Власти
Сила велика!

Тут деятельность строителей нового мира безгранична во времени («счастье на века»).

А тут — в пространстве:

Мы раздуваем пожар мировой,
Церкви и тюрьмы сравняем с землёй!
Ведь от тайги до британских морей
Красная Армия всех сильней!

Правда, в этой песне есть противоречие между куплетом и припевом. Пожар задуман «мировой», но далее идет скромная претензия на статус всего лишь региональной супердержавы («от тайги до британских морей»).

Один из вариантов этого марша[588] звучал так:

Бедный китаец, несчастный индус
Смотрят с надеждой на наш Союз,
Ведь от тайги до британских морей
Красная Армия всех сильней!

---

[588] Марш Красной Армии написан в 1920. Музыка — Самуил Яковлевич Покрасс, стихи — Павел Григорьевич Горинштейн.

Или:

Склонись над патроном,
Боец рядовой,
Вовек мы не тронем
Китай трудовой.
Но милитаристский
Продажный Китай,
Лишь сунется близко, —
В штыки раскидай!

И эта же тема была прекрасно раскрыта в повести П. Павленко «На востоке» (1932 год):

« — Только что получено правительственное сообщение о нападении японцев на нашу границу. — сказал Браницкий. — Они дерутся уже шесть часов. Только в минуту величайшей опасности начинаешь как следует осознавать, что такое советский строй. Мы родились и выросли в войне. Наш быт был все время войной, неутихающей, жестокой. У нас умеют садиться в поезда и уезжать за тысячу верст, не заглянув домой. Мы способны воевать двадцать лет, мы бойцы по исторической судьбе и опыту жизни. Да ведь для нас победить, — говорил он, убеждая Ольгу в чем-то, ему совершенно ясном, — значит смести с лица земли режим, выступивший против нас.

— Скажете вы, что произошло, или нет?

— Как „что произошло"? Японцы прорывают нашу границу у озера Ханка. Ерунда! Ерунда! — не слушая ее, бормотал Браницкий. — Китай вырастет в могущественную советскую страну. ***Япония станет счастливой. Индия получит свободу****... Пойдемте! Я помню, как в двадцать третьем году ждали вестей из Берлина. Как хотелось умереть за них, как о них думали. Когда у них там все сорвалось — эх!.. Эго было личным несчастьем.*

— А Вена?

— А Испания? — сказал молодой моряк, услыхав их беседу.

Сколько раз билось от счастья наше сердце, когда над миром проносился революционный пожар! Мы знали, что этот час придет! Вставай, земля! Время наше настало! Вставайте, народы! Прочь руки от Красной страны.

— Отдохнули и хватит, — повторил старый рабочий. — Надо, наконец, этот беспорядок кончать.

Он имел в виду пять шестых человечества, когда говорил о „беспорядке".

— Да, теперь пойдут дела, о каких и не думали, — в тон ему отвечал пожилой профессор.

Оркестр Большого театра непрерывно исполнял „Интернационал". Дирижер во фраке с непокрытой головой дирижировал музыкой, высоко и страстно поднимая синие замерзшие руки. Когда Ольга, войдя к себе в комнату, открыла окно на улицу, послышались крики: „Сталин!" Толпа кричала и звала: „Сталин! Сталин! Сталин!" — и это был клич силы и чести, он звучал, как „Вперед!" В минуту народного подъема толпа звала своего вождя, и в два часа ночи он пришел из Кремля в Большой театр, чтобы быть вместе с Москвой.

Пусть бы вошел он сейчас в комнату, как бы Ольга обняла его, как бы прижала к себе! И в это время заговорил Сталин. Слова его вошли в пограничный бой, мешаясь с огнем и грохотом снарядов, будя еще не проснувшиеся колхозы на севере и заставляя плакать от радости мужества дехкан в оазисах на Аму-Дарье»[589].

---

[589] URL: http://publ.lib.ru/ARCHIVES/P/PAVLENKO_Petr_Andreevich/_Pavlenko_P.A..html

URL: http://flibusta.site/b/382651/read

Поэт Николай Асеев в стихе, написанном после «освободительного похода» РККА в Польшу в 1939 году, обучал новых сограждан советскому новоязу:

Не верь, трудовой польский народ,
Кто сказкой начнёт забавить,
Что только затем мы шагнули вперед,
Чтоб горя тебе прибавить.
Мы переходим черту границ
Не с тем, чтобы нас боялись,
Не с тем, чтоб пред нами падали ниц,
А чтоб во весь рост распрямлялись![590]

В 1940 году автор советско-российского гимна написал поэму «Дядя Стёпа в Красной Армии». «Дядя Стёпа» участвует в «освобождении» Польши и идёт в бой «наперевес» с советским пограничным столбом.

---

[590] Чуть позже аналогично очаровывал финский народ Сергей Михалков:
Финскому народу
Вы ждали разумного слова,
Терпели, надеждой полны
А слышали пустоголовых
Правителей финской страны
Народ загоняли в трясину,
Все дальше все глубже, и вот-
Вы поняли, честные финны,
Как должен держаться народ!
Не слушать чванливого сброда
И власть шутовскую стряхнуть!
И руку советским народам,
Как близким друзьям протянуть!
Так шире же сильные плечи,
Расправьте, Суоми сыны
По братски идет вам на встречу
Правительство нашей страны.

На заставе смех и шёпот,
Разговоры у крыльца, —
Примеряет дядя Степа
Форму красного бойца.
Но бойцу такого роста
Подобрать шинель не просто
Он затянется ремнём,
А шинель трещит на нём,
Гимнастёрка коротка, —
До локтя видна рука.
Сапоги несут со склада,
Для степановой ноги,
Даже мерить их не надо —
Не годятся сапоги.
Интендант стоит — смеётся:
— Не предвиден рост такой.
Все довольствие придётся
Шить в военной мастерской.
На границе есть застава,
О заставе этой — слава.
Дядя Степа скоро год
На заставе той живёт.
Он живёт на всём готовом,
Он привык к порядкам новым,
Он всегда стоит в строю
Самым первым, на краю.
Знают лично дядю Степу
Все начальники застав.
Уважает дядю Степу
Пограничный начсостав.

Он зелёные петлицы
Носит с гордостью большой,
Срочной службе на границе
Отдаёт себя душой.
Тёмной ночью, в поздний час
Объявил майор приказ.
В темноте на правом фланге
Раздаётся Стёпин бас:
«Я готов служить народу,
Нашим братьям, землякам,
Чтоб навечно дать свободу
Батракам и беднякам.
Я возьму сегодня в бой
Пограничный столб с собой,
И он в землю будет врыт,
Где мне родина велит»*.*
Наступают наши части,
Отступает, польский пан.
Мы несём с собою счастье
Для рабочих и крестьян.
Занят Львов, и взято Гродно,
За спиной бойцов Столбцы.
Мощной силою народной
В бой бросаются бойцы.
Вот идёт, нахмурив брови,
Дядя Степа — рядовой.
На лету гранаты ловит
У себя над головой.
Взял вельможный офицер
Дядю Степу на прицел.

Залп. Рассеял ветер дым —
Стёпа цел и невредим.
Поднял руки бледный пан,
Перед ним стоит Степан.
Дядя Стёпа, как игрушку,
Отпихнул ногою пушку:
«Про́шу пане, сдать наган,
Про́шу в плен, вельможный пан».
Не хотят солдаты драться,
А хотят идти сдаваться.
Офицер кричит: «За мной!»
А солдат кричит: «Домой!»
Вылезает из окопа
Офицер-парламентёр.
А навстречу дядя Стёпа —
Бывший слесарь и монтёр.
Офицер идёт к монтёру:
«Что вы просите от нас?»
А в ответ парламентёру
Раздаётся Стёпин бас,
Говорит Степан: «Солдаты,
Украинцы-земляки,
Белорусские ребята,
Польских панов батраки,
Мы пришли не с вами драться, —
Мы несём конец панам,
Выходите к нам брататься,
Подходите, братцы, к нам!
Вас в деревне ждёт работа,
Вам домой давно пора!»
И пятьсот солдатских глоток
Громко крикнули: «Ура!»

И пятьсот солдат вздохнули,
Что идти не нужно в бой,
И пятьсот штыков воткнули
Прямо в землю пред собой.
На вагонах всюду пломбы,
А в вагонах всюду бомбы,
В длинных ящиках патроны,
На платформе броневик.
Тянет польские вагоны
Очень старый паровик.
Паровик ползёт, гудит,
Машинист вперёд глядит,
Машинист — рабочий парень —
Офицеру говорит:
«От вокзала до вокзала
Сделал рейсов я немало.
Но готов идти на спор,
Это — новый семафор».
Подъезжают к семафору,
Что такое за обман? —
Никакого семафора,
На пути стоит Степан,
Он стоит и говорит:
«Не спешите, не горит!
Я нарочно поднял руку
Показать, что путь закрыт.
Руки вверх! Оружье вниз!
Выходите, машинист.
Вылезайте, офицер —
Этот груз для СССР!»

Офицер стоит, трясётся,
Машинист над ним смеётся,
И в душе доволен он,
Что задержан эшелон.
Без бензина, без резины,
В чистом поле, вдоль шоссе
На боку лежат машины
Покалеченные все.
Мимо них идут солдаты
Без начальства, без штыка,
Без винтовки, без гранаты —
Их дорога далека:
Кто к жене, а кто к невесте,
Чтобы жить с родною вместе,
Чтобы хлеб не сеять панский
А рабочий и селянский,
Печи класть, коней ковать,
Жить, ни с кем не воевать.
Украинцы и евреи,
И поляки — батраки…
Рядом катят батареи
Наши красные полки.
Громыхают наши танки,
Пулемётные тачанки,
Тягачи, грузовики,
Кухни и броневики.
И ведут их командиры
И бойцы — большевики.
Ясный день. Не видно дыма,
Не слышна нигде стрельба.

Вот идут связисты мимо
Телеграфного столба,
Посмотрели: «Вот беда!» —
Перебиты провода,
Это значит, нету связи
Ни туда и ни сюда.
Командир наверх глядит,
Командир полка сердит,
Командиру, как нарочно,
Этот провод нужен срочно.
Обратились к дяде Стёпе:
«Помогите нам в беде».
Отвечает дядя Степа:
«Нужен провод? Срочно? Где?»
Заработал телефон.
И никто не удивлён —
Дяде Степе из-за роста
Быть связистом очень просто.
Старый граф магнат, помещик
В чемодан бросает вещи —
На рассвете он бежит,
Путь в Румынию лежит.
Панский пёс — лохматый, сонный —
Чешет спину у крыльца...
С командиром отделённым
Шли в именье два бойца,
Вдруг забор, а на заборе
Стёкла вставлены торчком,
И ворота на запоре,
И калитка под замком.

Заглянул Степан во двор
Через каменный забор,
Руку сверху протянул,
Все запоры отомкнул,
И повёл Степан бойцов
Прямо к пану на крыльцо.
Задохнулся пан от злости:
«Что за люди? Что за гости?
Безобразие в стране!
Гайдуки, скорей ко мне!»
Арестован польский пан,
Говорит ему Степан:
«Вы в Румынию спешили,
Только нам не по пути.
Мы, бойцы, сейчас решили
Вас поближе отвезти.
Мы поедем налегке
На простом грузовике,
Мне в такой малолитражке
С вами рядом негде сесть.
И надел шофёр фуражку,
И Степану отдал честь.
У реки камыш дрожит,
В камышах боец лежит.
Он лежит, и встать не может —
Помогите! С ним беда!
Только врач ему поможет,
Санитары, все сюда!
Прибежали два бойца,
А на Стёпе нет лица:

*«Поскорей сапог снимайте
Рана свежая горит,
Поспокойней поднимайте!»
Дядя Стёпа говорит:
«Я упал куда попало —
Не хватило больше сил,
Я живого генерала
При паденье придавил.
Как бы этот генерал
В суматохе не удрал».
Дядя Стёпа в ногу ранен,
Он лежит без сапога,
Двадцатью двумя бинтами
Забинтована нога.
Громко хлопнула калитка,
Это — почта в лазарет.
Дяде Стёпе есть открытка,
Три газеты и пакет.
Развернул Степан газету
И приятно удивлён —
На странице два портрета,
На одном портрете он.
Прочитал Степан бумагу
И приятно удивлён —
Он узнал, что за отвагу
Он медалью награжден.
И забыв, что ноет рана,
Что вставать запрещено,
Поднялся боец с дивана,
Отворил во двор окно.
И вошёл в палату ветер,
Солнце львовское вошло,*

Заиграло на паркете
И на стенах расцвело.
И сказал Степан: «Ребята,
Хорошо на свете жить!
Хорошо у нас, ребята,
В Красной армии служить!»[591]

Даже детские сказки готовили малышей к всемирно-освободительному походу.

У Аркадия Гайдара есть сказка о Мальчише-Кибальчише, который живет в приграничном селе, далеком от гарнизонов родной Красной Армии.

«И мчатся гонцы звать на помощь ***далекую*** *Красную Армию», но пока приходится несколько дней ждать ее подхода. Но вот пришел день М. — и он принес вовсе не бои «за избушку лесника», а перекрой или даже отмену всех границ. «Как ветры, ворвались конные отряды, и так же, как тучи, пронеслись красные знамена. Это так наступала Красная Армия. Как ручьи, сбегая с пыльных гор, сливались в бурливые, пенистые потоки, так же при первом грохоте войны забурлили в Горном Буржуинстве восстания, и откликнулись тысячи гневных голосов и из Равнинного Королевства, и из Снежного Царства, и из Знойного Государства». И Мальчиша буржуины допрашивают о тайной поддержке революционного движения: «Нет ли у наших рабочих чужой помощи? И пусть он расскажет, откуда помощь. Нет ли, Мальчиш, тайного хода из вашей страны во все другие страны, по которому как у вас кликнут, так у нас откликаются»*[592].

---

[591] Публ.: Молодой колхозник 1940, № 5. С. 26–27 (М., Издательство ЦК ВЛКСМ «Молодая Гвардия», 1940).

[592] Киевлянин Сергей Остапенко, в 1964 году исполнивший роль Мальчиша-Кибальчиша в фильме «Сказка о Мальчише-Кибальчише», позже стал доктором физико-математических наук и эмигрировал в США.

Романтика всеобщего «освобождения» была так высока, что даже в 1964 году студенты физфака МГУ сочинили «Песню о маленьком трубаче», и их слух и совесть не царапали слова о «чужой стране»[593].

---

[593] Еще ранее былинная казачья песня «Чёрный ворон, друг ты мой залётный» тоже без осуждения вещала о том, что отчего-то казаки умирают, не защищая свою станицу, а в чужедальней стороне:

Черный ворон, друг ты мой залетный,
Где летал так далеко?
Ты принес мне, черный ворон,
Руку белую с кольцом.
По колечку друга я узнала,
Чья у ворона рука.
Эт рука, рука мойво милова,
Знать, убит он на войне.
Он убитый ляжить незарытый.
Он пришёл сюда с лопатой,
Милостивый человек.
И зарыл в одну могилу
Двести сорок человек

(URL: https://kazakdona.ru/news/chernyi-voron-63.html)

Написанная в XIX веке польская народная песня «Гей, соколы», ставшая и украинской народной, также воспевает военную экспедицию в далекие чужие края:

Сів на коня козак молодий.
Плаче молода дівчина,
Їде козак з України…
А я у чужому краю.
Серце спокою немає…
Як загину поховайте
На далекій Україні.

Украинский романс середины XVIII века, написанный казаком Семёном Климовским, дает четкую геолокацию: «Їхав козак за Дунай». Вот что он там, за Дунаем, потерял?

Но как-то раз в дожди осенние
В чужой стране, в чужом краю
Полк оказался в окружении,
И командир погиб в бою.
И встал трубач в дыму и пламени,
К губам трубу свою прижал —
И за трубой весь полк израненный
Запел «Интернационал».
...В чужой степи, в траве некошеной
Остался маленький трубач[594].

---

594 Автор музыки — Сергей Никитин. Это одна из его самых первых песен. Вот как рассказывает об истории появления песни автор текста — Сергей Крылов.

«Мы с Сергеем тогда были студентами физического факультета МГУ. И вместе с нашей ставшей потом знаменитой агитбригадой физфака летом 1964 года ездили с концертами по Кемеровской области. Ещё весной, в Москве мне пришли в голову слова этой песни. И я показал их Сергею Никитину… Поначалу песня не получалась. Но однажды, когда ребята ехали на автобусе в гостиницу, Крылов увидел, что его друг Никитин плачет.

„Что с тобой?" — „Дошло, слова дошли!"

Тогда Никитин и придумал мелодию. Уже через пару часов он исполнил ее друзьям и все были потрясены. Эта песня с самого начала вызывала слезы на глазах тех, кто ее слушал…

Потом у этой песни была необычная история. Когда ребята из агитбригады записали ее для радиопередачи, песню в последний момент вычеркнули из эфира. Потом им рассказали, что приговор был таков: „Окуджавщина!" Так что песня, только что родившись, стала запрещённой. Но она была настолько яркой и цепляющей за душу, что все равно получила распространение. Она переходила из уст в уста, ее пели хором, ее переписывали в песенники. Песня стала настолько народной, что ее включили в школьную программу».

URL: https://phys.msu.ru/rus/about/sovphys/ISSUES-2020/05(146)-2020/28526/

Ту же мечту хранит в сердце один из героев Евгения Евтушенко:

Ты молод, я моложе был, пожалуй,
когда я, бредя мировым пожаром,
рубал врагов Коммуны всех мастей.
Летел мой чалый, шею выгибая,
С церквей кресты подковами сшибая,
я шашку вытирал о васильки.
И снились мне индусы на тачанках,
и перуанцы в шлемах и кожанках,
восставшие Берлин, Париж и Рим,
весь шар земной, Россией пробужденный,
и скачущий по Африке Буденный,
и я, конечно, — скачущий за ним.
И я, готовый шашкой бесшабашно
срубить с оттягом Эйфелеву башню,
лимонками разбить витрины вдрызг
в зажравшихся колбасами нью-йорках, —
пришел на комсомольский съезд в опорках,
зато в портянках из поповских риз.
Я ерзал: что же медлят с объявленьем
пожара мирового?..

«Братская ГЭС», глава «Большевик»

Проходит еще полвека — и русское патриотическое сердце вновь охотно отзывается на новое уверение в своей нравственной безошибочности.

Все будет Россия!
Приходится биться
Во имя детей!
Чем шире границы,
Тем больше людей!

Господь дай же силы,
Нам плыть без ветров!
Чем шире Россия!
Тем больше Добро!
Все будет Россия, по шару земному!
Ты верою счастлив великий народ!
Все будет Россия! Никак по другому,
В тебе божья сила и мира Добро!
Все будет Россия! Грешно сомневаться,
Единством и силой, меча и щита!
Мы будем Россия! Пока будет драться,
За веру и правду наш русский солдат!
Нам нужно сплотиться,
На зависть другим.
Чем шире граница,
Тем дальше враги!

Дмитрий Лик, основатель и руководитель студии военно-патриотической песни «Офицеры России»
2023 год

Тут понятно: если наше нравственное чувство уникально безошибочно, то наше Добро просто должно быть тотальным, переступающим границы как личных свобод, так и госграницы. Поэтому всемирная и всемерная поддержка коммунистических движений вылилась не только в поэтические строчки, но и в попытки переворотов в соседних с СССР странах (путч в сентябре 1923 в Болгарии, путч в октябре 1923 в Германии, путч в Эстонии в 1924-м). В апреле 1925 в Софии коммунисты взорвали Собор Святой Недели[595]. И в последующие годы границы не останавливали «прогрессоров».

---

[595] Теракт был организован коммунистами на отпевании убитого ими же генерала Константина Георгиева. Курировал операцию резидент советской

Оттого и написал Бродский в «пражском» 1968 году:

«Генерал! Только душам нужны тела.
Души ж, известно, чужды злорадства,
и сюда нас, думаю, завела
не стратегия даже, но жажда братства:
лучше в чужие встревать дела,
коли в своих нам не разобраться».

Собственно, это и есть «русская идея» «русского мира»: мы знаем, как сделать всех счастливыми![596]

Порой мы сами придумываем ту угрозу для спасаемых, для устранения которой им и нужна наша помощь. В России вести очень просто вести военную пропаганду: надо предъявить картинку про то, что каким-то иностранцам плохо, и они зовут нас на помощь. И в народном сознании это хорошо откликается: конечно, если мы идем на помощь, то это не агрессия. И если кто посмеет уклониться от нашей навязчивой старше-братской помощи и от пожизненного изъявления вечной благодарности — будет предателем и фашистом![597]

военной разведки Б. Н. Иванов. Целью было уничтожение царя Бориса III. В результате вооружённой акции на месте погибли 134 человека (вместе со скончавшимися от ран — 213) и были ранены около 500.

596 Понимаю, что была еще и «миссия белого человека», да и сама идея госсчастья родилась у Платона: «Все это близко к тому, что совместно пытались из любви к сиракузянам устроить я и Дион. Это был второй случай. Первый же был тот, когда впервые была сделана попытка вместе с самим Дионисием создать всеобщее благополучие, но некий злой рок, более сильный, чем люди, все это разметал» (Платон. Письмо 7 Диону, 337d).

597 Из z-поэзии 2022 года:

Сгорит Вашингтон, пепелище Брюсселя
Послужит уроком народам Земли
Идти против русских чтоб больше не смели
Ведь русские мир от нацизма спасли.

В крайнем случае можно далеко за границу забросить свои паспорта, а потом идти спасать «соотечественников». Как пояснил Путин вскоре после «присоединения Крыма»:

«И хочу, чтобы все понимали: наша страна будет и впредь энергично отстаивать права русских, наших соотечественников за рубежом, использовать для этого весь арсенал имеющихся средств: от политических и экономических — до предусмотренных в международном праве гуманитарных операций, права на самооборону»[598].

События 2022 года с лихорадочным поиском поводов для военной операции в Украине полагаю, вполне подтверждают сказанное в этой главе.

Государственное РИА Новости так объясняло «спецоперацию» на следующий день после ее начала:

«Российские военные деловито демилитаризируют нацистское кубло, в которое превратилась бывшая УССР. Антинародные хунты в разных столицах выдумывали себе историю, говорили на несуществующих языках, ходили на факельные шествия, славили нацистов. Народы молча на все это смотрели, им было не до политики, они пытались выжить. Отсюда неприятный привкус фарса во всех этих новых государствах. Они по большей части создавались вопреки мнению большинства. Сегодня они держатся исключительно на штыках НАТО. Секрет Полишинеля в том, что народы Восточной Европы — вопреки мнению своего марионеточного руководства — хотят жить в мире и дружбе с Россией. Огромное число людей на этих лимитрофных территориях считают себя русскими. И именно это мы видим сейчас на Украине, где никто особо не воюет с российской армией. Нам там не с кем воевать. Там почти все наши люди. Украинские военные

---

[598] URL: http://kremlin.ru/events/president/news/46131

массово сдаются в плен. Потому что никаких украинских военных нет в природе, а есть простые русские люди, одураченные западной пропагандой и киевской хунтой. Можно было бы назвать операцию российской армии войной выходного дня. Но ведь это, по сути, никакая не война. Это классическая миротворческая миссия. Никакой опасности для гражданских, точечные, идеально выверенные удары по складам оружия, ПРО и аэропортам. И что характерно, практически никто на Украине не хочет защищать киевский режим. Освобожденный народ Украины наконец-то получает шанс самому выбрать свою судьбу. Это хороший сигнал и многим другим европейским странам. Свобода рядом. Наши идут»[599].

Самое дивное из изобретенных к случаю casus belli таково:

«Москва, 19 апреля. /ТАСС/. Причина российской специальной операции на Украине заключается в самодовольстве стран Запада после окончания Второй мировой войны. Об этом заявил министр иностранных дел РФ Сергей Лавров в интервью телеканалу India Today»[600].

Самодовольство соседей как повод для понуждения их — к чему?.. Вы хорошо живете? Тогда мы идем к вам!

Несколько позже, 24 июля 2022 года тот же российский министр объявил о праве своей страны вмешиваться во внутреннюю жизнь других стран:

«Мы обязательно поможем украинскому народу избавиться от режима, абсолютно антинародного и антиисторического», — пояснил министр во время встречи в Каире

---

[599] Виктория Никифорова. Чего нам ждать теперь от Запада. 25.02.2022. URL: https://ria.ru/20220225/sanktsii-1774917255.html

[600] URL: https://tass.ru/politika/14410605?utm_source=google.com&utm_medium=organic&utm_campaign=google.com&utm_referrer=google.com

в ходе встречи с постпредами стран — членов Лиги арабских государств[601].

29 июля 2023 года официальный представитель МИД РФ Мария Захарова на полях саммита Россия — Африка рассказала, для чего Россия ведет бои в Украине:

«Мы сражаемся, вы разве не видите, что наши ребята отдают свои жизни, не просто выступают, не просто говорят, а жизнями своими отстаивают право не только африканского континента, а всех людей на нашей планете быть свободными»[602].

Как видим, аппетиты безразмерны. Раз уже российские танки вышли со своих баз, то освободительно докатятся и до «лимитрофных территорий» Восточной Европы, и до Африки.

Знали или нет российско-советские правители формулу британского премьер-министра Питта «помогать какой-нибудь стране означает самый удобный способ завладеть ею»[603] — неизвестно, но действовали точно по ней.

---

601 URL: https://iz.ru/1369599/2022-07-24/lavrov-zaiavil-chto-rf-pomozhet-ukrainskomu-narodu-izbavitsia-ot-antinarodnogo-rezhima

602 URL: https://www.cursorinfo.co.il/cis-news/v-mid-rf-opyat-opozorilis-zayaviv-chto-rossiya-voyuet-s-ukrainoj-za-afriku/amp/

603 Эта фраза встречается в литературном произведении Марка Алданова «Поездка Новосильцева в Лондон» (1932 год): «Было много примеров, что покровительство над страною оканчивалось ее покорением». У него эти слова Питт Младший говорит именно русскому посланнику Новосильцеву в ответ на его слова о том, что император Александр не ищет для России никаких выгод и не думает об овладении Константинополем, но речь может идти только о русском покровительстве проживающим в Турции христианам. Реальные переговоры имели место в декабре 1804 года. Говорят, эта фраза есть тут: Записка Новосильцова о переговорах его с Питтом и Новосильцов Чарторыйскому 25 ноября (7 декабря) 1804 г. АВПР, ф. Канцелярия, 1804–1805 гг., д. 6765, лл. 13–14.

Есть лишь одна страна Европы, искренне и без оговорок благодарная нам за освобождение от фашизма: Норвегия. И все потому, что уже 25 сентября 1945 года завершился вывод советских войск с территории Северной Норвегии после ее освобождения от фашистских захватчиков. Так что норвежцы благодарны нам не только за освобождение, но и за «своевременное» возвращение войск в пределы Советского Союза. Опасение, что СССР присоединит к себе Восточный Финнмарк, не сбылось. «„Спасибо вам за то, что пришли и за то, что ушли“, — такое в стране фьордов мне доводилось слышать не раз»[604]. Почти то же самое можно сказать и об Австрии с той разницей, что у нее не было чувства предыдущей оккупации ее Рейхом, а потому и «освобождение» ее радовало меньше. Поэтому государственным праздником она считает «День Австрийской Республики» 26 октября. В этот день 1955 года последний советский солдат покинул австрийскую землю (праздник установлен ровно через 10 лет, в 1965-м). И вполне внятно Австрия сказала это в памятной табличке на стене дворца Эпштейна (Palais Epstein) — здания, где была советская военная комендатура. Точнее, внятно это было лишь для людей с хорошим классическим гуманитарным образованием.

По-немецки тут написано: «В этом здании с освобождения Австрии в 1945 году до обретения свободы через подписание Государственного Договора в 1955 году располагалась советская военная комендатура для Вены».

Но дальше следует латинская фраза Sunt lacrimae rerum (Слезы — в природе вещей). Это цитата из «Энеиды» Вергилия. Эней останавливается в карфагенском храме Юноны у фрески с изображением Троянской войны и плачет о погибших в той войне (а Эней — троянец, то есть — из побежденных): Sunt lacrimae rerum et mentem mortalia tangunt. «Где, в какой стороне не слыхали о наших страданьях? Слезы — в природе вещей, повсюду трогает

---

604 URL: http://www.norge.ru/rustropper_retut1945/

души смертных удел; не страшись: эта слава спасет нас, быть может» (Энеида 1, 460. Перевод С. А. Ошерова)[605].

Официально мы так же добровольно ушли из Румынии, о чем даже была написана песня (Прощание советских войск с Трансильванией, муз. С. Каца, слова А. Софронова). Но на самом деле надолго там остались.

Остальные освобожденные говорят: если кто-то спас меня от бандитов, но потом сам изнасиловал мою жену — он не может ждать от меня вечной признательности…

Что делать нам с тобой, моя присяга,
Где взять слова, чтоб написать о том,
Как в сорок пятом нас встречала Прага
И как встречает в шестьдесят восьмом.

Александр Твардовский, «Новомирский дневник»

Историю Восточной Европы в XX веке вкратце можно передать такой формулой: после черной полосы всегда следует белая. Если сегодня вас укусила злая собака, то завтра вас укусит добрая[606].

Сегодня это снова установка госпропаганды: наши цари и генсеки всегда правы. Если наши недооккупированные соседи нас не любят — то мы совсем не понимаем, за что. Мы же всегда их только освобождали![607] И вообще мы все время только защищались, иногда, правда, превентивно.

---

605 «слезы есть о делах и земное трогает души» — перевод В. Брюсова и С. Соловьева.

«слезы о бедствиях есть и трогают сердце напасти» — перевод А. Фета.

Благодарен за указание на табличку Андрею Золотову.

606 Пояснение: злая собака — это гитлеризм.

607 «Нашим» политическим гениям удавалось вложить в руки оружие даже тем, кто никогда ранее его не брал:

О, если бы утопические прожекты столицы России-СССР навязывали лишь своим подданным! Нет, утописты не признают государственных границ и готовы нести счастье всему человечеству.

И это при показном и скандальном неумении привести в соответствие с якобы несомым ими Евангелием ни свою личную жизнь, ни управляемые ими общества[608].

Главная душевная потребность русского человека — это потребность в мессианстве. Мы веками считаем себя вправе прийти в любую точку планеты, чтобы помочь местным жителям.

Украинские немцы в большинстве были протестантами-меннонитами, т. е. исповедовали отказ от насилия и войны (отчего и были вынуждены покинуть свои воинственные германские родины). Но советская власть показала им такой оскал, что в условиях оккупации они с готовностью откликнулись на призыв записываться в создаваемый СС кавалерийский полк. Как вспоминал один из них: «Мы, меннониты, на протяжении многих лет терпели притеснения, а наше этническое происхождение было позорным клеймом. Нам давали разные обидные прозвища, притесняли разными немыслимыми способами, а нашу молодежь редко принимали в высшие учебные заведения». Так что для молодого меннонитского поколения реалии советской жизни оказались решающим фактором для отказа от основополагающих принципов своей веры. Один из добровольцев-меннонитов описал мотив, которым руководствовалось большинство добровольцев: «Про принцип несопротивления было забыто, и мужчины считали своим долгом принять участие в борьбе против ужасных притеснений, которым нас так долго подвергали». (Пономаренко Р. О. «Советские немцы» и другие фольксдойче в войсках СС. — М., 2014)

608 «Из того, что русские хуже всех народов выполняют мелкие обязанности, никак еще не следует, что они любят выполнять высший долг».

(Леонтьев К. Избранные письма. — Спб, 1993. С. 505)

А у Достоевского это как-то совмещалось:

«Нам нужна эта война… и для собственного спасения: война освежит воздух, которым мы дышим и в котором мы задыхаемся, сидя в немощи растления и в духовной тесноте».

(Достоевский Ф. М. Дневник писателя. // Собрание сочинений: В 9 томах. Т. 9. — М., 2007. С. 103)

«Русскому народу вверена величайшая святыня. Его историческая задача — раскрыть перед всем человечеством ее глубины, очаровать, увлечь ею мир», — медоточил патриарший местоблюститель Сергий (Страгородский) в 1942 году[609].

Через 80 лет патриарх Кирилл также норовит поучать весь мир: «Голос Русской Церкви поможет сохранить правильный вектор развития не только нам и народам нашим, но, быть может, всему миру. Сегодня мы должны работать на то, чтобы укреплялось духовное влияние Русской Православной Церкви на весь мир. Таково наше призвание»[610].

С годами эта милая уверенность в своем благом мессианстве стала предметом критики и иронии.

Возможно, что стихотворение Екатерины Серовой «Волчонок», написанное в 1960 году, и об этом тоже:

Очень скучно мне, волчонку, одному!
Почему со мной не дружат, не пойму.
Ни телята, ни козлята,
Ни зайчата, ни лисята,
Почему?
Ох и драл же я пугливеньких телят!
Ох и рвал же я трусливеньких козлят!
И когтями и зубами.
— Эй вы, будьте мне друзьями! —
Не хотят!
Приглашал я их в нору мою залезть,
Не по нраву им пришлась такая честь!
Как же дело мне поправить?
Как же их дружить заставить?
Может съесть?[611]

---

[609] Правда о религии в России. — М., 1942. С. 28.

[610] URL: http://www.patriarchia.ru/db/text/5929154.html

[611] Альманах «Звездочка». Составитель Ходза Н. А. Вып. 14. — Л., 1960. С. 13.

Но, может, это был просто стишок просто про волчонка. А вот Виктор Ерофеев высказался без аллегорий:

«Миротворнее нас — нет среди народов. Но если они и дальше будут сомневаться в этом, то в самом ближайшем будущем они и впрямь поплатятся за свое недоверие к нашему миролюбию. Ведь им, живоглотам, ни до чего нет дела, кроме самих себя. Ну, вот Моцартова колыбельная:

„Спи, моя радость, усни... Кто-то вздохнул за стеной — что нам за дело, родной? Глазки скорее сомкни". И так далее. Им, фрицам, значит, наплевать на чужую беду, ни малейшего сочувствия чужому вздоху. „Спи, моя радость..." Нет, мы не таковы. Чужая беда — это и наша беда. Нам дело есть до любого вздоха, и спать нам некогда. Мы уже достигли в этом такой неусыпности и полномочности, что можем лишить кого угодно не только вздоха, тяжелого вздоха за стеной, — но и вообще вдоха и выдоха. Нам ли смыкать глаза!»

«Вальпургиева ночь»

Или вот в таких стихах:

Он верил, что его планида —
Порядок в хаос привносить,
Да так, чтоб никакая гнида
Не помышляла откосить
От счастья быть стране полезной;
Что призван он рукой железной
Планеты ставить на дыбы;
Что есть избранники судьбы,
И он как раз из их породы;
Что близок день, что час пробьет,
И с песней двинутся вперед
Освобожденные народы

Навстречу счастью своему
Колонною по одному[612].

Проблема в том, что мессианский комплекс — это всегда беда для соседей нового мессии.

Патриарх Кирилл вбивает в головы: «Можно с легкостью доказать, что Россия не стремится кого-то себе подчинить»[613].

Такое и в самом деле можно с легкостью сказать. Доказать сложнее.

---

[612] URL: https://the-mockturtle.livejournal.com/785533.html

[613] 9 апреля 2023. Обращение к участникам трапезы в Храме Христа Спасителя. URL: http://www.patriarchia.ru/db/text/6017763.html

Глава 14

ГДЕ ГРАНИЦЫ РОССИИ?

«Я слышал восторженный рассказ одного бывшего офицера, который вспоминал о своем учителе географии в корпусе. Если кадет, отвечая урок, ошибался и показывая на карте границы России, захватывал чужие страны, то учитель не протестовал: „Ошибся. Ничего — завоюем!“»[614]

Массовое сознание стигматизируется не столько официальными речами, сколько поп-культурой: песни, фильмы, стихи…

И вот веками в русское сознание вбивается такое:

Матерь-Дева, силой Божией
Охрани ушедших в бой.
Над врагом победу правую
Дай защитникам Руси,
Дай сразиться им со славою
И от смерти их спаси.

---

[614] Гаврилов М. Н. Духовные основы русской культуры. // Логос. Брюссель—Москва. № 41–44. 1984. С. 47.

На Кресте Твой Сын Единственный
За любовь Свою страдал,
И Его глагол таинственный
К этим битвам Русь позвал.
Мы воюем за спасение
Братьев — страждущих славян.
Мы свершим освобождение
Подъярёмных русских стран.
С кем враждует Русь лучистая —
Враг и Сына Твоего.
Дай же, Дева, дай, Пречистая,
Нашей силе торжество!

Сергей Городецкий

Тут важна вот эта "поэтическая вольность": «Мы свершим освобождение подъярёмных русских стран». То есть «русской страной» объявляется любая страна, еще только предназначенная к «освобождению» — и Сербия, и Галиция, и турецкая Армения…[615]

В 1963 году Евгений Долматовский для *кинофильма «Мечте навстречу»* написал песню «Я — Земля»[616]. Там масштаб «нашей миссии» был обозначен беспредельно далеко:

Покидаем мы Землю родную
Для того, чтоб до звёзд и планет
Донести нашу правду земную
Пролетая быстрее, чем свет
Для того, чтобы всюду победно звучал
Чистый голос любви, долгожданный сигнал.

---

615 Первая публикация щенячьего визга Городецкого — 22 ноября 1914 года в 47-м номере журнала «Нива».

616 Музыку написал Вано Мурадели, автор опер «Октябрь» и «Великая дружба».

Понятно, что «наша правда земная» тут тождественна «Правде» московской.

На гербе СССР было:

«Декларация об образовании СССР» (1922), до 1936 г. составлявшая первую часть советской конституции открыто возвещала: «доступ в Союз открыт всем социалистическим советским республикам, как существующим, так и имеющим возникнуть в будущем... по пути объединения трудящихся всех стран в Мировую Социалистическую Советскую Республику».

Не таясь, гремел на весь мир марш Буденного, написанный А. Френкелем в 1920 году. Он не ставил пределов прорывам:

Мы — красные кавалеристы,
И про нас
Былинники речистые
Ведут рассказ.
Высóко в небе ясном вьётся алый стяг,
Мы мчимся на конях, туда, где виден враг.
И в битве упоительной
Лавиною стремительной —
Даёшь Варшаву, дай Берлин —
И врезались мы в Крым!

Это просто безудержные коммунисты? Нет. В 1928 году в эмиграции, а вовсе не в СССР, поэт Алексей Эйснер написал стихотворение «Конница»:

Толпа подавит вздох глубокий,
И оборвется женский плач,
Когда, надув свирепо щеки,
Поход сыграет штаб-трубач.

Легко вонзятся в небо пики.
Чуть заскрежещут стремена.
И кто-то двинет жестом диким
Твои, Россия, племена.

И воздух станет пьян и болен,
Глотая жадно шум знамен,
И гром московских колоколен,
И храп коней, и сабель звон.

И день весенний будет страшен,
И больно будет пыль вдыхать…
И долго вслед с кремлевских башен
Им будут шапками махать.

Но вот леса, поля и села.
Довольный рев мужицких толп.
Свистя, сверкнул палаш тяжелый,
И рухнул пограничный столб.

Земля дрожит. Клубятся тучи.
Поет сигнал. Плывут полки.
И польский ветер треплет круче
Малиновые башлыки.

А из России самолеты
Орлиный клекот завели.
Как птицы, щурятся пилоты,
Впиваясь пальцами в рули.

Надменный лях коня седлает,
Спешит навстречу гордый лях.
Но поздно. Лишь собаки лают
В сожженных мертвых деревнях.

Греми, суворовская слава!
Глухая жалость, замолчи...
Несет привычная Варшава
На черном бархате ключи.

И ночь пришла в огне и плаче.
Ожесточенные бойцы,
Смеясь, насилуют полячек,
Громят костелы и дворцы.

А бледным утром — в стремя снова.
Уж конь напоен, сыт и чист.
И снова нежно и сурово
Зовет в далекий путь горнист.

И долго будет Польша в страхе,
И долго будет петь труба, —
Но вот уже в крови и прахе
Лежат немецкие хлеба.

Не в первый раз пылают храмы
Угрюмой, сумрачной земли,
Не в первый раз Берлин упрямый
Чеканит русские рубли.

На пустырях растет крапива
Из человеческих костей.
И варвары баварским пивом
Усталых поят лошадей.

И пусть покой солдатам снится —
Рожок звенит: на бой, на бой!..
И на французские границы
Полки уводит за собой.

Опять, опять взлетают шашки,
Труба рокочет по рядам,
И скачут красные фуражки
По разоренным городам.

Вольнолюбивые крестьяне
Еще стреляли в спину с крыш,
Когда в предутреннем тумане
Перед разъездом встал Париж.

Когда ж туман поднялся выше,
Сквозь шорох шин и вой гудков
Париж встревоженно услышал
Однообразный цок подков.
Ревут моторы в небе ярком.
В пустых кварталах стынет суп.
И вот под Триумфальной аркой
Раздался медный грохот труб.

С балконов жадно дети смотрят.
В церквах трещат пуды свечей.
Всё громче марш. И справа по три
Прошла команда трубачей.

И крик взорвал толпу густую,
И покачнулся старый мир, —
Проехал, шашкой салютуя,
Седой и грозный командир.

Плывут багровые знамена.
Грохочут бубны. Кони ржут.
Летят цветы. И эскадроны
За эскадронами идут.

Они и в зной, и в непогоду,
Телами засыпая рвы,
Несли железную свободу
Из белокаменной Москвы.

Проходят серые колонны,
Алеют звезды шишаков.
И вьются желтые драконы
Манджурских бешеных полков.

И в искушенных парижанках
Кровь закипает, как вино,
От пулеметов на тачанках,
От глаз кудлатого Махно.

И, пыль и ветер поднимая,
Прошли задорные полки.
Дрожат дома. Торцы ломая,
Хрипя, ползут броневики.

Пал синий вечер на бульвары.
Еще звучат команд слова.
Уж поскакали кашевары
В Булонский лес рубить дрова.

А в упоительном Версале
Журчанье шпор, чужой язык.
В камине на бараньем сале
Чадит на шомполах шашлык.

На площадях костры бушуют.
С веселым гиком казаки
По тротуарам джигитуют,
Стреляют на скаку в платки.

А в ресторанах гам и лужи.
И девушки сквозь винный пар
О смерти молят в неуклюжих
Руках киргизов и татар.

Гудят высокие соборы,
В них кони фыркают во тьму.
Черкесы вспоминают горы,
Грустят по дому своему.

Стучит обозная повозка.
В прозрачном Лувре свет и крик.
Перед Венерою Милосской
Застыл загадочный калмык...

Очнись, блаженная Европа,
Стряхни покой с красивых век, —
Страшнее труса и потопа
Далекой Азии набег.
Ее поднимет страсть и воля,
Зарей простуженный горнист,
Дымок костра в росистом поле
И занесенной сабли свист.
Не забывай о том походе.
Пускай минуло много лет —
Еще в каком-нибудь комоде
Хранишь ты русский эполет...
Но ты не веришь. Ты спокойно
Струишь пустой и легкий век.
Услышишь скоро гул нестройный
И скрип немазаных телег.

Молитесь, толстые прелаты,
Мадонне розовой своей.
Молитесь! — Русские солдаты
Уже седлают лошадей.

Эйснер — друг Сергея Эфрона и его соратник по добровольной работе на советскую разведку. Но в этих строках не задание Кремля, а искреннее евразийское убеждение.

Анализируя в 1928 году в пражском журнале «Воля России» поэму Алексея Эйснера «Конница», Марк Слоним, в частности, замечает:

«Достаточно сказать то, что славянофильское противопоставление растленно-рассудочного Запада богоносной России, пройдя через соловьевский страх «желто-азиатской опасности», превратилось у поэтов символистов в идею столкновения, первобытного нашего скифства с одряхлевшей пресыщенностью западной культуры... Удивительно одно: читаем ли мы Брюсова, Маяковского, или даже Блока — у всех неизменно противопоставление варварства и культуры и навязчивый, неукоснительный образ физического столкновения России и Европы и физической гибели старого мира. Борьба нового (Россия) и отжившего (Европа) всегда принимает формы нашествия, похода, войны. Эйснертолько более грубо и наивно вскрыл это со своим «седым и грозным командиром», и проходящими полками и эскадронами». И хотя у него реют аэропланы и стреляют пулеметы, хотя его трубачи и горнисты играют военные сигналы — не чувствуется в его описаниях организованной армии, не говорится в них о современной войне. Случайны тут машины, числа, стройные колонны и стратегические приказы. Их прикрывает «скрип немазанных телег» и «рев мужицких толп». Орда движется в Европу...Этот контраст Эйснер изображает и посредством сексуальных символов, стихийный Восток представ-

ляет собой мужской принцип, Европа принцип женский. Мужская энергия приносит и насилие, но вместе с ним и обновление, Восток насилует Европу и одновременно передает ей новую энергию... Скифствующие хотят Европу сбросить в прах и грязь. Поставить Запад на колени мечтают... и прапорщики из белой гвардии, и комсомольцы из кавалерии Буденного»[617].

В фильме 1937 года «Великий гражданин» главный герой Шахов (С. М. Киров) произносит речь — «Эх, лет через двадцать, после хорошей войны, выйти, да взглянуть на Советский Союз, республик, этак, из тридцати-сорока, чёрт его знает как хорошо!»[618].

В начале 1941 года был снят фильм «Первая Конная» Сценарий правил лично Сталин. Финальная сцена смотрится так: в штабном вагоне Сталин говорит адьютанту: «Уберите пока карту Украины!» (уже освобожденной от поляков). «Дайте сюда карту Польши! Посмотрим, что тут надо сделать». Далее долго показывается молчащий Сталин, склоненный над картой **всей Европы** и смотрящий куда-то в сторону Ла-манша.

1 января 1941 года «Правда» опубликовала стихи Сергея Исааковича Кирсанова:

Мы в Сорок Первом свежие пласты
Земных богатств лопатами затронем.
И, может, станет топливом простым
Уран, растормошенный циклотроном.

---

617 Слоним М. Л. Россия и Европа: по поводу двух поэм // Воля России. — Прага. 1928. № 5. Сс. 44–45.

618 URL: https://www.youtube.com/watch?v=rDou48ZskRQ

М. Блейман. М. Большинцов. Ф. Эрмлер. «Великий гражданин». Сборник материалов к кинофильму. — Л., 1940. С. 74.

URL: https://www.prlib.ru/item/323006?ysclid=ldk05p0b6p842027070

С. 114.

Наш каждый год — победа и борьба
За уголь, за размах металлургии!..
А может быть — к шестнадцати гербам
Еще гербы прибавятся другие...

В том же номере уверялось:

«Велика наша страна: самому земному шару нужно вращаться девять часов, чтобы вся огромная наша советская страна вступила в новый год своих побед. Будет время, когда ему потребуется для этого не девять часов, а круглые сутки... И кто знает, где придется нам встречать новый год через пять, через десять лет: по какому поясу, на каком новом советском меридиане?»[619]

В те же предвоенные годы Павел Коган[620] выражал настроение своего поколения:

Есть в наших днях такая точность,
Что мальчики иных веков,
Наверно, будут плакать ночью
О времени большевиков...

---

[619] Своевременно или несколько позже // Правда 1 января 1941 г. Этот пассаж содержится в образцовом новогоднем тосте образцового советского капитана подводной лодки.

[620] У него бывали очень точные образы:

Мы кончены. Мы понимаем сами,
Потомки викингов, преемники пиратов:
Честнейшие — мы были подлецами,
Смелейшие — мы были ренегаты.
Я понимаю всё. И я не спорю.
Высокий век идет высоким трактом.
Я говорю: «Да здравствует история!» –
И головою падаю под трактор.

Но мы еще дойдем до Ганга,
Но мы еще умрем в боях,
Чтоб от Японии до Англии
Сияла Родина моя[621].

Во время Берлинской (Потсдамской) конференции лидеров трех держав антигитлеровской коалиции в частной беседе Иосиф Сталин заявил президенту США Гарри Трумэну, что Советский Союз «заслужил право» на опеку над одной из итальянских колоний[622].

---

621 Вряд ли стоит напоминать, что из-за границы доносились аналогичные песни штурмовиков:

Дрожат одряхлевшие кости
Земли перед боем святым.
Сомненья и робость отбросьте,
На приступ! И мы победим!
Нет цели светлей и желаннее!
Мы вдребезги мир разобьем!
Сегодня мы взяли Германию,
А завтра — всю Землю возьмем!..

Es zittern die morschen Knochen
Der Welt vor dem roten Krieg,
Wir haben den Schrecken gebrochen,
Fur uns war's ein grosser Sieg.
Wir werden weiter marschieren
Wenn alles in Scherben fallt,
Denn heute da hort uns Deutschland
Und morgen die ganze Welt.

(Hans Baumann. Перевод: Гинзбург Л. Потусторонние встречи. — М., 1990. С. 236).

Эта песня стала официальной песней Германского трудового фронта. И была опубликована с помощью наставника Баумана — священника-иезуита. В 1939–1945 годах Бауман — командир роты пропаганды 501 на Восточном фронте.

622 URL: https://www.kommersant.ru/doc/4518596

Обсуждение судьбы итальянских колоний, в число которых входила и Ливия, прошло на шестом заседании глав правительств Великобритании, СССР и США 22 июля 1945 года. После слов Сталина «мы хотели бы знать, считаете ли вы, что Италия потеряла свои колонии навсегда. Если вы считаете, что она потеряла эти колонии, то каким государствам мы передадим их под опеку?», вопрос о судьбе итальянских колоний был передан на обсуждение министров иностранных дел.

В сентябре 1945 в Лондоне состоялось первое заседание Совета министров иностранных дел. На нем «Молотов запросил право опеки над прежней итальянской колонией Ливией — чтобы немедленно получить отказ западных держав. Молотов сказал, что, если Запад не даст СССР Ливию, то он удовлетворится Бельгийским Конго»[623].

Незнание этой истории позволило патриарху Кириллу относительно честно сказать в лицо африканским лидерам, приехавшим в Петербург: «Россия никогда не рассматривала Африканский континент как пространство для извлечения прибыли или как объект для колонизации, никогда не говорила с народами Африки в высокомерном тоне, с позиции превосходства и силы»…[624]

Проходят эпохи. И вот президенты демократической России также заявляют о том, что границы России они не считают границами своих властных претензий.

---

[623] Уткин А. И. СССР в осаде. — М., 2010.

URL: http://www.plam.ru/hist/sssr_v_osade/p6.php?ysclid=lj5wcisr6i411807585

По западным архивам о том же:

«Молотов обвинил Британию в попытке монопольного владения Средиземным морем в условиях французской и итальянской слабости. Но, продолжил Молотов, если СССР получит право единоличной опеки над Триполитанией и Киренаикой, то по его мнению весь вопрос с итальянскими колониями можно будет решить очень быстро»

(URL: https://lafeber.livejournal.com/53755.html)

[624] URL: http://www.patriarchia.ru/db/text/6045846.html

Национальный архив США в соответствии с законом рассекретил записи бесед Бориса Ельцина и Билла Клинтона, которые президенты вели с 1996 по 1999 годы. Записи сделаны американской стороной… На хельсинкских переговорах президент России заявил: «У нас нет территориальных претензий или гегемонистских устремлений в отношении этих стран или любых других». И тут же добавил:

> *«Наши отношения с СНГ и странами Балтии должны быть такими же, как ваши внутри НАТО». Ельцин еще долго рассуждал об особых отношениях России с соседями и, наконец, предложил Клинтону: «Если нельзя записать в текст соглашения пункт о неприсоединении к НАТО бывших советских республик, давай договоримся устно, по-джентльменски», не оглашая договоренность публично. «Если мы договоримся не принимать в НАТО бывшие советские республики, — отвечает на это президент США, — это плохо отразится на наших усилиях построить новую НАТО, но это также будет плохо для ваших усилий построить новую Россию… Только подумай, — внушает он президенту России, — какой ужасный сигнал мы пошлем, если заключим, как ты предлагаешь, тайную сделку. Во-первых, в этом мире нет ничего тайного. Во-вторых, это будет значить: наш военный союз по-прежнему направлен против России, но есть граница, которую мы не переходим. А Россия такой сделкой говорит: мы — прежняя империя, только не можем дотянуться до Запада».*

Ельцин кивает, но все-таки предлагает: «Ладно, тогда давай договоримся — с глазу на глаз — что бывшие советские республики не будут приняты в первую очередь». Но и в этом не нашел понимания у своего визави. «Мы должны найти решение краткосрочной проблемы, чтобы она не породила в будущем долгосрочной, — отвечает Клинтон, — чтобы не ожили старые стереотипы о вас и ваших намерениях».

Последняя встреча двух президентов состоялась 19 ноября 1999 года в Стамбуле. Среди прочего речь шла об американской системе противоракетной обороны, элементы которой планировалось разместить и в Европе. «Я все еще не перестал верить в тебя, — говорит Клинтону Ельцин. — Об одном прошу: отдай Европу России. США не в Европе. Европой должны заниматься европейцы. Россия — наполовину Европа, наполовину Азия». «Так ты и Азию хочешь?» — явно иронизирует Клинтон. «Еще бы, еще бы, Билл!» — подтверждает Ельцин. «Думаю, европейцам это не очень-то понравится», — говорит Клинтон. «Не всем, — соглашается Ельцин. — Но я европеец. Я живу в Москве. Москва — в Европе, и мне это нравится. Можешь брать все другие страны и защищать их безопасность. Я возьму Европу и обеспечу безопасность ей… Билл, я серьезно. Отдай Европу Европе. Европа еще никогда не чувствовала себя ближе к России, чем теперь»[625].

9 декабря 1999 года (то есть доживая последние дни своей политической жизни и уже при фактической власти В. В. Путина) Ельцин, находясь в Китае и обращаясь к журналистам, пригрозил: «Хочу сказать через вас Клинтону: не было и не будет, чтобы он один диктовал всему миру, как жить. Многополярный мир — вот основа всего. То есть так, как мы договорились с председателем КНР Цзян Цзэминем — мы будем диктовать миру, а не он один»[626].

То есть в его понимании «многополярность» — это не суверенитет и не автаркия (как, например, у КНДР), а власть над другими странами. И «национальные интересы» России вовсе не ограничиваются ее границами. А значит, и угрозы своим «национальным интересам» Россия может увидеть где угодно — хоть по всей планете, хоть на Луне и в открытом космосе.

---

625 URL: https://www.svoboda.org/a/transcript/a/29465060.html

Оригинал: URL: https://nsarchive.gwu.edu/document/20592-national-security-archive-doc-06-memorandum?fbclid=IwAR2_gC52MM81GWadM2vq_kuarNwMP5VIWf3OqWovFUoiP_1iCq8MOQI5iM8

626 URL: https://lenta.ru/news/1999/12/09/clinton/

Апрель 2008 года. Бухарестский саммит НАТО:

«Сенсацией саммита стало выступление президента РФ на закрытом заседании совета Россия-НАТО. Рассказывает источник «Ъ» в делегации одной из стран НАТО. — Когда же речь зашла об Украине, Путин вспылил. Обращаясь к Бушу, он сказал: «Ты же понимаешь, Джордж, что Украина — это даже не государство! Что такое Украина? Часть ее территорий — это Восточная Европа, а часть, и значительная, подарена нами!» И тут он очень прозрачно намекнул, что если Украину все же примут в НАТО, это государство просто прекратит существование. То есть фактически он пригрозил, что Россия может начать отторжение Крыма и Восточной Украины»[627].

Военная доктрина России, утвержденная Путиным 26 декабря 2014 года, среди военных угроз, то есть среди поводов к объявлению войны обозначает: «подрывную деятельность специальных служб и организаций иностранных государств против России, комплексное применение информационных и иных мер невоенного характера, реализуемых с широким использованием протестного потенциала населения и сил специальных операций»; «установление в государствах, сопредельных с Россией, режимов, в том числе в результате свержения легитимных органов государственной власти, политика которых угрожает интересам России»; «деятельность по информационному воздействию на население, в первую очередь на молодых граждан страны, имеющая целью подрыв исторических, духовных и патриотических традиций в области защиты Отечества».

В совокупности это означает, что ядерная держава считает себя вправе направить свои вооруженные силы против любой

---

[627] Газета «Коммерсантъ», 7 апреля 2008 г.

URL: https://www.kommersant.ru/doc/877224

страны в любое время. На статью в газете можно отвечать бомбами. На критику Единственной Веры и Духовного Лидера можно ответить ракетами. Разрешается превентивная война[628]. Перевод конфликта с политического или мировоззренческого на военный уровень разрешен. Эскалацию любого конфликта разрешается мгновенно возвести до военного уровня: «то, что нам мнится нашими интересами, под угрозой? — тогда мы летим к вам!»

Уже в наши дни (ноябрь 2021) бывший первый замглавы администрации президента и отнюдь не отставной политик Владислав Сурков поясняет желаемое им будущее:

> *«Разрядка внутренней напряженности (которую Лев Гумилев расплывчато называл пассионарностью) через внешнюю экспансию. Все империи делают это. На протяжении веков Русское государство с его суровым и малоподвижным политическим интерьером сохранялось исключительно благодаря неустанному стремлению за собственные пределы. Оно давно разучилось, а скорее всего, никогда и не умело выживать другими способами. Для России постоянное расширение не просто*

---

[628] А ведь еще Ордин-Нащокин сетовал на польских правителей — «за тое свою неправду самиж хотят войну всчинить; делают по неслуханному варварскому обычаю, чево не ведётца меж крестьянских государей» (Письма А. Л. Ордын-Нащокина Ф. И. Шереметьеву // Советское славяноведение. 1968. № 2. С. 80).

И Елизавета Петровна в Манифесте, которым она открыла Семилетнюю войну и объявила о сем прусскому королю Фридриху, писала:

«Не первая от него вышла на свет и военная декларация, на том только основанная, что он мнимых своих неприятелей предупреждать должен. Правило, которому доныне один только король прусский последовал и которое, ежели б повсюду было принято, привело бы весь свет в крайнее замешание и совершенную погибель!»

(Полное собрание законов Российской Империи. Т. 14. — Спб, 1830. С. 787)

И ее внук Александр Павлович предупреждал: «На начинающего Бог» (в манифесте о вторжении Наполеона в 1822 году).

одна из идей, а подлинный экзистенциал нашего исторического бытия. Имперские технологии эффективны и сегодня, когда империи переименованы в сверхдержавы. Крымский консенсус — яркий пример консолидации общества за счет хаотизации соседней страны. Наше государство не утратило имперских инстинктов. Россия получит свою долю в новом всемирном собирании земель (вернее, пространств), подтвердив свой статус одного из немногих глобализаторов, как бывало в эпохи Третьего Рима или Третьего Интернационала. Россия будет расширяться не потому, что это хорошо, и не потому, что это плохо, а потому что это физика»[629].

Все еще будем считать безосновательными опасения наших соседей по всему периметру границ?

Все разговоры про «многополярный мир» значат одно: нам нужен свой кусок глобуса вне наших границ для контроля над ним. Это не защита «всех угнетаемых», а попытка нарезать мир на части, на «сферы влияния» и подчинения к своей выгоде.

События ведь и в самом деле век за веком следовали по такому вот сценарию:

«Отношения России с Европой носят циклический характер, причем каждый цикл имеет несколько стадий. На первой стадии Россия теряет лимитроф, на второй — агрессивно поглощает его, раздвигая свои границы до максимально возможного уровня, на третьей начинает непосредственно вмешиваться в дела Европы, пытаясь стать арбитром не в своих делах; на последней, не выдержав консолидированного ответа Европы и истощив до предела жизненные ресурсы, схлопывается, теряя не только лимитроф, но и значительные части имперской территории. После неизбежного вслед за этим

629 URL: https://actualcomment.ru/kuda-delsya-khaos-raspakovka-stabilnosti-2111201336.html

схлопыванием переформатирования, нередко сопровождаемого революциями, цикл снова повторяется. Вынырнув из бурных вод революции и контрреволюции, Россия предстала перед миром ровно тем, чем привыкла быть, — военно-бюрократическим государством, предназначением которого является «быть грозою света». Власть действительно становится более регулярной, но в этом мало позитива. Ракета русской революции упала приблизительно там же, откуда стартовала»[630].

Мечта Путина — новая Ялта или новый Эрфурт: сесть вдвоем-втроем и поделить между собою разные третьи страны, даже не спрашивая их согласия.

Весной 1808 г царь Александр послал к Наполеону своего флигель-адьютанта князя Волконского. За обедом Бонапарт обратился к нему: «Скажите вашему государю, что если мы согласны, то мир нам принадлежит (le monde est a nous). Мир похож на яблоко, которое я держу в руке. Мы можем его разделить пополам и каждый из нас будет иметь половину»[631]. Александр же скромно убеждал французского посла в умеренности своих домогательств при разделе Оттоманской империи: «Я уверяю вас, я умерен в моих притязаниях. Я требую только того, чего требует польза моего народа и от чего я отказаться не могу»[632].

Впрочем, для начала торга можно максимально завысить ставки и ошеломить партнера перспективой тотального уничтожения всего мира или его завоевания.

---

[630] Владимир Пастухов. Защита периметра. Чем опасна замена «друзей Путина» на «наркомов Путина». 23 января 2018 г.

URL: https://republic.ru/posts/89091

[631] Собрание трактатов и конвенций, заключенных с иностранными державами. Составил Ф. Мартенс. Т. 14. Трактаты с Францией 1807–1820. — Спб, 1905. С. 55.

[632] Там же. С. 52.

Замглавы администрации Херсонской области (по версии Кремля) Кирилл Стремоусов обещает — «Уже скоро по всей планете Земля пройдут народные референдумы воссоединения с Россией» и сопровождает эту запись видео, на котором он лично зачитывает такой стих:

Вижу горы и долины,
Вижу реки и поля.
Это русские картины,
Это родина моя.

Вижу Прагу и Варшаву,
Будапешт и Бухарест.
Это русская держава,
Сколько здесь любимых мест!

Вижу пагоды в Шри Ланке
И Корею, и Китай…
Где бы я ни ехал в танке,
Всюду мой любимый край!
Вижу речку Амазонку,
Крокодилов вижу я…
Это русская сторонка,
Это родина моя!

Недалече пирамиды,
Нил течёт — богат водой,
Омывает русский берег!
Русь моя, горжусь тобой!

Вижу Вашингтон в долине,
Даллас вижу и Техас
Как приятно здесь в России
Выпить вкусный русский квас!

Над Сиднеем солнце всходит.
Утконос сопит в пруду.
Репродуктор гимн заводит.
С русским гимном в день войду!

Вот индейцы курят трубку
И протягивают мне,
Все на свете любят русских,
На родной моей земле.

Это всё моя Россия, это всё моя Земля
Кто даёт нам столько силы? Это Родина моя!
Наша русская земля!
Где б ни ехал в танке я, всюду Родина моя![633]

Другой зет-поэт пояснил:

Если дом снарядом разворочен,
Если счастье больше не сплести,
В мире будет столько Новороссий,
Сколько надо, чтоб его спасти[634].

---

[633] 17 октября 2022 г. Автор стиха пока неизвестен: последние строки к нему дописал Станислав Бартенев.

[634] Максим Замшев. Этот его стих вошел в сборник «ПоэZия русского лета», который сайт Госуслуги разослал по электронной почте 1 июня 2023 года. В том же сборнике:

А из нашего окна
Плешь Зеленского видна.
Ну, а вашим байрактарам
Безусловная хана.
Нам в России, всем европам
Назло,
Наконец-то и с вождём повезло.
(Мария Ватутина)

Так с кем граничит Советский Союз? — С кем захочет, с тем и граничит! «Любовь к Родине не знает границ», — предупреждал Станислав Ежи Лец задолго до бессмертных слов президента России Владимира Путина о том, что «границы России нигде не заканчиваются»[635].

Вскоре включение в состав России четырех «новых регионов» показали, что слова Путина были много больше, чем шутка…[636]

Родина будет большой, богатой,
Мирной на все века.
Многоязыка, сильна, степенна,
Крепкая, как Массандра.
Будут мальчишки играть в Арсена,
Гиви и Александра.
(Максим Замшев)

635 Об этом он сказал 24 ноября 2016 года на вручении премий Русского географического общества (URL: http://www.kremlin.ru/events/president/news/53323/videos, 11 мин 33 сек):

«Разговор о границах страны состоялся на церемонии вручения премий Русского географического общества, председателем попечительского совета которого является президент России, а президентом — министр обороны Шойгу. Путин спросил девятилетнего Мирослава Асирко, где заканчиваются границы России. „Границы России заканчиваются через Берингов пролив с США…“, — начал отвечать школьник. На это Путин заявил: „Границы России нигде не заканчиваются“».

URL: https://www.rbc.ru/rbcfreenews/5836d7259a7947b8990e36eb

636 И патриарх Кирилл, конечно, подтвердил:

«Сегодня Отечество наше вступило в тяжелую годину испытаний. Враг рода человеческого, да и враг Руси привел состояние дел к такому кошмару, что снова брат поднимает вражду на брата, пресекаются органически единые связи между Севером и Югом России».

(«Слово», 6 сентября 2023 г., URL: https://www.youtube.com/watch?v=BXNFfi7rCog, 2 час. 1 мин. 4 сек.)

Связь между Вологдой (север России) и Ставрополем (юг России) никак не страдала от действий «врагов России». Значит, «югом России» патриарх всея Руси считает Украину.

Впрочем, 2022 год показал, что границы России все же заканчиваются там, где она (точнее — ее лидер и его армия) получает жесткий отпор…

Патриарх Кирилл уверяет — «Нами не движет стремление к мировой власти»[637].

Ну, понимание того, что мировая власть Кремлю уже не по зубам, и в самом деле есть. Что не мешает стремлению к максимальному расширению надела «русского мира». В предвоенной риторике зимы 2022 года звучали неизменные тезисы «доктрины Брежнева»: СССР считает себя вправе использовать силу и вторгаться в соседние страны для обеспечения своей безопасности (на деле и Прага-68, и Кабул-78, и Варшава-81 лишь приблизили крах СССР). При этом интересы этих обезопашиваемых стран по умолчанию считались идентичными интересам Кремля[638].

О чем 20 ноября 2015 года, в день рождения патриарха и сказал прот. Всеволод Чаплин:

> *«Очень правильное решение было принято: возможность для России защищаться в любых странах и регионах мира даже без согласия тех, кто там властвует, от угроз, касающихся нашей страны. Мы имеем на это право. Мы имеем право играть серьезную роль в мире. Мы имеем право предупреждать,*

---

637 9 апреля 2023. Обращение к участникам трапезы в Храме Христа Спасителя. URL: http://www.patriarchia.ru/db/text/6017763.html

638 Из истории:

«Германская пропаганда уверяла, что Польша должна сдаться без боя в ее же собственных интересах. 4 октября 1939 года берлинская газета 12-Uhr Blatt вышла с заголовком „Англия несет ответственность за возмутительное провоцирование Варшавы к сопротивлению“».

(Ширер У. Берлинский дневник. Европа накануне Второй мировой войны глазами американского корреспондента. — М., 2002)

С весны 2022 аналогичные возмущения заполонили российский телеэфир: Англосаксы несут ответственность за возмутительное провоцирование Киева к сопротивлению!

в том числе силой, любые угрозы, которые касаются нас сегодня или в будущем, в том или ином регионе мира. Так должна себя вести большая мировая держава, тем более держава со своей миссией, со своим пониманием истории»[639].

Но какая нация не страдала имперским синдромом? В истории практически любого государства есть имперский период, который еще долго дает о себе знать фантомными болями. Даже у граждан республики Молдова есть представления о том, какими должны быть настоящие границы Moldova Mare (Великой Молдовы), установленные Стефаном Великим. Я уж молчу о польской мечте — Polska od morza do morza! («Польша от моря до моря»). А у армянских блогеров есть карты «Великой Армении» с выходом аж к трем морям: Черному, Каспийскому и Средиземному.

Так что нравы и повадки наших правителей не отличались от аналогичных характеристик других «строителей империи». Беда соседа — радость «собирателя русских земель».

У соседа гражданская война? — Поможем той стороне, что более готова к ассоциации с нами.

На другого соседа напал сильный враг? — Прекрасная новость: он попросит помощи у нас, а расплатится еще одной частицей своего суверенитета.

Русский мир развивался и расширялся не столько благодаря своим заслугам, сколько благодаря ошибкам и кризисам своих соседей. Есть универсальная формула — «нашими грехами сильны наши враги». Но верно и обратное: мы прирастали грехами (междоусобицами) соседей.

---

[639] Оригинал скандального чаплинского интервью:

URL: https://life.ru/p/846665

URL: http://rusnovosti.ru/posts/396665

URL: https://www.youtube.com/watch?v=VW9dZ6SAQMg

666 на месте. Спасибо, Господи, я знал, что у Тебя есть чувство юмора!

И даже распад Империи и потом Союза — это типичная история кризиса от переедания: проглотили столько, что уже не в силах были переварить (в том числе — Польшу и еврейское население Польши).

С некоторой точки зрения у России достаточно удачная история. Мы до сих пор играем в лиге чемпионов. Иногда выигрываем, но бывают и неудачные сезоны.

Россия в начальный период своей истории была хищником обыкновенным, с относительно небольшим охотничьим ареалом. Но со временем он ворвался в высшую лигу таких же суперхищников, взошедших на вершину пищевой геополитической цепочки. Вместе с США, Англией[640], Францией, Германией. Кто-то из этого

---

[640] Завоевание Ирландии — Conquest of Ireland проводил Оливер Кромвель. В Дроэде (Дрогеде) было убито более 3 000 человек; в Уэксфорде не менее 2 000 человек. Многие были хладнокровно убиты после того, как сдались или попали в плен. Сэр Артур Астон, командующий гарнизоном Дроэды, был забит до смерти своей же собственной деревянной ногой. Кромвель приказал не щадить никого из военных или священников.

Вот сам Кромвель пишет в отчете Парламенту:

«В пылу боя я запретил солдатам щадить тех, кто был в городе с оружием, и, я думаю, в ту ночь они предали мечу около 2 000 человек. Часть офицеров и солдат бежали через мост в другую часть города, где около сотни из них засели под шпилем Святого Петра [и двумя другими башнями]... Я приказал поджечь шпиль собора Святого Петра... В церкви Святого Петра была проведена публичная месса; и в этом самом месте было предано мечу около тысячи католиков, бежавших туда в поисках безопасности. Я полагаю, что всех монахов беспорядочно забили дубинками по голове, кроме двоих; одним из которых был отец Петр Таафф... которого солдаты взяли и просто прикончили; другой был в лейтенантской форме, схвачен в круглой башне, и когда он понял, что офицерам в башне нет пощады, он признался, что он монах; но это не спасло его».

Преемник Кромвеля — генерал Парламента Генри Иретон (Henry Ireton) прославился тем, что не просто вырезал целые деревни, но потрошил трупы, привязывал эти останки к отбившимся от стад коровам, и отпускал этих коров на волю. В порядке вещей было выдавливание глаз, оскопление и тому подобные вещи. Иретон сознательно организовал голод в Ирландии, выжигая посевы, и угоняя и уничтожая скот. Следующий «усмиритель» — генерал Чарльз Флитвуд (Charles Fleetwood) ввел правило —

клуба выпал — Турция, Польша, Австрия, Швеция… Мы еще там. И, главное, хотим там быть.

Да, это правда, что будь оно иначе, нас бы съели. Впрочем, а кого это — «нас»? Крестьян и мещан — вряд ли. Разве что князей и бар интегрировали бы в иноязычную новую элиту — как это сделал русский госаппарат с татарскими мурзами, польской шляхтой и грузинскими князьями.

Но, будучи супермедведем, не надо утверждать, что ты суперкролик. Медведь при случае и медком побалуется, и рыбку поймает. Но это точно не мирное травоядное животное. Он и падалью не брезгует, и человека загрызть может. Российский медведь — такой же всеядный хищник, как американский орел или британский лев. В этом смысле мы не хуже других. Но и не лучше[641].

если английского солдата убивали партизаны, то ближайшей ирландской общине давали 24 или 48 часов на то, чтобы сдать виновных, или всех их, включая женщин и детей, увозили в ближайший порт для продажи в рабство.

Паскаль хорошо описал роль песчинки в мировой истории:

«Кромвель собирался стереть с лица земли всех истинных христиан; он уничтожил бы королевское семейство и привел к власти свое собственное, когда бы в его мочеточнике не оказалась крупинка песка. Несдобровать бы даже Риму, но вот появилась эта песчинка, Кромвель умер, его семейство вернулось в ничтожество, водворился мир, на троне снова король».

(Мысли. 221).

641 Духовенство вітає Святійшого Патріарха Філарета з 89-літтям В феврале 2017 года поздравляя «киевского патриарха» Филарета с 89-летием, митр. Епифаний складывал паззл все таких же штампов. Безудержно лились хвалебные фразы, перемежаемые псевдо-историческим мифотворчеством: «Украинцы никогда не вели агрессивных войн»…

URL: www.facebook.com/PatriarchPhilaret/videos/1949443071973656/

Неужто запорожские казаки грабили греческие рыбацкие села и молдавские монастыри исключительно в оборонительных целях, а в Смутное время ходили в Москву на экскурсии? Вранье, как и в Москве. Так и хочется сказать: а если нет разницы — зачем платить больше, то есть — расколом?

Вопрос не в истории, а в отношении к ней. В Европе школьные учебники уже не превозносят своих мерзавцев выше соседей лишь за то, что они свои. А у нас превозносят и ставят им все новые памятники. И в школьных учебниках продолжают талдычить про «мирное и добровольное присоединение».

Да, другие империи были не менее агрессивны и строились не менее насильственными методами. И их пропаганда тоже врала про «необходимую защиту» и про их «великую гуманитарную миссию белого человека». Но из того, что сатана был первым лжецом, христианину не следует делать вывод, что и ему позволительно лгать вслед за ним. Не стоит вступать в секту ННН, чьи гуру бесстыже врут, что они де Никогда-Не-Нападали.

Я думаю, что рано или поздно и Россия станет развитой демократией, если, конечно, не развалится на кусочки или не станет «особым районом Китая». Но для этого надо осознать собственную взрывоопасность и самим прилагать усилия для обуздания своей «альфа-самцовости». Пока же у нас идет канонизация флотоводцев и полководцев как христианских святых…

Часть 2

«Солдат ребенка не обидит»

«Патриотизм определяется мерой стыда, который человек испытывает за преступления, совершенные от имени его народа»

Адам Михник

Глава 15

И В ВОЗДУХ ЧЕПЧИКИ БРОСАЛИ?

В российских школах, семинариях и телевизорах утверждают, что едва лишь слышались вдали звуки барабанов приближающейся, но никогда-не-нападающей московской рати, как жители остальной порабощенной планеты ликовали, а дамы чепчики бросали[642].

Но это не так. Москва даже соседние русские города (Тверь, Новгород…) подчиняла себе силой и большой кровью.

> *«Того же лета приide князь великий Дмитрей из Орды и на Бежецкий Верх посла рать Дмитрей убити наместника княжа Михаилова Мыкыфора Лыча, а по волостем Тверскым грабить».*
>
> *Тверская летопись*[643]

[642] Эта грибоедовская фраза отсылает к французской идиоме «бросать свой чепчик за мельницы» (Jeter son bonnet par-dessus les moulins) и имеет смысл, близкий к русскому «опростоволоситься»: французское выражение использовалось для обозначения женщин, пустившихся во все тяжкие; простоволосых женщин, пренебрегающих общественным мнением.

[643] ПСРЛ. Т. 15, ч. 1. Стб. 430–431.

1375 год:

«...князь Дмитрий Иванович собрав вой много и поиде к Твери на князя Михаила Александровича и вся пределы Тверьския повоеваша» (Троицкая летопись) «И церкви пожог и села по волости... Князь же великий Дмитрий стоял месяц со всею силою, учинив всю Тферскую область пусту и огнем пожогл, а люди мужа и жены и младенца в все страны развели в полон»

Рогожский летописец[644]

По слову Карамзина:

«Сия междоусобная война, счастливая для Великого Князя, была долгое время оплакиваема в Тверских областях, разоренных без милосердия: ибо воевать значило тогда свирепствовать, жечь и грабить».

Карамзин. История. Т. 5.
Князь Димитрий Иванович

1376:

«...князь Дмитрий Иванович посылал брата своего ко Ржев, посад пожже, а града не взя».

Троицкая летопись

Никоновская летопись итожит в записи про 1367 год: «всех князей русских привожаша под свою волю, а которые не повиновахуся воле его, на тех нача посягати». И описывает поход московского войска на Тверь:

«...и привели московскую рать князя Димитрия Ивановича. Божиим же заступлением градов не веземше, извоеваша точию власти и села и мнози тогда в полон поведени быша. А рать

---

644 ПСРЛ. Т. 15, ч. 2. Стб. 111–112.

московская, извоевавше тверскиа власти[645] *и села на сей стане Волги и церковныя власти епископьи Тверскиа, плениша вся и пожгоша и пусто вся сотвориша».*

Украина тоже далеко не всегда встречала московские полки цветами. И ее тоже не всегда нежно понуждали к сожительству.

Сначала все же о нынешнем ее дне: православный медиахолдинг «Царьград», отмахнувшись от официальной позиции «это не мы», поместил текст своего обозревателя Андрея Перла «Детская больница в Киеве — не случайность. Пора это признать и перестать бояться»[646]:

«В Киеве после нашей ракетной атаки пострадало здание крупнейшей в городе и даже на всей Украине детской больницы «Охматдет». Попадание в детскую больницу в Киеве вызвало к жизни разговоры о гуманизме. Эти разговоры ведутся в пользу врага. Тот, кто сегодня жалеет вражеских детей, не жалеет своих. Гуманизм в том, чтобы закончить войну, а закончить войну можно только Победой… Честно говоря, наша пропаганда будет оправдываться, как будто бы у Запада в самом деле есть какое-то право нас судить…Надо отдать себе отчёт — просто и страшно: на той стороне нет людей. Ни одного человека. Наши ракеты не убивают людей. Ни одного человека. Там не люди… Если мы не примем это как данность, если мы не запретим себе считать их людьми, жалеть их, беречь их — мы ослабим себя. Мы ограничим свои возможности спасать своих детей. Мы затрудним себе путь к Победе… Так что — просто и страшно, но не надо оправдываться за попадание в детскую больницу. Надо сказать: хотите, чтобы это

---

645 Волости.

646 Царьград, 08.07.2024. URL: https://tsargrad.tv/articles/detskaja-bolnica-v-kieve-ne-sluchajnost-pora-jeto-priznat-i-perestat-bojatsja_1025063

Скан статьи: https://pikabu.ru/reply-stories/11595361

прекратилось? Сдавайтесь. Капитулируйте. И тогда мы, может быть, вас пощадим».

Не буду говорить о Конотопской битве, об участии казаков во взятии Москвы в Смутное время или о Мазепе. В сочинении «Описание пути от Львова до Москвы» (1659) Юрий Крижанич пишет, что среди жителей Малороссии, которых он именует «чиркасами», распространилась ересь не духовная, но политическая (ne duchownaia, no politiczna), начало которой положили поляки. Суть ее в том, что они взяли себе в голову, и считают за истину, что жить под преславным Царством Русским значит жить в наигоршей неволе, хуже, чем под турецким тиранством, фараоновой службой и египетской работой. Это «дьявольское уверение» в них укрепляют «духовные люди и греческие митрополиты», о чем «с великим нашим сожалением» мы слышали не раз»[647].

Белоруссия (Литва) также далеко не во все времена и не в полном составе стремилась попасть под тяжкую длань московских государей.

В истории почти любого ныне белорусского города есть упоминания о его разгроме московскими войсками. Например, город Друя (зависимый от Полоцкого княжества) в 1515 году сожжён войсками Великого княжества Московского, воевавшего с Литвой. В 1632 году город был вновь разрушен войсками царя Михаила Фёдоровича.

Не всех горожан радовала радикальная политическая перемена. И даже в православном духовенстве были не только пособники Москвы. Там были и ее оппоненты и даже прямые враги. Не только католическое, но и православное «литовское» духовенство помогало бороться с Москвой, причем не только молитвой.

---

[647] Крижанич Ю. Собрание сочинений. — М., 1891. С. 7.

Эпизод из XVI века:

«Подобно светским властям, владыки также должны были заботиться о безопасности своих городов. Например, полоцкий епископ собирал информацию о передвижении московских войск у литовских рубежей, а находившемуся в Смоленске в начале 1507 г. митрополиту Иосифу паны (рада) послали грамоту с просьбой усилить бдительность на случай нападения неприятеля и привести к присяге местное население. Создается впечатление, что церковные власти, как и власти светские — воеводы и наместники, — олицетворяли в городах литовские порядки. Так на них смотрело и московское правительство: при взятии в 1500 г. Брянска воевода Яков Захарьич „поймал" не только литовского наместника Бартошевича, но и „владыку дбрянского" и отослал обоих пленников в Москву... Отношение смоленского епископа Варсонофия к Москве ярко проявилось в 1514 г., на заключительном этапе борьбы за Смоленск. Перед началом последней осады, весной этого года, владыка привел всех к присяге „защищать крепость до последнего [мгновения] жизни", а в разгар самой осады он велел в городских церквах вести службу о даровании победы над врагом. После же взятия Смоленска Василием III Варсонофий, как мы уже знаем, организовал про-литовский заговор, обернувшийся для него арестом, низложением и заточением в Спасо-Каменный монастырь на Кубенском озере»[648].

[648] Кром М. М. Стародубская война (1534–1537). Из истории русско-литовских отношений. — М., 2008.

Кром М. М. Меж Русью и Литвой. Пограничные земли в системе русско-литовских отношений конца XV — первой трети XVI в. — М., 2010.

URL: https://www.e-reading.club/bookreader.php/1017232/Krom_-_Pogranichnye_zemli_v_sisteme_russko-litovskih_otnosheniy_konca_XV_-_pervoy_treti_XVI_v..html

В 1535 году при вторжении в Литву нигде московские войска не встретили поддержки со стороны местного населения. Даже осажденный Мстиславль, не получивший своевременной помощи от литовских властей, сохранил лояльность Великому княжеству и не открыл ворота кн. В. В. Шуйскому «с товарищи».

Вот Иван Грозный берет Полоцк.

По разным оценкам число пленных составило от 15 000 до 60 000 человек. Какая-то часть пленных позже была продана (католики и протестанты легально, а православные, возможно, нелегально, так как «крещёные души» продавать запрещалось) в рабство, например в Персию (о продаже русскими пленных Ливонской войны в мусульманские страны сообщает Генрих Штаден). Но и тем, кого вывезли в Московию, было несладко. Генрих Штаден писал: «Мещане вместе с их женами и детьми были развезены по нескольким городам Русской земли… Мещане, равно как и многие из дворян, вместе с женами и детьми несколько лет жили по тюрьмам, закованные в железа, залиты свинцом. Когда же великий князь вместе со своими опричниками осаждал некоторые города в Лифляндии, все они были убиты вместе с их женами и детьми. И всем еще для устрашения были отсечены ноги, а [тела их] брошены потом в воду».

Патриарху Кириллу сильно развязывает язык незнание истории или им самим или его слушателями, и это позволяет ему на голубом глазу уверять:

«Известно, что царь Иван IV Грозный посещал это место, когда направлялся в поход на Полоцк. Многие уже не знают, что от этого похода зависела во многом судьба России. И русское воинство тогда победило и остановило опасную агрессию, которая, как всегда, несла по отношению к России не только попытку получить материальные блага, закабалив народ, но, что самое главное, всегда были попытки, как мы бы сказали современным языком, переформатировать наше сознание,

> *изменить наше культурное, национальное и религиозное самопонимание. Тогда Иван Грозный не позволил этого сделать»*[649].

Патриарх прав — «многие уже не знают» подробностей тех событий.

Не знают, что это время агрессивного расширения Московии. Это вершинная точка первой фазы Ливонской войны, весьма успешная для Ивана Грозного.

Лучший знаток того времени Р. Скрынников пишет:

> *«Задавшись целью предотвратить создание широкой антирусской коалиции в Прибалтике, московское правительство заключило союзный договор с Данией, предоставило 20-летнее перемирие шведам и обратило все свои силы против Литвы. Русское командование решило нанести удар по Полоцку, ключевой пограничной крепости, закрывавшей пути на литовскую столицу Вильну»*[650].

Поход из Москвы на Вильно это оборона от агрессии?

Взятие и разорение города и его окрестностей было не только концом величия Полоцка, после которого он больше никогда не возродился. Падение Полоцка стало одной из причин заключения Люблинской унии 1569 года, то есть государственного союза между Королевством Польским и Великим княжеством Литовским, положивший начало единому федеративному государству, известному как Речь Посполитая. Так тактическая победа привела к появлению мощного и опасного врага.

И сегодня в белорусских учебниках об этом триумфе «русского мира» пишут так:

---

[649] 16 марта 2014 года. Слово патриарха Кирилла при освящении храма в Крылатском. URL: http://www.patriarchia.ru/db/text/3607063.html

[650] URL: http://statehistory.ru/books/1/Ruslan-Skrynnikov_Ivan-Groznij/19

«Чаму ў Беларусі маскоўскага цара Івана IV называюць Жахлівым?

Маскоўскі цар Іван IV (1530–1584) увайшоў у беларускую гісторыю як захопнік і кат: распачаўшы вайну супраць Вялікага Княства, у 1563 годзе захапіў Полацак, у якім чыніў жудасныя забойствы, дзесяткі тысяч людзей выводзіў у няволю, рассылаў па Беларусі карныя аддзелы для расправы над простым людам. За 16 гадоў панавання ягоных ваяводаў на Полаччыне край гэты настолькі здзічэў і абязлюдзеў, што на аднаўленне яго давялося браць людзей з іншых мясцінаў Беларусі»[651].

Эпизод из XVII века:

В августе 1654-го года Московские войска подошли к стенам Могилева. Могилев не стал сопротивляться и 25-го августа открыл ворота города. Царским указом за Могилевом остались все привелеи и Магдебургское право, которым город пользовался в составе Литовского княжества.

Первоначально горожане даже помогли оставленному в городе московскому гарнизону в трёхмесячной обороне Могилева от

---

651 URL: http://slovo.ws/urok/historyofbelarus/150/046.html

Ср. слова комментатора в моем блоге:

«Чётко прослеживается в российской историографии отрицание какой-либо субъектности у земель Беларуси. То тут якобы была Киевская Русь (хотя на деле была череда войн с Киевом на рубеже 9-10 ст, до появления у Киева проблем побольше, потом полоцкий князь правил в Киеве, дальше дорожки разошлись). То Великое Княжество Литовское трактуется как правление литовцев (которые в то время звались иначе и жили на болотах, не зная письменности, а в государственных документах ВКЛ нет ни единого на балтком языке). То Речь Посполитая Двух Народов заменяется просто „Польшей‟, а „двух народов‟ вообще нигде не употребляется. Ну и все войны и восстания, конечно польско-русские. Не стоит путать Великое Княжество Литовское с современной Литвой. По сути Иван Грозный напал на Беларусь».

URL: https://diak-kuraev.livejournal.com/3480704.html?thread=607007104#t607007104

подошедших войск Януша Радзивилла. Но как только московиты почувствовали, что Могилев остался за ними, отношение к захваченному городу изменилось. Он был лишен всех прежде дарованных привелеев и свобод. Через 6 лет терпение горожан иссякло. В ночь на 1-е февраля 1661-го года по секретному указанию магистрата жители Могилева, в чьих домах обитали московские стрельцы, выкрутили кремни из их ружей, и достали свое оружие из тайников. Горожане настолько ненавидели оккупантов, что во всём большом городе не нашлось ни единого предателя, который бы сообщил московитам о готовившемся восстании. Утром 1-го февраля магистрат и почетные граждане собрались в Ратуше, с собой они принесли оружие, которое спрятали под одеждой, и стали ждать сигнала к началу восстания. Московские солдаты, обычно толпами гуляя по рынку, в то утро, по своему обыкновению, начали отбирать пироги у торговавших ими женщин. На крики торговок из ратуши с большим мечом, которым обычно орудовал палач, выбежал бурмистр Язеп Леванович. Перекрестившись, с криком «Пора! Пора!» он бросился на московских солдат, а следом за ним последовали и все остальные горожане. Это и был сигнал к действию: тут же зазвонил вечевой ратушный колокол, и колокола колокольни Богоявленского братского монастыря, поднимая общегородскую тревогу. По всему городу жители нападали и били москвичей. Спустя три часа семитысячный московский гарнизон был почти весь уничтожен.

Место, где тела убитых московитов похоронили, теперь называется «площадь Орджоникидзе», а до середины XX века это место носило название «Касьцярня» («огненная яма»).

В благодарность за освобождение города король подарил бурмистру Левановичу герб и новую фамилия Пора-Леванович. Приставка, разумеется, взялась от его клича «Пора! Пора!», который и послужил сигналом для восстания[652].

---

[652] Записки Игумена Ореста // Археографический сборник документов, относящихся к истории Северозападной Руси. Том 2. — Вильна, 1867. С. XVII–XIX.

URL: https://www.sedmitza.ru/data/2015/12/09/1237992796/ASZR_2.pdf

Или: *«Ян Казимир в награду за особенную верность королю и Речи Посполитой, оказанную монахами Буйницкого монастыря во время Московского нашествия, и за возвращение мирными средствами под королевскую власть некоторых жителей Белоруссии, перешедших на московскую сторону, в бытность свою в Могилеве в 1664 году освободил от взноса в 40 копеек грошей литовских, который этот монастырь платил за мельницу»*[653].

Сын антиохийского патриарха Макария диакон Павел Алеппский в своем интереснейшем путевом дневнике записывает то, что ему с гордостью и радостью рассказывали его московские собеседники. Цифры там могут показаться фантастическими, но не он их придумал. Важно, что сама рамка восприятия и оценки определенных событий заданы ему именно московским официозом[654].

Итак, факт: армия царя Алексея Михайловича после долгой осады в 1654 году все же отбирает польский Смоленск.

Московские конфиденты диакона Павла (точнее, его отца) и его собственное православное мировоззрение дорисовывают следующую оценочную картину:

> *«В Смоленске младенцев евреев, армян и ляхов клали в бочки и бросали в Днепр, ибо московиты до крайности ненавидят еретиков и язычников. Всех мужчин избивали беспощадно, а женщин и детей брали в плен. В плен было взято более 100 000... Восемь мальчиков и девочек продавали за один рубль. Что касается городов, сдавшихся добровольно, то тех из жителей, которые приняли крещение, оставляли, обеспечивая*

---

653 Археографический сборник документов, относящихся к истории Северо-Западной Руси. Том 2. — Вильна, 1867. С. 13. (Третья пагинация).

654 «Патриарх Никон сообщил нашему учителю, что царь взял для себя из областей, которые не покорились мирно, 300.000 пленных; всех их забрали в горах и в лесах, чтобы заселить ими большую часть домов в столице и деревни, обезлюдевшие со времени моровой язвы».

(архидиакон Павел Алеппский. Путешествие Антиохийского патриарха Макария в Россию в первой половине XVII века, описанное его сыном, архидиаконом Павлом Алеппским. — М., 2005, с. 471)

им безопасность, а кто не пожелал креститься, тех изгоняли. Что же касается городов, взятых мечом, то истребив в них население, московиты сами селились в них»[655].

Кстати, прадед русского композитора М. И. Глинки, смоленский шляхтич Викторин Владислав Глинка, в 1654 г. принял русское подданство и перешел в православие.

Стоит ли удивляться, что даже во время краткосрочного наполеоновского похода 1812 года вглубь Российской Империи белорусское общество успело мобилизоваться под французские знамена и предоставило ему около 12 000 штыков и сабель[656]. Зато Литовский уланский полк из армии Багратиона при отступлении частично разбежался («пропали без вести 3 офицера и 117 нижних чинов»)[657].

Про завоевания других, не-славянских земель, речь шла выше.

В былые времена вообще агрессию не прятали и ею гордились.

В послании Ивана Грозного королю Сигизмунду II Августу, написанном от имени князя И. Д. Бельского в 1567 г., полный титул царя заканчивается словами: «и многих земель обладателя и всегда прибавителя»[658].

---

[655] Архидиакон Павел Алеппский. Путешествие Антиохийского патриарха Макария в Россию в первой половине XVII века, описанное его сыном, архидиаконом Павлом Алеппским. — М., 2005. С. 246.

[656] См.: Лякин В. А. Белорусские солдаты Наполеона. — Смоленск, 2017.

[657] Там же. С. 107.

[658] Послания Ивана Грозного. — М., Л, 1951. С. 241.

Выражение «всегда прибавитель» восходит к латинскому semper augusus и заимствовано, по-видимому, из титула императора Священной Римской империи. Непосредственным источником могла быть переписка Ивана Грозного с императором Максимилианом II, где тот именуется «всегда прибавитель» (Послание Ивана Грозного Максимилиану II 1572 г. // РИБ. Т. 22: стлб. 75, № 10). Вместе с тем, в актуальных условиях того времени, когда писалось послание королю Сигизмунду, слово «прибавитель» в царском титуле имело очевидный политический подтекст: шла Ливонская война, и русские войска ко времени написания письма захватили значительную часть территории Великого княжества Литовского. Вскоре,

Спустя три века русские историки и генералы спокойно писали: «**Уничтожение Польши** положило на многие годы предел распространению на востоке Европы нравственной заразы, проповедуемой Французской республикой»[659].

Манифест, которым император Александра I 20 марта 1808 года провозгласил «навечное» присоединение Финляндии к России, честно гворил: «Страну, сию **оружием Нашим таким образом покоренную**, Мы присоединяем отныне навсегда к Российской империи, и вследствие того повелели Мы принять от обывателей ее присягу на верное престолу Нашему подданство»[660]. «Провидение споспешествовало храброму воинству Нашему в обладании сей страны», — продолжал тот же в обращении к жителям Финляндии 5 июня того же года[661].

В 1849 году австрийский фельдмаршал благодарил русского генерала:

> *«После всех победоносных подвигов союзных армий, Российской и Австрийской и обоюдного их содействия, можно ожидать, что положен счастливый конец вооруженному восстанию венгерского народа»*[662].

Император Александр II в 1864 году учредил медаль «За **покорение** Западного Кавказа»[663]. Ранее, в 1860 году, им же была

правда, царю Ивану пришлось стать «убавителем» своих непрочных западных завоеваний.

[659] Михайловский-Данилевский А. И. История войны 1799 г. между Россией и Францией в царствование императора Павла I». Т. 1. — Спб, 1853. С. 14.

[660] Полное собрание законов Российской империи. Собрание первое. Том 30. 1808–1809. — СПб, 1830. С. 146.

[661] Шиловский П. Акты, относящиеся к политическому положению Финляндии. — СПб, 1903. С. 133.

[662] Русский архив. 1886. № 2. С. 224.

[663] Среди других медалей 19 века: «За взятие приступом Варшавы 1831»; «За усмирение польского мятежа 1863–1864»; «За усмирение Венгрии и Трансильвании 1849»; «За покорение Чечни и Дагестана в 1857–1859 годах».

учреждена медаль «За **покорение** Чечни и Дагестана». В 1876 году появилась медаль с ясным именованием этих событий:

> *«За **покорение Ханства Кокандского»**. В 1896 году по указу императора Николая II учреждена медаль «За походы в Средней Азии 1853–1895». Она интересна тем, что на ней — вензели четырех русских императоров: Николаев I и II и Александров II и III. Тем самым подчеркивалась преемственность и настойчивость Петербурга в овладении этим регионом мира.*

Генерал Куропаткин написал книгу «**Завоевание** Туркмении. (Поход в Ахал-теке в 1880–1881 гг.) С очерком военных действий в Средней Азии с 1839 по 1876 г.» (СПб, 1899). Для примера — фраза из этой книги русского министра обороны: «…это поражение русских войск тяжело отозвалось на положении нашем во всей Азии. **Покоренные нами народы** подняли голову» (с.101).

Может быть, «покорение» — это нечто иное, нежели «завоевание»? «Самый главный военный вопрос, который предстоит решить для Закаспийского края заключается в определении силы того отряда, который должен быть оставлен для занятия **завоеванного края**»[664].

Госсекретарь Российской империи Половцов писал в дневнике об **«оккупационном корпусе в Порт-Артуре»**[665].

Заодно напомню строчку из «Горя от ума» — «времен Очакова и **покоренья Крыма»**.

Отмечу различие в именовании государственных военных наград. Президиум ВС СССР 1 мая 1944 учредил медаль «За оборону Кавказа».

[664] Из доклада начальника Главного штаба военному министру о расходах на Ахал-Текинскую экспедицию. 6 февраля 1881 // Присоединение Туркмении к России. Сборник архивных документов. — Ашхабад, 1960. С. 486.

[665] Половцов А. А. Дневник. — Спб, 2005. С. 442. Запись от 21 февраля 1904 г.

Глава 16

НАШИ ВОЕННЫЕ ПРЕСТУПНИКИ: ДЕЗЕРТИРЫ

Формула «на войне как на войне», увы, не позволяет сделать исключения для тех войн, в названии которых есть слова «русско-…ская война». Воинские преступления совершались и под русским флагом.

Самое тяжелое воинское преступление — это дезертирство.

Нет ни одной армии, которой не был бы знаком этот феномен. Британские моряки бежали, где и как могли. Например, по методу графа Монте-Кристо они притворялись мертвыми. И именно поэтому покойников в Королевском Флоте зашивали в парусину особым образом: последний стежок (так называемый стежок покойника, Dead man's stitch) делался иглой через нос, чтобы убедиться, что человек мертв.

Дезертирство было и в русской военной истории.

При возвращении русской армии из Европы в 1815 году «Во все время похода до своей границы у нас было много беглых во всех полках. Люди уходили, иные с лошадьми и с амуницией. В числе беглых были старые унтер-офицеры, имеющие кресты и медали. Вообще в этом походе от Парижа до своей границы мы лишились около 6 000 беглыми»[666].

---

[666] Записки Н. Н. Муравьева. // Русский архив. 1886. № 2. С. 119.

В мемуарах артиллериста И. Т. Радожицкого причины побегов в 1815 году объясняются так: «Наши солдаты так разлакомились квартирами во Франции, что при возвращении в свои пределы начали оставаться: из двух гусарских полков в одну ночь ушло 40 человек. Пехотинцы стали также сильно бегать»[667].

Ростопчин: «…из конно-гвардейского полка в одну ночь дезертировало 60 человек с оружием в руках и лошадьми. Они уходят к фермерам, которые не только хорошо платят им, но еще отдают за них своих дочерей»[668].

Дезертиры оправдывались тем, что они теперь на свободной земле и могут не подчиняться своим хозяевам[669].

Через полвека, прибыв в США, русская эскадра столкнулась с такой же проблемой: «Уже к 3 ноября бежали 30 матросов, из них выкрестов из евреев — 5, чухон — 7, поляков — 9 и русских — 9. Стремясь предотвратить дальнейшие побеги, Лесовский был вынужден прекратить увольнение команд на берег. Но это не помогло, побеги матросов не прекращались, несмотря на принятые меры, включая обращения генерального консула в Нью-Йорке барона Р. Остен-Сакена к американским властям, а добиться их возвращения оказывалось крайне трудно. Всего за время пребывания эскадры в США с неё бежали 87 человек, многие из которых вступили в армию северян»[670].

Несколько позже, по окончании очередной русско-персидской войны, русскому посланнику пришлось ходатайствовать «о выдаче батальона из русских и польских дезертиров, который провел

---

[667] Цит. по: Болт В. С. После Наполеона. Русская армия во Франции, 1815–1818 гг. — М., 2023. С. 154.

[668] Русский архив. 1901. № 8. С. 491.

[669] См.: Баранович А. М. Записки артиллерийского офицера // Голос минувшего. 1916. № 5–6. С. 156.

[670] Кирпичёв Ю., Агеев И. Эскадры России в Америке, 1863–1864 годы // Троицкий вариант. 2022. № 8. URL: http://trv-science.ru/2022/08/eskadry-rossii-v-amerike-1863-1864/

в Персии около 30 лет и в 1838 г. находился у Герата. Мохаммед-шах оттянул его выдачу до конца осады и возвращения армии в Тегеран. Наш новый министр имел поручение настоять на выдаче этих людей. Естественно, в батальоне уже давно знали о выдаче, и, как мы узнали, солдаты хотели воспротивиться этому, особенно поляки. Персидское правительство не имело ни желания, ни власти применить силу. Упомянутым батальоном, численностью около 500 человек, из которых половина были поляки, командовал некий Самсон-хан. Бывший вахмистр драгунского полка в Нижнем Новгороде, он дезертировал в 1807 г. во время осады Эривани графом Гудовичем и перешел на персидскую службу. Бывший вахмистр Самсонов был произведен в полковники (серхенг) и назначен его командиром. С течением времени он вознесся до хана, его стали называть Самсон-хан и пожаловали генеральский титул»[671].

После долгих уговоров и обещания амнистию в Россию ушли 597 дезертиров, 206 их персидских жен и 281 ребенок. В Тегеране остались 40 человек, принявшие ислам.

Более того — в 1845 году оказалось, что до 500 русских дезертиров поселились в столице имама Шамиля в Чечне (аул Дарго или Ведено), где построили для себя русские избы, школу и даже храм[672]. Здесь они занимались ремонтом пушек, лили ядра, делали картечь и обучали чеченцев военному искусству. Шамиль позволил желающим сохранить православие. В их комнатах были иконы, и им дозволялись спиртные напитки.

---

[671] Бларамберг И. Ф. Воспоминания. — М., 1978. URL: http://www.vostlit.info/Texts/Dokumenty/M.Asien/XIX/1820-1840/Blaramberg/text32.htm

«Польские офицеры уволились со службы и уехали на родину. Сам батальон с женщинами и детьми был поселен в станицах вдоль Кубани, офицеры и солдаты получили жилье и землю и были довольны своей судьбой».

[672] РГВИА. Ф. ВУА. Д. 6539. Л. 8. Публ.: Дадаев Ю. У. Русские в государстве Шамиля // Вестник Института Истории, археология и этнография Кавказа. 2011. № 4 (№ 28). С. 9.

См. также: Айрапетов О. История внешней политики Российской Империи. 1825–1855. — М., 2017. С. 295.

Тем, кто согласился принять ислам, позволили жениться на чеченках и полностью влиться в горский народ. Как подчеркивал Шамиль, «беглые русские солдаты, принявшие ислам и сделавшиеся семейными, вели свой домашний быт по русским обычаям, представляя женам свободу и окружая их ласками и попечениями, которых не знали горские женщины, всегда игравшие в семейной жизни роль вьючного скота. Этот русский обычай очень нравился горским девушкам, и чтобы воспользоваться удобствами его, многие из них убегали из родительских домов и являлись к имаму с изъявлением желания выйти замуж за солдата»[673].

По указанию Шамиля в Ведено была построена церковь, старообрядческий скит для гребенских казаков, перешедших на сторону горцев. Рядом располагался квартал польских дезеретиров из русской армии с аккуратным деревянным костелом, а чуть ниже, примыкая к лесу, располагался квартал гребенских и других старообрядцев, перешедших на сторону Шамиля, в количестве 30 семей.

Кроме жителей Дарги, по свидетельству современников у имама был целый батальон, состоящий из русских и польских солдат. Около трехсот русских находилось в Ведено и около двухсот — в селениях Чарской области. По оценкам кавказского наместника Воронцова, в 1846 году в бою у Цудохара Шамиль располагал отрядом не менее чем в 300 русских, служивших ему «действительно» и «не по принуждению»[674].

Более того, русские дезертиры составили личную охрану Шамиля. В рапорте начальника левого фланга Кавказской линии генерал-майора Ольшевского генералу-лейтенанту Граббе о мерах предотвращения дезертирства нижних чинов от 9 января 1842 г. под грифом «Весьма секретно» отмечается: «Ныне Шамиль собрал

---

673 Дневник полковника Руновского, состоявшего приставом при Шамиле при его пребывании в Калуге // Акты Кавказской археографической комиссии. Том 12. — Тифлис, 1904. С. 1398.

674 Русские дезертиры: последние защитники имама Шамиля.

URL: https://dzen.ru/a/XymjPzXwR1kkOGzJ

уже до 800 человек беглецов, из коих некоторых, если они находились у сильных людей, купил, а остальных насильно отобрал. Шамиль составил при себе из этих людей стражу, дал им оружие и отвел им землю в Даргах для поселения»[675].

В 1845 году было составлено «Воззвание кавказского командования к русским солдатам, бежавшим в горы», в котором было объявлено, что все проступки им прощаются без взысканий.

При следующем после наполеоновских войн проходе русской армии через Европу число «невозвращенцев» стало много большим. Военная коллегия Верховного суда СССР докладывала, что за 1 квартал 1946 года только в Центральной группе войск (Венгрия) 86 солдат и офицеров совершили попытки бегства и были осуждены. В 1947 год беглецов из числа советских оккупационных войск в Европе было 622; в 1 квартале 1948 года — 90 человек. Один из «невозвращенцев» — Герой Советского Союза майор Г. С. Антонов — в 1949 году бежал в Австрии[676].

В годы Первой мировой войны в русской армии только официально было зарегистрировано 365 тыс. дезертиров. «Незарегистрированных» дезертиров насчитывалось еще 1,5 млн чел., а их общее количество составило почти 1,9 млн чел. или более 12 % от общей численности призванных в армию в 1914–1917 гг. [677]

В годы Гражданской войны дезертирство из РККА в 1918–1920 гг. составляло от 2 до 4 млн. человек[678].

---

[675] Движение горцев Северо-Восточного Кавказа в 20–50 гг. XIX века. — Махачкала, 1959. С. 329.

[676] Звягинцев Вячеслав. Война на весах Фемиды. Война 1941–1945 гг. в материалах следственно-судебных дел. Книга 2. — М., 2017. С. 247 и 375.

[677] Головин Н. Н. Военные усилия России в мировой войне // Военно-исторический журнал. 1993. № 4. С. 30.

[678] Овечкин В. В. Дезертирство из Красной армии в годы Гражданской войны // Вопросы истории. 2003. № 3. С. 114.

В 1921 г. из Красной армии дезертировали 231 тыс. чел., а в 1922 г. — 112 224 человек[679].

26 декабря 1941 г. Л. П. Берия сообщал И. В. Сталину:

> *«В результате принятых мер органами НКВД СССР с начала войны по 20 декабря с. г. в тыловых районах задержано по подозрению в дезертирстве 189 137 человек, в том числе: по Ленинградской области — 78 196 и по Московской области — 23 454 (не считая задержаний военных командиров). Из этого числа задержанных органами НКВД арестовано 39 965, передано в райвоенкоматы и войсковые части 149 172 человека. Кроме того, в прифронтовой полосе особыми отделами НКВД за это же время задержано 448 975 человек, из них: арестовано — 42 900, передано в войсковые части Красной Армии — 406 075. Всего в тыловых районах и прифронтовой полосе органами НКВД задержано по подозрению в дезертирстве 638 112 человек, из них: арестовано — 82 865, передано в военкоматы и войсковые части — 555 247»*[680].

Доклад начальника отдела по борьбе с бандитизмом НКВД СССР А. М. Леонтьев от 30 августа 1944 на имя замнаркома С. Н. Круглова фиксировал, что «за три года войны органами НКВД по Советскому Союзу изъято дезертиров из Красной армии 1 210 224; уклонившихся от службы в армии 456 667»[681].

Среди них были и Герои Советского Союза:

Семён Трофимович Бычков приказом по войскам Сталинградского фронта № 57/н от 23 октября 1942 года за образцовое выполнение боевых заданий командования на фронте борьбы с немец-

---

[679] Гражданская война 1918–1921 гг. — М., 1928. С. 84.

[680] Жирнов Е. «Дезертир скрывался более года на высоком дереве, в гнезде аиста» // Коммерсантъ-Власть. 2011. 11 апреля. № 14 (918).

[681] Звягинцев В. Война на весах Фемиды. Война 1941–1945 гг. в материалах следственно-судебных дел. Книга 2. — М., 2017. С. 115.

кими захватчиками и проявленные при этом доблесть и мужество лейтенант С. Т. Бычков был награждён орденом Красного Знамени.

23 августа 1943 года Приказом по войскам 15-й Воздушной армии № 44/н за образцовое выполнение боевых заданий командования на фронте борьбы с немецкими захватчиками и проявленные при этом доблесть и мужество капитан С. Т. Бычков был награждён вторым орденом Красного Знамени.

2 сентября 1943 года присвоено звание Герой Советского Союза с награждением орденом Ленина и медалью «Золотая Звезда» за лично сбитые 15 самолётов противника (кроме того, один самолёт был сбит им в группе).

10 декабря 1943 года сбит огнём зенитной артиллерии противника и раненым взят в плен. В начале 1944 года полковник Виктор Мальцев[682], сотрудничавший с немецкими властями ещё с 1941 года, убедил его вступить в состав авиационной группы «Остланд».

Участвовал в перегонах самолётов с авиазаводов на полевые аэродромы Восточного фронта, а также в антипартизанских боевых действиях в районе Двинска. 5 февраля 1945 года был произведён в майоры.

Бронислав Романович Антилевский. Участвовал в советско-финской войне 1939–1940. 7 апреля 1940 года ему было присвоено звание Герой Советского Союза.

Приказом ВС 1-й ВА №: 36/н от 29.07.1943 года командир авиаэскадрильи 20-го и. а. п. лейтенант Антилевский награждён орденом Красного Знамени за 56 успешных боевых вылетов.

---

[682] С 1931 г. — начальник Управления ВВС Сибирского военного округа, затем находился в резерве. С 1936 г. — полковник. В 1939 г. был назначен начальником санатория «Аэрофлота» в Ялте. В ноябре 1941 г., после занятия Ялты немецкими войсками, явился в форме полковника ВВС Красной армии в немецкую комендатуру и заявил о стремлении бороться с большевиками, командующий ВВС «Комитета освобождения народов России». К весне 1945 г. в состав ВВС КОНР входили до 5 тысяч человек, включая авиационный полк, укомплектованный лётным составом и материальной частью (40–45 самолетов), полк зенитной артиллерии, парашютно-десантный батальон, отдельная рота связи.

28 августа 1943 был сбит в воздушном бою и вскоре взят в плен.

Участвовал в перегонах самолетов с авиазаводов на полевые аэродромы Восточного фронта, а также в антипартизанских боевых действиях в районе Двинска. 5 февраля 1945 произведён в капитаны. Был награждён двумя медалями и именными часами. В апреле 1945 эскадрилья Антилевского участвовала в боевых действиях на Одере против Красной армии. После капитуляции Германии выехал в СССР с документами на имя участника антифашистского партизанского отряда Березовского, но во время проверки в НКВД в каблуке его сапога была найдена медаль «Золотая Звезда», выданная Б. Р. Антилевскому…

Уже после этого в июле-сентябре 1944 года по всей стране органы НКВД, НКГБ, прокуратуры и военной контрразведки «Смерш» провели совместную широкомасштабную операцию по выявлению дезертиров и уклонистов. В ходе операции по всей стране были выявлены 87 923 дезертира и 82 834 уклониста. 104 343 человека были переданы в райвоенкоматы и затем пополнили ряды РККА, 33 954 человек были арестованы, а 181 был убит при оказании сопротивления[683].

Всего за годы войны число дезертиров, по разным оценкам, от 1,7 до 2,5 млн человек (включая военнослужащих, которые перешли на службу к противнику). При этом по статье «за дезертирство» были осуждены только 376,3 тыс. чел., а 212,4 тыс. дезертиров, объявленных в розыск, найти и наказать так и не удалось[684].

За годы войны военными трибуналами было осуждено 2 530 663 человека[685]. Из них смертный приговор вынесен 284 344[686]. Из них расстреляно 157 593. И это без учета работы судов общей

---

[683] Дёгтев Д. М., Зефиров М. В. Все для фронта? — М., 2009. С. 376–379.

[684] Там же. С. 378.

[685] Военных в числе осужденных трибуналами было 994 300 человек.

[686] В этом числе две трети — военнослужащие.

юрисдикции, особого совещания при НКВД и внесудебных расстрелов органами СМЕРШ, заградотрядами. Тут учтены только приговоры трибуналов (имеющаяся статистика по трибуналам заведомо неполна в силу утраты документации частей советской армии, погибших в «котлах» 1941 года).

По годам число приговоров распределяется так: в 41-м — 216 142, в 42-м — 685 562, в 43-м — 727 207, в 44-м — 543 745, и в 45-м — 357 007 человек[687].

Да, дезертиры (и более того — перебежчики) из советской армии были даже весной 1945 года. «Как позднее показывал на допросе в советском плену офицер для поручений немецкого 544-го полка, в период с 4 по 7 апреля 1945 г. в районе Гросс-Бадемейзель были задержаны три перебежчика с советской стороны, в том числе один лейтенант. Они сообщили, что на этом участке 10 апреля должно начаться советское наступление к Берлину»[688].

Конечно, военные трибуналы судили не только военных, но и гражданских коллаборационистов, а среди военных не только дезертиров[689].

---

[687] Публикация фотографии справки Управления военных трибуналов Министерства юстиции СССР о числе лиц, осужденных военными трибуналами в период с 1940 по первую половину 1955 г.:

URL: https://yuripasholok.livejournal.com/11882289.html

и URL:
https://www.facebook.com/photo.php?fbid=2390318731007849&set=a.417130261660049&type=3&theater

См. также: Муранов А. Деятельность органов военной юстиции в годы Великой Отечественной войны // Государство и право. 1995. № 8.

[688] Исаев А. Берлин 45-го: Сражения в логове зверя. — М., 2020. С. 458–459.

[689] Для сравнения: в годы Второй Мировой войны в армии США 21 000 американских солдат получили различные наказания за дезертирство. Им была вынесено 49 смертных приговоров. Но лишь один был приведен в исполнение. 31 января 1945 года казнили 25-летнего американского поляка Эдварда Словика.

URL: https://ru.wikipedia.org/wiki/Словик,_Эдвард_Дональд

Но все же даже этих цифр достаточно, чтобы понять, что Красная Армия не сплошь состояла из праведников, не способных на преступления.

А из конкретных эпизодов упомяну один:

Август 1941 года. Киевский укрепрайон. Командир дота 131 лейтенант Василий Якунин приказал расстрелять немецких парламентеров, которые подошли к доту. Тогда же возле Юровки двух немецких парламентеров убил и командир 205 дота лейтенант Георгий Ветров. Причина в том, что эти лейтенанты знали настроения своих солдат. В их небольших гарнизонах были призывники из украинской Умани, которые вовсе не хотели воевать за советскую власть[690].

Бывало, что солдаты убивали своих же советских офицеров. Такой случай произошел на Бородинском поле.

В октябре 1941 года на поле русской воинской славы оборону держала 32-я стрелковая Краснознаменная дивизия. В ней служило много украинцев, призванных с территорий, приобретенных по договору Молотова — Риббентропа. В сентябре 1941 года дивизия была отправлена на Волховский фронт, где, не успев сделать ни единого выстрела, попала под бомбежку, была посажена обратно в эшелоны и переброшена под Москву. Что явно не повысило ее болевой дух. Далее последовал 30-километровый пеший марш до позиций на Бородинском поле. На марше солдат не кормили; они ничего не ели в течение двух, а то и трех дней. По дороге им попадались небольшие группы, вышедшие из Вяземского котла. Офицеры нервничали, по пути произошло несколько инцидентов с расстрелом «паникеров» и «предателей» — без суда и следствия.

15 октября 1941 г. 3-й батальон 322 стрелкового полка (командир — капитан Б. В. Зленко) получил задачу выйти к деревне

---

690 См.: Алексей Стаценко. Киев в огне – 10-я и 18-я минуты. URL: https://www.youtube.com/watch?v=mFCQQ0WfqJQ

Утица и выбить закрепившихся там немцев. В одной из рот этого батальона свои же солдаты убили командира роты[691].

Список сдавшихся врагу из 32-й СД в октябре-ноябре 1941 года опубликован (7 человек, все из Западной Украины)[692].

---

691 URL: http://www.doronino.memorandum.ru/vov.html

692 URL: http://www.obd-memorial.ru/Image2/getimage?id=1361642 (на момент выхода книги в печать данная ссылка уже не работала)

Первые потери 32-й СД фиксируются 13 октября, но данные о пленных по немецким источникам фиксируются 12 октября. Речь как раз идет о бойцах 17 полка.

URL: http://www.kainsksib.ru/123/index.php?showtopic=1667&st=40

Глава 17

НАШИ ВОЕННЫЕ ПРЕСТУПНИКИ: МАРОДЕРЫ

Следующее по тяжести воинское преступление — это мародерство.

Мародерство следует отличать от военного грабежа. Грабеж — это когда армия разоряет мирных жителей по приказу своего вождя. Порой именно грабеж и разорение являются главной целью похода. Как честно писали русские летописцы — «лето 6750. Поиде князь Олександр на Чюдьскую землю, на немцы и пусти полк все в зажития (Первая Новгородская летопись)». «Александр сам поиде на чюдь на зажитие» (Летопись Авраамки). «Зажитие», за которым отправился св. Александр Невский — это поход за добычей.

Мародерство же — это грабеж и кражи по личной инициативе солдат (порой с попущения их начальства, порой — вопреки его запретам).

И оно тоже не чуждо нашему длинному военно-историческому сериалу.

Несложно догадаться, что в эпоху, когда не было железных дорог и автотранспорта, когда транспортные средства и сами ежедневно хотят есть[693] — было просто невозможно возить продоволь-

[693] Лошади, используемые аграрными, а не кочевыми скотоводческими обществами, слишком велики, чтобы полностью существовать на выпасе,

ствие и снаряжение для армии за сотни и тысячи километров. Поход мог затянуться. Обоз мог быть потерян. Где брать еду? Все это надо было брать вблизи, в окрестностях военного лагеря. У местных жителей. Фуражиры редко оплачивали эти конфискации по рыночной цене и реальными деньгами[694]. Есть хочется сейчас, после долгого марша, а полковая касса где-то отстала. Что делает голодный солдат?

Так что фуражиров от мародеров отличить не всегда просто.

В 1773 году гусары получают приказ идти на Азов, «усмирять» ногайцев и татар:

«Мы запаслись мукой и сухарями и углубились в степь. У нас истощился провиант раньше, чем мы добрались до татар.

и обычно их потребности в пище лишь наполовину покрываются тем, что они сами найдут на пастбище.

(См.: Bret Devereaux. URL: https://acoup.blog/2019/10/04/collections-the-preposterous-logistics-of-the-loot-train-battle-game-of-thrones-s7e4/)

Снабжение Великой Арамии Наполеона — это предприятие, которое очень быстро переросло границы технической осуществимости для своего времени. В самом деле, одна перевозка провианта (не считая пороха, запасной амуниции, одежды и т. д.) требовала пяти или шести тысяч повозок с 8–10 тысячами погонщиков и 18–20 тысячами лошадей и волов. Это был целый дополнительный корпус: он продовольствовал армию, но приходилось заботиться о пропитании его самого, и это была в высшей степени трудная задача, так как он шел сзади армии, которая съедала и истребляла все на своем пути. На долю обоза не оставалось совсем ничего. Лошади, а в особенности волы, падали тысячами — и в результате войска не получали ни самих волов, ни того, что было в воловьих фурах. Оставалось одно — везти фураж для обоза в готовом виде: но тогда вставала новая задача — о прокормлении тех, кто вез этот фураж, — и так далее до бесконечности». (Покровский М. Н. Дипломатия и войны царской России в XIX столетии. — М., 1923. С. 42)

Также историк отмечает, что и русские солдаты при отступлении по России грабили местное население: «грабежи не прекращались; грабили и около Вильны, и около Витебска, и под Смоленском, и под Москвой: и не грабить было нельзя, ибо солдатам надо было что-нибудь есть» (С. 46).

694 В одной из миниатюр М. Жванецкого герой мечтает на танке приехать на рынок и, направив пушку на продавца, спросить: «Скока, скока?»

Два гусарский полка, Бахмутский и Сербский, преследовали их до реки Кубани. Нам достались скот, обоз, дети и значительное число женщин. Бахмутские гусары поживились немалой добычей, хотя начальство произвело по этому делу расследование»[695].

О европейском походе русской армии 1805–1807 года то же самое говорит ее командующий:

«Я стал ежедневно получать донесения из отрядов о недостатке продовольствия, которым страдают войска и о необходимости, в которую поставлены полки, разсылать фуражиров, чтобы ***силою забирать по деревням*** *необходимые им припасы»*[696].

Это речь идет о движении русской армии по «союзной стране» — Польше.

Генерал Ермолов вспоминал о тех днях:

«...в продовольствии был ужасный недостаток, который дал повод войскам к грабежу и распутствам. От полков множество было отсталых людей. И мы бродягам научились давать название мародеров: это было первое заимствованное нами у французов»[697].

В начале марта 1807 года уже в Пруссии «оказался уже очень большой недостаток фуража в окрестностях всего расположения армии; подвозка же его сделалась чрезвычайно затруднительной по причине отвратительных дорог. Поэтому я отправил три кирасирских полка занять квартиры в Рёселле и его окрестностях, где было

[695] Записки поляка-конфедерата // Русский архив. 1886. № 3. С. 300.

[696] Записки графа Л. Л. Беннигсена о войне с Наполеоном 1807 года. — Спб, 1900. С. 45.

[697] Ермолов А. П. Записки 1798–1826. — М., 1991. С. 28.

гораздо легче добывать продовольствие как для людей, так и фураж для лошадей»[698]. Кирасиры — это отборная тяжелая кавалерия, ударная сила. Вряд ли в таком количестве она посылалась для закупок.

Сам Кутузов 18 сентября 1812 года уведомлял тульского, калужского, владимирского, рязанского и тамбовского губернаторов о том, что «мародерство в армии увеличивается и даже распространилось в губернии от театра войны». В тот же день фельдмаршал с тревогой докладывал Царю: «Заботу немалую делает мне мародерство… Принимаются все меры». Действительно, меры принимались строжайшие. 7 октября Кутузов приказал «всех нижних чинов», уличенных в мародерстве, «наказывать на месте самыми жестокими телесными наказаниями». Только 21 октября он распорядился 11 мародеров «прогнать шпицрутенами каждого через 1 000 человек по три раза» и еще 14 — «через 500 человек по три раза»[699].

«Приказ по армиям. 18 августа 1812 года (30 авг н. ст). *Главная квартира села Старое Иваново № 2.*

Сегодня пойманы в самое короткое время разбродившихся до 2 000 нижних чинов… Привычка к мародерству сию слабостию начальства, возымев действие свое на мораль солдата обратилась ему почти в обыкновение…»

«Ф. В. Ростопчин — М. И. Кутузову. 17 сентября 1812 года. Село Вороново.

…Московская губерния находится теперь в самовольном военном положении и жители оной, так как и должностные чиновники, более нежели на 50 верст в окрестностях Москвы, опасаясь быть ограбленными от неприятеля, а более того

698 Там же. С. 196–197.

699 Троицкий Н. 1812. Великий год России. — М., 2007. С. 327–328.

и от своих раненых, больных и нижних воинских чинов всюду шатающихся единственно для разорения соотечественников, оставив свои жилища, разбежались в неизвестные места...»

По поводу последнего документа необходимо добавить, что в письме к Александру I от 8 (20) сентября 1812 г. московский генерал-губернатор еще резче высказывается по этому поводу: «Солдаты уже не составляют армии. Это орда разбойников, и они грабят на глазах своего начальства... Расстреливать невозможно: нельзя же казнить смертью по несколько тысяч человек на день»[700].

Генерал-лейтенант в отставке князь Дмитрий Михайлович Волконский записал в своем дневнике:

*«В Москве столько шатающихся солдат, что и здоровые даже кабаки разбивают. Растопчин афишкою клич кликнул, но никто не бывал на Поклонную гору для защиты Москвы. Итак, 2-го <сентября> город без полицыи, наполнен мародерами, кои все начали грабить, разбили все кабаки и лавки, перепились пьяные, народ в отчаянии защищает себя, и повсюду начались **грабительства от своих**»*[701].

Денис Давыдов, «освободив» Гродно, обратился к его жителям: «Господа поляки! В черное платье! Редкий из вас не лишился ближнего по родству или по дружбе!.. Один выстрел — и **горе всему городу! Невинные погибнут вместе с виновными... Все в прах и в пепел!**» — угрожал он. Им был отдан приказ расстрелять всякого, у кого будет найдено огнестрельное оружие после двухчасового срока, предписанного для его сдачи. Давыдов заставлял католиков креститься по-православному — справа налево, в чем находил особенное удовольствие[702].

---

[700] Соколов О. Армия Наполеона. — М., 2020. С. 455.

[701] Волконский Д. М. Дневник 1812–1814 гг. // 1812 год. Военные дневники. Сост., вступ. ст. А. Г. Тартаковского. — М., 1990. С. 143.

[702] См.: Кудряшев И. Призрак Великой Литвы // Родина. 1992. № 6–7. С. 35.

Поход русской армии в Европу в 1814 году. Приказов, запрещающих грабежи и насилия, было в достатке. Кутузов их выпускал не реже раза в месяц. Но у историков-медиевистов есть такое правило: если в некоей точке пространства-времени появляется множество проповедей, законов, канонов, обличающих некий грех — значит, именно он тут и расцвел. Ну ни к чему вешать знаки «Осторожно, поезд!» в местности, где нет железных дорог.

Поэтому память об этих приказах никак не дает основания для утверждений, будто в том европейском походе русские солдаты не разбили ни одного окна и не снасильничали ни одну женщину[703]. Скорее — наоборот. По мере поступления новых сведений о разбоях приходилось обновлять приказы.

Уже в Польше отметились казаки: они не стеснялись в обращении с местными жителями, в результате чего «сделались продавцами золота целой Европы»[704]. Вступив на «вражескую» землю и увидав вокруг множество наживы, казачьи части начали стремительно терять свое главное преимущество — подвижность: «Но сей казак (Платов) вздумал остаться две недели в Ковне, для разделения сокровищ, частью от неприятеля, а большей частью от обывателей заграбленных»[705].

В союзной Австрии (на землях Чехии) и то не обошлось без «инцидентов»: «Однако, когда наши выходили из терпенья, то, не взирая на приказания начальства, они вступали в бой с вооруженными мужиками и австрийцами…»[706]. Уже во Франции Барклай де Толли выговаривал военному генерал-полицеймейстеру Ф. Ф. Эртелю «До сведения моего доходит, что в тылу армии происходят большие шалости и беспорядки от отсталых и мародеров»[707].

---

703 Заявление прот. Андрея Ткачева 21 марта 2023 г. URL: https://dzen.ru/video/watch/641981979ae6211eb86b279a?utm_referer=away.vk.com

704 Отечественная война в письмах современников. — СПб, 1881. С. 445.

705 Там же. С. 438.

706 Записки Н. Н. Муравьева-Карского // Русский архив. 1886. Кн. I. С. 10.

707 Война 1813 г.: Материалы Военно-Ученого Архива Главного Штаба. — Пг, 1914. Т. I. С. 222.

Нечто подобное он писал и атаману Платову: «Доходят до меня жалобы на шалости, делаемые Казаками войска Донского… а потому Вашему сиятельству… отношусь с покорнейшей просьбой моей о принятии строжайших мер к прекращению всех таковых беспорядков и насилий»[708]. И все же — «Несмотря на все предписания, каким образом они должны вести себя, — с грустью отмечал Барклай де Толли, — наши войска причиняют обиды жителям, от которых входят жалобы»[709].

Сам император Александр говорил о единодушно-грабительском настроении своих солдат:

«Вскоре после решения нашего идти на Париж некоторые из моих генералов донесли мне, что обозревая солдатские биваки, они вызнали единодушное намерение солдат поразорить и пограбить, как они тогда называли, богатую французскую столицу. Но я в то же время принял против этого решительные меры»[710].

Вот голос «молодого казака Черноярова, не получившего почти никакого образования», однако написавшего стих под названием «Разбитие турецких пикетов донскими казаками в ночь с 18-го на 19-е ноября 1853 года (Истинное происшествие)»[711].

«Я живу, брат, не тужу,
Я в Валахии служу;
Я Сазонова полка,
Наших видно сдалека.

---

[708] Там же. С. 223.

[709] Там же. С. 289–290.

Подробности и контекст — см.: Могилевский Н. А. Русские в Европе в 1813–1814 гг.: взаимоотношения солдат с мирным населением // Вестник Российского университета дружбы народов. Серия «История России». 2010. № 2.

[710] Рассказы князя А. Н. Голицына. Из записок Ю. Н. Бартенева // Русский архив. 1886. № 5. С. 97.

[711] Русский инвалид. 1854. 13 мая. Эту газету можно было назвать официальным рупором военного министерства Российской Империи.

Нашего полка казаки
Все лихие забияки.
Наш поставлен храбрый полк
В Бессарабский уголок;
Мы в цепи понад Дунаем
Все кордоны занимаем,
С устьев Прута до Чатала...»
А зачем казачок пошел в такую даль? —
«Захотелось отличиться
И кое-чем поживиться».

И спустя 60 лет нравы не изменились. Русский генерал Федор Петрович Рерберг, начальник штаба 10-го армейского корпуса видел и предчувствовал недоброе:

«Входите вы в уютную квартиру и видите следы пребывания русских: зеркала, стекла, посуда, лампы побиты вдребезги, на столе оставлены недоеденные остатки подчас очень даже вкусных яств — значит, люди были не голодные. Все имущество, хранившееся в комодах и шкафах: одежда и обувь мужская, женская и детская, белье, корсеты, чулки, книги, журналы — все это вытащено из комодов, сложено кучей на полу, посыпано сверху мукой и крупой, принесенными тут же из кладовой, полито солдатскими щами, и поверх всего — нагажено! Никакою логикою действия это невозможно было объяснить, кроме логики озверелых и сбесившихся идиотов! Что-то недоброе предчувствовалось в этих картинах. Хотелось себе представить, что будет по окончании войны, если десятимиллионная наша армия при демобилизации не пожелает сдать оружия, а силою заставить — некем будет, и в деревни возвратятся с винтовками, револьверами и патронами беспринципные и озлобленные мужики, привыкшие на войне

убивать людей?! Чувствовалось определенно, что пугачевщины нам не избежать!»[712].

А вдали от фронта православный священник благодушно заверял: «…православие показало себя истинным христианством, прежде всего, в учении о войне. Война нами ведется благородно свято, вполне по православному, и в этом первое торжество и наше и нашего св. православия»[713]. Вот откуда этому тыловому карьерно успешному священнику знать, как именно «ведется нами война»? Он что, был вездесущим и неусыпным наблюдателем на всей тысячекилометровой линии фронта? Или просто усердным и верующим потребителем и ретранслятором официальных сообщений?

Великая Отечественная война тоже знала вполне массовое мародерство.

В журнале боевых действий 47-й армии 1-го Белорусского фронта за март 1945 года хранится приказ комфронта Жукова от 1 марта:

«В тылах болтается большое количество т. н. „отставших", по существу дезеретиров, месяцами уклоняющихся от выполнения своего долга, людей разложившихся, занимающхся мародерством, грабежом и насилием.

На участке 61 армии только за последнее время задержано до 600 человек таких «отставших», среди которых оказался даже лейтенант, полтора месяца „догоняющий" свою часть. Прочистка тылов 33 армии дала сотни „отставших". Все населенные пункты вдоль дорог на намецкой территории забиты машинами и повозками и военнослужащими как проходящими, так и специально посланными из частей специально для барахольства.

---

[712] Рерберг Ф. П. Исторические тайны великих побед и необъяснимых поражений. — Александрия, 1925.

[713] Свящ. В. Щукин. Торжествующее православие // Рижские епархиальные ведомости. 1915. № 4 (февраль). С. 109.

Офицеры и рядовые, бросив свои машины и подводы на улицах и во дворах бродят по складам и квартирам в поисках барахла.

Отмечаются факты расправ над старшими по званию пытающихся призвать к порядку распоясавшихся мародеров, пьяниц и барахольщиков. Фактов таких имеется много»[714].

714 URL: https://pamyat-naroda.ru/documents/view/?id=437716222. С. 103.

Глава 18

НАШИ ВОЕННЫЕ ПРЕСТУПНИКИ: ОТНОШЕНИЕ К ПЛЕННЫМ

В современном мире жестокое обращение с пленными или их убийство также считается воинским преступлением.

Так какой была жизнь в русском плену?

Начну с эпизода, пограничного с «русским миром». Он произошел на территории Речи Посполитой в 1652 году. Богдан Хмельницкий к этому времени уже попросился под руку московского царя. А Земской собор 1651 года уже просил царя принять его под свою власть и воссоединить все русские земли. Сам гетман Хмельницкий — безусловно положительный герой русской историографии.

Итак, войско Богдана разбило поляков в битве под Батогом. На второй день после сражения Хмельницкий издал личный приказ, в котором приказал убить польских военнопленных, обосновав это словами: «Мёртвая собака не кусается». Крымские татары, которые во время резни спрятали и спасли некоторых поляков в своих лагерях, протестовали против массового убийства польских пленных. Каждый оставшийся в живых пленник был выгоден татарам, ведь за его освобождение их семьи платили щедрый выкуп. Хмельницкий отверг требования татар оставить поляков в живых. Потом он через полковников Золотаренко и Высочанина выкупил у татар около 8 000 польских пленных и передал их на резню ногайским ордынцам[715].

Как писал поздний польский историк:

«Татары не хотели истреблять побежденных и пленных. Казаки заплатили вдвое за каждую голову и заставили татар зарезать. Сами они были лишь зрителями этого дикого убийства, следя за тем, чтобы никто не сбежал. Как говорится, из-под земли добывали, отдав татарам. Это убийство нельзя объяснить особой ненавистью казачества Руси к Польше или местью за обиды, причиненные им со стороны Польши. Это был простой результат животного начала в людях, которое, развязавшись с кровопролитием, становится распущенным и страшным в своей дикости. Так было всегда. В каждой гражданской войне ожесточение и ярость являются наивысшими»[716].

Через полвека, в 1705 году, уже собственно русские войска под командованием фельдмаршала Шереметева («Шереметев благородный» у Пушкина) проиграли шведам битву при Гемауэртгофе. При отступлении шведские пленные, взятые задолго до этого, был перебиты. Шереметев пояснил в своем рапорте: «Шведов, взятых в Митаве, всех в обозе нашем побили, дабы они к неприятелю паки не возвратились»[717].

В октябре-ноябре 1741 г., т. е. в период Русско-шведской войны 1741–1743 гг., из 948 пленных, этапируемых из Петербурга в Москву, уже к моменту прибытия в Вышний Волочёк погибло

---

[715] URL: https://pl.wikipedia.org/wiki/Rze%C5%BA_polskich_je%C5%84c%C3%B3w_pod_Batohem

[716] Eustachy Iwanowski. Rozmowy o polskiéj koronie. — Краков, 1873. S. 539.

[717] Великанов В. С., Мехнев С. Л. Курляндская операция 1705–1706 гг. и сражение при Гемауэртгофе. — М., 2016.

615, а половину еще остававшихся в живых пришлось срочно госпитализировать»[718].

«Великая Армия» Наполеона оставила в России не менее 160 000 пленных, большинство из которых были пленены вовсе не на полях больших сражений. Отставшие, замерзшие, заблудившиеся, фуражиры… Голод и болезни и в плену собирали с них свою дань.

И все же в целом их судьбы складывались благополучно. Но многое зависело от отношения нового хозяина их судьбы.

Знаменитый партизан[719], штабс-капитан артиллерии Александр Фигнер «собственноручно расстреливал их (пленных) из пистолета, начиная с одного фланга по очереди, и не внимая просьбам тех, кто, будучи свидетелями смерти своих товарищей, умоляли, чтобы он умертвил их раньше»[720].

«Я шел мимо большого сарая и увидел в нем толпу неперевязаных раненых, лежавших один на другом. На часах стояли два московских ратника, которые прехладнокровно били прикладами по головам тех из несчастных, которые, желая выпросить себе хлеба у прохожих, приползли к дверям и высовывали головы»[721].

---

718 Познахирев В. В. Турецкие военнопленные и гражданские пленные в России в 1914-24 гг. — СПб, 2014. С. 85.

719 В «Военном словаре» Тучкова (1818 г.) находим следующие определения:

«Малая война — так называется война, производимая малыми отрядами и набегами в неприятельские земли; партия — отделенная часть войска, определенная для каких-либо особых военных предприятий; Партизан — чиновник… которому поручаются партии, составленный из отборных легких войск. Должность его есть безпокоить набегами неприятельскую армию, снимать посты или отделенные пикеты, захватывать транспорты и прочее».

(Тучков М. С. Военный словарь. — М., 1818. Ч. I. С. 239; Ч. II. С. 36)

720 Записки Н. Н. Муравьева // Русский архив. 1885. № 8. С. 400.

721 Там же. С. 385.

«Казаки наши забавлялись мертвыми: они их втыкали головами в снег, ногами вверх, сажали их друг на друга верхом, составляли из них группы в неприличных видах»[722].

«В русской армии (особенно среди казаков, обычно конвоировавших пленных в тыл) возник своеобразный „бизнес" — физически здоровых пленных продавали либо богатым крестьянам (солдат), либо мелким помещикам (офицеров). Не всех пленных русские партизаны отправляли в тыл — у них для этого не было ни вооруженного конвоя, ни средств передвижения. Поэтому партизаны нередко распределяли пленных по крестьянским дворам как работников-рабов. Вскоре гнавшие пленных в тыл казаки тоже стали делать на „живом товаре" свой бизнес. Будущий декабрист и участник войны Никита Муравьев так передавал в своих мемуарах слова одного из таких покупателей: „Пленные вздорожали, к ним приступа нет, господа казачество прежде продавали их по полтине, а теперь по рублю просят". Для сравнения укажем, что хорошую корову тогда можно было купить за 55 коп., а, например, пригласить гувернера-француза — за фантастическую по тем временам сумму — одна тысяча рублей... Некоторые помещики стали записывать пленных в свои крепостные (как правило, это были итальянцы, испанцы, немцы, поляки, хорваты)... Некоторым лишь через 12 лет после войны удалось получить свободу, паспорта и отбыть по домам... Весной 1813 г. на казенных (государственных) Гороблагодатских железноделательных заводах купцов Демидовых на Урале пленные подняли бунт, не вынеся рабских условий труда, плохой пищи и побоев»[723].

---

722 Там же. С. 398.

723 Сироткин В. Г. Судьба пленных солдат и офицеров Великой Армии в России после Бородинского сражения // Он же. Наполеон и Россия». — М., 2000.

Фрейлина Мария Волкова, выехавшая из Москвы в Тамбов, (отметим — вовсе не разоренный военными действиями) писала оттуда подруге Варваре Ланской 23 сентября 1812 года:

«В числе других приятностей мы имеем удовольствие жить под одним небом с 3 000 французских пленных, с которыми не знают, что делать: за ними некому смотреть. Больше всего поляков, они дерзки; многих побили за шалости… Нельзя шагу сделать на улице, чтобы не встретиться с этими бешеными. Впрочем, самые многочисленные отряды пленных отправили в Нижний, там их умирает по сотне ежедневно; одетые кое-как, они не выносят нашего климата. Несмотря на все зло, которое они нам сделали, я не могу хладнокровно подумать, что этим несчастным не оказывают никакой помощи и они умирают на больших дорогах, как бессловесные животные»[724].

В Крымскую войну из 1 425 пленных французов умерли в русском плену 154 человека (10,8 %)[725]. Исследователь отмечает «массовую гибель пленных после взятия Измаила (1790 г.), Варны (1828 г.) или Плевны (1877 г.)[726].

В годы Первой мировой войны пленные, попавшие в русский плен, делились на представителей дружественных (все славяне и австрийские румыны) и недружественных наций. Но и среди турецких подданных выделяли болгар и греков. Это отличие проявлялось в тяжести работ, питании, местах содержания и т. д. Турок как низший сорт военнопленных повезли в Сибирь и на Дальний Восток. По ходу этой транспортировки уровень смертности зимой 1914–1915 гг. варьируется исследователями от 75 % до 50 % турецких военнопленных.

---

[724] Частные письма 1812 года // Русский архив. 1872. № 12. С. 2400.

[725] Там же. С. 188.

[726] Познахирев В. В. Турецкие военнопленные и гражданские пленные в России в 1914–24 гг. — СПб, 2014. С. 85.

«Как полагает американский историк турецкого происхождения Йюджель Йаныкдаг, в течение зимы 1915 г. лишь 200 из 800 турецких пленных, направляемых в лагеря Приамурского военного округа, достигали места своего назначения. Остальные же погибли в пути от холода и лишений»[727].

«Нам нечего противопоставить свидетельствам столь авторитетного мемуариста, как сотрудница шведского Красного Креста Эльза Брёндштрем, по данным которой в декабре 1914 г. из двухсот турок, достигших Пензы в вагонах, остававшихся закрытыми „на протяжении трех недель", в живых осталось лишь 60. В феврале 1915 г. из двух уже упомянутых выше вагонов, прибывших в Самару, было извлечено 57 трупов и только 8 живых аскеров (призывники, взятые в плен еще до того, как успели получить военную форму и оружие). Ростовская газета „Южный телеграф" сообщала 6 января 1915 г., что двумя днями ранее в город прибыли „два военно-санитарных теплушечных поезда <...>. В первом поезде находилось военнопленных турок 1 457 чел., во втором — 1 684. Из двух поездов в Ростове выгружено 14 мертвых и 80 больных турок"»[728].

В целом уровень смертности военнопленных Центральных держав в России в 1914–1917 годах был таким:

Австро-Венгрия: в плену 1 736 800 человек, из них умерло 385 000 (22,2 %);

Германия: в плену 167 000 человек, из них умерло 16 000 (9,6 %);

Турция: в плену 64 500 человек, из них умерло 15 000 (23,3 %)[729].

---

[727] Познахирев В. В. Особенности положения турецких военнопленных в России в годы первой мировой войны // Известия Тульского государственного университета. Гуманитарные науки. 2011. Вып. 2. С. 177.

[728] Познахирев В. В. Турецкие военнопленные и гражданские пленные в России в 1914–24 гг. — СПб, 2014. С. 92.

[729] Там же. С. 187.

Впрочем, турецкие офицеры ежедневно получали у начальника конвоя сумму, достаточную для того, чтобы питаться в вокзальном ресторане.

Вторая Мировая. Февраль 1945 года. 20-летний Жан Кепмпф, француз из Эльзаса, насильно мобилизованный в немецкую армию, попал в русский плен, где познакомился с немцем:

«...ему было 40 лет. Женат, трое детей. Он попал в последнюю волну мобилизации — последняя надежда Гитлера. Немец был болен, силы его были на исходе... Он еле волочил ноги. Сколько ни старался я его тащить и орать на него, это только привлекло к себе внимание одного из русских. Он вырвал у меня руук немца и ударом ноги направил его в заваленную снегом канаву. Я пустился бежать. Мне было хорошо известно, что было положено делать с отстающими, — я совсем не хотел расстаться с жизнью. За спиной у меня прозвучал выстрел. Удирая, я обернулся и увидел, что русский убирает револьвер в кобуру. Немец отмучился. А я, к счастью, догнал колонну»[730].

Люсьен Даннер:

«Многие немецкие солдаты до лагеря не дошли. Русские убивали раненых выстрелом в затылок... Русские охранники стреляли, если кто-то выходил из строя. Мы даже не могли удовлетворить свои естественные потребности... В Сталино к нам подошла одна дама и дала мне помидор. Русский солдат ударил ее прикладом»[731].

---

[730] (Пьер Риголо). Тамбов. Солдаты поневоле. Эльзасцы и Вторая мировая война. — Спб, 2017. С. 200.

[731] Там же. С. 140–142.

Бернар Клерляйн:

«Мы шли и шли. Нас было человек 30. Нас охранял один молодой русский солдат, вполне любезный. Один из пленных идти больше не мог и просто лег на землю. Автоматная очередь — и он окончил свой путь. Наш храбрый сопровождающий не имел права оставлять пленных в чистом поле. В качестве утешения для себя самого — он сказал: Nitchevo, voina[732]*. Вспоминается любовь Бисмарка к этому русскому слову...*

В лагере № 188 НКВД на станции Рада под Тамбовом в декабре 1943 года находилось 15 000 человек. Дневная смертность составляла летом 1943 года — 30 человек в день; летом 1944 года — 45 человек в день. На 1 сентября 1944 года в братских могилах были захоронены 17 000 заключенных[733]*.*

Но пришли иные времена — и „Руководство регионального отделения Всероссийского общества охраны памятников истории и культуры предложило демонтировать в северной части Тамбова монумент „русско-французской дружбе" — „солдатам поневоле". Представители организации предложили его отправить на хранение до того времени, пока не станет

---

732 Там же. С. 302–303.

733 Тамбов. Солдаты поневоле. Эльзасцы и Вторая мировая война. — Спб, 2017. С. 313.

Поздне-советская реакция на эту книгу — в интервью А. Прокопенко, директора Центрального государственного архива СССР (На войне, увы, как на войне // Известия. 11 января 1991). Тут признается смерть 2 400 французов в советском плену. «Любой плен — трагедия. Однако плен оказался для большинства французов спасением. Ведь те, кто по словам Риголо, с ужасом вспоминает свое пребывание в лагере № 168, живы. Живы не по воле господа бога, а благодаря заботам людей, пусть и служивших, как это ни парадоксально, в ведомстве палача (Берии)».

уместно говорить о настоящей нелицемерной дружбе с Францией, поскольку в настоящее время Франция занимает враждебную позицию по отношению к России»[734].

5 июля 2024 полуденный выпуск новостей Первого российского телеканала открылся длинным сюжетом о подвиге разведгруппы 47-й танковой дивизии группы «Запад без боя» взяла деревню Тимковка Харьковской области. За что семеро бойцов награждены орденами Мужества.

Четыре дня разведчики были в «поиске». Им помогла радиоигра: ранее взятые в плен украинские солдаты из передового охранения докладывали своим командирам в тыл, что у них все тихо.

В эфир ушли слова офицера этой разведгруппы: «Если доклад какой-то другой, не по теме, то мы их ликвидируем и сразу оттуда уходим — они это все прекрасно понимали».

Военнопленный не обязан сотрудничать с захватившей его стороной. И за отказ он не подлежит «ликвидации».

«Никакие физические или моральные пытки и никакие другие меры принуждения не могут применяться к военнопленным для получения от них каких-либо сведений. Военнопленным, которые откажутся отвечать, нельзя угрожать, подвергать их оскорблениям или каким-либо преследованиям или ограничениям».

Женевская конвенция от 12 августа 1949 года
об обращении с военнопленными. Раздел 3, ч. 1, ст. 17

Но так говорят международные договоренности. А путинская Россия очень суверенна, и потому гостелеканал это преступление

---

[734] 26 октября 2022 г.

URL: https://www.taminfo.ru/tambov_novosti/54788-voopik-predlozhil-perenesti-pamyatnik-soldatam-ponevole-na-severe-tambova.html

https://vk.com/wall-197980194_2198?ysclid=m7kgqm34q4926726449

назвал «филигранная работа наших разведчиков»… И тут важно не только само событие, но и то, что госпропаганда не стесняется о нем трубить.

На этом фоне уверения, будто русская армия бережно относится к гражданскому населению, порождают лишь «дис-кред-ита-цию».

И вновь скажу: история — штука пестрая. И, конечно, в истории русской армии были страницы заботы о побежденных, призывы к милосердию и сдержанности. Они достойны памяти, благодарности и воспроизведения. Но они вовсе не исчерпывают все варианты отношений «человека с ружьем» с теми, у кого этого ружья уже или еще нет.

… А для разрядки эту главку завершу цитатой из «Автобиография» серба Бранислава Нушича (1924):

> *«Стоило посмотреть, с каким садистским удовольствием нас загоняли в непроходимое болото латыни. Иногда учитель даже протягивал нам руку, чтобы завести поглубже. Заведет в самую трясину, сам выберется и, улыбаясь, смотрит, как мы тонем. Когда в Германии после нескольких лет войны стал ощущаться недостаток продуктов питания, когда немецкие ученые вполне серьезно занялись проблемой получения хлеба из бумаги, один немецкий экономист предложил заставить всех военнопленных — а их было очень много — учить третье спряжение перфекта, чтобы их поубавилось. Но это предложение было отвергнуто немецким верховным командованием, считавшим, что в таком случае солдаты противника будут сражаться гораздо упорнее, ибо лучше уж погибнуть на поле боя, чем умереть при попытке выучить третье спряжение в перфекте. И кайзеровское правительство высказалось против применения столь варварского способа уничтожения людей, опасаясь, что это восстановит против Германии всю мировую печать».*

Глава 19

БЕЗГРЕШНОЕ ЗАКАПЫВАНИЕ ЖИВЬЕМ

Помимо темы «насилие человека с ружьем над безоружным» есть и обратная тема: зверства «мирного населения» по отношению к «оккупантам».

В 1812 году крестьяне зарывали пленных живьем, говоря «Пускай он своей смертью помрет; мы не будем отвечать за убийство пред Богом»[735].

«Крестьяне жгли и резали французов, закапывали их живыми в землю»[736].

«Длительное время, — признавал Б. С. Абалихин, — мы стыдливо замалчивали тот факт, что партизанское движение носило ожесточенный характер: крестьяне жгли и резали французов, закапывали их живыми в землю». Историк не прав в одном: крайняя жестокость была характерна не для партизан, а для крестьян. Свидетельств тому великое множество,

---

735 Записки Н. Н. Муравьева // Русский архив. 1885. № 8. С. 399–400.

736 Попов А. И. Партизаны и народная война в 1812 году // Отечественная война 1812 г. Источники. Памятники. Проблемы. — Можайск, 2000. С. 173.

так что пушкинское «остервенение народа»[737] *следует понимать в самом буквальном смысле слова»*[738].

Сохранился рассказ одного чиновника московского почтамта. Он остановился для ночлега в уцелевшем крестьянском доме одного из сёл под Гжатском, застав там несколько семей, дома которых сгорели. Один из ночёвщиков долго расспрашивал чиновника, можно ли и нужно ли убивать французов:

«Сельские жители только что начинали собираться на разоренные пепелища свои, а потому дорожили уцелевшими избами, и толпами собирались в них на ночь. Погода в конце Октября стояла холодная. Не доезжая Гжатска, измученный чиновник, желая согреться и отдохнуть, заехал к вечеру на уцелевший двор; в гостеприимной избе было много народу, расположившегося на ночлег по лавкам и на голом полу. Все спали, в печке светился огонек. Сняв верхнюю одежду и разыскав скамейку, Л. сел против печи и, убаюкиваемый здоровым храпением крестьян, стал дремать, как услышал над собою голос и увидал растрепанную бороду, свесившуюся с печи. Краснолицый крестьянин с склокоченными волосами зорко смотрел на него серыми глазами, выглядывавшими из насупленных бровей. „Панок, говорил он, а что я тебя спрошу?" — „Ну спрашивай» отвечал г. Л. — Что Французов-то далеко угнали?" — „Далеко", — отвечал Л., желая отделаться коротким ответом. Но только что предавался он сладкому забытью, беспокойный крестьянин снова начинал спрашивать его: „Панок, а панок!" — „Ну что тебе?" — „А что я тебя

---

[737] Гроза двенадцатого года
Настала — кто тут нам помог?
Остервенение народа,
Барклай, зима иль русский бог?

[738] Круглый стол: Вероломство по плану. Чья победа? Лица или маски? // Родина. 1992. № 6–7. С. 134.

спрошу, Французов-то много побито?" — „Много, — отвечал раздосадованный чиновник, на то и война, чтобы бить!" Но крестьянин не мог успокоиться; он ворочался, кряхтел и, выглядывая, приставал с докучливыми вопросами. „Панок, а панок, а что я тебя спрошу, так убивать их Французов-то можно?" — „Я же сказал тебе", — с сердцем отвечал Л. — «Оно того... —приставал мужик, — хотя враги... землю разорили, а все же по образу и подобию...". Видимо упрекала его совесть, и он желал поверить сомнения свои гревшемуся чиновнику. „Да ты, панок, скажи мне, да не гневайся, панок", — приставал он. „Говори что-ли!" — отвечал чиновник, выведенный из терпения. „А вот вишь ты, — сказал крестьянин, — наловили мы это их, Французов-то, десятка два и стали думать, что бы с ними наделать, свести что ли куда, сдать что ли кому, да куда поведешь и кому сдашь? Вот и приговорили миром побить их". Тут он приостановился и, подумав, со вздохом продолжал: „Оно точно того, если бы он на тебя с ножом лез, ничего бы... а то смотрит как баран; как тут быть то? Француз не баран, а все же человек, враг только, землю разорил. Вот мы и порешили". — Тут он опять приостановился. „Выкопали в перелеске глубокую яму, повязали им Французам руки и пригнали гуртом; стали это они вокруг ямы, а мы за ними стали; почуяли, знать, свою злодейскую участь и начали жалостно талалакать, точно Богу молятся; мы наскоро посовали их в яму да живых и зарыли. Веришь ли, панок, такой живущий народ, под землею с пол часа ворошились!" И мужик окончил рассказ свой молитвословием за многогрешную душу свою»[739].

Собственно, призыв заживо закапывать французов содержался в «афишке номер 17» московского губернатора Ростопчина от 20 сентября:

---

[739] Рассказы из истории 1812 года // Русский архив. 1868. № 11. С. 1868–1870.

«Враг рода человеческаго, наказание Божие за грехи наши, дьявольское наваждение, злой француз взошел в Москву: ограбил храмы Божии; осквернил алтари непотребствами, сосуды пьянством, посмешищем; надевал ризы вместо попон; посорвал оклады, венцы со святых икон; поставил лошадей в церкви православной веры нашей, разграбил домы, имущества; наругался над женами, дочерьми, детьми малолетними; осквернил кладбища и, до второго пришествия, тронул из земли кости покойников, предков наших родителей. Оставайтесь, братцы, покорными христианскими воинами Божией Матери! Почитайте начальников и помещиков; они ваши защитники, помощники, готовы вас одеть, обуть, кормить и поить. Истребим достальную силу неприятельскую, погребем их на Святой Руси, станем бить, где ни встренутся. Истребим гадину заморскую и предадим тела их волкам, вороньям; а Москва опять украсится; покажутся золотые верхи, домы каменны; навалит народ со всех сторон. Пожалеет ли отец наш, Александр Павлович, миллионов рублей на выстройку каменной Москвы, где он мирром помазался, короновался царским венцом? Он надеется на Бога всесильнаго, на Бога Русской земли, на народ ему подданный, богатырскаго сердца молодецкаго. Он один — помазанник его, и мы присягали ему в верности. Он отец, мы дети его, а злодей француз — некрещеный враг. Он готов продать и душу свою; уж был он и туркою, в Египте обасурманился. Отольются волку лютому слезы горькия. Еще недельки две, так кричать „пардон", а вы будто не слышите. Уж им один конец: съедят все, как саранча, и станут стенью, мертвецами непогребенными; ***куда ни придут, тут и вали их живых и мертвых в могилу глубокую****. А вы не робейте, братцы удалые, дружина московская, и где удастся поблизости, истребляйте сволочь мерзкую, нечистую гадину, и тогда к царю в Москву явитеся и делами похвалитеся»*[740].

740 Ростопчинские афиши 1812 года. — Спб, 1889.

«Низший класс в России всегда ненавидел иностранцев... Нападение французов на собственность жителей и эта исконная ненависть были единственными причинами всех зверских поступков. Патриотизм был тут ни при чем и Ростопчин сумел только воспользоваться этой ненавистью. Он разжег народную ненависть теми ужасами, которые он приписал иностранцам... Эта исконная ненависть русских ко всему иноземному, вторжение французов на русскую землю и занятие Москвы, на которую русские смотрят как на священный город и который был осквернен присутствием людей, коих они считают нехристями, пробудили в сердцах московской черни и в окрестных крестьянах жажду мести. Как только им попадался в руки кто-либо принадлежавший к французской армии, смерть его была неминуема: его убивали, и труп, иногда еще трепещущий, бросали в колодезь или в отхожее место. Даже женщины, встретив по дороге пьяного спящего солдата, тащили его до ближайшей помойной ямы и сбрасывали туда головою вниз. Множество колодцев, помойных ям и отхожих мест были наполнены неприятельскими трупами. Крестьянин убивал солдата, который, сняв оружие, спал под его кровлей. Причем каждый крестьянин считал, что он исполняет этим свой долг»[741].

Еще рассказ:

«В его имении в Духовщинском уезде в 1812 году, когда французы еще шли в Москву, 12 итальянцев туда забрались; приказчик их хорошо кормил. Из Духовщины приехал мещанин, стал ему говорить: „Зачем ты им так угождаешь? Надо убить: сам архиерей благословил истреблять их". Итальянцев напоили горилкой, обезоружили, раздели совершенно, связали и живыми закопали»[742].

---

[741] Из записок Д. П. Рунича // Русская старина. 1901. № 3. С. 612–613.

[742] Рассказы о 1812 годе. Отрывки из дневника А. А. Лесли // Смоленская старина. — Смоленск, 1912. Вып. 2. С. 351.

Или:

«Особенно в Мосальский уезд теснились неприятельские шайки; большая часть из них были убиваемы, иногда без всякой пощады. Из донесения кордоннаго начальника сего уезда видно, что всего убито и утоплено 987 человек разных наций, и в плен взято 450. В Медынском уезде убито 894 и полонено 593 человека. Но здесь, как и по другим кордонам, число убитых показано меньше, потому что многие партии были без счета истребляемы. В Медынском уезде ожесточение крестьян против неприятеля достигло до высочайшей степени; изобретались самые мучительные казни; пленных ставили в ряды и по очереди рубили им головы, живых сажали в пруды и колодцы, сожигали в избах и овинах. Один волостной староста просил проезжающаго офицера научить его: „Какою смертию карать Французов, потому что он уже истощил над ними все известные ему роды смертей"»[743].

Впрочем, рассказ чиновника Л. показывает, что «даже церковная пропаганда не могла затуманить в сознании мужика того, что он поступал не по-христиански, убивая безоружных людей»[744].

А партизан Сеславин, читая вышеприведенные сова Михайловского-Данилевского, написал на полях его книги: «несообразно с долгом и чувствами христианина»[745]. Но факт налицо: церковная пропаганда максимально демонизировала французов и способствовала «остервенению народа».

---

743 Михайловский-Данилевский. Описание отечественной войны в 1812 году. Ч. 3. — Спб, 1839. С. 132.

См. также: Колосов Г. А. Взгляды на гуманные требования войны и их выполнение во время войн 1812–14 гг. — СПб, 1913. С. 15.

744 Попов А. И. Партизаны и народная война в 1812 году // Отечественная война 1812 г. Источники. Памятники. Проблемы. — Можайск, 2000. С. 180.

745 Михаил Семевских. Партизан Сеславин // Отечественные записки. 1860. № 4. С. 45.

Генерал Владимир Левенштерн, вспоминал: «…проезжая мимо одной освобожденной русской деревни, видел, как крестьяне, положив пленных неприятелей в ряд головами на большом поваленном стволе дерева, шли вдоль него и разбивали дубинами сии головы»[746].

Порой крестьяне за гроши выкупали у казаков пленных, отводили в свою деревню и отдавали детям «на умерщвление с истязаниями всякого рода, чтобы дети их, говорили они, разумели, как истреблять нехристей»[747].

Конечно, это довольно общая черта всех партизанских движений, а не только русских. 27 июня 1808 г. французский генерал Рене направлялся в Андалузию, чтобы присоединиться к своему корпусу, но по дороге он был схвачен испанскими партизанами, после чего «герои народной войны» сварили его живьем в котле с маслом[748]. В октябре 1810 года Массена оставил в Коимбре три тысячи раненых французов под защитой всего лишь 80 солдат из морского батальона. После трехдневной обороны они сдались под гарантии жизни, сразу после разоружения португальские ополченцы убили около тысячи французов, а остальные погибли по дороге в город Опорту.

А тема об «озверении народа» в 1812 году и в Португалии[749] и в России имеет важный и печальный (для меня) аспект — религиозный.

История с только что упомянутым крестьянином Сергеем Мартыновым завершилась отпеванием заживо:

---

746 Записки генерала В. И. Левенштерна // Русская старина. 1901. № 1.

747 Записки Н. Н. Муравьева // Русский архив. 1885. № 8. С. 400.

748 Соколов О. Армия Наполеона. — М., 2020. С. 139.

749 В Португалии даже в домах, в которых жили оккупанты, совершались очистительные молебны с окуриванием ладаном и окроплением освященной водой.

«Сергей Мартынов наводил на известных ему богатых поселян, убил управителя села Городища, разграбил церковь, вырыл из гробов прах помещицы села сего и стрелял по казакам. Мы захватили его 14-го числа. Эта добыча была для меня важнее двухсот французов! Двадцать первого сентября пришло мне повеление расстрелять преступника, и тот же час разослано от меня объявление по всем деревням на расстоянии десяти верст, чтобы крестьяне собирались в Городище. Четыре священника ближних сел туда же приглашены были. 22-го, поутру, преступника исповедали, надели на него белую рубашку и привели под караулом к самой той церкви, которую он грабил с врагами отечества. Священники стояли перед нею лицом в поле; на одной черте с ними — взвод пехоты. Преступник был поставлен на колена, лицом к священникам, за ним народ, а за народом вся партия — полукружием. Его отпевали... живого. Надеялся ли он на прощение? До верхней ли степени вкоренилось в нем безбожие? Или отчаяние овладело им до бесчувственности? Но вовремя богослужения он ни разу не перекрестился. Когда служба кончилась, я велел ему поклониться на четыре стороны. Он поклонился... Взвод подвинулся и выстрелил разом. Когда кончилась экзекуция, Степан Храповицкий читал: „Так карают богоотступников, изменников отечеству и ослушников начальству! Ведайте, что войско может удалиться на время, но государь, наш православный царь, знает, где зло творится, и при малейшем ослушании или беспорядке мы снова явимся и накажем предателей и безбожников, как наказали разбойника, перед вами лежащего: ему и места нет с православными на кладбище; заройте его в Разбойничьей долине". Тогда священник Иоанн, подняв крест, сказал: „Да будет проклят всякий ослушник начальства! Враг Бога и предатель Царя и Отечества! Да будет проклят!"»[750].

[750] Давыдов Д. В. Военные записки. — М., 1982. С. 176–177.

И тут появляется масса вопросов.

Если Мартынов проклят — то зачем его отпевать? Если отпет (а отпевание — это малый чин канонизации: «со святыми упокой») — почему нельзя хоронить на церковной земле? Если в отпевании просили Бога о прощении всех его грехов — почему все равно расстреляли? Не верили сами в силу молитв и на молебен о ниспослании дождя пошли без зонтика? Полным ли был чин отпевания?

Вложил ли отец Иоанн в руку живого покойника Мартынова пропуск в рай со словами «да сотворит чрез мене, смиреннаго, прощено и сие по духу чадо Сергия от всех, елика яко человек согреши Богу словом или делом, или мыслию. Аще же под клятвою или отлучением архиерейским или иерейским бысть, или своему проклятию подпаде, или клятву преступи, или иными некиими грехи яко человек связася, но о всех сих сердцем сокрушенным покаяся, и от тех всех вины и юзы да разрешит его»? Если он исповедался и над ним кроме обычной отпустительной молитвы прочитали и вот эту разрешительную — то зачем после этого опять проклинать?

Ох, и человеколюбива она — церковь, мать наша…

Как отмечает современный историк:

«Во многих случаях белорусские и русские крестьяне поддавались на неприятельскую пропаганду и выходили из повиновения русским властям. Так было в Полоцком, Городецком, Невельском уездах Витебской губернии, в Могилевской губернии, в Рославльском, Ельнинском, Вельском, Юхновском, Дорогобужском уездах Смоленской губернии. В Московской губернии также отмечены случаи нормального общения „пришельцев" с крестьянами. Эти примеры показывают, что, не проводи правительство и церковь столь активной пропаганды, отношение крестьян к иноземцам было бы иным; разумеется, при соответствующем поведении неприятельских солдат. Наполеон пытался наладить добрые отношения с гражданским населением, запрещая своим солдатам совершать грабежи

и насилия не только в Литве и Белоруссии, но и в коренной России. Эти попытки закончились фиаско по двум причинам: русское крестьянство было фанатизировано с помощью духовенства, а солдаты Наполеона доведены до такой степени изголодания, что были уже неспособны на „джентельменское" обхождение с населением»[751].

Барон Врангель через сто лет справедливо писал: «…в 1812 г., возмущаясь армией наших нынешних друзей французов, восхваляли поступки русских людей, которые вызвали бы возмущение, будь это действия неприятеля. Вспомним хотя бы карикатуры и прибаутки, кстати сказать, довольно плоские: „Старостиха Василиса колет вилами лежачего француза, в Терентьевна доколачивает башмаком!"»[752]

Из более близкой истории: в журнале «Исторический архив» (1957. № 3. С. 3–47) была опубликована подборка документов по партизанскому движению на Кубани в 1942–1943 гг. Для иллюстрации текстовых источников в нее были включены фотодокументы. Среди них оказались снимки, свидетельствующие об уничтожении советскими партизанами, в нарушение Женевской конвенции о пленных и раненых, санитарного поезда с ранеными германской армии, находившегося над защитой Международного Красного Креста. Разразился скандал. За «безответственное отношение к публикации» В. И. Шункову, Н. А. Ивницкому и члену редколлегии, заместителю заведующего Центральным партийным архивом ИМЛ при ЦК КПСС Т. В. Шепелевой решением Секретариата ЦК КПСС (!) было объявлено взыскание, журнал изъяли из открытой продажи, а в большей части его тиража фотографии заменили другими.

---

751 Попов А. И. Партизаны и народная война в 1812 году // Отечественная война 1812 г. Источники. Памятники. Проблемы. — Можайск, 2000. С. 182.

752 Дни скорби. Дневник барона Н. Н. Врангеля. 1914–1915 гг. // Исторический архив. 2001. № 3. С. 114.

Глава 20

КОГДА НАЧАЛЬСТВО УШЛО

О том, что русский бунт беспощаден, со времен Пушкина знают все. Если крестьяне без формы готовы грабить и жестоко убивать своих же соотечественников, то с какой стати ожидать от них другого отношения к иноплеменникам и иноверцам, которых военная фортуна подчинила их произволу? С какой стати люди вели бы себя иначе с чужаками, если они и своих не жалели?

История «Отечественной войны 1812 года» знает и случаи насилия русских над русскими же и «грабительства от своих».

Вот их поведение накануне прихода французов:

«Ростопчин сзывал народ, дабы, соединив толпы, идти против неприятеля. Он приказал отпереть арсенал и позволил всем входить в него, чтобы вооружаться. Город наполнялся вооруженными пьяными крестьянами и дворовыми людьми, которые более помышляли о грабеже, чем о защите столицы, стали разбивать кабаки и зажигать дома[753]*. Я поехал к заставе, в которую ариергард наш прошел, и прибыл к армии; то была, кажется, Владимирская застава. Дорогою я увидел*

---

[753] Муравьёв Н. Н. Записки // Русские мемуары. Избранные страницы. 1800–1825. — М., 1989. С. 131.

лавку, в которую забрались человек десять солдат и грабили ее… В Москве оставалось много наших мародеров»[754].

Максим Соков 4 сентября бежал из сгоревшей усадьбы «через Яузу на Хованскую горку»:

«Здесь к ужасу усмотрели беглых и раненых русских солдат или мародеров и после узнали, что они жили грабежом проходящих; однако как нас было много, то и не смогли до ночи нас грабить. Мы, отделяясь от всех и посадив в гряды капусты детей и жен, стояли вокруг их на карауле и через четверть часа услыхали стонущего человека за сто шагов от нас. Часть наших ребят туда побежали и увидали, что русские раненые и беглые солдаты не только ограбили бедного обывателя, руки и ноги переломили, но и старались убить до смерти. Видя это, наши возвратились и просили позволения отомстить убийцам. Я, прибавив к ним еще несколько человек, отправился с дубьем в руках к укрывшимся разбойникам. Мы нашли 12 человек, лежавших в траве и кустам с подвязанными руками и с связанными головами; тут же были и те самые, которые только что ограбили и убили обывателя. Ребята мои, озлобясь, ударили в дубье, и мнимо-раненые вскочили, хотели бежать, но были жестоко прибиты. После поля сражения, мы нашли в воде поросшей осокою разного платья и прочих вещей, награбленных разбойниками, воза два»[755].

Вот рассказ о том, как люди, которые «французов… еще не видали», испытали «разорение от своих», причем жертвой оказался бедный сельский священник, человек добродетельный (приютил сиротку), отец малолетних детей.

---

754 Там же. С.132 и 133.

755 Письмо прикащика Максима Сокова к И. Р. Баташову // Русский архив. 1871. № 6. Стлб. 0222–0223.

Этот рассказ был записан в пору своей молодости своей русским философом Константином Николаевичем Леонтьевым (1831–1891). В 1851–1852 гг. он гостил в имениях своего дяди, генерал-майора Владимира Петровича Коробанова — селах Спасское-Телепнево и Соколово Вяземского уезда Смоленской губернии, где записал рассказ о событиях 1812 г. местного дьякона, сына прежнего сельского священника. Дьякон вспоминал:

«Многие из здешних крестьян во время нашествия вели себя необузданно, как разбойники. Мне было тогда лет 8–9. Батюшка мой священником... Как только, перед вступлением неприятеля, Петр Матвеевич уехал служить в ополчение, сейчас же начали мужики шалить: то тащут, то берут, другое ломают. Батюшка покойный сокрушался и негодовал, но и сам опасался крестьян. Один раз идет он и видит, стоит барская карета наружи, из сарая вывезена, и около нее мужик с топором.

— Ты что это с топором? — спросил батюшка.

— Вот хочу порубить карету, дерево на растопку годится, и еще кой-что повыберу из нее.

А лес близко. Нет, уж ему и до лесу дойти не хочется. Барская карета ближе! Стало батюшке жаль господской кареты, он и говорит мужику:

— Образумься! Бессовестный ты человек! Тут неприятель подходит, а ты, христианин православный, грабительством занимаешься. А если вернется благополучно Петр Матвеевич и узнает, что тебе тогда будет?

А мужик ничуть не испугался, погрозился на батюшку топором и говорит:

— Ну, ты смотри, я тебя на месте уложу тут. Я и Петра Матвеевича теперь не боюсь; пусть он покажется, я и ему ***брюхо балахоном распущу****!..*

*Итак, **разорение от своих** продолжалось. Входили в дом крестьяне и делали, что хотели. Наконец, посягнули на жизнь и батюшки моего. Вот как это было. Сидели мы все дети с батюшкой и с матушкой поздно вечером и собирались уже спать, как вдруг слышим, стучатся в ворота.*

— Отопри, хуже убьем!

*Матушка перепугалась, и мы все как бы обезумели от страха, а мужики ломятся. Уж не помню я, вломились ли они, или сам батюшка им решился отпереть, только помню, как вошел народ с топорами и ножами, и всех нас мигом перевязали, матушку на печке оставили, нас по лавкам, а батюшку взяли за ноги, да об перекладину, что потолок поддерживает, головой бьют. Изба наша, конечно, была низенькая, простая. Вот они бьют отца моего головой об бревно и приговаривают: «А где у тебя, батька, деньги спрятаны? давай деньги!» Они все бьют его головой с расчетом, чтоб сразу не убить, а узнать, где деньги. Постучат, постучат головой и дадут ему отдохнуть; видят, что он в памяти, опять колотить… **Французов мы еще не видали, хотя по слухам они были уже близко**»*[756].

При «власти» французов (а точнее — русском безвластии) картина та же. Вот что докладывал 14 сентября 1812 г. калужскому губернатору временно подчиненный ему предводитель дворянства Юхновского уезда Смоленской губернии:

«Вашему превосходительству сим честь имею донести, что крестьяне некоторых селений от вольнодумствия начинают убивать до смерти господ своих и подводят французов в те места, где оные от страха укрываются, что уже и случилось:

---

[756] Леонтьев К. Н. Рассказ смоленского дьякона о нашествии 1812 года // Леонтьев К. Н. Собрание сочинений. Т. 9. — СПб, 1913. С. 51–54.

майора Семена Вишнева по многим чинимым ему истязаниям, по поводу крепостных его людей, застрелили досмерти, а подпоручика Данилу Иванова крепостной его крестьянин Ефим Никифоров убил до смерти ж, за то, что советовал собирать с полей хлеб, а села Бородицкого крестьянин Сергей Мартинов, кроме того что рассказывал неприятелям, где что в доме господском и даже в церкви из утвари церковной повергнуто было в землю, но все то вынуто, а также гробы, в склепу стоявшие, с телами вынуты. Соединясь с французами и придя в село Лоцмену первой начал стрелять по казакам. О чем донеся вашему превосходительству покорнейше прошу снабдить меня разрешением, не повелено ли будет, описываемых смертоубийц и крестьян, наполненных вольнодумствием и уже соединившихся с французами в пример и к поддержанию других по нынешним военным обстоятельствам, приказать в тех же самых селениях расстреливать или вешать...»[757]

И после отступления французов все повторилось:

«...крестьяне ближайших к городу деревень, толпами устремившиеся к Москве тотчас после ухода из нее французов, разграбили все то, что неприятель не успел унести»[758].

16–17 октября 1941 года — это дни новой московской паники. При виде начальства, покидающего столицу, начался массовый грабеж магазинов и складов под лозунгом: «Не оставлять же немцам». Всю фабрику «Красный Октябрь» обокрали. В очередях драки, душат старух, бандитствует молодежь, а милиционеры по два-четыре слоняются по тротуарам и покуривают: «Нет ин-

---

757 В тылу армии. Калужская губерния в 1812 году. Обзор событий и сборник документов. / Ч. II. Сборник документов. — Калуга, 1912. С. 152–153.

758 Из записок Д. П. Рунича // Русская старина. 1901. № 3. С. 610–611.

струкций»», — записал в своем дневнике журналист Николай Вержбицкий[759].

Но у нас любят говорить, что однажды в Нью-Йорке местные жители показали свое истинное лицо и бросились на разгром магазинов. С выводом о нашем нравственном превосходстве: у нас-то такого никогда быть не может…

[759] Вержбицкий Н. К. Дневник // Москва военная. 1941–1945. Мемуары и архивные документы. — М., 1995.

URL: http://docs.historyrussia.org/ru/nodes/177142-iz-dnevnikovyh-zapisey-zhurnalista-n-k-verzhbitskogo#mode/inspect/page/4/zoom/4

Глава 21

РУССКАЯ ЛИТЕРАТУРА О ВРАЖЕСКОМ «МИРНЯКЕ»

Отмстить неразумным хазарам.
Их села и нивы за буйный набег.
Обрёк он мечам и пожарам.

Пушкин А. С.

Помните ли вы рассказ про одного русского офицера? «...молодой человек лет двадцати пяти. Он явился ко мне в полной форме и объявил, что ему велено остаться у меня в крепости. Он был такой тоненький, беленький, на нем мундир был такой новенький, что я тотчас догадался, что он на Кавказе у нас недавно». На свадьбе чеченского князя к нему подошла меньшая дочь хозяина, девушка лет шестнадцати. Офицер украл любимого коня одного из гостей той свадьбы, коня отдал 15-летнему сыну хозяина с тем, чтобы тот выкрал для него сестру.

Офицер держал девушку в крепости у себя в задней комнатке в крепости. «Он взял ее руку и стал ее уговаривать, чтоб она его целовала; она слабо защищалась и только повторяла: „Поджалуйста, поджалуйста, не нада, не нада". Он стал настаивать; она задрожала, заплакала. „Я твоя пленница, — говорила она, — твоя раба; конечно, ты можешь меня принудить", — и опять слезы». Своему начальнику, старшему офицеру крепости, он пояснил: «Дьявол, а не женщина! Только я вам даю мое честное слово, что она будет моя… Хотите пари? Через неделю!»

Офицер выиграл пари. Его звали… Григорием Александровичем *Печориным*. Его командир, разрешивший держать украденную наложницу в своей крепости, это капитан Максим Максимыч. Автор рассказа (другой русский офицер, Михаил Лермонтов) итожит: «Сознайтесь, однако ж, что Максим Максимыч человек достойный уважения?.. Если вы сознаетесь в этом, то я вполне буду вознагражден за свой, может быть, слишком длинный рассказ».

Михаил Лермонтов — участник и очевидец покорения Кавказа. Картина, запечатленная его пером, говорит и о сопротивлении местных жителей «русификации», и о насилии русских солдат над гражданским населением.

Герой «Мцыри» — мальчик, плененный русскими солдатами:

Однажды русский генерал
Из гор к Тифлису проезжал;
Ребенка пленного он вез.
Тот занемог, не перенес
Трудов далекого пути;
Он был, казалось, лет шести…

Этот мальчик не грузин: язык грузинского монастыря (а русских монастырей в Грузии не было) для него чужой. И он не сирота, у него было множество родственников:

И вспомнил я отцовский дом,
Ущелье наше и кругом
В тени рассыпанный аул;
Я помнил смуглых стариков,
И молодых моих сестер…

И тут одно из двух: или русский генерал для каких-то своих интересов оторвал ребенка от семьи и сделал его пленником («Ребенка пленного он вез»). Или же «замирение села» было тотальным. И убиты были все его жители, включая стариков, отца, мать и сестер мальчика, и соседние аулы — и потому единственно выжившего малыша нельзя было оставить в одиночестве, которое грозило ему верной смертью. Какой вариант ответа избрать? «Русские солдаты брали детей в плен» или «русские солдаты вырезали целые деревни»?

Другие стихи Лермонтова склоняют ко второму варианту:

Какие степи, горы и моря
Оружию славян сопротивлялись?
И где веленью русского царя
Измена и вражда не покорялись?
Смирись, черкес! И запад и восток,
Быть может, скоро твой разделят рок.
Настанет час — и скажешь сам надменно:
Пускай я раб, но раб царя вселенной!
Настанет час — и новый грозный Рим
Украсит Север Августом другим! Горят аулы;
нет у них защиты,
Врагом сыны отечества разбиты,
И зарево, как вечный метеор,
Играя в облаках, пугает взор.
Как хищный зверь, в смиренную обитель
Врывается штыками победитель,
Он убивает старцев и детей,
Невинных дев и юных матерей
Ласкает он кровавою рукою,
Но жены гор не с женскою душою!

За поцелуем вслед звучит кинжал,
Отпрянул русский — захрипел — и пал!
«Отмсти, товарищ!» — и в одно мгновенье
(Достойное за смерть убийцы мщенье!)

Простая сакля, веселя их взор,
Горит — черкесской вольности костер!..

Измаил-Бей. Восточная повесть (1832 год)

Но все равно пропаганда и ее жертвы твердят «русский солдат ребенка не обидит!»

Не верите Лермонтову — поверьте Пушкину, восхваляющему покорителя Закавказья генерала П. С. Котляревского:

Тебя я воспою, герой,
О Котляревский, бич Кавказа!
Куда ни мчался ты грозой —
Твой ход, как черная зараза,
Губил, ничтожил племена...

«Кавказский пленник»

И если уж вспомнился Пушкин — то не забудем и то, как в «Сказке о мертвой царевне» он описывает благочестивый досуг русских богатырей:

Перед утренней зарею
Братья дружной толпою
Выезжают погулять,
Серых уток пострелять,
Руку правую потешить,
Сорочина в поле спешить,
Иль башку с широких плеч
У татарина отсечь,

Или вытравить из леса
Пятигорского черкеса.
...Братья в ту пору домой
Возвращалися толпой
С молодецкого разбоя.

Это однозначно добрые и положительные персонажи. «Все удалы, все умны». И даже — благочестивы:

В светлой горнице кругом
Лавки, крытые ковром,
Под святыми стол дубовый,
Печь с лежанкой изразцовой.
Видит девица, что тут
Люди добрые живут.

Но нападать всемером на одного чужака — это их развлекуха.

Описывался ли в настоящих русских народных сказках такой вид молодецкого досуга — не знаю. Но пушкинская сказка стала много известнее сказок просто «народных». И в том 1833 году упоминание татарина хоть и было анахронизмом, но зато вполне современным было упоминание «пятигорского черкеса». Таким легким путем этот «культурный сценарий» делался все-временным.

С тех пор эту сказку читали всем русским детям. И точно ли это ни в ком из них не поспособствовало формированию убеждения в том, что «нам» «все позволено»?

Другой Пушкинский стих («Казак») предваряет сюжет Печорина и украденной и вскоре забытой Бэлы

Ехал тихо над рекою
Удалой казак...
Вот пред ним две-три избушки,
Выломан забор;

Здесь — дорога к деревушке,
Там — в дремучий бор.
«Не найду в лесу девицы, —
Думал хват Денис, —
Уж красавицы в светлицы
На ночь убрались»...
Что же девица? Склонилась,
Победила страх,
Робко ехать согласилась.
Счастлив стал казак.
Поскакали, полетели.
Дружку друг любил;
Был ей верен две недели,
В третью изменил.

А вот еще из школьной программы:

В «Войне и Мире» Билибин описывает князю Андрею ход военных действий в Пруссии: «Магазины пусты, дороги непроходимы. Православное воинство начинает грабить, и грабеж доходит до такой степени, о которой последняя кампания не могла бы вам дать ни малейшего понятия. Половина полков образуют вольные команды, которые обходят страну и все предают мечу и пламени. Жители разорены совершенно, больницы завалены больными и везде голод. Государь хочет дать право всем начальникам дивизии расстреливать мародеров, но я очень боюсь, чтобы это не заставило одну половину войска расстрелять другую».

В «Кавказском пленнике» того же Толстого читаем:

«Стал Жилин спрашивать хозяина: что это за старик? Хозяин и говорит: — Это большой человек! Он первый джигит был, он много русских побил, богатый был. У него было три

жены и 8 сынов. Все жили в одной деревне. Пришли русские, разорили деревню и семь сыновей убили».

Еще один не-солнечный зайчик из тех же мест в творчестве того же офицера и классика русской культуры:

«Садо уходил с семьей в горы, когда русские подходили к аулу. Вернувшись в свой аул, Садо нашел свою саклю разрушенной: крыша была провалена, и дверь и столбы галерейки сожжены, и внутренность огажена. Сын же его, тот красивый, с блестящими глазами мальчик, который восторженно смотрел на Хаджи-Мурата, был привезен мертвым к мечети на покрытой буркой лошади. Он был проткнут штыком в спину. Благообразная женщина, служившая, во время его посещения, Хаджи-Мурату, теперь, в разорванной на груди рубахе, открывавшей ее старые, обвисшие груди, с распущенными волосами, стояла над сыном и царапала себе в кровь лицо и не переставая выла. Садо с киркой и лопатой ушел с родными копать могилу сыну. Старик дед сидел у стены разваленной сакли и, строгая палочку, тупо смотрел перед собой. Он только что вернулся с своего пчельника. Бывшие там два стожка сена были сожжены; были поломаны и обожжены посаженные стариком и выхоженные абрикосовые и вишневые деревья и, главное, сожжены все ульи с пчелами. Вой женщин слышался во всех домах и на площадях, куда были привезены еще два тела. Малые дети ревели вместе с матерями. Ревела и голодная скотина, которой нечего было дать. Взрослые дети не играли, а испуганными глазами смотрели на старших. Фонтан был загажен, очевидно нарочно, так что воды нельзя было брать из него. Так же была загажена и мечеть, и мулла с муталимами очищал ее. Старики хозяева собрались на площади и, сидя на корточках, обсуждали свое положение. О ненависти к русским никто и не говорил. Чувство, которое испытывали все чеченцы от мала до велика, было сильнее

ненависти. Это была не ненависть, а непризнание этих русских собак людьми и такое отвращение, гадливость и недоумение перед нелепой жестокостью этих существ, что желание истребления их, как желание истребления крыс, ядовитых пауков и волков, было таким же естественным чувством, как чувство самосохранения».

«Хаджи-Мурат»

А это все тот же Лев Толстой о другом эпизоде русской военной истории:

«Я дописывал это предисловие, когда ко мне пришел юноша из юнкерского училища. Он сказал мне, что его мучают религиозные сомнения, он прочел „Великого инквизитора" Достоевскаго, и его мучает сомнение: почему Христос проповедывал учение, столь трудно исполнимое. Он ничего не читал моего. Я осторожно говорил с ним о том, что надо читать Евангелие и в нем находить ответы на вопросы жизни. Он слушал и соглашался. Перед концом беседы я заговорил о вине и советовал ему не пить. Он сказал: „но в военной службе бывает иногда необходимо". Я думал — для здоровья, силы, и ждал победоносно опровергнуть его доводами опыта и науки, но он сказал: „Вот, например, ***в Геок-Тепе, когда Скобелеву надо было перерезать население****, солдаты не хотели, и он напоил их, и тогда...". Вот где все ужасы войны: в этом мальчике с свежим молодым лицом и с погончиками, под которыми аккуратно просунуты концы башлыка, с вычищенными чисто сапогами и его наивными глазами и столь погубленным миросозерцанием!»*[760]

---

[760] Толстой Л. Н. Предисловие к книге А. И. Ершова «Севастопольские воспоминания артиллерийского офицера».

Речь идет о событиях января 1881 года в Туркмении, описанных Верещагиным:

«В стороне, за большой, совершенно новенькой белой кибиткой, заметны фигуры двух солдат с синими околышами. Они спорят между собой из-за текинского мальчика, лет четырех. Один хочет заколоть ребенка, другой не дает, хватается за штык и кричит:

— Брось, что малого трогать? Грех!

— Чего их жалеть? Это отродье все передушить надо, мало что ли они наших загубили! — восклицает солдат и замахивается штыком. Завидя нас, они оба скрываются между кибитками, а мальчишка уползает в какое-то отверстие в земле... Вон партия солдат, человек 5–6, подходит к одной землянке. Она представляет собой как бы берлогу и помещается под землей, только круглое отверстие или вход в нее чернеет издали. Из землянки доносится чей-то плач. Солдаты останавливаются, наклоняются, прислушиваются, толкуют между собой, просовывают в отверстие ружья и стреляют в тем-

---

URL: http://tolstoy-lit.ru/tolstoy/chernoviki/sevastopolskie-vospominaniya.htm?fbclid=IwAR0ih-CgvPLGcVj40Pj3YBZKPG2ttnT4NNFahvGmWY6saKqtX1BlCQrV-zmw

Т. А. Сухотина-Толстая пишет в дневнике:

«18 февраля. Суббота. Масленица... Сегодня утром у папá [у Л. Н. Толстого] был какой-то юнкер поговорить о религии. Папá нам потом рассказывал, что он говорил с ним очень хорошо и как особенно осторожно обращался с ним, чтобы не слишком резко осудить то, во что его учили верить. Поднялся вопрос о вине. Юнкер сказал, что не пьёт. Папá пригласил его поступить в общество трезвости, но он ответил, что находит иногда необходимым угощать. Папá спросил почему? „Да вот, например, когда Скобелеву понадобилось перерезать целое население и солдаты отказались это сделать — ему необходимо было их напоить, чтобы они пошли на это". Папа несколько дней не мог забыть этого и всем рассказывал».

ноту, на голос. Крики сначала замирают, но затем усиливаются. Солдаты хохочут, дают еще несколько выстрелов и, по-видимому, совершенно довольные, двигаются дальше... Скобелев отдал крепость на произвол своих солдат в продолжение трех дней»[761].

Эти русские писатели были очевидцами. Теперь им запрещено верить и, возможно, в России запрещено их цитировать: статья «о дискредитации вооруженных сил» не имеет временных рамок.

Мне московский суд вынес приговор, сочтя, что я дискредитировал кого-то из героев Гражданской войны:

«МОСКВА, 23 августа. /ТАСС/. Никулинский суд Москвы во вторник оштрафовал бывшего диакона Андрея Кураева за пост в „Живом журнале", в котором были обнаружены признаки дискредитации российской армии. Об этом ТАСС сообщили во вторник в пресс-службе суда. „Никулинским районным судом Москвы в открытом судебном заседании было рассмотрено дело об административном правонарушении по ч. 1 ст. 20.3.3. КоАП РФ (публичные действия, направленные на дискредитацию использования Вооруженных сил Российской Федерации в целях защиты интересов РФ) в отношении Кураева А. В. Суд постановил признать Кураева виновным в совершении административного правонарушения и назначить наказание в виде штрафа в размере 30 000 рублей", —

---

[761] Верещагин А. В. Глава XIII. После штурма// Дома и на войне. 1853–1881: Воспоминания и рассказы. — СПб, 1886.

Про три дня на разграбление Скобелев пояснял отрядному врачу О. Ф. Гейфельдеру:

«– Вы этого не понимаете, любезный доктор, это особенность азиатской войны… Если бы я не разрешил разграбления Геок-Тепе, то азиаты не считали бы себя побежденными. Разрушение и разграбление должны сопровождать победу, иначе они не будут считать ее победою».

(Масальский В. Н. Скобелев. Исторический портрет. — М., 1998. С. 238)

сказали в пресс-службе. Согласно материалам дела, в отношении Кураева составили административный протокол за публикацию в „Живом журнале" от 18 апреля, где ***он рассуждал о гражданской войне в России в 1918–1923 годах***»[762].

А еще в русской культуре есть поэты, которые не столь вознесены как классики школьной программы, но в народе тоже известны. Автор этого стиха неизвестен, его песня стала вполне «народной» и обрела массу вариаций:

Я берет на лоб надвину,
Автомат удобней вскину,
И с улыбкою весёлой
Буду жечь чужие сёла.

А мы по локти закатаем рукава,
И всю планету расхерачим на дрова.
Мы будем жечь и убивать,
И нам на совесть наплевать.

В небе кружат вертолёты,
Лихо строчат пулемёты —
Это взвод чекистов роты
Переброшен на работу.

А мы по локти закатаем рукава,
И всю планету расхерачим на дрова.
Мы будем водку жрать и будем баб ...ть,
А потому что нам на совесть наплевать.

---

762 URL: https://tass.ru/proisshestviya/15541599?utm_source=yxnews&utm_medium=desktop&utm_referrer=https%3A%2F%2Fyandex.ru%2Fnews%2Fsearch%3Ftext%3D

Они кричат: «долой войну!»
И предлагают нам тюрьму.
Всё это — горе-патриоты.
А я — садист десятой роты.

*И пи*дец тому вдвойне,*
Кто конец сказал войне,
Я б на тех, на тех уродов
Натравил чекистов роты[763].

Строка из этой песни «Я с улыбкою веселой буду жечь чужие сёла» — в 2022 году стала появляться на заборах Харьковщины…

* * *

Далее могла бы следовать глава «Тактика выжженной земли» — об уничтожении собственной инфраструктуры, а порой и населения ради причинения неудобств неприятелю.

Но тут нечего доказывать:

— есть пример Белоруссии и Малороссии, опустошенных в 1707-1709 годах назло Карлу по приказу царя Петра;

— есть пример Москвы, сожженной в 1812 году, о чем имеем свидетельство современника, св. митрополита Филарета Московского: «В двенадцатом году текущего столетия Москва, по судьбе Божией, и частью по свободному действию любви к отечеству, сделалась жертвою всесожжения, за спасение России» (Беседа на день рождения благочестивейшего государя императора Александра Николаевича 17 апреля 1855 года, произнесенная в Чудовом монастыре);

---

763 URL: https://www.youtube.com/watch?v=348sUKwHvRI&t=86s

Публикация в группе «Служу Отечеству»: https://vk.com/wall-30840206_582

— есть пример взрыва плотины ДнепроГэса 18 августа 1941 года. Образовалась почти 30-метровая лавина воды, которая смывала всё на своём пути. Она пронеслась по Днепровской пойме, прихватив с собой десятки судов и сотни жизней;

— есть пример поджигательницы Зои Космодемьянской.

Хорошо, у нас не принято жалеть оккупантов. Но каково было местному населению? По сути это взрыв серии атомных бомб на собственной и отнюдь не эвакуированной территории. Этот вопрос не устарел и к 2022 году: хорошо ли «освобождать» свои земли, выжигая ее мирных и якобы защищаемых жителей?

Вопрос не то что не устарел, а даже не был поставлен «человеколюбивой матерью-церковью». Напротив, патриарх призывает: «Я обращаюсь к молодому поколению: берите пример с воинов Великой Отечественной войны — с маршала Победы Георгия Константиновича Жукова, с Зои Космодемьянской, с тех, кто, не рассуждая, жертвовал жизнью во имя Отечества»[764].

Но ведь Зоя лютой зимой сжигала дома подмосковных русских крестьян. Она жертвовала их жизнью, исполняя приказ Сталина, приказ № 0428 от 17 ноября 1941 года[765].

---

[764] Обращение к читателям // Патриарх Кирилл. Великая Победа. — М., 2020. URL: http://www.patriarchia.ru/db/text/5629277.html

[765] «Ставка Верховного Главнокомандования ПРИКАЗЫВАЕТ:

1. Разрушать и сжигать дотла все населенные пункты в тылу немецких войск на расстоянии 40–60 км в глубину от переднего края и на 20–30 км вправо и влево от дорог.

Для уничтожения населенных пунктов в указанном радиусе действия бросить немедленно авиацию, широко использовать артиллерийский и минометный огонь, команды разведчиков, лыжников и партизанские диверсионные группы, снабженные бутылками с зажигательной смесью, гранатами и подрывными средствами.

2. В каждом полку создать команды охотников по 20–30 человек каждая для взрыва и сжигания населенных пунктов, в которых располагаются войска противника. В команды охотников подбирать наиболее отважных и крепких в политико-моральном отношении бойцов, командиров и по-

Так громче, музыка, играй победу…

Но профессиональные человеколюбцы (=христианские архипастыри) должны же ставить вопрос о человеческой цене победы. Почему в западной политологии и даже военной науке в порядке вещей обсуждение вопроса о «неприемлемых потерях», а у нас — «мы за ценой не постоим»? Ответ, впрочем, очевиден: там есть

литработников, тщательно разъясняя им задачи и значение этого мероприятия для разгрома германской армии. Выдающихся смельчаков за отважные действия по уничтожению населенных пунктов, в которых расположены немецкие войска, представлять к правительственной награде.

3. При вынужденном отходе наших частей на том или другом участке уводить с собой советское население и обязательно уничтожать все без исключения населенные пункты, чтобы противник не мог их использовать. В первую очередь для этой цели использовать выделенные в полках команды охотников.

4. Военным Советам фронтов и отдельных армий систематически проверять как выполняются задания по уничтожению населенных пунктов в указанном выше радиусе от линии фронта. Ставке через каждые три дня отдельной сводкой доносить сколько и какие населенные пункты уничтожены за прошедшие дни и какими средствами достигнуты эти результаты». Источник: http://www.1941-1942.msk.ru/page.php?id=188 со ссылкой на ЦАМО. Ф. 208, оп. 2524, д. 1, л. 257–258.

Аналогичный приказ Петра Первого от 13 января 1707 года о *создании режима «оголожения провианта»* был мягче: *«Ничем так чаю сему забежать, что от границы на двесте верст поперег, а в длину от Пскова чрез Смоленск до Черкасских городоф, дабы в начале весны хлеб ни у кого явно не стоял, ни в житницах, ни в гумнах, також и сена, но в лесах или в ямах, или инако как (а лучше в ямах) спрятан был, тако для скота и своего людем собрания в лесах же и болотах заранее, не в ближних местах, от больших дорог, каждой место себе уготовил, того для: ежели неприятель (как выше написано) похочет, обошед войско, впасть внутрь, тогда везде ничего не найдет, а потом войском ззади будет захвачен, тогда сам не рад будет своему начинанию». Об этом следовало объявить заранее, чтобы люди поняли опасность и приготовились к нашествию без страха, но пока сообщить только «несколким персонам, кому надлежит ведать», и указы послать в начале апреля.* Впрочем, историограф Карла 12-го Адлерфельд, позже убитый под Полтавой, писал: «Мы видели вокруг себя зарево горящих деревень. Русские, уходя, уничтожали все, что возможно». (см.: Соловьев С. М. История России. Т. 15. Гл. 3.)

выборы, настроения избирателей и сменяемость правителей… Там даже победоносных Черчилля и де Голля сносили на выборах.

* * *

Далее могла бы следовать глава «Тактика выжженной земли» — об уничтожении собственной инфраструктуры, а порой и населения ради причинения неудобств неприятелю.

Но тут нечего доказывать:

— есть пример «Великого Сгона» 1679 года: «Все теперь было там разорено, и хаты, и мельницы, и всякое заводившееся строение, и самые церкви — все было предано огню. Всех людей погнали за Днепр с семьями и пожитками». Левобережный и подмосковный гетман Иван Самойлович докладывал в Москву, в Малороссийский приказ: *«все жители ржищевские, каневские, корсуньские, староборские, мошенские, драбовские, белозерские, таганьковские, черкаские на сю сторону согнаны й от неприятеля отстранены, а города й села, й местечки, й деревни их, где прежде жили в тоей стороне, все без остатку выжжены»*[766].

---

766 Костомаров Н. И. Руина. Со ссылкой на: Арх. Юст. Кн. 50, л. 667. Это была геополитика: По Бучачскому мирному договору (1672) между Польшей и Турцией Польша отказывалась от власти над правобережной Украиной. Турки учредили там вассальное княжество «Малая Сарматия». «Подольское воеводство с Каменцем делалось турецкой областью, Украина собственно, т. е. Брацлавщина и Киевщина, объявлялись козацким владением под турецким протекторатом.

Положение Украины сделалось отчаянным: ее терзали со всех сторон. Великий визирь Кара-Мустафа, приводя край в повиновение, дотла уничтожил Ладыжин и Умань, главные пункты края, опустошил почти всю Брацлавщину, захватив и часть Волынской земли; татары, разоряя всюду, с неудовольствием смотрели на действия своих союзников, которые безразсудно тратили живой капитал: сколько денег можно было взять за даром перерезанных жителей на цареградских рынках! Когда отступали татары и турки, появлялись польские отряды, тоже приводя к покорности.

Жизнь на Украине сделалась невозможной. Население бежало во все стороны: на запад в Червонную Русь, но больше всего на восток за Днепр. Стали выселяться целыми полками. И Дорошенко вслед за народом правобережья тоже направился на левый берег, отдался во власть московского государя.

Украина, т. е. подольское, брацлавское и большая часть киевского воеводства, обратилась в пустыню. Может быть, десятка два тысяч еще ютилось в редких и жалких поселениях по окраинам этой пустыни, по берегам рр. Днепра и Днестра, не считая, конечно, большого турецкого гарнизона в Каменце; но они не составляли Украины. Были люди, но не было общества. Дальше вглубь края пустыня делалась уже совершенно безлюдной. Роскошные нивы Украины заросли бурьяном; нигде жилья человеческого, ни признака стад, которыми еще так недавно славилась Украина. Начали снова появляться даже и дикие кони. Лукьянов в пять дней езды через Украинскую пустыню не встретил живой души. От Корсуня и Белой-Церкви на Волынь, по словам Величка, можно было видеть лишь безлюдные замки, высокие валы которых были приютом диких зверей. Подолье, со своим необычайным плодородием, не могло прокормить пятнадцати тысяч каменецкого гарнизона: муку, овес, ячмень — все принуждены были турки доставать из Молдавии и Валахии.

Не стало населения, не стало Украины.

Три соседних государства, еще так недавно и с таким ожесточением боровшихся за обладание ею, остановились перед неожиданной действительностью: не за что стало бороться.

Этот факт, так удачно прекратавший борьбу, остроумием дипломатов был возведен в принцип. Между условиями Бахчисарайского мира, заключенного в 1681 г. между Россией и Турцией, есть следующее: «Обе стороны свято обязуются от Киева до Запорожья, по сторонам Днепра, не устраивать городов и местечек». А когда Россия заключала с Польшей так называемый вечный мир (1686 г.), то между сторонами и вышло затруднение на счет тех разоренных замков и городов, которые были от местечка Стаек вниз по Днепру по реке Тясмину, и этот пункт уладили так, что та местность должна оставаться пустой, какой она и теперь есть.

Дипломатия решила обратить территорию Украины в вечную могилу, в грандиозную надгробную плиту над свободолюбием народа, который предпочел залить землю своей кровью и усеять своими костями, лишь бы не подчиниться навязываемому ему подневольному режиму» (Ролле И. Очерки истории правобережной Украины // Киевская старина, 1894. № 11. С. 180–181).

Глава 22

СУДЬБА «ОСВОБОЖДЕННЫХ»

А какая великая шкота чинится на походех от салдат и от блядей и от робят которыи государей своих земли и государьства опустошают. Они пуще недругов землю вооюют и всякое насилство чинят.

Учение и хитрость ратного строения пехотных людей (1647 г.). – Спб, 1904. С. 32

Дезертирство — это отказ от военного насилия. Но насилие бывает и избыточным. Например, по отношению к пленным, к мирным жителям и даже к своим солдатам (подчиненным).

И если издевательство и избиение офицерами собственных солдат было почти неизживаемой чертой русской армейской среды, то отчего бы это агрессии замирать перед лицом иноверцев и иноплеменников?

Судьба пленных всегда непроста.

Захват чужого города всегда открывает путь к новому насилию победителей.

Русские летописи пересыпаны рассказами о том, как русские дружины вырезали и выжигали как русские города, так и иноплеменные.

Вот погром православного Киева святым суздальским князем Андреем Боголюбским:

*«**В год 6676 (1168)** послал князь Андрей из Суздаля сына своего Мстислава на Киевского князя Мстислава с ростовцами, и владимирцами, и суздальцами, и иных князей 12. Изяславич же Мстислав затворился в Киеве городе и бились с города. И стояли у города три дня, и помог Бог и святая Богородица, и отцовская и дедова молитва князю Мстиславу Андреевичу с братьями его, взяли они Киев, чего не было никогда. А Мстислав Изяславич бежал с братом из Киева с маленькой дружиной. А княгиню его взяли и сына его, и дружину его захватили, и весь Киев пограбили, и церкви, и монастыри за 3 дня, и иконы забрали, и книги, и ризы»*[767].

Его же поход на волжских булгар описывается так: «…придоша же на поганыя без вести и взяша град их и 6 сел великих, мужей же изсекоша, а жены и дети и скоты поимаша»[768]

Первая Новгородская летопись говорит о Невском герое:

«лето 6750. Поиде князь Олександр на Чюдьскую землю, на немцы и пусти полк все в зажития». Летопись Авраамки говорит о том же: «Александр сам поиде на чюдь на зажитие».

1311 год:

«В лѣто 6819. Ходиша новгородци войною на Нѣмецьскую землю за море на Емь съ княземь Дмитриемь Романовичемъ, и перетѣхавше море, взяша первое Купецьскую рѣку, села пожгоша, и головы поимаша, и придоша к городу Ванаю, и взяша город, и пожгоша; а Нѣмци възбѣгоша на Дѣтинець и сослаша с поклономъ, просяще мира; новгоровди же мира не

767 ПСРЛ. Т. I. Лаврентьевская летопись. — СПб, 1846. С. 151.

768 Воскресенская летопись, лето 6680 // ПСРЛ. Т. 7. С. 86.

даша. И стояша 3 дни и 3 ночи, волость труче, села великая пожгоша, обилие все потравиша, а скота не оставиша ни рога; и потомь выидоша на море, и придоша здорови вси в Новъгородъ».

Св. князь Михаил Тверской не иного нрава: штурмуя в 1373 г. Торжок, он побил новогородских воевод, «а град весь пожгоша, посад, такоже и кремль, в нем же множество людей сгорело, а инии в Спасе издъхошасе, а чернец и жон и девиц всех нагих учиниша, якоже и татары не творяху»[769].

Рогожский летописец рассказывает, как «Того же зимы (1376 года) князь великий Дмитрий Московский (т. е. св. Дмитрий Донской) посла князя Дмитрия Михайловича Волынского ратию на безбожные булгары. И приидоша к булгарам в великое говение на Вербной недели… Окаянные побегоша в град свой… И вышел из города князь булгарский Осан и бил челом князю великому 2 000 рублев, а воеводам и рати 3 000 рублев. Наши же возвратишася, а ссуды, села и зимницы пожгоша, а люди посекоша»[770].

В 1378 году его войско вошло в мордовскую землю «и пришедше воеваша землю мордовскую власти и села и погосты и зимницы пограбиша, а жены их и дети плениша и землю их всю пусту сотвориша, а коих живых приведоша в Новгород (Нижний), тех казниша смертною казнию и травиша их псы на леду на Волзе»[771].

---

[769] Ермолинская летопись// ПСРЛ. Т. 23. — Спб, 1910. С. 117.

[770] Рогожский летописец // ПСРЛ. Т. 15, ч. 1, кол. 116–117.

[771] Никоновская летопись. Год 6886 // ПСРЛ. Т. 11. С. 29.

Нижегородский летописец о том же:

«…великий князь Димитрий Константинович посла против их ратию брата своего князя Бориса Константиновича да сына своего князя Семена воевать поганую мордву. А великий князь Дмитрий Иоаннович московский прислал к нему на помощь воеводу своего Феодора Андреевича Свиблова со многою московскою силою. И они в мордовскую землю приидоша, и мордву посекоша, а жен их и детей в полон взяша. И жилища их разориша, и всю землю их пусту учиниша, и в город множество мордвы

Дело было жестокой зимой («тое же зимы быша мрази велици и студень безпрестанна»), и, значит, уничтожение «зимниц» (зимних жилищ или зимних продовольственных запасов) вело к понятным последствиям для всех, кто уклонился от московского плена, включая детей.

1386 год. Никоновская летопись помнит, что:

«Того же лета князь великы Святослав Иванович Смоленский з братаничем своим, со князем Иваном Васильевичем, и з детми своими поиде ратью ко Мстиславлю граду, егожe отняша у него Литва, он же хотяще его к себе взятии. И много зла, идуще учиниша земле Литовьской, воюя землю Литовьскую. Иных Литовьских мужей Смолняне, изымавше, мучаху различными муками и убиваху; а иных мужей и жен и младенцов, во избах запирающе, зажигаху. А других, стену развед храмины от высоты и до земли, меж бревен рукы въкладываху, ото угла до угла стисняху человеки; и понижe тех других повешев, межи бревен руки въклаше, стисняху такоже от угла до угла; и тако висяху человецы; такоже тем образом и до верху по всем четырем стенам сотворяху; и тако по многым храминам сотвориша и зажигающе огнем во мнозе ярости. А младенци на копие возстыкаху, а другых, лысты процепивше, вешаху на жердех, аки полти, стремглав; нечеловечьне без милости мучаху»[772].

1480 год. Князь-воевода А. Н. Ноготь-Оболенский по ходу Русско-ливонской войны взял город Костер на реке Эмбах,

---

приведоша, и много различными казнми их казниша и на лду волочиша и псами стравиша».

(Гациский А. С. Н. Новгород Нижегородский летописец. — НН, 1886. С. 5)

Московский район Свиблово носит имя этого воеводы.

[772] ПСРЛ. Т. 11. С. 91.

осаждал Юрьев (Дерпт), разорил окрестности и «много добра повезоша на Москвоу с собою, и головами Чуд и Чюдак и робят много множества бещисла»[773].

Или:

«и оттолѣ вси поидоша по Великомоу озеру к костроу немецькому; и пристоупивше вси оусердно, и взяша и, и много добра из него псковичи вывозиша, и поушекъ и желеи поущичныхъ; а Немцы сами дашася роуками, оувидѣвши свое изнеможение, и жонак и робят 50 да 2; и псковичи и огнем съжгли тъи костеръ немецькии... И поехаше воеводы князя великого съ всею силою своею и с новгородцы и съ псковичами воевати Немецькои земли, на мясной недели; и были в Немецкои земли 4 недели, и взяша немецкого города Каръкоузъ да Вельяд город, а Немець и Чюхновъ мечи иссекоша, а иныхъ живых роуками поимаша, Немець и Немакъ и Чюдь и Чюдакъ и малыхъ робятъ и нѣсть числа; и приехаша въ Псквь вси добри здорови, и привезоша с собою много добра, стояниемъ святыа троица; а Немцом много чкоты оучинили в мѣстеровѣ земли и въ Юрьевской»[774]

В 1481 году по волению Ивана Грозного войска И. Булгака и князя Ярослава Оболенского пошли в Ливонию:

«и взяша град Тарвастъ и дроугыи град Вельядъ и плѣниша и пожгоша всю землю Нѣмецкую от Юрьева и до Риги, а Лотыголу и Чюхновъ, мужей и ***жен и дѣтии, овых изсѣкоша, овых пожгоша****, а сущии в лесѣх от мраза оумроша, а инии гладом помроша. Бѣ бо тогда мразы силно велици, а снѣгъ человеку в пазуху. А Немецкая вся земля тогда бяше не въ опасѣ,*

[773] Третья псковская летопись // Псковские летописи. Вып. 2. — М., 1955. С. 220.

[774] Там же. С. 223.

без страха и без боязни погании живяху, пива мнози варяху, ни чаяху на себе таковыя пагубы, богоу тако изволившю. И бывше 4 недели в Немецькои земли, възвратишася ко Пскову съ многою корыстью, ведуще с собою множество полона, ово мужи и жены и девици и малыя дѣти и кони и скоты, и поможе богъ въ всякомъ мѣстѣ воеводам князя великого и псковичемъ, и отмстиша Нѣмцом за свое и въ двадесятоoро, али и боле, яко же нѣции рекоша и Псков сталъ не бывало тако»[775].

Следующий эпизод «освобождения Белорусцев» — «Смоленская война» 1653–1656 годов.

Документ 1656 года, то есть современный тем событиям, представляет «Списки убытков, сделанных разным людям Московскими войсками». Вот выписка из него (неполная и включающая только убитых «мужиков» без «казаков»; они различались, возможно, по признаку отсутствия или наличия оружия в доме):

«В селе Следлуках осмнатцать человек ножами порезали, четырех жонок жгли и замучили насмерть, дву девок в недорослых летах изнасильствовали и от того их воровства лежат в смертной постели.

В в селе Березовке дву человек срубили, дву мучили.

В Алешне — шесть человек срубили на смерть.

В Малой Зимнице двух мужиков срубили, четырех женок, дву сожгли и село сожгли.

В селе Кулиновцы двух мужиков до смерти замучили. В селе Палках и Хичинце осми человек мужиков замучили и деревни все выбрали.

В селе Полиникович четыре человека мужиков срубили, а трех замучили.

---

775 Вторая псковская летопись // Псковские летописи. Вып. 2. — М., 1955. С. 62.

В селе Жерелах трех человек мужиков до смерти сожгли, лошади и скотину отобрали.

В селе Пасковичах дву человек мужиков сожгли, и животину забрали.

В селе Кульшачах дву человек мужиков замучали и четырех жонок сожгли.

В селе Иванищевичах мужиков четырех человек срубили да дву жонок сожгли.

В селе в Ротогах мужика замучили и дву жонок.

В селе Перагоне мужиков семи человек срубили и четырех жонок сожгли.

В Озерищах мужиков пожгли, а четырех до смерти замучили.

В селе в Ратках четырех мужиков сожгли.

В селе Олешне шти мужиков сожгли и все село сожгли.

В Горах дворы пожгли и жон срубили.

В Жоролах пяти мужиков сожгли. И в той стороне во всех селах скотину и лошадей и все нажитки и людей безвинных поотбирали и помучили, где никакова мужеска полу не узришь для жестоты Московской»[776].

Эпизод из русской военной истории следующего столетия поведал художник Иван Айвазовский:

«В 1770 году русская армия, предводительствуемая Румянцевым, осадила Бендеры. Крепость была взята, и *русские солдаты, раздраженные упорным сопротивлением и гибелью товарищей, рассеялись по городу и, внимая только чувству мщения, не щадили ни пола, ни возраста**.***

[776] Списки убытков, сделанных разным людям Московскими войсками // Акты, относящиеся к истории Южной и Западной России. Т. 3. — СПб, 1863. С. 536–538.

В числе жертв их находился и секретарь бендерского паши. Пораженный смертельно одним русским гренадером, он истекал кровью, сжимая в руках младенца, которому готовилась такая же участь. Уже русский штык был занесен над малолетним турком, когда один армянин удержал карающую руку возгласом: „Остановись! Это сын мой! Он христианин!" Благородная ложь послужила во спасенье, и ребенок был пощажен. Ребенок этот был отец мой. Добрый армянин не покончил этим своего благодеяния, он сделался вторым отцом мусульманского сироты, окрестив его под именем Константина, и дал ему фамилию Гайвазовский, от слова „гайзов", что на турецком языке означает „секретарь"»[777].

Рассказ русского офицера Фаддея Булгарина о финском походе 1808 года:

«Наши солдаты были ожесточены противу жителей города Ваза, сражавшихся вместе со шведскими солдатам, и во время общей суматохи врываясь в домы, „подняли город на Царя" как говорили встарину, то есть разграбили богатейшие домы и лавки. ***Многие из сопротивлявшихся жителей были убиты и нельзя было избегнуть, чтоб при этом не произошло каких-нибудь покушений противу женскаго целомудрия.*** *Когда жители края принимают участие в войне, то всегда должны ожидать жестокой мести. Таковы последствия каждой народной войны! Шведские и английские газеты сравнивали Вазу с Прагой»*[778].

Упоминание Праги — это отсылка к событиям 1794 года, когда войска Суворова штурмом взяли этот пригород Варшавы.

---

777 Кузьмин Н. Пленник моря. Встречи с Айвазовским. — М., 2017. С. 7.

778 Булгарин Ф. Воспоминания. Т. 3. — Спб, 1847. С. 116.

Участник штурма генерал Иван фон Клуген рассказывал Фаддею Булгарину:

«У моста настала снова резня. Наши солдаты стреляли в толпы, не разбирая никого, — и пронзительный крик женщин, вопли детей наводили ужас на душу. Справедливо говорят, что пролитая человеческая кровь возбуждает род опьянения. Ожесточенные наши солдаты в каждом живом существе видели губителя наших во время восстания в Варшаве. „Нет никому пардона!" — кричали ***наши солдаты и умерщвляли всех, не различая ни лет ни пола****... В пять утра мы пошли на штурм, а в девять часов уже не было ни польского войска, защищавшего Прагу, ни самой Праги, ни ее жителей»*[779].

Пушкин через несколько десятилетий писал:

И мы о камни падших стен
Младенцев Праги избивали,
Когда в кровавый прах топтали
Красу Костюшкиных знамен.

Хотя приказ Суворова гласил: «В дома не забегать; неприятеля, просящего пощады, щадить; безоружных не убивать; с бабами не воевать; малолетков не трогать»[780]. Но победитель, отказавшийся от уже безнаказанного насилия — это чудо. Не всегда русская армия сплошь состояла из чудотворцев.

---

[779] Булгарин Ф. Воспоминания. Ч. 6. — Спб, 1848. С. 104–105.

Рассказ другого русского офицера:

«До самой Вислы на всяком шагу видны были всякого звания умерщвлённые, а на берегу оной навалены были груды тел убитых и умирающих: воинов, жителей, жидов, монахов, женщин и ребят. При виде всего того сердце человека замирает, а взоры мерзятся таким позорищем... Умерщвлённых жителей было несчетно».

(Лев Николаевич Энгельгард // Записки. Русские мемуары. Избранные страницы. XVIII век. Сост. И. И. Подольская. — М., 1988. С. 294–295)

[780] Суворов А. В. Документы. Т. 3. — М., 1952. С. 398.

История Кавказской войны дает огромный, увы, материал о разрушении мирной инфраструктуры, экономики и терроре в отношении мирного населения.

Николай I в письме от 25 сентября 1829 г. на имя фельдмаршала И. Ф. Паскевича, в то время главнокомандующего на Кавказе, повелевал:

> *«Кончив, таким образом, одно славное дело* (речь идет об эвакуации христианского населения из тех ранее завоеванных районов Турции, которые Николай не считал полезным присоединить к своей империи)*, предстоит вам другое, в моих глазах столь же славное, а в рассуждении прямых польз гораздо важнее — усмирение навсегда горских народов или истребление непокорных»*[781].

21 сентября 1829 г. военный министр империи А. И. Чернышев писал И. Ф. Паскевичу:

> *«Его Величество полагает воспользоваться соединением войск вверенного Вам корпуса после настоящей благополучно оконченной войны с Портою, решительным ударом положить конец грабежам и разбоям горцев и принудить их к постоянному повиновению. На сей конец согласно с мыслями Вашими Государь Император полагал бы произвести одновременный поиск против всех горских народов, завладеть всеми важнейшими пунктами их земель, а в особенности низменностями оных, и таким образом лишив средств к пропитанию, заставить их покориться»*[782].

---

[781] Публ. в: Щербатов Н. Генерал-фельдмаршал гр. Паскевич-Эриванский. Т. III. — Спб, 1891. С. 229–230.

Републикация: Движение горцев Северо-Восточного Кавказа в 20–50 гг. XIX века // Сборник документов. — Махачкала, 1959. С. 58.

[782] РГВИА. Ф. 14719. Оп. 2. Д. 276. Л. 2.

Лермонтов описывал «усмирение» народов Восточного Кавказа — лезгин, чеченцев…

Потом пришла пора покорения Западного Кавказа, по итогам которого стал «Сочинаш».

Генерал-майор Ростислав Андреевич Фадеев, участник боев с черкесами, официальный военный историк[783], написал «Письма с Кавказа к редактору московских ведомостей» (СПб, 1865).

Вот несколько выписок из этой корреспонденции:

«Имея дело с неприятелем, силы которого состояли не в армии, а в самом населении, во всех взрослых людях, мы должны был заставить его постоянно быть под оружием, чтобы отнять у страны работников, а, стало быть, и средства к довольствию. Постоянно оттесняемые нашим наступлением, не имея времени работать в поле, выгоняемые зимой на мороз с семействами, горцы стали видеть в войне уже не удалую потеху, а бедствие (сс. 40–41)...

Мы действовали одною силою оружия, без политики, и оттого везде встречали только врагов (с. 44)... *Надобно было завоевать горы раз навсегда, каких бы жертв подобное завоевание ни стоило бы и нам и туземному населению* (с. 71)...

Было бы черезчур легкомысленно надеяться переделать чувства почти полумиллионного варварского народа, искони независимого, искони враждебного, вооруженного. Нам нужно было обратить восточный берег Черного моря в русскую землю и для того очистить от горцев все побережье (с. 75. Это не о чеченцах (Восточный Кавказ), а о Западном Кавказе)...

Изгнание горцев и заселение западного Кавказа русскими — таков был план войны в последние четыре года (с. 76)...

---

783 В 1860 г. по поручению главнокомандующего на Кавказе князя А. И. Барятинского он составил официальную историю Кавказской войны, вышедшую в свет под заглавием «Шестьдесят лет кавказской войны».

Надо было истребить значительную часть закубанского населения, чтобы заставить другую часть сложить оружие (с. 76)... Главная задача черкесской войны состояла в том, чтобы сбить неприятельское население с лесной равнины и холмистых предгорий и загнать его в горы, где ему было невозможно долго прокормиться (с. 85)...

Если очищение плоскости стоило нам таких усилий, если приходилось безпрестанно бегать взад и вперед по равнине для того, чтобы в десятый и двадцатый раз уничтожать с боя жилища, постоянно возникавшие на тех же местах (сс. 114–115)... *Окончательное покорение абадзехов было не легко. Многочисленное абадзехское население сперлось в тесном относительно пространстве. Если бы для нас время было так дешево, как в бывалые годы, можно было бы попробовать покорить абадзехов голодом* (с. 123; имеется в виду, что в 1863 году Европа могла вмешаться)...

Смести совершенно туземное население с гор было почти так же трудно как осушить море. Чтобы достигнуть этой цели, нужна была необыкновенная настойчивость графа Евдокимова (с. 132)...

Горцы потерпели страшное бедствие; в этом нечего запираться, потому что иначе и быть не могло. Они встречали наши удары с каким-то безчувствием; как отдельный человек в поле не сдавался перед целым войском, но умирал, убивая, так и народ после разорения дотла его деревень, произведенного в десятый раз, цепко держался на прежних местах (сс. 133–134)...

Мы не могли отступить от начатого дела и бросить покорение Кавказа, потому только, что горцы не хотели покориться. Надо было истребить горцев наполовину, чтоб заставить другую половину положить оружие. Но не более десятой части погибших пали от оружия; остальные свалились от лишений и суровых зим, проведенных под метелями в лесу и на голых скалах. Особенно пострадала слабая часть населения — женщины, дети. Когда горцы скопились на берегу для выселения в Турцию, по первому взгляду была заметна неестественно малая пропорция женщин и детей против взрослых мужчин. При наших погромах множество людей разбегалось по лесу в одиночку; другие забивались в такие места, где нога человека прежде не бывала. Летучие отряды находили людей, совсем одичавших от долгого одиночества. Разумеется, такие особняки большею частию гибли. Но что было делать? (с. 134)...

Довольствоваться покорностию этих племен, не трогая их с места, мы никак не могли (с. 141)... *Правительство имело одну цель в западно-кавказской войне: сдвинуть горцев с восточного побережья Черного моря и заселить его русскими. Масса ушедших в Турцию горцев в 1863–64 годах не превышала 250 тысяч обоего пола; поселилось в наших владениях около 70 тысяч. Вот все количество непокорных горцев, уцелевших от войны* (с. 146–147)

Разразившийся над ними погром сломил их нравственно до такой степени, что теперь горца нельзя узнать по наружности; у него совсем другая осанка (с. 147)...

Земля закубанцев (черкесов) была нужна государству, в них самих не было никакой надобности (с. 148)».

Геополитические мотивы этого «присоединения», особенности стиля жизни покоренных и отчасти отгеноциденных народов — это другие темы. Просто для дезинфекции мозга стоит зафиксировать этот факт: «присоединение» «закубанцев» к Империи не было мирным и добровольным, а методы их присоединения были, мягко говоря, на грани геноцида.

Как спокойно писал русский военный историк — «1790 Октября 3 — Ноября 2. Экспедиция генерал-лейтенанта Розена с кубанскими войсками и с донскими казаками на левый берег Кубани для разорения всех селений горцев»[784].

А это Туркмения. Январь 1881 года. Скобелев берет штурмом село Геок-Тепе. После чего «Масса текинцев, скрывавшихся в кибитках, была разыскана и истреблена до последнего. Только закованных в кандалы не трогали, угадывая в них пленных персиян… Крепость была отдана на разграбление в течение четырех дней»[785]. «Взятие Скобелевым Геок-Тепе и последовавшая страшная резня более чем 6,5 тыс. его защитников, а также 8 тыс. женщин, стариков и детей вызвали ужас среди туркмен»[786].

---

784 Лацинский А. Хронология русской военной историии. — Спб, 1891. С. 63.

785 Терентьев М. А. История завоевания Средней Азии. Т. 3. — М., 2018. С. 228.

786 Сергеев Е. Ю.Большая игра, 1856–1907. Мифы и реалии российско-британских отношений в Центральной и Восточной Азии. — М., 2016. С. 174.

Автор не указывает точный источник этих цифр, ограничившись библиографией вопроса (С. 339):

О взятии Геок-Тепе см.: Гродеков Н. И. Война в Туркмении. Т. 3. С. 296; Prioux A. Les Russes dans l'Asie Centrale. La derniere Campagne de Skobelev (1880–1881). Paris: Libraire Militaire de L. Baudoin, 1886.

О деятельности Скобелева в Закаспийской области см.:

Кнорринг Н. Генерал Михаил Дмитриевич Скобелда. Исторический этюд. Т. 1 — Париж, 1939. С. 155–180;

Тихомиров М. Н. Присоединение Мерва к России. — М., 1960. С. 52–54;

Хидоятов Г. А. Из истории англо-русских отношений в Средней Азии в конце XIX в. — Ташкент, 1969. С. 403–405;

Глущенко Е. А. Герои империи: портреты российских колониальных деятелей. — М., 2001. С. 315–316;

Муханов В. М. Михаил Дмитриевич Скобелев. // Вопросы истории. 2004, № 10. С. 73;

Шолохов А. Б. Полководец, Суворову равный, или минский корсиканец Михаил Скобелев. — М.: Юнивестмедиа, 2008. С. 229–254;

«При этом преследовании драгунами и казаками убито до 8 тыс. человек **обоего пола…** Кроме того, после взятия крепости внутри нее зарыто 6 500 тел», — подтверждает официальный рапорт[787].

Скобелев в те дни не постеснялся сказать английскому корреспонденту:

> *«…в Азии продолжительность мира находится в прямой пропорции с уничтожением противника. Чем сильнее вы бьете их, тем дольше они будут сохранять спокойствие впоследствии»*[788].

Почему жители Геок-Тепе сопротивлялись белому царю? Да потому что его солдаты пришли к ним вовсе не с блинами и рассказами про Любящего Иисуса. «Страна до Геок-Тепе нами разорена. Желательно набеги хорасанских ханов направить также для разорения страны между Геок-Тепе и Асхабадом. Существенно: жечь текинские припасы, имущество и забирать скот. Если бы Ваше Превосходительство нашли возможным регулировать набеги эти, придав им стоющие размеры, то с нашей стороны могла бы быть курдам оказана помощь»[789]. Итоги взятия Геок-Тепе оценивались так: «Погром при штурме Геок-тепе настолько силен, что пани-

---

Айрапетов О. Р. Внешняя политика Российской империи. — М., 2006. С. 355–359.

[787] Из журнала военных действий войск Ахал-Текинской экспедиции под крепостью Геок-Тепе за январь 1881 г. 2 мая 1881 // Присоединение Туркмении к России. Сборник архивных документов. — Ашхабад, 1960. С. 519 и 520.

[788] Marvin C. The Russian Advance towards India. Conversation with Skobeleff, Ignatiev, and other distinguished Russian generals and statesmen on the Central Asian question. London, 1882. P. 98–99.

[789] Телеграмма командующего войсками Закаспийского военного отдела российскому посланнику в Иране. 20 июня 1880 // Присоединение Туркмении к России. Сборник архивных документов. — Ашхабад, 1960. С. 478.

ческое состояние в народе, по всей вероятности, будет неизгладимо»[790].

Прогноз о «неизгладимости» оказался верен лишь с одной стороны. В памяти русского народа это погром начисто отсутствует. Но в памяти туркменского народа тот день и в самом деле оказался неизгладим: начиная с 1991 года, 12 января в Туркмении отмечается как национальный День Памяти (Хатыра гюни), установленный в честь защитников Геоктепинской крепости и всех туркменов, погибших в боях за свободу и Отчизны. В октябре 2014 года президент Туркмении подписал Указ об объединении памятных дат поминовения погибших в Геоктепинском сражении и Ашхабадском землетрясении 1948 года, и утверждён единый День памяти — 6 октября.

Английские корреспонденты, бывшие в павшей крепости, написали душераздирающие очерки. Российский же император «…был шокирован полученными отчетами о жестокой расправе русских войск над мирным населением. Несмотря на награды и повышение в звании Скобелев был вскоре переведен на службу в Минск, что по сути являлось отставкой. По свидетельству начальника штаба 4-го корпуса Михаила Духонина, после битвы при Геок-Тепе Скобелев стал часто впадать в тяжелое, мрачное настроение, думать о смерти и упоминать о лежавших на его совести многочисленных „осмысленных“ жертвах»[791].

А в начале своей военно-карательной карьеры Скобелев был решителен и бодр.

---

[790] Рапорт заведующего Ахал-Текинского оазиса командующему войсками Закаспийского края о положении в оазисе. 15 апреля 1881 г. // Присоединение Туркмении к России. Сборник архивных документов. –Ашхабад, 1960. С. 494.

[791] Фетисов В. Последняя битва генерала Скобелева.

URL: http://casp-geo.ru/poslednyaya-bitva-generala-skobeleva-2/

Даже Википедия пишет о нем:

«Скобелев 21 мая с двумя сотнями и ракетной командой двинулся вдоль арыка Карауз для разорения и ***уничтожения туркменских аулов****, дабы наказать туркменов за враждебные действия против русских; поручение это он исполнил в точности... Кипчакское и киргизское население ханства не хотело признать себя побеждённым и готовилось к возобновлению борьбы. Генерал Кауфман находил силы Скобелева недостаточными для удержания хотя бы большей части ханства и предписал Скобелеву совершить зимою 1875–1876 движение по правому берегу Дарьи и ограничиться* ***погромом*** *кочевавших там кипчаков и кыргызов. Отряд Скобелева за 8 дней прошёл по этой части ханства по разным направлениям, обозначая свой путь* ***уничтожением кишлаков****. Кипчаки уклонялись от боя... Киргизы, населявшие хребты Алая и долину реки Кизыл-су, продолжали упорствовать. Скобелеву пришлось пройти в дикие горы с оружием в руках и применять его также и* ***против мирного населения, действуя методами, которые всегда применялись в войнах на Востоке****. Помимо* ***карательной операции*** *против киргизов, экспедиция в горы имела также и научные цели».*

Что ж, ранее он сам учил чему-то противоположному Евангелию: «первенствующий долг каждого — жертвовать всем, в том числе и своим духовным *я*, на развитие сил отечества»[792].

---

[792] Апушкин В. Скобелев о немцах. — Пг, 1914. С. 86.

Его кредо:

«Война и гуманность не имеют ничего общего между собой. На войну идут тогда, когда нет иных способов. Тут должны стоять лицом к лицу враги, — и доброта уже бывает неуместна. Или я задушу тебя, или ты меня. Лично иной бы, пожалуй, и поддался великодушному порыву и подставил свое горло — души. Но за армией стоит народ, и вождь не имеет

И до Скобелева «захват кокандских или бухарских городов и опорных пунктов нередко сопровождался массовыми убийствами не только их гарнизонов, но и тысяч мирных жителей. Вот как, например, описывал один из таких эпизодов П. И. Пашино, журналист, востоковед, путешественник и секретный агент военного ведомства:

> *«Чимкент* (крепость на подходах к Ташкенту) *стал русским 20 сентября 1864 г. благодаря штурму, произведенному генералом Черняевым. Резня была жестокая: солдаты, разграбивши базар, врывались в дома жителей и душили их; пострадали также многие женщины и дети. Годовщину этого штурма туземцы сопровождают повсеместным плачем, и, пожалуй, действительно готовы бы были отомстить „кяфирам" за это, но не хватает средств»*[793].

права миловать врага, если он еще опасен. Штатские теории тут неуместны… Я пропущу момент уничтожить врага, — в следующий он меня уничтожит, следовательно, колебаниям и сомнениям нет места. Нерешительные люди не должны надевать на себя военнаго мундира. В сущности, нет ничего вреднее, и даже более — никто не может быть так жесток, как вредны и жестоки по результатам своих действий сентиментальные люди. Человек, любящий своих ближних, человек, ненавидящий войну, — должен добить врага, чтобы вслед за одной войной тотчас же не начиналась другая. Хотя война ужасна, но из этого не следует, что мы должны начинать ее только тогда, когда неприятель явился к нам в страну, ибо всякая страна имеет право на известный рост. Принцип национальности — прежде всего. Государство должно расширяться до тех пор, пока у него не будет того, что мы называем естественными границами, законными очертаниями. Нам, т. е., Славянам, потому что, заключившись в узкие пределы только русскаго племени, мы потеряем все свое значение, всякий исторический raison d'être, нам, славянам, нужны Босфор и Дарданеллы, как естественный выход к морю, иначе, без этих знаменитых проливов, несмотря на весь наш необъятный простор — мы задохнемся в нем. Тут-то и следует раз навсегда покончить со всякой сентиментальностью и помнить только свои интересы». (С. 87)

[793] Сергеев Е. Ю.Большая игра, 1856–1907. Мифы и реалии российско-британских отношений в Центральной и Восточной Азии. — М., 2016. С. 102.

По окончании покорения Средней Азии «Победоносцев рассказывает, что в числе разных комиссий, коих он состоит членом, ему приходится измышлять средства обезвредить полусумасшедшего в. к. Николая Константиновича — старшего сына Константина Николаевича. Он наделал бесчисленные пошлости и преступления в Ташкенте, где даже из назначенных к надзору за ним лиц некоторые просто были по его распоряжению убиты. В последнее время, несмотря на существование законной жены и взрослых детей, он взял четырнадцатилетнюю девочку, с которой его яко бы обвенчал пьяный поп, обведя венчавшихся три раза около обеденного стола. Теперь Н(иколай) К(онстантинович) приехал в Тверь и продолжает там бесчинствовать. В Петербурге рассуждают о том, что с ним делать, и никак ничего придумать не могут»[794].

Военный врач В. П. Кравков в начале Первой Мировой служил помощником начальника санитарного отдела штаба 10-й армии. В дневнике он записал разговоры русских офицеров:

«18 декабря 1915. Захлебываясь от удовольствия, сии озорники цинично рассказывали за обедом, как они правили в Туркестане, внушая и поддерживая в невежественном населении убеждение, что никаких законов для него не писано, а существуют вместо них одни лишь нагайки!»[795]

Начинается XX век — а методы борьбы с покоряемым населением («партизанами» и не только) не меняются.

Дневник солдата в Русско-японскую войну расссказывает:

«Полк наш пошел через деревню Куалимпу. В этой деревне был винный, или, вернее, ханшинный завод и несколько магазинов

---

794 Дневник А. А. Половцева. Запись от 20 фев. 1901 // Красный архив. 1923. Т. 3. С. 89.

795 Публ. в: Российский М. А. 10-я Армия в Восточной Пруссии. Зимние операции 1914–1915 гг. в дневниках В. П. Кравкова //Известия Лаборатории древних технологий. 2014. № 4 (13). С. 56.

и мелких лавок. Все бежавшие солдаты набросились на завод, напились до положения риз и принялись грабить дома, лавки и магазины. Китайцы начали было сопротивляться, но солдаты, в возбуждении бегства и опьянения, стали стрелять по ним. В это время через эту деревню проезжал наш корпусный командир, генерал от инфантерии С., и одна из пуль чуть не задела его; тогда стали кричать, что в деревне хунхузы и стреляют по генералу; тот погорячился и приказал бить всех хунхузов. Тут уж пьяные солдаты принялись избивать беззащитных китайцев, не разбирая ни пола, ни возраста. Я доложил нашему командиру полка обо всем происшедшем, он, в свою очередь, доложил генералу, и тогда тот приказал послать одну роту выгнать пьяных мародеров. От нашего полка была послана на усмирение 12-я рота. ***Я сам видел, как несколько детишек были проткнуты штыками и выброшены через окна на улицу****; одна женщина искала спасения на крыше, но безжалостные солдаты и там достали и прокололи ее штыками. Боже мой, женщины и дети кувыркались на улицах, поднимались, снова падали и плакали, кричали, стонали, молили о пощаде, но пощады не было, даже в бездыханные трупы солдаты втыкали штыки и бросали их в озеро или, вернее сказать, в пруд, который находился возле завода. Когда повыгнали из деревни этих злодеев, то у каждого из них оказались за плечами узлы и мешки, в которых был разный хлам: шелк, чесуча, женские и детские платья, а один захватил даже мешок с женской обувью, которая так мала и уродлива, что решительно никому на свете, кроме китаянки, не может быть годна… Генерал Куропаткин сам смотрел на дорогу, по которой шел всякий сброд: обозы, лошади, ослы, солдаты всех сортов, между ними были и такие, которые тащили за плечами огромные узлы разного хлама, и без винтовок. Это случалось, когда солдаты набирали разных вещей из обоза, или, ограбив китайцев; и так как все это нести было тяжело, то они, жалея бросать узел с награбленным добром, бросали* *сперва патронташ с патронами и патронные сумки, а затем, так как идти все-таки было тяжело, бросали уже и винтовки, а штык затыкали за пояс, и так шли дальше... Приобрести что-нибудь от китайцев тоже нельзя было, ни за какие деньги, так как мы от самого Мукдена шли все время в арьергарде, и у китайцев к нашему приходу уже ничего не оставалось: все отчасти покупали, отчасти же грабили впереди идущие войска. Забирали все: кур, свиней, яйца и даже ослов, мулов и лошадей. Идут в деревню, которая поближе, разыскивать якобы японцев, выгоняют китайцев из фанз и берут все, что им надо, после чего уходят. Если же китаец начнет противиться или упрекать, то его же и приколют, говоря, что он хунхуз, шпион и проч.»*

Наверно, совершенно вне связи с этими деяниями и, наверно, под влиянием английских газет, в китайских крестьянах вдруг стала проявляться исконная многовековая русофобия. Они стали помогать японцам.

«Китайцы в своих фанзах, все, как один человек, тотчас же затопили свои печи, и дым от них очень высоко стал подниматься над деревней. Это они делали для того, чтобы японцы издалека видели, что у этой деревни находятся русские войска. Таким образом, враг знал, где у нас расположены боевые военные силы и наверняка наводил свои орудия, если только было близко до цели. <...> Без вести пропал солдат. <...> Сейчас же были посланы люди для розыска, которые сегодня же и нашли его в овраге с распоротым животом; внутренности его валялись в канаве, но деньги его, 4 р., были целы; при нем же уцелела и винтовка его за плечами, из чего можно было заключить, что его убили местные китайцы за какое-нибудь насилие над ними... Мы с епифановцами поехали к той деревне, где собирались японские разъезды, и хотели незаметно охватить их и взять в плен, но проклятые китайцы сидели на

крышах и, заметив наше приближение, вероятно, донесли о том японцам, и японцы из-за этого успели ускользнуть»[796].

В 1914 году русский генерал П. К. фон Ренненкампф, командующий Первой армией, предписывал сжигать прусские селения, откуда стреляют по войскам. Так, 25 (12) августа 1914 года он сообщал в штаб фронта, что «поступают редкие донесения об одиночных выстрелах из селений по войскам. Все селения, откуда стреляют, сжигаются, о чем население оповещено»[797]. Однако это не предполагало уничтожение деревень вместе с их обитателями. А когда 7 сентября (25 августа) в самом Инстербурге прозвучал некий выстрел, он отдал грозный приказ: «Прогремит выстрел из какого-либо дома — будет сожжен дом; прогремит еще один выстрел — будут сожжены все дома на улице; прогремит третий выстрел — будет сожжен весь город»[798].

Еще один русский литературный классик, Александр Куприн в сборнике очерков «Около войны. Двинск» (1914)[799] описал некоторые действия русских войск во временно занятой ими Пруссии:

«А вот что рассказывает раненный кавалерист солдат-гвардеец Вишневский: — Прямо мы наступали на неприятеля. Дрались жестоко, но только когда мы пришли в деревню, то нас встретили очень гостеприимно, а потом они нашего офицера убили из-за угла. За это мы расстреляли их пятьдесят человек, в возрасте от 17-ти до 45-ти лет. — И ты расстреливал? — Обязательно!»

---

[796] Шикуц Ф. И. Дневник солдата в Русско-японскую войну. — М., 2003. URL: https://militera.lib.ru/db/ shikuts_fi/01.html

[797] Восточно-прусская операция: сборник документов. — М., 1939. С. 219.

[798] Кретинин Г. В. Август четырнадцатого // Очерки истории Восточной Пруссии. — Калининград, 2002. С. 358.

[799] В конце сентября 1914 г. Куприн совершил поездку по прифронтовым городам Западного края, побывал в Двинске, Вильно, Ровно. По следам поездки был написан очерк «Двинск».

Военная цензура не оспорила этот эпизод…

Речь идет о т. н. Абшвангенской резне — массовом расстреле мирного населения в Абшвангене (Abschwangen близ Прейсиш-Эйлау; ныне Россия, Тишино, Багратионовский район Калининградской области).

29 августа немецкий кавалерийский дозор вошел в деревню Абшванген, уже занятую русскими, и открыл огонь по едущему навстречу российскому автомобилю. Один из офицеров, корнет Кавалергардского полка, член семьи Голынских, погиб, и автомобиль возвратился в деревню Альменхаузен (ныне Каштаново), находившуюся в 5 км к востоку от Абшванген. Командир Кавалергардского полка генерал-майор Александр Долгоруков приказал оцепить Абшванген, обыскать всех жителей и тех, у которых будет найдено оружие, расстрелять, а дома их сжечь. После возврата в Альменхаузен войска убили 9 гражданских и сожгли 70 зданий из 81. Затем войска вернулись в Абшванген, убили 65 гражданских и сожгли 78 зданий из 101.

По русской версии автомобиль был обстрелян именно местными жителями. Но репетиция Хатыни налицо… Что не мешает нынешним местным краеведам писать:

«О милосердном герое Александре Николаевиче Долгорукове, проявившем гуманизм к абшвангенцам, надо рассказать особо»[800].

Долгоруков командовал 1-й гвардейской кавалерийской дивизией. В той же 1-й армии начальник обычной 1-й кавалерийской дивизии генерал В. И. Гурко писал:

«Вступив на германскую территорию, мы очень скоро обнаружили, что враг использует для сбора информации местных

[800] Галина Логачева. Тишино или Abschwangen: место кровавой драмы // Гражданин. Ежедневная калининградская газета. 22 марта 2018. URL: https://grazdanin-gazeta.ru/archive/2018/mart-2018/16-22-marta-2018-/1792/

жителей, в первую очередь — мальчишек школьного возраста, которые во время движения наших частей появлялись на велосипедах у них перед фронтом и на флангах. Первое время мы не обращали на них внимания — до тех пор, пока обстоятельства совершенно ясно не показали нам, ради чего раскатывают вокруг нас эти велосипедисты. Тогда мы были вынуждены отдать приказ открывать по юным самокатчикам огонь»[801].

Заложников из числа гражданского населения русская армия тоже брала. В прусский Инстербург части 1-й армии вошли 24 (11) августа 1914 года. Как вспоминал член управления города Отто Хаген:

«Чтобы обеспечить безопасность русских, потребовали выставить заложников, сначала это было 3 человека, потом их число заметно возросло. Эти заложники жили в ратуше взаперти, менялись каждые 24 часа и гарантировали своей жизнью лояльность населения»[802].

Также практиковался и угон населения с занятых территорий вглубь Империи. По немецким данным, в августе—сентябре 1914 г. из Кёнигсбергского округа были депортированы 724 человека (почти все — мужчины), из округа Алленштайна — 608 человек (их которых 593 мужчины)[803]. В данном случае для угона населения был новый мотив: началась эпоха мобилизованных армий, а потому угонялись не рабы и не «обменный материал», а «мобресурс» противника.

---

801 Гурко В. И. Война и революция в России. — М., 2007. С. 48.

802 Хаген О. Русские в Инстербурге // Надровия. 2003. № 3. С. 10.

803 Watson A. «Unheard-of Brutality»: Russian Atrocities against Civilians in East Prussia, 1914–1915 // The Journal of Modern History. 2014. Vol. 86. № 4. P. Op. cit. P. 799.

Историк подвел такой итог:

«Хозяйничанье русских оккупационных властей в Восточной Пруссии нанесло провинции большой ущерб. Жертвами русских войск стало 19 000 мирных жителей, из которых 1 620 погибло (в том числе расстреляно без суда), 433 ранено, 10 000 угнано в Россию (5419 мужчин, главным образом, стариков, 2587 женщин и 2719 детей). Было уничтожено или частично разрушено 33 553 дома; 100 000 человек остались без крова и имущества. Треть населения провинции — 800 000 человек — стали беженцами. Было уничтожено или разрушено 24 города, 572 села. Русские войска угнали 135 000 лошадей, 250 000 крупного рогатого скота, 200 000 свиней. Грабежом руководило военное ведомство, создавшее на основе интендантства Двинского военного округа специальную комиссию. Все „конфискованное" имущество свозилось в Вильно, куда шли заявки „заинтересованных лиц" на получение доли награбленного. Конфискации подлежали сельскохозяйственные машины и орудия, станки, предметы личного обихода, одежда, белье и обувь (включая женскую и детскую), мебель, сантехника (ванны, унитазы), часы, столовые приборы. Всего ведомость, составленная позднее для начальника штаба Двинского военного округа, включает 697 позиций различных предметов (независимо от их количества в каждом пункте). Эти последствия войны, характерные, впрочем, для каждой из сражающихся армий, способствовали ожесточению борьбы. В конце 1914 г. в Германии русские генералы, взятые в плен, предстали перед судом за преступления против мирного населения. Суд оправдал их, так как они выполняли приказы вышестоящих начальников»[804].

---

[804] Нелипович С. Г. Два похода: борьба за Восточную Пруссию в августе — октябре 1914 года. — М., 2020. С. 95–96.

А вот черты успешного русского наступления в Австрийской Галиции:

«До слез грустная картина разрушения вместе с картиной самого жестокого разграбления; мимоездом видел пылающий дворец в Жданове *пана Смерчевского — какая масса драгоценностей сделалась жертвой огня и грабительства нижних чинов... картина разрушения Помпеи. Учитель реального училища поведал о своих злоключениях с семьей, констатировал случаи мародерства исключител[ьно] со стороны наших солдат, а не австрийцев, к[ото] рые великодушно позволили даже раздать оставшиеся запасы хлеба и сахара местным жителям» (21 августа 1914)*[805]*. «В господарских же дворах — разносолы, гобелены, ковры, ноты фонолы — растрепленные по комнате; чего не сжег огонь, то старались растащить мародеры наши; по общему отзыву австрийцы в этом отношении значительн[о] уступают нашим. Один псаломщик так урезонивал наших грабителей из солдат: „Ведь я русский — ну, грабьте у поляков да у жидов, а у меня-то грешно вам!"» (22 августа)*[806]*. «В* Сеняве *— картина пожарища и разрушения. Остановился со штабом за городом, в роскошном замке князя Чарторыйского, бежавшего куда-то; замок — в роскошном парке, верх великолепия; огромнейшее здание; чудная исковерканная, разгромленная обстановка; весьма ценная и богатая библиотека с древними историческ[ими] книгами (напр[имер], подлинные сочинения чуть ли не самого Коперника и пр.), масса дневников, писем, письменных актов — все разбросано, растоптано; многотысячные картины знаменитых художников — выпачканы, у нек[ото] рых изображенных лиц — глаза и носы проколоты!! Дивный буфет*

805 Кравков В. П. Великая война без ретуши. Записки корпусного врача. — М., 2016. С. 37.

806 Там же. С. 38.

с великолепными вазами и пр. Все брошено, полуразбито, расхищено… Господи, Боже мой! Какая грустная картина разрушения и опустошения. Сколько исторических ценностей погибает в жертву проклятой человеконенавистническ[ой] бойне. В отношении же ценных вещей (кофточек бисерных и др. модных утилитарно ценных изделий для „своих жен") мародерствовали наши офицеры, начиная с генералов, кончая прапорами. Возмутительное явление: солдат же, мучимых голодом, наказуют преданием полевому суду, а по меньшей мере плетьми за кражу яблок и съестных продуктов!! Сочинение Коперника успел стибрить сам прокурор» (8 сентября)[807].

Военным преступлением является и взятие мирного населения в заложники. Понятно, что в средние века это было общепринятым.

В 1316 г. Тверской князь Михаил осадил и взял Новгород. «Михаил, как победитель, велел объявить, чтобы Новогородцы выдали ему Князей Афанасия и Феодора Ржевского, если хотят мира. Некоторые из Бояр Новогородских вместе с Князем Афанасием остались аманатами в руках победителя и написали следующую грамоту: «Великий Князь Михаил условился с Владыкою и с Новымгородом не воспоминать прошедшего. Что с обеих сторон захвачено в междоусобие, того не отыскивать. Новгород платит Князю в разные сроки от второй недели Великого Поста до Вербной, 12 000 гривен серебра. Князь, приняв сполна вышеозначенную сумму, должен освободить аманатов, изрезать сию грамоту и править нами согласно с древним уставом» (Карамзин. История. Т. 4. Великий князь Михаил Ярославич).

А в новое время этим был известен генерал Скобелев:

«Скобелев был прислан поправить неудачи, понесенные нами в 1879 году под стенами Геок-Тепе. Туркмены решили ни за какие деньги не давать нашим войскам даже верблюдов. Эта

[807] Там же. С. 48.

решимость туркмен могла погубить все планы Скобелева. Для вторжения в Ахалтекинский оазис необходимо было иметь до 6 000 верблюдов, а у него было 1 200. Туркмены стояли на своем: „нет верблюдов". Доведенный до крайности Скобелев велел созвать туркменских старшин и казиев (священников). На дворе около дома Скобелева стояли пять влиятельных старшин и два почетных казия со 150 туркменами. Когда Скобелев убедился, что переговоры бесполезны, он быстро вызвал взвод солдат и арестовал старшин и казиев. Арест этот до того испугал остальных, что они ускакали в кочевья и объявили своим, что русские сослали всех их старшин и казиев в Сибирь. Но Скобелев отправил арестованных на лодке „Тюлень" в Ашур-Аде, а кочевникам объявил, что оставляет их старшин заложниками»[808].

Когда же **12 января 1881 г., Геок-тепе был взят штурмом,** семьи уцелевших и убежавших текинских воинов были взяты в заложники»:

«19 июня 1915 года главнокомандующий армиями Юго-Западного фронта генерал от артиллерии Н. Иванов приказал главному начальнику Киевского военного округа взять среди немецкого населения в колониях заложников, главным образом из учителей и пасторов, заключить их до конца войны в тюрьмы (пропорция заложников: 1 на 1 000 человек немецкого населения), реквизировать у колонистов все продукты за исключением продовольствия до нового урожая, а в немецких колониях поселить беженцев. За отказ немцев сдать хлеб, фураж, или принять беженцев заложники подлежали смертной

---

[808] Филиппов М. М. Михаил Скобелев. Его жизнь, военная, административная и общественная деятельность. — Спб, 1894.

URL: https://ru.wikisource.org/wiki/Михаил_Скобелев._Его_жизнь,_военная,_административная_и_общественная_деятельность_(Филиппов)

казни. Это — ***редчайший в истории пример, когда заложники брались от населения своего же государства (причем вдали от линии фронта — А. К.).*** *О своём приказе генерал Н. Иванов проинформировал начальника штаба Верховного Главнокомандующего генерала Н. Янушкевича и министра внутренних дел Н. Маклакова»*[809].

В циркуляре командующего Юго-Западным фронтом генерал-лейтенанта А. И. Деникина к начальникам Приамурской, Акмолинской, Самаркандской, Курганской, Ташкентской, Тургайской и Якутской областей от 27 октября 1916 г. предписывалось «срочно препроводить в штаб фронта алфавитный список заложников…»[810]

Приказ наркома внутренних дел РСФСР Г. И. Петровского № 73 от 3 сентября 1918 г. гласил:

«…из буржуазии и офицерства должно быть взято значительное количество заложников. При малейших попытках сопротивления должен применяться расстрел. Отделы милиции и чрезвычайные комиссии должны принять все меры к выяснению и аресту всех подозреваемых с безусловным расстрелом всех замешанных в контрреволюционной и белогвардейской работе. Тыл наших войск должен быть, наконец, окончательно очищен от всякой белогвардейщины и всех подлых заговорщиков против власти рабочего класса и беднейшего крестьянства»[811].

21 октября 1918 г. в г. Пятигорске в ответ на убийство членов Всероссийского Центрального Исполнительного комитета Совнар-

---

[809] Герман А. А. История немцев России. — М., 2005. URL: https://geschichte.rusdeutsch.ru/18/30

[810] Государственный архив Омской области. Ф. 270. Оп. 1. Д. 653. Л. 400. Публ.

[811] Ежедневник ВЧК. 1918. № 1. С. 11.

кома РСФСР большевики расстреляли 59 заложников (из них: 24 генерала и контр-адмирала, министр юстиции и министр путей сообщения)[812].

При подавлении Тамбовского воастаания Тухачевский использовал не только химическое оружие, но и захват заложников. В приказе командующего 8-й армией Южного фронта М. Н. Тухачевского № 30 от 12 мая 1921 г. говорилось о целесообразности взятия местного населения в заложники (одиночно или целыми семьями) в качестве инструмента психологического подавления[813].

Так, 27 июня в с. Осиновка Курдюковской волости из числа крестьян были взяты заложники. В ультимативной форме односельчанам было предложено выдать «бандитов» и указать места хранения оружия. По истечении двух часов, ввиду неисполнения данного требования, более 20 человек в присутствии сельского схода были расстреляны[814].

Потери гражданского населения можно считать случайными, попутными, неизбежными, трагическими. Но они есть. Они сопутствуют любому наступлению, вторжению, штурму. И наступления русской (советской) армии никак не могли быть исключением.

Вот победный 1945-й. Да берегу реки Уссури идут бои за Хутоуский укрепрайон. Японский гарнизон в укреплениях на горе Острая был уничтожен в результате заливки в подземные сооружения 2 тонн бензина с последующим подрывом. В ходе осмотра подземных сооружений на высотах Острая и Безымянная было обнаружено свыше 500 трупов японских военнослужащих. Порядка 75 % японцев погибли вследствие подрыва укреплений с использованием взрывчатки и горючих веществ. В подземных сооружениях

---

812 Красный террор в годы Гражданской войны. По материалам особой следственной комиссии по расследованию злодеяний большевиков / под ред. Ю. Г. Фельштинского, Г. И. Чернявского. — М., 1994. С. 13–16.

813 Государственный архив Тамбовской области. Ф. Р–4049. Оп. 1. Д. 1. Л. 381 об.

814 Там же.

советской комиссией были обнаружены тела 80 женщин — членов семей офицерского состава и медицинский персонал. Кроме того, там были найдены трупы 80 детей в возрасте от года до 12 лет[815].

Публикатор называет их «жертвами японского фанатизма»[816]. По той же логике сегодня роспропаганда обвиняет западные страны — мол, поставляя оружие Украине, те продлевают остро-огневую фазу конфликта и тем самым увеличивают число жертв «украинского фанатизма». Геббельс в том же самом обвинял американцев. Но по этой логике в гибели блокадников виноваты защитники Ленинграда, а не блокировавшие город немецкие войска.

В 1955 года эту логику напомнил Клайв Льюис в сказке «Племянник чародея»:

«— Гляди на то, чего никто не увидит, — сказала королева. — Таким был Чарн, великий город, чудо света... Теперь здесь царит молчание. Но я глядела на город, когда он был полон жизни. И сразу, в единый миг, по слову одной женщины, он умер.

— Кто эта женщина? — несмело спросил Дигори, и без того зная ответ.

— Я, — ответила королева. — Я, последняя владычица мира, королева Джедис. Виновата моя сестра. Она довела меня, будь она проклята вовеки! Я хотела ее пощадить, но она не сдавалась. Все ее гордыня!»

А ближе к нашему времени о судьбе «мирняка» есть рассказ протоиерея Александра Дьяченко «Суд совести»:

«— Как-то пригласили меня освятить одну квартиру у нас в посёлке. Звоню в дверь, мне открывает уже седой, но ещё

---

815 ЦАМО. Ф. 2343. Оп. 0000001. Д. 0009. Л. 212, 212 об, 219, 221.

816 Кулепанов Р. В. Штурм Хутоуского укрепрайона 9–25 августа 1945 г. // Известия Лаборатории древних технологий. 2022. № 1 (18). С. 167.

достаточно крепкий мужчина. Хозяин квартиры оказался военным лётчиком. И в своё время совершил, как это сегодня принято называть, несколько командировок в Афганистан.

Бомбили и позиции душманов, ну и, естественно, деревни, или аулы, где эти люди жили.

— Что вас заставило пригласить священника? — спрашиваю его. Вы человек верующий?

— Да не так, чтобы очень верующий, скорее, как говорится, Бог у меня в душе. У меня проблемы со здоровьем, батюшка. Пока воевал, всё было хорошо, никаких жалоб, а вот сразу же после войны в организме начался какой-то странный процесс. Мои кости стали истончаться, перестал усваиваться кальций и другие необходимые элементы. Сначала меня списали с лётной работы. А потом и вовсе вынужден был уволиться в запас. Самое главное — непонятна причина заболевания. Изучать меня изучают, но всё без толку. Может, какая порча?

— А может быть причина в другом? — спросил я его. — Может у тебя сперва душа заболела, а уж потом и тело? Ведь ты же бомбил не только боевиков, но и мирное население, всё тех же детей и женщин. Проклятия матерей, потерявших своих детей, и плач сирот, — они ведь просто так, без последствий, не проходят. И поразить могут лучше любого „стингера".

— Война есть война, — отвечал он мне, — ты же знаешь: „лес рубят — щепки летят". Всегда при таких делах будут жертвы среди невинных. Я и предложил ему для начала покаяться в гибели по его вине вот этих самых невинных „щепок". Он обещал подумать...

Через какое-то время мы с ним случайно встретились.

— Что, — спрашиваю, — надумал?

— Не могу! — говорит. — Покаяться — это значит считать себя неправым. Значит, то, что я делал, должно считаться

неправильным? И что же получается, что я прожил жизнь впустую, и должен теперь её стыдиться, крест на ней поставить?

В храм он так и не пришёл, при каждой встрече мы сухо раскланиваемся и расходимся, — каждый в свою сторону. Но я надеюсь, что главный наш с ним разговор ещё впереди...»[817]

[817] URL: https://azbyka.ru/fiction/plachushhij-angel/24/

Глава 23

МУЖСКИЕ «ПОБЕДЫ» В ТЕНИ БОЛЬШОЙ ВОЙНЫ

Во всех войнах «горе побежденным», а в городах, отданных «на поток» горше всех, наверно, женщинам. И можно было бы не говорить об очевидном, если бы пропаганда не твердила, что уж русско-советские солдаты ну прям вот никогда и никого…

Ладно, открываем первую (!) страницу великого «Тихого Дона»: «В предпоследнюю турецкую кампанию вернулся в хутор казак Мелехов Прокофий. Из Туретчины привел он жену — маленькую, закутанную в шаль женщину. Она прятала лицо, редко показывая тоскующие одичалые глаза». Кстати, недолго та турчанка пожила на тихом Дону. Меньше году. Православные казаки обвинили ее в колдовстве и забили до смерти. Умирая, она все же родила недоношенного сыночка Пантелея. А потом тот Пантелей родил Петра и Григория, и тут такое началось! На целый роман-эпопею хватило!

В экранизациях этого сюжета нет. А вот в живописи есть.

Автор «Бородинской панорамы Франц Алексеевич Рубо в картине «Похищение» рассказал, где и как казаки обретали своих жен и наложниц.

Были ли в безопасности женщины? 91 процент офицеров русский армии 1812 года были неженаты[818]. Пожизненная солдатская служба также не предполагала наличие жены у рядового. Сексуальный голод мог подавляться только голодом физическим и усталостью.

Это настроение и практика солдат всех армий той эпохи. Но зачем же врать, будто русский солдат был исключением?

Поэт Лермонтов в «Уланше» знакомит нас с бытом господ офицеров:

...Сквозь дым волшебный, дым табашный
Блистают лица юнкеров;
Их речи пьяны, взоры страшны!
Кто в сбруе весь, кто без штанов,
Пируют — в их кругу туманном
Дубовый стол и ковш на нем,
И пунш в ушате деревянном
Пылает синим огоньком...
— «Идем же!..» разъярясь как звери,
Повесы загремели вдруг,
Вскочили, ринулись, и с двери
Слетел как раз железный крюк.
Держись, отважная красотка!
Ужасны молодцы мои,
Когда ядреная чесотка
*Вдруг нападает на *уи!..*
Они в пылу самозабвенья
Ни слез, ни слабого моленья,
Ни тяжких стонов не поймут;

[818] Целорунго Д. Г. Русские офицеры — участники Бородинского сражения // Бородинское поле. История. Культура. Экология. — Бородино, 2000. С. 53.

Они накинутся толпою,
Манду до жопы раздерут
И ядовитой малафьею
Младые ляжки обольют!..

1918 год. Армия Российской империи покидает фронты Первой Мировой.

«К 24 января в Феодосию прибыли транспорты „Херсон", „Афон" и „Владимир", доставившие до 12 000 солдат 5-го кавказского корпуса. На другой день прибыл румынский крейсер „Принцесса Мария", доставивший в Феодосию новые эшелоны кавказских войск»[819].

Все претенденты на власть в Феодосии сникли перед этой силой, и солдаты устроили на местном базаре распродажу турчанок — гражданских жён.

«Базар кишмя кишел солдатами, которые продавали все, начиная с лошадей и кончая пулеметами и живыми турчанками, которые были их „женами" и бежали из Трапезунда, боясь мести турок. Турчанки котировались от 200 до 2 000 рублей и выше, и открыто покупались татарами, чему я лично был свидетель»[820].

Пресса об этом невольничьем рынке в Феодосии писала так:

«Велико было удивление феодосийских граждан, когда на берег, вместе с войсками и их боевым имуществом, стали высаживаться женщины в ярких восточных костюмах. Как

---

[819] Ремпель Л. И. Красная гвардия в Крыму: 1917–1918. — Симферополь, 1931. С. 72–73.

[820] Кришевский Н. Н. В Крыму // Архив русской революции. Т. 13. — Берлин, 1924. С. 111.

выяснилось из разговора с солдатами, женщины эти были приобретены на Кавказском фронте и ныне принадлежат своим хозяевам на праве собственности. Это право владельцы поспешили использовать в самом его первобытном виде. Едва прибыв в Феодосию, они начали открыто продавать своих рабынь. На базаре был открыт специальный невольничий рынок, да с возов и специальных эстрад, для большой наглядности, была открыта торговля невольницами. Цена не превышала 100–150 рублей за рабыню. С прибытием новых партий рабынь цена стала падать, и за последние дни рыночная цена рабыни равнялась не более 25–30 руб. Раскупившие привезённых женщин туземцы стали массами предлагать местным жителям и дачникам в качестве наёмной прислуги, с весьма циничной для рабовладельцев оговоркой о взносе наёмной платы исключительно хозяевам».

Новая жизнь. 14 марта (1 апреля).
Стр. 4, Стб. 3–4.

«Между пр., солдатами привезены сюда с Кавказа турчанки, отставшие после ухода турок и вошедшие в постоянную связь с русскими солдатами... Многим из них нет 15 лет»

Газета «Вольный Юг» (Севастополь),
24 января 1918 г.

Максим Горький откликнулся на эти сообщения: «в Феодосии солдаты даже людьми торгуют: привезли с Кавказа турчанок, армянок, курдок и продают их по 25 руб. за штуку. Это очень „самобытно", и мы можем гордиться — ничего подобного не было даже в эпоху Великой Французской революции»[821].

В воспоминаниях Виктора Шкловского (осенью 1917 в качестве помощника комиссара Временного правительства он был направлен в Отдельный Кавказский кавалерийский корпус в Пер-

[821] Горький М. Несвоевременные мысли. — Париж, 1971. С. 165.

сию, где организовывал эвакуацию российских войск, вернулся в Петроград в январе 1918, воспоминания издал летом 1919) упоминается: «…привожу цену на женщин, увезенных из Персии и с Кавказа нашими солдатами. Женщина в Феодосии, например, стоила при покупке ее навсегда 15 руб. употребленная и 40 руб. неупотребленная»[822].

«В Феодосии мне рассказывали совершенно невероятные вещи: будто бы еще на днях только что была запрещена продажа на базаре женщин, которых возвращавшиеся с малоазийского фронта солдаты захватили с собою из Турции, и торговля шла настолько успешно, а подвоз невольниц был так интенсивен, что цена рабыни упала с 150 до 30 и даже 25 рублей»[823].

Максимилиан Волошин был сильно впечатлен таким же известием, и потому передал его своим женщинам-знакомым:

«Пока живём, ожидая каждый день событий. Феодосия переполнена солдатами из Трапезунта, которые свели весь хлеб, привезли массу орехов, чуму, и продают живых турчанок на базаре (по 25 руб.)»[824].

«…на Феодосийском базаре, турчанок продают по 25 р. (и как дешёво!)»[825]

---

822 Виктор Шкловский, Собрание сочинений. Том 1, Революция. — М., 2019. URL: https://litmir.club/br/?b=606859&p=28

823 Протоиерей Г. С. Голубцов Поездка на Всероссийский церковный московский собор. Дневник настоятеля Сухумского кафедрального собора 16/29 января — 5/18 апреля 1918 года Сухум — Москва — Сухум // Дело великого строительства церковного. Воспоминания членов Собора 1917–1918 годов. — М., ПСТГУ, 2009. С. 182 (Запись от 25 января/7 февраля 1918 г.)

824 Письмо Ю. Ф. Львовой от 19 января 1918 // Волошин М. Собрание Сочинений. Т. 12. 2013 С. 43.

825 Письмо А. М. Петровой от 19 января 1918 г. // Там же. С. 50.

«Феодосия переполнена солдатами из Трапезунта, их около 10 тыс<яч> сейчас. Они привезли каленые орехи, чуму и турчанок. Рынок очень оживлен: орехи — 40 коп. фунт, турчанки по 25 р. штука. Дешевизна страшная. Сожалею, что не успел купить парочку: при социальном строе необходимо (для биографии). Продают прямо на базаре против мужской гимназии, как в генуэзские и турецкие времена русских рабов»[826].

«...солдаты из Трапезунта, учреждают немедленный и обязательный рай на земле, продают турчанок на базаре (по 25 р.)»[827].

«Кругом идет: междоусобная война с татарами, крестьян с помещиками, солдат с красногвардейцами, Трапезунцев с Крымцами. <...> Феодосия наводнена Трапезундскими войсками, продающими на базаре казенные вещи, орехи и турчанок (по 25 р.) Всё это захлестывает время от времени в Коктебель»[828].

Через год Волошин это впечатление о Феодосии изложил уже в стихах:

Сей древний град — богоспасаем
(Ему же имя «Богом дан») —
В те дни был социальным раем.
Из дальних черноморских стран
Солдаты навезли товару
И бойко продавали тут
Орехи — сто рублей за пуд,
Турчанок — пятьдесят за пару —

---

[826] Письмо Ю. Л. Оболенской от 25 января 1918 г. // Там же. С. 62.

[827] Письмо Е. П. Орловой от 26 января 1918 г. // Там же. С. 70.

[828] Письмо А. Н. Ивановой от 30 января 1918 г. // Там же. С. 72.

На том же рынке, где рабов
Славянских продавал татарин.
Наш мир культурой не состарен,
И торг рабами вечно нов.

Конечно, армия 1917 года это не есть русская армия в ее нормальном состоянии. Это редкий миг, «когда начальство ушло» (формула Василия Розанова о времени предыдущей русской революции). Но именно в такие минуты вырывается наружу некая ранее угнетаемая, но все еще живая хтонь. Советская пропаганда любила рассказывать о том, как 13 июля 1977 года жители Нью-Йорка громили магазины во время перебоя в подаче электроэнергии. **За 24 часа отключения электроэнергии полиция арестовала около 3 000 подозреваемых в мародерстве. Да, это не весь Нью-Йорк, а прежде всего Бруклин, и вовсе не все жители Нью-Йорка, и даже не все его социальные группы отметились этим. Но все же оказалась, что есть и такие особи, которым достаточно просто сообщить о снятии с них контроля, как они превращаются в бандитов.**

Вот так и уход начальства в 1917 году лишь дал проявиться тому, что и так дремало во многих русских солдатах. Но только ли в минуты революции это высвобождалось? А точно ли эта хтонь всегда сдерживалась в свеже-захваченном доме или городе?

В 1938 году в среде советских добровольцев в Испании был высок процент венерических заболеваний. Интересное свидетельство оставил на этот счет комиссар авиагруппы Гальцев (разведсборник № 38 от 13 июня 1937 г.):

«В значительной мере вину в этом я отношу к нашим старшим руководителям, они... сбили с правильных позиций наших людей. Например, тов. Свешников, когда прибыла группа штурмовиков, перед строем разъяснял..., что половой вопрос должен быть организован для них командованием на месте.

По словам истребителей, им то же самое сказали некоторые старшие товарищи при проводах с родины. Эти указания у нас поняли так, что наши люди могут ходить в публичный дом, но только организованно. Ряд политработников занялись организацией этих „культпоходов", что вызвало рост заболеваемости».

Эпизоды войны, которые вряд ли войдут в российские школьные учебники, описаны в книге Леонида Николаевича Рабичева «Война все спишет. Воспоминания офицера-связиста 31 армии. 1941–1945» (М., 2010).

«Да, это было пять месяцев назад, когда войска наши в Восточной Пруссии настигли эвакуирующееся из Гольдапа, Инстербурга и других оставляемых немецкой армией городов гражданское население. На повозках и машинах, пешком старики, женщины, дети, большие патриархальные семьи медленно по всем дорогам и магистралям страны уходили на запад. Наши танкисты, пехотинцы, артиллеристы, связисты нагнали их, чтобы освободить путь, посбрасывали в кюветы на обочинах шоссе их повозки с мебелью, саквояжами, чемоданами, лошадьми, оттеснили в сторону стариков и детей и, позабыв о долге и чести и об отступающих без боя немецких подразделениях, тысячами набросились на женщин и девочек. Женщины, матери и их дочери, лежат справа и слева вдоль шоссе, и перед каждой стоит гогочущая армада мужиков со спущенными штанами. Обливающихся кровью и теряющих сознание оттаскивают в сторону, бросающихся на помощь им детей расстреливают. Гогот, рычание, смех, крики и стоны. А их командиры, их майоры и полковники стоят на шоссе, кто посмеивается, а кто и дирижирует — нет, скорее, регулирует. Это чтобы все их солдаты без исключения поучаствовали. Нет, не круговая порука, и вовсе не месть проклятым оккупантам — этот адский смертельный групповой секс.

Вседозволенность, безнаказанность, обезличенность и жестокая логика обезумевшей толпы. Потрясенный, я сидел в кабине полуторки, шофер мой Демидов стоял в очереди, а мне мерещился Карфаген Флобера, и я понимал, что война далеко не все спишет. А полковник, тот, что только что дирижировал, не выдерживает и сам занимает очередь, а майор отстреливает свидетелей, бьющихся в истерике детей и стариков... А сзади уже следующее подразделение. И опять остановка, и я не могу удержать своих связистов, которые тоже уже становятся в новые очереди, а телефонисточки мои давятся от хохота, а у меня тошнота подступает к горлу. До горизонта между гор тряпья, перевернутых повозок трупы женщин, стариков, детей».

Это свидетельство вовсе не единично.

Есть воспоминания солдата Николая Никулина:

«Накануне перехода на территорию Рейха, в войска приехали агитаторы. Некоторые в больших чинах. — Смерть за смерть!!! Кровь за кровь!!! Не забудем!!! Не простим!!! Отомстим!!! — и так далее.

До этого основательно постарался Эренбург, чьи трескучие, хлесткие статьи все читали: „Папа, убей немца!" И получился нацизм наоборот. Правда, те безобразничали по плану. У нас все пошло стихийно, по-славянски. Бей, ребята, жги, глуши! Порти ихних баб! Да еще перед наступлением обильно снабдили войска водкой. И пошло, и пошло! Пострадали, как всегда, невинные. Бонзы, как всегда, удрали... Без разбору жгли дома, убивали каких-то случайных старух, бесцельно расстреливали стада коров. Очень популярна была выдуманная кем-то шутка: „Сидит Иван около горящего дома. „Что ты делаешь?" — спрашивают его. Да вот, портяночки надо было просушить, костерок развел"... Трупы, трупы, трупы. Немцы, конечно, подонки, но зачем же уподобляться им?

Армия унизила себя. Нация унизила себя. Это было самое страшное на войне. Трупы, трупы... На вокзал города Алленштайн, который доблестная конница генерала Осликовского захватила неожиданно для противника, прибыло несколько эшелонов с немецкими беженцами. Они думали, что едут в свой тыл, а попали... Я видел результаты приема, который им оказали. Перроны вокзала были покрыты кучами распотрошенных чемоданов, узлов, баулов. Повсюду одежонка, детские вещи, распоротые подушки. Все это в лужах крови... Добрые, ласковые русские мужики превратились в чудовищ. Они были страшны в одиночку, а в стаде стали такими, что и описать невозможно!»[829]

Есть дневник Марты Хиллерс «Женщина в Берлине». Но в России эта книга внесена в список экстремистских материалов, запрещенных к распространению на территории РФ по решению Абаканского городского суда Хакасии.

Есть книга серьезного британского историка Энтони Бивора «Падение Берлина»:

«В самом Берлине отношение немцев к русским оказалось совершенно неоднозначным. Берлинцы были озлоблены грабежами и насилием, творящимися над ними, но в то же время

---

[829] Никулин Н. Воспоминания о войне — М., 2020. Без пагинации.

В 1941 году окончил школу (десять классов), 27 июня 1941 года пошёл добровольцем в ленинградское ополчение, но был направлен в радиошколу. После её окончания и получения звания младшего сержанта в ноябре 1941 года направлен на Волховский фронт. Летом 1944 года получил две медали «За отвагу», в 1945-мм — орден Красной Звезды. Четырежды ранен. После войны — исскуствовед в Эрмитаже, профессор. Директор Эрмитажа Михаил Пиотровский писал: «Тихий и утончённый профессор, член-корреспондент Академии Художеств выступает как жёсткий и жестокий мемуарист. Он написал книгу о Войне. Книгу суровую и страшную. Читать её больно. Больно потому, что в ней очень неприятная правда».

URL: https://inosmi.ru/20090401/248232.html

у них возникало чувство удивления и благодарности за те усилия, которые Красная Армия предпринимала, чтобы накормить их... К несчастью для женской половины горожан, алкоголь был именно тем предметом, который прибавлял красноармейцам куража во время осуществления актов насилия. Более того, он давал им возможность с надлежащим размахом отпраздновать конец тяжелейшей войны. Празднование советскими солдатами победы над врагом отнюдь не означало, что простые немцы могут вздохнуть свободней и расслабиться. Для многих красноармейцев изнасилование берлинских женщин стало неотъемлемым продолжением радостного веселья. Молодой советский инженер, занимавшийся любовью с одной восемнадцатилетней немкой, услышал от нее рассказ о том, как в ночь на 1 мая офицер Красной Армии изнасиловал ее. При этом офицер засунул ей в рот дуло пистолета, вероятно для того, чтобы она и не думала сопротивляться. Немецкие женщины вскоре осознали, что по вечерам, во время так называемых „часов для охоты", на улицах города лучше было не появляться. Матери прятали молодых дочерей по чердакам и подвалам. Сами они отваживались ходить за водой только ранним утром, когда советские солдаты еще отсыпались после ночных пьянок. Будучи пойманными, они зачастую выдавали места, где прятались их соседи, пытаясь тем самым спасти собственных отпрысков. Берлинцы помнят пронзительные крики по ночам, раздававшиеся в домах с выбитыми окнами. По оценкам двух главных берлинских госпиталей, число жертв изнасилованных советскими солдатами колеблется от девяноста пяти до ста тридцати тысяч человек. Один доктор сделал вывод, что только в Берлине было изнасиловано примерно сто тысяч женщин. Причем около десяти тысяч из них погибло в основном в результате самоубийства. Число смертей по всей Восточной Германии, видимо, намного больше, если принимать во внимание миллион четыреста тысяч изнасилованных в Восточной Пруссии,

Померании и Силезии. Представляется, что всего было изнасиловано порядка двух миллионов немецких женщин, многие из которых (если не большинство) перенесли это унижение по нескольку раз. Подруга Урсулы фон Кардорф и советского шпиона Шульце-Бойзена была изнасилована „по очереди двадцатью тремя солдатами". Позднее, находясь уже в госпитале, она накинула на себя петлю»[830].

21 октября 1944 года 25-я танковая бригада в тяжёлых боях захватила Неммерсдорф (ныне Маяковское, Калининградская область), но через два дня отступила.

То, что немцы увидели там, усилило их волю к сопротивлению… Как это было и с русскими после освобождения Подмосковья зимой 1942-го. В прессе появился термин «Неммерсдорфская бойня» (Massakers von Nemmersdorf).

В 2019 году немецкая газета Die Welt обратилась к первичным документам — к архивам полевой полиции.

«Отчет был написан вечером во время визита в Неммерсдорф, 25 октября 1944 года. Следовательно, на него не повлияли инструкции начальника прессы Рейха от 26 октября или даже самое первое газетное сообщение от 27 октября. Доклад полевого секретаря полиции долго пролежал в политическом архиве министерства иностранных дел». Ожидаемо выяснилось, что геббельсовская пропаганда многократно преувеличила числа жертв. И все же «Когда утром 23 октября 1944 года немецкие части снова заняли Неммерсдорф, они обнаружили мертвых мирных жителей. Сообщения об этом в АОК 4 привели к развертыванию тайной полевой полиции. И именно эти люди установили, что в Неммерсдорфе погибли 26 лиц из гражданского населения: 13 женщин, 8 мужчин и 5 детей. 10 из них смогли идентифицировать. Большинство

---

[830] URL: http://militera.lib.ru/research/beevor2/27.html

убитых мирных жителей были убиты выстрелами в голову, так что они явно были убиты. Некоторых ранили в грудь и также считали, что они были незаконно казнены. Череп одного трупа был раздроблен «острым предметом». Одна из 19-летних девушек подверглась изнасилованию, другая — с некоторой вероятностью. В Неммерсдорфе Пфайффер и его подчинённые опросили свидетелей. 24-летняя Шарлотте Мюллер дала показания о том, что до обеда 21 октября её изнасиловали два советских солдата. Другая, более старшая дома подверглась домогательствам другого красноармейца: якобы он затащил её в тёмную комнату, но потом просто отпустил, ничего не сделав»[831].

Другой прусский городок — Метгетен (ныне посёлок имени Александра Космодемьянского) — был занят советскими войсками 29 января 1945 года и оставлен 19 февраля. И в этом случае немцы говорили о большем числе жертв[832].

Есть и почти рассекреченные советские архивы:

Военный прокурор 48-й армии подполковник юстиции Маляров 23 января 1945 года издал предписание военному прокурору 194-й стрелковой дивизии, котором поручил военным прокурорам совместно с политаппаратом разъяснить военнослужащим армии, «что все имущество, находящееся на территории Восточной Пруссии, с момента захвата его частями Красной Армии, является собственностью Советского государства, подлежат охране и отправке в СССР» и соответственно, уничтожение захваченного имущества,

---

[831] Die Welt. 19.10.2019.

URL: https://www.welt.de/geschichte/zweiter-weltkrieg/article202118602/Nemmersdorf-1944-Eine-erschossene-Frau-hockte-am-Strassenrand.html

Перевод в калининградской газете «Русский Запад» 21.10.2019: https://ruwest.ru/news/95656/

[832] URL: https://ru.wikipedia.org/wiki/Массовое_убийство_в_Метгетене

«поджоги населенных пунктов» представляют собой антигосударственное дело.

Различия между частной и общественной собственностью или собственностью Рейха не проводилось. Если, следовательно, военные власти сетовали теперь на «колоссальный материальный ущерб», нанесенный «из озорства и хулиганства» в городах и селах, то это проистекало только и исключительно из озабоченности тем, что захваченные у немцев трофеи могут уменьшиться.

Маляров также обратил внимание на то, что были отмечены «многочисленные факты расстрела военнопленных» при неоправданных обстоятельствах, только из «озорства». Маляров подчеркивал, что немецких солдат следует брать в плен, так как это ослабит сопротивление противника.

В предписании военного прокурора 48-й армии впервые ясно осуждались «факты» применения военнослужащими оружия «к немецкому населению, в частности, к женщинам и старикам»: «Красной Армии не свойственны методы расправы с гражданским населением и что применять оружие по отношению к женщинам и старикам преступно, и за такие действия виновные будут строго наказываться». Военным прокурорам поручалось немедленно организовать несколько «показательных процессов» над «злостными поджигателями» и мародерами (но не убийцами и не насильниками), объявив в войсках о вынесенных приговорах.

2 мая 1945 г. гененерал-майор юстиции Л. Яченин составил «Доклад военного прокурора 1-го Белорусского фронта Военному совету фронта о выполнении директив Ставки Верховного Главнокомандования и Военного совета фронта об изменении отношения к немецкому населению»:

«В отношении к немецкому населению со стороны наших военнослужащих, безусловно, достигнут значительный перелом. Факты бесцельных и [необоснованных] расстрелов немцев, мародерства и изнасилований немецких женщин значительно сократились, тем не менее даже и после издания

директив Ставки Верховного Главнокомандования и Военного совета фронта ряд таких случаев еще зафиксирован. Если расстрелы немцев в настоящее время почти совсем не наблюдаются, а случаи грабежа носят единичный характер, то насилия над женщинами все еще имеют место; не прекратилось еще и барахольство, заключающееся в хождении наших военнослужащих по бросовым квартирам, собирании всяких вещей и предметов и т. д.

Привожу ряд фактов, зафиксированных в последние дни:

25 апреля в г. Фалькензее был задержан заместитель командира 1-й батареи по техчасти 334-го гв. тяжелого самоходного артполка ст. лейтенант Энчиватов, который в нетрезвом состоянии ходил по домам и насиловал женщин.

Энчиватов арестован, дело следствием закончено и передано для слушания в военный трибунал.

Красноармейцы заставы 157-го отдельного погранполка Иванов и Мананков в г. Фронау, будучи в нетрезвом состоянии, зашли в дом одного немца. В этом доме Мананков изнасиловал больную немку Лизелет Люре. 22 апреля с. г. она была изнасилована группой наших военнослужащих, после чего отравила своего сына полутора лет, отравилась ее мать и она сама пыталась отравиться, но была спасена. В состоянии болезни после отравления ее Мананков и изнасиловал. Иванов в это время изнасиловал немку Кирхенвиц.

Иванов и Мананков арестованы, дело следствием закончено и передано в военный трибунал для слушания. Начальник штаба 278-го стр. полка 175-й стр. дивизии подполковник Лосьев послал подчиненного ему лейтенанта в подвал, где скрывались немцы, чтобы тот выбрал и привел к нему немецкую женщину. Лейтенант приказание выполнил, и Лосьев приведенную к нему женщину изнасиловал. Приказом Военного совета армии подполковник Лосьев отстранен от занимаемой должности и назначен с понижением.

22 апреля в населенном пункте Шенерлинде командир орудия 695-го артполка 185-й стр. дивизии старшина Дорохин в пьяном виде, угрожая оружием, на глазах у родителей изнасиловал 15-летнюю девочку. Дорохин арестован и предан суду военного трибунала.

25 апреля завдел оперативного отдела штаба 79-го стр. корпуса лейтенант Курсаков в присутствии мужа и детей пытался изнасиловать пожилую немку. Против Курсакова возбуждено уголовное преследование. Можно привести еще целый ряд таких фактов и по другим соединениям»[833].

Советская сторона говорит, что такие случаи единичны, что они расследованы и что все виновные наказаны. Немецкая сторона и не-системные советские ветераны говорят о массовости таких событий.

Я же просто скажу, что как встреча с одним единственным черным лебедем уже не позволяет твердить, будто «все лебеди белы», так и знание даже об одном насильнике в форме русской-советской армии честному человеку должно бы препятствовать повторять сказку про, что русские чудо-богатыри столь чудесны, что никто из них и никогда не обидел бы женщину и не взял чужое.

В октябре 2024 года замначальника главного военно-политического управления Минобороны РФ, командир чеченского спецназа «Ахмат» генерал Апти Алаудинов в интервью Z-блогеру Максиму Калашникову открыл военную тайну: «Я нахожусь сейчас на курском направлении. Я сразу же сходил к начальнику УМВД Курской области [Виктору Косареву] и задал ему в лоб вопрос: «Какие

---

[833] ЦА МО РФ. Ф. 233. Оп. 2380. Д. 40. Л. 1–7. Публ. в: Русский архив: Великая Отечественная. Т. 15 (4–5). Битва за Берлин (Красная Армия в поверженной Германии): Документы и материалы. — М., 1995. С. 245–230.

у вас проблемы с „Ахматом“ как только я сюда зашел?» Он улыбнулся и сказал: «У нас на территории совершено 187 преступлений военными. Это убийства, изнасилования, другое, другое. Ни одного из этих преступлений не совершили бойцы подразделения „Ахмат“»[834].

… Но зачем же все время о плохом?! Есть ведь совсем другой и притом предписанно-нормативный взгляд на русскую армию. Этот взгляд десятилетиями звучит по всем школьным классам. Видеозапись этих уроков я тут привести не могу. Но вот вполне типовый текст отличника политучебы:

> *«Наша армия ведет себя иначе, чем любая другая армия в мире. Наш солдат не просто выполняет приказ и не просто достигает военных целей. Нет! Важнейшим для нашего солдата оказывается еще сохранить человечность и человека в себе в нечеловеческих условиях войны. В моей группе детского сада в 60-е годы обижали маленького мальчика-чуваша. Вот воспитательница собрала нас и объяснила: Вы — русские! Знаете, кто такие русские? Чем отличаются русские? Мы, конечно, дружно сказали, что нет. Воспитательница нам тогда и говорит: Русские — это те, кто всегда защищает слабых! Русские — это те, кто всегда защищает тех, кого обижают! Русские — это те, кто защищает других!*
>
> *После этого изменился мой взгляд на мир. Оказалось, что у меня есть миссия. Слова такого я не знал, и мультфильмов об этом мы тогда не смотрели. Просто оказалось, что самим фактом своего рождения я связан с неким делом и неким пониманием добра.*
>
> *Так и был сформулирован воспитательницей детского сада один из главных принципов глобальной модели будущей русской национальной идеи: Русский — это вопрос не биологии,*

834 URL: https://www.youtube.com/watch?v=dRgpCAlGgkg

а аксиологии. Над Берлином стоит символ гуманизма, великодушия и совести русского солдата — памятник спасению конкретной немецкой девочки как символ спасения всего немецкого народа в беспощадной мировой войне»[835].

Или то же самое в стихах:
Солдат ребёнка не обидит!
Прикроет, вынесет, спасёт,
Коль русский он… Народ увидит,
И это в сердце понесёт…
Освободить посёлок мало,
Людей в нём надо накормить,
Укрыть, во чтобы то ни стало,
А лучше сразу вывозить…
Куда? — В Россию, однозначно!
Россия даст работу, кров,..»[836]

Что ж, читатель волен выбирать между льстящими лозунгами и историческими фактами.

---

835 Алексей Ананченко. «Солдат ребенка не обидит»: гуманистические ценности русской армии.

URL: https://zavtra.ru/blogs/soldat_rebenka_ne_obidit_gumanisticheskie_tcennosti_russkoj_armii?ysclid=m3vy55axbu501029073

Автор не просто блогер, а директор Института истории и политики, заведующий кафедрой новейшей отечественной истории, государственный советник Российской Федерации 3 класса, член Российского исторического общества.

836 Александр Жданов-Добромыслов.

URL: https://stihi.ru/2022/03/28/1448?ysclid=m3vy47r3hi295189550

Глава 24

ПОТЕРЯННЫЕ НАРОДЫ

Еще один духоскрепляющий миф о российской истории уверяет, что «Россия не потеряла ни одного народа, принятого ею в свою семью». Потери и отсутствия в самом деле трудно замечать, и оттого кажется, что их и не было.

А ведь еще первая русская летопись говорит об аннигиляции некоего народа, вступившего в контакт с нашими предками — «и не остался ни един обрин. И есть притча на Руси и до сего дня: погибоша, аки обри, их же несть племени ни наследка»[837].

В Софийской Первой летописи XV веке читаем о народе по имени мещера: «а по Оцѣпорѣцѣ, гдѣ потече въ Волгу, сѣдить Мурома языкъ свой, Мещера свой, Мордва свой языкъ»[838]. Где этот народ и этот язык? И хотя это недалеко от Рязани[839].

---

[837] ПСРЛ. Т. I. С. 5.

[838] ПСРЛ. Т. 5. — Спб, 1851. С. 84.

[839] В 1552 году Иван Грозный предлагал ногайским татарам:

«А вы ныне юртов своих отбыв ходите без пристанища. И похотите к себе нашего жалованья; и вы бы поехали к нам со всеми своими людьми, которые ныне с вами. А мы вам всем и вашим людям дадим место на Украйне в Мещере, где вам пригоже кочевати».

(Цит. по: Орлов А. М. Мещера, мещеряки, мишари. — Казань, 1992. С. 29)

Строительство любой империи сопровождается лингвоцидом. Сколько языков превратились в наречия при строительстве объединенной Италии или такой же Германии и Франции! И если «язык — это народ», то счет захиревших народов по всей Европе, включая Россию, пойдет на десятки (окситанский, провансальский, бретонский-каталанский…)

А вот признание МИД Российской империи об исчезнувших народностях:

> *«Россия не потерпит, чтоб чужеземные возмутители спокойствия раздували в пределах ее пламя мятежа; чтоб под предлогом восстановления* ***исчезнувших народностей*** *покусились отторгнуть какую-либо из частей, составляющих в совокупности своей целость и единство империи»*[840].

В данном случае под таковыми имелись в виду поляки. По факту это было не так. Но важно, что официальная государственная риторика Империи вовсе не видела чего-то плохого в исчезновении целых народностей.

Кроме того, ответ на вопрос об этнических потерях станет другим, если, например, сделать Википедии запрос о кетоязычных народах.

«**Аринцы**, **арины** — исчезнувший народ кетского происхождения, обитавший по среднему течению Енисея, в частности в районе Красноярска».

«**Асаны** — кочевой народ, живший в Южной Сибири по Енисею, родственный енисейским остякам, ассимилировавшийся с другими племенами и совершенно исчезнувший. Ассанский язык из кетско-асанской семьи палеоазиатских (палеосибирских) языков. Носители енисейских языков (асаны, арины, яринцы и др.)

---

[840] Первая публикация была в Journal de St-Pétersbourg, издаваемом при Министерстве иностранных дел России. Русский перевод: Зайончковский А. М. Восточная война 1853–1856 гг. в связи с современной ей политической обстановкой. Т. 1. — Спб, 1908. С. 147. Прил. № 26.

в прошлом расселялись в верховьях Енисея и его притоков, и в течение XVIII–XIX веков были ассимилированы соседними народами».

«Коттский язык — это вымерший енисейский язык, на котором говорили в центральной Сибири на берегах реки Мана, притока реки Енисей. Он вымер в 1850-х годах».

Или: «**Камаси́нцы** (*южные самодийцы, калмажи́*) — относящийся к саянским самодийцам народ самодийской группы уральской языковой семьи, живший в горных районах юга современного Красноярского края (по рекам Кан и Мана) и Хакасии. Также именовались *таёжными татарами*. В 1960–1970 годах с ещё жившими в то время носителями камасинского языка, последняя из которых (Клавдия Захаровна Плотникова) умерла в возрасте 94 лет в 1989 году, работал эстонский лингвист Аго Кюннап».

Причины кончины этих этносов различны. Но все же помимо каких бы то ни было оценок надо зафиксировать этот факт: уже в границах Российского государства этносы уходили в небытие.

Народ — это прежде всего его язык. Правительственная «Российская газета» признает, что, по данным языковедов, 14 языков исчезло на территории России за последние 150 лет. Из них пять — в постсоветский период. Еще около 18 языков находятся на грани исчезновения, то есть осталось не более 20 пожилых носителей этих языков[841].

Но зачем это знать и помнить, если можно просто заявить — «**Мы никогда ни на кого сверху вниз не смотрели** — мы просто жили в соответствии с тем, чему научил нас Господь. И заповеди о любви друг к другу обернулись здесь, на русской земле,

---

[841] Панова Е. 18 языков коренных народов России находятся под угрозой исчезновения // Российская газета 23.03.2019.

URL: https://rg.ru/2019/03/23/reg-urfo/18-iazykov-korennyh-narodov-rossii-nahodiatsia-pod-ugrozoj-ischeznoveniia.html

замечательным братством народов, принадлежащих к разным этносам и разным вероисповеданиям»[842].

А вот святой царь Николай про японцев говаривал, что «это макаки, играющие в европейцев»[843]. Тут ведь нет расизма, правда?

А когда в 1740 году императрица Анна устроила шутовскую свадьбу в ледяном доме, то «Собраны были всего государства разночинцы и разноязычники самого подлого народа, то есть Вотяки, Мордва, Черемисы, Татары, Калмыки, Самоеды и их жены, и прочие народы с Украины, и иные, следующие стопам Бахусовым и Венериным в подобном тому убранстве, с криком для увеселения свадьбы»[844]. Реконструируя по документам и рисункам эту свадьбу

---

842 Слово патриарха Кирилла в Казани 21 мая 2023 г. URL: http://www.patriarchia.ru/db/text/6029478.html

Сопоставим это просто с одним свидетельством:

«Отношение православного населения к пленным туркам в целом отличалось некоторой настороженностью и ощущением своего интеллектуального, культурного и военного превосходства. Старший лейтенант Мехмет Ёльчен не без обиды вспоминал, как русские гимназистки, которым он помог решить задачу по геометрии, не сразу поверили тому, что он турок, а не немец и даже не инженер по образованию, а кадровый офицер-пехотинец».

(Познахирев В. В. Особенности положения турецких военнопленных в России в годы первой мировой войны // Известия Тульского государственного университета. Гуманитарные науки, 2011. Вып. 2. С. 180)

«Старший лейтенант Халил Ата-ман вспоминал, как на одной из железнодорожных станций в центральной России к группе османов приблизилась веселая компания, состоящая из девушки и двух молодых людей. При этом последние, явно рисуясь перед своей спутницей, зашли за спины пленным и демонстративно принялись искать у них… хвосты, приговаривая с деланным удивлением: Kak naşı çelevek, „Они такие же люди, как и мы" и т. п».

(Познахирев В. В. Турецкие военнопленные и гражданские пленные в России в 1914–24 гг. — СПб, 2014. С. 167)

843 Рыбаченок И. С. Закат великой державы. Внешняя политика России на рубеже XIX–XX вв.: цели, задачи и методы. — М., 2012. С. 518.

844 Нащокин В. А. Записки // Империя после Петра. — М., 1998. С. 259.

в 1835 году, Иван Лажечников пояснил: «...что за странный поезд тянется за экипажем новобрачных! Честь первых за ними принадлежит остякам, или, лучше сказать, оленям, на которых они едут. За ними новгородцы на паре козлов, малороссияне на волах, чухонцы на ослах, татарин с своею татаркою на откормленных свиньях, на которых посадили их, чтобы доказать, как можно преодолеть натуру и обычаи» (Лажечников И. И. Ледяной дом. Ч. IV, гл. V).

Заставить ради потехи мусульман (татар) «преодолеть натуру и обычаи» это ведь исполнение «заповеди о любви»?

В середине XVII века патриарх Никон показывал иностранным гостям ненцев.

«Греки называют их собачелицые σκυλοκε' φαλοι. Старики у них ничем не отличаются от юношей[845].

„Правда ли, — спросил Никон их — что вы едите человеческое мясо?" — Они засмеялись и ответили: „Мы едим своих покойников и собак, так почему же нам не есть людей?" Он сказал: „У меня есть человек, достойный смерти, я пошлю привести его к вам, чтобы вы его съели". Они начали усиленно просить его, говоря: „Владыка наш! Сколько ни есть у тебя людей, достойных смерти, не беспокойся наказывать их сам за преступление и убивать, но отдай нам их съесть".

При знакомстве с самоедами[846] *Никон взял меня за руку, кликнул дикарей, говоря им в шутку, чтобы они съели меня; он*

---

[845] То есть безбороды. Бурятский историк Э.-Д. Ринчино даже в советские времена проводит это антропологическое отличие:

«Ни одна из крупных народностей Сибири не подчинилась добровольно бородатым завоевателям».

(Ринчино Э.Д. Областничество в Сибири // Э. Д. Ринчино. Документы. Статьи. Письма. — Улан-Удэ, 1994. С. 24)

[846] Самоеды — самодийцы. Народы только Таймыра: ненцы, энцы, нганасаны, селькупы. Самэ-еднэ — земля саамов. Саамы-суоми жили и в Скандинавии.

хотел посмеяться, а я оробел и сильно испугался. Тоже проделал он и с другими, отдавая их дикарям. Был между ними диакон сербского архиепископа, дикари схватили его и потащили, причем изорвали на нем в клочья одежду; с трудом освободили его из их рук, только когда Никон дал им за него в виде выкупа много рыбы и денег. Бедняга диакон от страха проболел долгое время»[847].

Это тоже в порядке проповеди любви ко всем?

А, может, спросить историческую память самих этих якобы никогда неунижаемых народов — что она об этом говорит?

Отчего-то бурятский советский историк писал иначе: крестьянство систематически, из века в век путем открытого насилия и захвата лучших земель загнало инородцев в степи, тундру и горы. «У сибирского крестьянства нет иного отношения к инородцу, как „твари бездушной“»[848].

Кроме того, взирание на другие народы сверху вниз предполагает не только унижение инородцев, но и превознесение себя. Гимны своей непревзойденной духовности точно ли чужды русской культуре?

В 1780 году вышел первый обширный перевод Платона на русский язык — «Творения велемудрого Платона, часть первая, переложенныя с греческого языка на российский И. Сидоровским и М. Пахомовым, находящиеся при обществе благородных девиц. Ч. 1., 1780».

«Предуведомление от переводивших» заверяло — «весь свет с удивлением взирает на то блаженство России, отечества нашего, до коего возвысилась она в настоящем златом веке. Но может ли

---

847 Архидиакон Павел Алеппский. Путешествие Антиохийского патриарха Макария в Россию в первой половине XVII века, описанное его сыном, архидиаконом Павлом Алеппским. — М., 2005. С. 303–304, 441.

848 Элбек-Доржи Ринчино. Документы, статьи, письма. — Улан-Удэ, 1994. С. 40–42.

ино быть источником благосостояния какого-либо царства как не едина токмо мудрость предержащия власти?».

В журнале «Отечественные записки» в 1848 г. была опубликована статья Андрея Краевского, редактора этого журнала. Она вызвала «изъявление высочайшего благоволения» царя Николая Павловича[849]. И там говорилось: «Летописи мира не представляют подобного величия и могущества, и счастье быть русским есть уже диплом на благородство среди других европейских народов. Как в древнем мире имя римлянина означало человека по преимуществу, так значительно в наши дни имя русского»[850].

И свод таких цитат может быть очень длинным…

21 сентября 2023 года патриарх Кирилл сказал, что русские люди шли в Сибирь, «чтобы привести ко Христу народы, которые жили в Сибири, а вместе с тем принести им образованность, культуру, то, что помогло бы им преодолеть значительное цивилизационное отставание от всего мира»[851]. Этими словами патриарх всея Руси отказал сибирским коренным народам в праве иметь свою культуру. При этом в тот же день Кирилл рукополагал епископа в Казахстан. Если тот по приезде в эту страну скажет словами патриарха: «я принес вам образованность, культуру, то, что помогло бы вам преодолеть значительное цивилизационное отставание от всего мира», — какой станет судьба его «миссии»?

---

849 Лемке М. К. Николаевские жандармы и литература 1826–1855 гг. — Спб, 1909. С. 196.

850 Краевский А. А. Россия и западная Европа в настоящую минуту // Отечественные записки. 1848, июль.

851 URL: http://www.patriarchia.ru/db/text/6061399.html

ЧТО ЭТО БЫЛО?

Дочитавших эту книгу до этой страницы я приветствую как соучастников нашего общего мыслепреступления. Мы нарушили новое табу и преступили запрет на самопознание.

Государство Российское запрещает нам видеть некоторые вещи и запрещает подбирать слова для них, запрещает проводить вполне очевидные исторические параллели с одним очень несимпатичным европейским режимом середины XX века.

Правильно воспитанный советский гражданин не мог заставить себя воспроизвести тезис «Ленин совершил ошибку» или «Партия приняла преступное решение». Ему казалось, в этой формуле содержится ошибка не столько историческая, сколько логическая: ведь Ленин и Партия по определению непогрешимы.

Сегодня люди приучаются к мысли о том, что понятия «Россия» и «агрессия» не могут сочетаться. На зеркало исторического самопознания наброшено плотное покрывало.

Но зеркала занавешивают лишь в доме покойника. Я не вижу основания отнести Россию к числу мертвых субъектов исторического процесса. Значит — извольте убрать сию кисею. Посмотрите в зеркальце этой книги. Это мы. Не нелюди, но и далеко не ангелы. Просто люди разумные, умеющие разумно обдумывать преступления и так же разумно выстраивать линию самооправдания. В этом выводе нет ничего сенсационного. Простите за брошенную в глаза очевидность. Ваш Кэп.

Содержание

Часть 2. «СОЛДАТ РЕБЕНКА НЕ ОБИДИТ»

В издательстве BAbook
вышли книги

Борис Акунин

Серия «ПРИКЛЮЧЕНИЯ ЭРАСТА ФАНДОРИНА»

Серия «ПРОВИНЦІАЛЬНЫЙ ДЕТЕКТИВЪ»

«ИСТОРИЯ РОССИЙСКОГО ГОСУДАРСТВА» в 10 томах

«ЛЕГО»

«СКАЗКИ СТАРОГО, НОВОГО И ИНОГО СВЕТА»

«МОЙ КАЛЕНДАРЬ»

«ГОД КАК ХОККУ»

ИНТЕЛЛЕКТУАЛЬНЫЕ АНЕКДОТЫ,
собранные и прокомментированные
Борисом Акуниным

«МОСКВА–СИНЬЦЗИН»

«ПРОСНИСЬ!»

Акунин-Чхартишвили

«НА САНЯХ»

Анна Борисова

«ТАМ...»

«КРЕАТИВЩИК»

«VREMENA GODA»

Роман Баданин, Михаил Рубин

«ЦАРЬ СОБСТВЕННОЙ ПЕРСОНОЙ»

В издательстве BAbook
вышли книги

Олег Радзинский

«ПОКАЯННЫЕ ДНИ»

Евгений Фельдман

«МЕЧТАТЕЛИ ПРОТИВ КОСМОНАВТОВ»

Михаил Шишкин

«МОИ. ЭССЕ О РУССКОЙ ЛИТЕРАТУРЕ»

https://babook.org/

www.ingramcontent.com/pod-product-compliance
Lightning Source LLC
Chambersburg PA
CBHW052129020426
42334CB00023B/2646

* 9 7 8 1 9 6 5 3 6 9 9 7 5 *